20 janvier 1842,
Marie apparaît
à Alphonse Ratisbonne

René LAURENTIN

20 janvier 1842,
Marie apparaît à Alphonse Ratisbonne

« Elle ne m'a rien dit, mais j'ai tout compris »
(17 novembre 1841 - 20 juin 1842)

★★

Preuves et Documents

Alphonse Ratisbonne
Vie authentique - 2, 2

O.E.I.L.
27, rue de l'Abbé Grégoire, 75006 Paris

O.E.I.L., 1991
ISBN 2.86839.260.1

STRUCTURE DES TÉMOIGNAGES SUR L'ÉVÉNEMENT DU 20 JANVIER

L'événement du 20 janvier est attesté par de nombreux témoignages dont il importe de saisir la structure, pour en discerner la valeur respective, l'optique, les limites et la complémentarité.

1. L'UNIQUE TÉMOIN DE L'APPARITION

Le témoin principal, le seul témoin de l'événement intérieur inexprimable : l'apparition, c'est Alphonse Ratisbonne.

Il s'est exprimé d'abord à chaud. Ses interlocuteurs nous rapportent fidèlement ses premières paroles après l'événement.
— Dès le lendemain et le surlendemain (21-22 janvier), il écrit à sa famille avec le souci diplomatique de faire comprendre son incompréhensible changement : d'abord à sa fiancée (21 janvier) ; puis à son oncle Louis, avec qui il est en confiance, et qu'il charge d'être son médiateur près de Flore (22 janvier), enfin à son frère prêtre : Théodore, avec qui il partage cette expérience de foi (22 janvier).
— Le mois suivant, il témoigne au procès romain (18 février, n° 28 et 29 et le 19 : n° 30). Cette déposition orale est traduite de l'italien, non sans de menues approximations ou incompréhensions dues à la différence des langues.
— Enfin il rédige, à tête reposée, à Juilly, le 12 avril, un récit suivi, destiné à fixer les faits pour l'histoire (lettre à l'abbé Desgenettes, n° 59)
— De rares expressions arrachées à sa discrétion seront recueillies durant le reste de sa vie.
Son témoignage sincère concorde avec ceux des témoins qui ont

connu l'événement de l'extérieur. Ses limites à lui, ce sont des flottements chronologiques (il n'a rien noté sur l'heure), des commentaires qui orientent et parfois absorbent le récit, et d'étonnants silences sur l'essentiel : l'apparition même. Il ne la décrit pas, mais la circonscrit, comme à distance, nous verrons pourquoi.

Ces souvenirs sont réfractés par la transfiguration de tout son être : il transforme les lumières d'avant le 20 janvier en ténèbres. Il noircit son passé, d'un regard critique et ironique, sans toutefois remettre en question son estime fondamentale et son affection profonde pour sa famille. Ses libres critiques du catholicisme, il les appelle rétrospectivement des blasphèmes. Il s'étonne que les siens ne comprennent pas ses nouvelles évidences. Ces facteurs rédactionnels, diplomatiques, ou apologétiques, lui font parfois forcer le trait, pour mieux manifester sa lucidité, sa sincérité, son honnêteté, qu'il craint fort de voir mises en doute. Il insiste pour se faire comprendre.

2. LES TÉMOINS EXTÉRIEURS

La famille de Bussières *

Le témoin le plus important, c'est Théodore de Bussières, son compagnon assidu qui se fit alors prosélyte, contre ses habitudes, par une « inspiration » dont il s'étonna lui-même. Il est donc à la fois l'acteur, l'interlocuteur sensible et le plus proche témoin des discussions (16-20 janvier), comme des circonstances de l'événement : jusqu'au baptême, où il fut parrain, et au départ d'Alphonse le 5 mars. Il est souvent l'unique témoin direct : un témoin sensible, qui voile son enthousiasme bouleversé sous un humour souvent juste.

Dès le 22 janvier 1842, il écrit l'événement à son ami, l'abbé Théodore Ratisbonne (n° 5). Puis il rédige son témoignage, à plusieurs reprises : le 30 janvier (n° 12), le 17 février (n° 26). Il témoigne au procès les 17, 21 et 26 février (n° 25, 31 et 36), avec cohérence et sincérité. Mais curieusement, il ne nous fait rien connaître au-delà du baptême d'Alphonse.

* COMMENT ÉCRIRE LE NOM DE THÉODORE : BUSSIÈRE, BUSSIÈRES OU BUSSIERRE ?
Les documents de l'époque, peu soucieux de normalisation, écrivent tantôt Bussi*è*re, tantôt Bussi*ères*; moins souvent Bussie*rr*e (contrat de mariage, 2 septembre 1829, n° 2). Théodore a édité son livre sur le miracle du 20 janvier avec l'orthographe Bussières. C'est donc celle que nous adoptons. L'acte n° 1427 du Conseil d'Etat, qui décida l'orthographe Bussierre, date du 14 septembre 1848.

Pour le séjour à Rome (6 janvier-5 mars 1842), les témoins sont nombreux.

Gustave de Bussières, le frère de Théodore, rencontre Alphonse dès le 8 janvier, surlendemain de son arrivée à Rome, et le revoit deux heures chaque matin jusque vers le 13, puis le 20, matin et soir : avant et après l'apparition. Il tentait de convertir Alphonse à sa secte piétiste. Il fut bouleversé par son changement et déclara vouloir se faire catholique : mais le pasteur et une coreligionnaire de sa secte lui firent vite abondonner ce projet. Bien que piétiste, il croit à l'apparition. Il en a témoigné au procès romain (n° 33, 22 février).

Les Jésuites

Les Pères Jésuites de la Maison Généralice de Rome : « le Gesù » ont conversé avec Alphonse dès avant l'apparition (à partir du 16 janvier).

Ils ont témoigné après :

- Philippe de Villefort (24 et 25 février, n° 34 et 35).
- Jean Rozaven (2 mars, n° 38).
- Johann Roothaan, le Général (n° 46, 9 mars).

La haute société romaine

Plusieurs Français de Rome soutinrent Théodore de Bussières par leurs prières :

- Louis Esbelin a rédigé le plus ancien témoignage : une lettre à Eugénie de la Ferronnays (Madame Adrien de Mun, n° 4).
- Albertine de la Ferronnays, épouse de l'ancien ministre, dont la prière et la mort sont si étroitement liées à l'événement écrivit à sa fille résidant à Bruxelles (lettres des 22 et 23 janvier n° 8 et 10).
- le Baron Edouard de Bock (4 et 5 mars, n° 40 et 41), 30 ans, passé du protestantisme au catholicisme en 1837, fut interrogé au procès.
- Théobald Walsh, écrivit un livre : *Vie du Comte de la Ferronnays* (n° 50).

Ecclésiastiques de Sant'Andrea

Deux personnes en fonction à l'église Sant'Andrea delle Fratte, lieu de l'apparition, furent interrogées au procès.

- Paul Bertucci, le Sacristain, (1 mars, n° 37)
- Giuseppe Mantineo, le Curé, (3 mars, n° 39).

Ils n' ont perçu que des bribes de l'événement. De plus, on ne les mit pas au courant de l'apparition ; cela donne à leurs dépositions au procès une remarquable indépendance.

Témoins du baptême

Le baptême a suscité deux relations, plus ferventes que précises (n° 27, 60), ainsi qu'un bref article de presse en italien (n° 24), auquel firent écho de rares journaux français.

Enquêteurs-Auteurs

A cela s'ajoutent 2 récits :
— Un Lazariste anonyme a élégamment démarqué les principaux récits antérieurs sans apport propre. Nous l'avons identifié : C'est J. M. Aladel, le directeur spirituel de sainte Catherine Labouri, la voyante de la médaille miraculeuse. (27 novembre 1830)
— Le journaliste allemand Görres (1843, n° 28) a rédigé une évocation parlante. Mais ce vivant écho de Théodore de Bussières ou d'Alphonse n'apporte aucun complément remarquable.

Concordance

L'événement est exceptionnellement bien attesté par les témoins directs et proches de l'événement, interrogés dès les premiers jours. Comme toujours en histoire, les témoignages ont leurs limites. Nul ne dit jamais tout, même là où les témoins sont sincères et indépendants, leurs attestations présentent toujours de menues frictions, que l'historien tente d'élucider, comme un juge d'instruction ou un commissaire de police. Nous les analyserons pas à pas.

EN AMONT ET EN AVAL

L'attention s'est concentrée sur l'événement même (de l'apparition au baptême), au point que la documentation est squelettique pour le reste.
— SUR LE DÉBUT DU VOYAGE (17 novembre-6 janvier), les amis rencontrés sur la route (Raigecourt, Vigne, les Rothschild) n'ont pas témoigné. La famille n'a point conservé la correspondance qui eût été précieuse. Et Alphonse semble avoir détruit un journal de bord qui lui a paru superficiel et impie : « blasphématoire », va-t-il jusqu'à dire. Pour cette période, on n'a guère conservé que ce qu'Alphonse nous dit de sa décision

impromptue d'aller à Rome et s'il le raconte, c'est parce que cela commande toute la suite.

— POUR TOUT CE QUI SUIT LE BAPTÊME, la documentation manque pareillement. Théodore de Bussières n'a point noté les faits et gestes de son filleul, ni même son départ de Rome qu'on ne parvient à fixer qu'approximativement : fin février ou début mars. Chroniqueur minutieux et cohérent de l'apparition, Théodore semble s'être désintéressé de la suite.

Quelle lucarne choisir ?

Quelle optique adopter pour évoquer l'événement ?

S'agissant d'une expérience intime, il fallait manifester autant que possible le point de vue d'Alphonse : seul témoin de l'essentiel, et qui ne peut être compris que de l'intérieur. Il fallait donc ressaisir les moindres bribes (d'abord « hachées ») que lui ont arrachées ses interlocuteurs et les resituer au fil de sa vie, dès lors entièrement déterminée par l'événement.

C'est la loi de l'histoire et de la méthode universitaire de sympathiser avec les personnes ou les causes étudiées. Il fallait saisir, avec la même sympathie intérieure, les points de vue des autres témoins notamment la famille juive d'Alphonse, et manifester l'articulation de ces points de vue contrastés.

Cela ne posait pas de problème particulier, sinon la richesse de la documentation. Le travail critique a manifesté la sincérité et la cohérence des témoins, malgré les émois qu'ils ont traversés.

On regrette de n'avoir pas davantage le point de vue de la famille et du milieu juif, qui sont restés dignement discrets. Les premières lettres des siens (qu'Alphonse et son entourage disent sévères) n'ont pas été conservées. C'est dommage, car après les premiers éclats (non conservés), les Ratisbonne se sont réfugiés dans un silence plein de pudeur, de noblesse et d'affection pour Alphonse. La lettre de rupture de sa fiancée le reflète admirablement. Son explication est ferme, claire, sans reproches. Elle exprime son ferme refus et celui du milieu avec lequel elle fait corps. Mais les liens familiaux, sont d'autant moins rompus qu'elle était la nièce d'Alphonse (fille de son frère aîné). Après un temps de silence, les ex-fiancés entretinrent de bonnes relations familiales durant tout le reste de leur vie.

Notre récit a pris le parti de refléter en priorité le point de vue d'Alphonse, dans son évolution et ses revirements, en le recoupant, avec celui des autres témoins, qui apportent des compléments et un relief saisissant.

Fondations

Ce volume de notes détaille les fondements du récit et n'évite pas les redites.

Nous aurions eu toutes sortes d'avantages (matériels, financiers, littéraires) à alléger les notes, notamment des documents cités dans le texte. Mais la lecture du volume de notes et les *possibilités de contrôle* qu'il offre en eussent été grandement diminuées, compliquées, perturbées. La tâche des historiens futurs en eût été compromise. Une série de témoignages rassemblés intégralement, dans l'ordre chronologique, parle. Si la série était incomplète, et procédait à de savants renvois pour éviter les redites, le lecteur serait condamné à un rallye compliqué où il se perd... comme en certains missels où il faut aller chercher ici ou là l'épître, l'évangile, les oraisons, les antiennes, en sorte que la manipulation du livre éteint la prière. A éliminer systématiquement des notes les témoignages fondamentaux, cités par ailleurs dans le texte, ou dans une autre note à un autre propos, on aurait compromis l'efficacité historique de ce dossier qui n'a d'autre mérite que sa clarté, son exhaustivité, et la possibilité qu'il donne de tout vérifier. Scientifique signifie vérifiable.

C'est donc consciemment, au service du lecteur et de l'histoire, que nous avons renoncé (sauf rares exceptions qui s'imposaient) à truffer les notes de menus renvois : « fragment cité dans le texte ». Ce volume a pour tâche d'établir de manière scientifique, c'est-à-dire vérifiable, tout ce qu'évoque le *Récit.*

Simplement, car c'est une histoire simple, quoique profonde, et la rigueur avec laquelle elle se trouve établie nous semble le meilleur moyen de dépassionner le débat que crée nécessairement un tel événement dans le drame séculaire des relations judéo-chrétiennes.

Ce qui est épineux, voire irritant de ce point de vue, c'est que Gustave de Bussières, piétiste, puis Théodore de Bussières, son frère, catholique, exercèrent séparément et successivement un prosélytisme à l'égard d'Alphonse. Mais il est clair que ce prosélytisme était resté sans influence et, tout au contraire, consolidait Alphonse dans sa position ferme et ironique, au recoupement de sa tradition ethnique et familiale, et de sa parfaite réussite humaine dans la nouvelle situation émancipée des juifs.

L'événement intéresse, de manière plus variée et plus positive qu'on ne l'attendait, l'histoire des relations judéo-chrétiennes. Si récente que soit l'émancipation des juifs, leur intégration à la haute société se révèle harmonieuse jusque dans le milieu romain de haute volée fréquenté par Alphonse : la plus haute aristocratie de Rome, française et italienne. Dans cette noblesse cosmopolite, le jeune banquier juif de Strasbourg est reçu de plain-pied, invité, choyé. Il peut même exprimer librement ses critiques à l'égard du Pape et de l'Eglise, et cela sur le ton mordant qui était le sien. Cela peine ce milieu fervent, cela choque, mais n'entraîne ni fâcherie ni rupture. L'échange, même polémique, reste sur un ton de bonne société. Il y a des différends, mais pas d'antisémitisme... même si les idées chrétiennes sur les Juifs n'ont pas encore bénéficié des décapages que suscitera Vatican II, dans le sillage de Jules Isaac et de Jean XXIII.

Tel est l'esprit universitaire, objectif et œcuménique, dans lequel s'inscrit cette monographie méthodique.

ORDRE DES RÉFÉRENCES

Chaque point du récit est établi, ci-après, par une note commençant par un titre en caractères majuscules.

Suit la série des témoignages, en ordre chronologique. Là où ils sont nombreux et posent des problèmes, la note s'achève par une *synthèse* qui collationne les données apportées par les divers documents, en bon ordre, et résout leurs divergences. Il y en a toujours en histoire. Lorsque les témoins sont indépendants, ils ne racontent pas le fait dans les mêmes termes, ils différencient selon leurs perspectives, leurs sources d'informations, leur tempérament, leur style, et parfois selon leur idéologie et leur pulsion. La plupart des documents étant de 1842, nous omettons parfois la mention de cette année quand elle va de soi ; quand il s'agit des années ultérieures, la date est toujours rappelée.

Ce volume de notes, établi selon le modèle longuement rodé, notamment dans les ouvrages sur Pontmain (1971) et la vie de Catherine Labouré (1980) donne exhaustivement sur chaque point, tous les témoignages qui sont parvenus à notre connaissance. Nos constats sont donc contrôlables et perfectibles, au cas où un historien de l'avenir découvrirait d'autres sources ou un moyen de pousser plus loin l'analyse. Ce volume a été conçu et agencé pour établir des preuves contrôlables et perfectibles, selon l'exigence propre à toute méthode scientifique.

N.B. : Quand il y a une faute dans le texte cité, nous le respectons, mais l'imprimons en italique si le texte est en romain ou en romain si le texte est en italique,

par exemple :

cor*ré*ligionnaire

là où au chapitre 5, note 6, Bussières (n° 26) écrit ainsi ce mot, au lieu de coreligionnaires.

1

DE STRASBOURG A ROME : SEMAILLES DANS LES LARMES
17 novembre 1841 — 6 janvier 1842

1. Larmes au départ

Alphonse est la seule source que nous ayons pour les débuts du voyage, dans sa lettre à Desgenettes, 12 avril 1842, n° 59, éd. 1912 p. 59-61, largement citée dans le texte, où il revient 2 fois sur ses pleurs.

« *Je ne pouvais quitter* [famille et amis] *sans verser des larmes, car je les aimais et les aime encore.* » p. 59 : allusion à la tension que provoquera sa conversion.

« *Je pleurais beaucoup, j'étais agité d'une foule de craintes, de mille étranges pressentiments.* » ib. p. 61.

2. De Strasbourg à Marseille : l'étape française du voyage

« *Il partit de l'Alsace vers la fin de l'automne dernier pour y revenir au commencement de l'été 1842 : époque fixée pour son mariage.* » T. de Bussières, *Relation,* 30 janvier 1842, n° 12, p. 2.

« *Vers la fin de l'automne 1841, un jeune homme, appartenant à une famille de Strasbourg, distingué par sa condition et par l'estime de tous, arrivait à Naples afin de poursuivre jusqu'en Orient un voyage de santé et de plaisir. Ce n'était pas sans regret qu'il avait quitté sa patrie, car il y laissait une fiancée chérie : une jeune fille belle et douce, qu'il aimait encore comme un trésor d'espérance. Cette jeune fille était sa propre nièce; mais un sentiment mutuel, bien plus que des convenances de famille avait déterminé ce mariage.* » T. de Bussières, *L'enfant de Marie,* 17 février 1842, n° 26, p. 8.

« *Je partis enfin [...]. Arrivé au premier relais [...], une noce de village [...] entoure ma voiture [...] (cité dans le texte). Je m'arrêtai quelques jours à Marseille où mes parents et mes amis me reçurent avec fête. Je ne pus presque point m'arracher à cette élégante hospitalité. Il en coûte en effet de laisser les rives de France quand on laisse derrière soi toute une vie d'affection et d'aimables souvenirs.* » Alphonse à Desgenettes, 12 avril 1842, n° 59, p. 61-62.

« *Je dîne chez Flore, 25e anniversaire de mon départ de Strasbourg pour Rome.* » Diaire d'Alphonse, 17 novembre 1866, n° 518.

« *Il y a juste 25 ans aujourd'hui que je partais de Strasbourg pour Naples, Constantinople et la Syrie* » [c'est-à-dire Jérusalem], Alphonse aux sœurs de Jérusalem, 17 novembre 1866, n° 519. Jérusalem appartenait alors à l'Empire Ottoman, Province de Syrie.

« *Le 17 novembre 1841, je quittai Strasbourg pour me rendre à Marseille, à Naples et en Orient, sans plus me soucier [...] de Rome que si elle n'existait pas. Il y a de cela 38 ans !* » Alphonse aux Magnan, 17 novembre 1879, n° 274.
« *Le 17 novembre 1841, j'ai quitté Strasbourg pour me rendre à Naples et en Orient, sans me soucier de Rome. Et voilà. Il y a 38 ans aujourd'hui !* » Billet d'Alphonse sans nom de destinataire, 17 novembre 1879, n° 275.

Synthèse

Vers la fin de l'automne 1841, (n° 12, 26), le 17 novembre (1866, n° 518 ; 1879, n° 274 et 275 : la date est bien gravée dans sa mémoire), Alphonse quitte Strasbourg : sa ville natale, et interrompt ses fonctions d'associé de son oncle, pour un voyage « *de santé et de plaisir* » (n° 26), qui durera jusqu'à l'été 1842 (soit 7 à 9 mois : n° 12). Il se mariera au retour (n° 12, 59). Le voyage en diligence demanda sans doute bien des jours : une à deux semaines maximum. Nous n'en connaissons qu'un détail : la rencontre de la noce, qui a frappé le jeune fiancé (n° 59). Il dut passer environ une semaine chez son frère Henry, à Marseille, et il eut peine à « *s'arracher* » à cette douce et confortable « *hospitalité* ». (n° 59).
Quand quitta-t-il Marseille ? Dès le début décembre (n° 12), puisque l'escale de Cività Vecchia (450 kilomètres de Marseille) eut lieu le 8 décembre (note suivante). Qu'il soit parvenu à Naples (250 kilomètres) dès le lendemain, 9 décembre, comme nous verrons plus loin, manifeste que le vapeur faisait plus de 100 kilomètres par jour. Le 17 novembre, jour du départ, est la seule date qu'Alphonse ait retenue : car elle relève de la mémoire du cœur. A défaut d'agenda, ses repères chronologiques sont souvent approximatifs : pas celui-ci.

3. DE MARSEILLE À NAPLES (5-9 décembre 1841)

« *Monsieur Ratisbonne s'embarqua à Marseille* [dans les premiers jours de décembre] *et se rendit directement à Naples. Il y passa quelques mois* [*sic* pour semaines : du 9 décembre au 4 janvier 1842], *dans les plaisirs et la distraction, et se décida à partir pour la Sicile, Malte et Constantinople avec un compagnon* [Monsieur Vigne : ci-dessous note 5], *dont il venait de faire la connaissance.* » T. de Bussières, *Relation,* 30 janvier 1842, n° 12, p. 2-3.

« *Je voyageais pour ma santé, et mon médecin m'avait prescrit de me rendre de Naples à Malte le plus tôt possible. J'allai voir le bateau à vapeur : le Mongibello qui devait me transporter dans cette île* » (suite à la note 5) Alphonse in *Procès,* 18 février 1842, n° 28, p. 79.

« *Le navire, avant d'arriver à Naples, fit une halte à Cività Vecchia. Au moment d'entrer au port, le canon du fort tonnait avec force. Je m'informai, avec une maligne curiosité, du motif de ce bruit de guerre sur les terres pacifiques du Pape. On me répondit :*
— *C'est la fête de la Conception de Marie.*
— *Je haussai les épaules sans vouloir débarquer.*
Le lendemain, à la lumière d'un soleil magnifique, qui étincelait sur la fumée du Vésuve, nous abordâmes à Naples. Jamais aucune scène de la nature ne m'avait plus vivement ébloui ; je contemplais alors avec avidité les brillantes images que les artistes et les poètes m'avaient données du ciel.
Je passai un mois à Naples pour tout voir et tout écrire. J'écrivis surtout contre la religion et les prêtres qui, dans cet heureux pays, me semblaient tout à fait déplacés [il mentionne ici ses plaisanteries sur le *Lacryma Christi,* cité dans le texte].
Ma fiancée me demanda si j'étais de l'avis de ceux qui disent :
— *Voir Naples et mourir.*
Je lui répondis :
— *Non ! Mais voir Naples et vivre ! Vivre pour la voir encore [...] Je pris ma place à bord du Mongibello pour me rendre en Sicile. Un ami* [Mr de Raigecourt] *m'accompagna sur le bateau, et me promit de revenir au moment du départ pour me*

dire adieu. » (Suite ci-dessous note 7) Alphonse à Desgenettes, 12 avril 1842, n° 59, p. 62-63.

« *Le bateau n'était pas encore parti le premier jour de l'an. Ce jour-là s'annonçait pour moi sous les plus tristes conditions. J'étais seul à Naples sans recevoir les vœux de personne, sans que j'eusse personne à serrer dans mes bras ; je pensais à ma famille, aux souhaits et aux fêtes qui entourent à pareille époque mon bon oncle ; je versais des larmes, et la gaieté des Napolitains augmentait ma tristesse. Je sortis pour me distraire, en suivant machinalement le flot de la foule. J'arrivai sur la place du Palais, et me trouvai, je ne sais comment, à la porte d'une église. J'y entre. On y disait la messe, je crois. Quoi qu'il en soit, je me tins là debout, appuyé contre une colonne* [le récit de sa prière est cité dans le texte]. *Ma tristesse s'en était allée comme un noir nuage que le vent dissipe et chasse au loin, et tout mon intérieur, inondé d'un calme inexprimable, ressentait une consolation semblable à celle que j'aurais éprouvée si une voix m'avait dit :*
Ta prière est exaucée. *Oh oui, elle était exaucée au centuple...* » ib. p. 65-66.

Synthèse

Alphonse, arrivé à Marseille en fin novembre 1841, prend le bateau pour Naples dans les premiers jours de décembre (n° 12). Le navire fait escale à Civitá Vecchia le 8 décembre : le canon tonne pour fêter l'Immaculée Conception. Alphonse ne veut même pas descendre. Le lendemain 9, il arrive à Naples par un soleil magnifique. Il y va passer « *un mois* », dit-il (n° 59) ; en fait, un peu moins (9 décembre-4 janvier matin ; donc pas « *des mois* » : n° 12). C'est un touriste passionné qui veut « *tout voir et tout écrire* » (n° 59). Il souligne le côté anticlérical et anti-chrétien de ses notes de voyage, qu'il n'a malheureusement pas gardées. Il projette d'aller à Malte (n° 12, 28 ; 59, p. 64) par la Sicile (n° 12 et 59), avec Monsieur Vigne, dont il vient de faire la connaissance (n° 12, ci-dessous note 5). Monsieur de Raigecourt, un « *ami* » qui le pilote, l'a acompagné quand il a retenu sa place sur le vapeur *Mongibello* (n° 28, 59). Il reviendra « *au moment du départ* » (n° 59). La solitude du jour de l'an lui pèse, mais le fait entrer dans une église qui lui a inspiré une prière consolante (n° 59, p. 66 : cité dans le texte).

4. CAP VERS MALTE

Alphonse à Desgenettes, 12 avril 1842, n° 59, p. 64 : cité dans le texte. Sur la décision d'aller à Rome et les projets d'itinéraire, voir notes 6 et 7

5. LES AMIS D'ALPHONSE À NAPLES

« *A Naples [...] les Rotschild, Halley et Coulmann : juifs, catholiques et protestants me conseillaient [...] un court séjour à Rome.* » Alphonse à Louis Ratisbonne, 22 janvier 1842, n° 7.

« *Mon médecin m'ayant prescrit de passer de Naples à Malte le plus vite possible, j'allai voir le bateau à vapeur : le Mongibello, qui devait me transporter dans cette île* [à Malte], *et j'étais en compagnie du Baron de Richemont* [= Raigecourt], *gendre de Mr Lefebvre, lorsque, changeant subitement d'avis, je me rendis au bureau des diligences.* » Alphonse Ratisbonne, in *Procès,* 18 février 1842, n° 28, p. 79.

« *Je m'étonne d'autant plus de m'être laissé persuader de différer mon départ que Monsieur Vigne, qui devait être mon compagnon de voyage à Malte et à Constantinople, m'attendait à Naples.* » Alphonse, in *Procès,* 18 février 1842, n° 29, p. 82.

« *Deux amis de ma famille que je voyais souvent* [à Naples] *m'engageaient vivement* [...à] *aller à Rome [...]. C'était M. Coulmann, protestant, ancien député de Strasbourg, et M. le Baron de Rothschild dont la famille à Naples me prodiguait toute espèce de prévenances et d'agréments [...].*

Mr Coulmann m'avait mis en rapport avec un aimable et digne homme [Monsieur Vigne] *qui devait faire, comme moi, le voyage de Malte ; j'étais heureux de cette rencontre et je me disais :*
« *Ah voilà l'ami que le ciel m'a envoyé* » Alphonse à Desgenettes, 12 avril 1842, n° 59, p. 64-65.

Il prévient M. Vigne du changement de programme : « *excursion à Rome* », et « *retour à Naples pour en repartir* [avec lui] *le 20 janvier* » ib. p. 66.

Synthèse

A Naples, Alphonse retrouve des relations assez diverses : les Rotschild, juifs (n° 7, 59), Halley, catholiques (n° 7) et Culmann (qu'il écrit Coulmann : n° 7 et 59) protestant « ancien député de Strasbourg » n° 59. Il rencontre aussi Monsieur de Raigecourt, gendre de Monsieur Lefebvre, avec qui il va voir le vapeur Mongibello (n° 28). C'est sur ce bateau qu'il devait s'embarquer pour Malte avec Monsieur Vigne (n° 29 et 59, p. 66).

6. L'INEXPLICABLE DÉCISION D'ALLER À ROME

Billet aller : Naples-Rome
« *Officio delle diligenze de Napoli a Roma in Napoli.*
Largo del Castello sotto i reali ministeri in Roma. Alla posta de Cavalli sulla Piazza del Clementino n° (non précisé sur le billet d'Alphonse)
Il Signore Ratisbonne ha pagato (signe difficile à déchiffrer signifiant écus plutôt que francs) 11,35, per la Piazza n° 5 della diligenza che parte da Napoli per Roma, li 4 gennero ad ore 8 a.m. (= ante meridiem : du matin).
E più pagò per eccedenza di bagaglio [néant] *li 30Xbre (= décembre) 1841, n° 5 L'incaricato Fizzarotti.*
Au dos du billet, on lit cet avertissement général que nous traduisons : « *Si le voyageur est manquant à l'heure du départ, il perd le prix payé qui reste au bénéfice de l'entreprise.*
Le bagage qui sera admis sans paiement pour tout voyageur ne pourra excéder le poids de « *rotola 30* ». Pour l'excédent on devra payer le port, selon les tarifs des marchandises.
Ledit bagage devra être envoyé à l'office, 2 heures avant le départ, et tout objet qui le compose devra porter une étiquette avec le nom du propriétaire et le n° de la place par lui retenue.
Les bagages ne sont pas garantis par l'entreprise pour les cas fortuits et de force majeure. En cas de perte (*smarrimento*), la compensation revenant au propriétaire ne pourra excéder 9 sc [probablement 9 écus] à moins d'en avoir déclaré la valeur et payé le port selon la norme tarifée.
Tout voyageur est personnellement responsable de toute contravention aux lois et finances et réglements de police.
Il est défendu de fumer dans la diligence, comme aussi d'emmener des matières sulfureuses, et chiens.
Billet gardé par Alphonse, conservé aux archives de Sion. 30 décembre 1841, n° 5.

« *Tu vas me croire fou : 3 fois je t'annonce mon départ pour la Sicile et Malte, 3 fois, sans que je puisse me rendre compte de ce qui se passe en moi, 3 fois il se fait qu'au moment de partir,*
- *c'est Rome qui m'attire,*
- *c'est Rome qui me séduit,*
- *c'est Rome qui me garde.*

A Naples, je sortais pour retenir ma place au bateau à vapeur, et, obéissant à une force irrésistible, je change subitement, involontairement de direction, et c'est au bureau de la diligence de Rome que je cours. » Alphonse à Flore Ratisbonne, 21 janvier 1842, n° 3.

« *J'étais à Naples, et sur le point de partir pour la Sicile et Malte. Les Rothschild, Halley et Coulmann, juifs, catholiques et protestants, me conseillaient de faire d'abord un court séjour à Rome. Je ne voulais pas le faire. Je sors de chez moi pour aller retenir ma place sur le bateau à vapeur, et une main invisible me conduit au bureau des diligences pour Rome, et, sans savoir comment, je me décide à aller à Rome.* » Alphonse à Louis Ratisbonne, 22 janvier 1842, n° 7.

« *Alphonse sortit un matin de chez lui, pour prendre sa place sur le bateau à vapeur qui devait le mener à Palerme. Chemin faisant il pensa — comme depuis il me l'a dit lui-même — que n'étant pas sûr* " *de revenir en Italie, il serait presque ridicule de n'avoir point vu Rome* ", *et,* sans trop savoir ni pourquoi ni comment, *il se rendit au bureau des diligences au lieu d'aller à celui du bateau, arrêta sa place pour Rome, et partit, bien décidé toutefois de revenir à Naples, après une absence de 15 jours, et à reprendre alors ses premiers projets.* » T. de Bussière, *Relation,* 30 janvier 1842, n° 12, p. 3.

« *Monsieur Alphonse Ratisbonne se rendait en Orient. Débarqué à Naples, il éprouva quelques regrets de laisser derrière lui la ville de Rome sans l'avoir visitée. Quelque odieuse que fût, pour son cœur d'israélite, cette capitale de la chrétienté,* la curiosité l'emporta sur les répugnances, *et il se détermina à voir Rome, mais rapidement.* » *L'Ami de la religion,* 12 février 1842, n° 20.

« *Ayant passé quelques jours à Rome,* pour satisfaire sa curiosité. » *Diario di Roma,* 15 février 1842, n° 24.

« *Il sort donc un matin pour aller, sans plus de délais, fixer sa place sur le bateau à vapeur qui devait le mener à Palerme. Chemin faisant, il songe qu'il* n'a pas vu Rome, *qu'une fois de retour, marié, lancé dans les affaires, associé peut-être à la maison de son oncle, il est* peu probable qu'il puisse revenir *en Italie. Absorbé par ces réflexions, il entre dans un bureau, mais c'est celui des diligences ; il y retient une place et, 3 jours après, il est à Rome.*
« *Du moins il n'y fera qu'un bien court séjour. Sa volonté est précise, son parti irrévocablement pris : dans 15 jours* [après son départ pour Rome le 4 janvier], *il est* [= il sera] *de retour à Naples. C'est en vain que la Ville Eternelle lui étalerait toutes ses merveilles. Il ne peut rester un moment de plus. L'Orient et sa fiancée l'attendent.* » T. de Bussières, *L'enfant de Marie,* 17 février 1842, n° 26, p. 9-10 : Ce texte court-circuite le premier projet d'hiverner à Malte en passant par la Sicile.

Arrivé directement de Marseille à Naples [avec l'escale de Cività Vecchia, où il ne descendit pas], il ne songeait nullement à visiter Rome, malgré les conseils que lui donnaient ses amis de profiter de la proximité.
« *Un matin, il était sorti de chez lui dans l'intention d'aller assurer sa place au bateau à vapeur en partance pour Malte, lorsque, passant devant le bureau des diligences de Rome, il changea* brusquement *d'idée et,* sans raison aucune, *sans pouvoir assigner un motif plausible à un changement aussi subit de détermination, il entra et se fit inscrire pour le* plus prochain départ. *Il semblait qu'une main invisible, nous a-t-il répété depuis, me poussât vers Rome, en quelque sorte malgré moi. Après avoir séjourné 15 jours dans cette ville, il songea à en repartir.* » T. Walsh, *Le Comte de la Ferronnays*, 20 mars 1842, n° 50, p. 51-52.

« *Rien ne lui paraissait devoir exciter sa curiosité dans la ville éternelle. Il allait se diriger vers Palerme, mais la divine Miséricorde l'appelait sans qu'il sût discerner sa voix. Il est comme contraint, par un dessein secret du ciel, de changer sa détermination,* il veut *voir Rome,* sous prétexte *que semblable occasion de visiter les antiques monuments ne se présentera peut-être plus pour lui. Il y va.* » [J. M. Aladel, C.M.], *Récit*, mars 1842, n° 52, p. 394.

« *Je n'avais aucune envie d'aller à Rome, bien que 2 amis de ma famille, que je voyais souvent, m'y engageassent vivement : c'était Mr Coulmann, protestant, ancien député de Strasbourg, et Mr le Baron de Rothschild, dont la famille à Naples me prodiguait toute espèce de prévenances et d'agréments. Je ne pus céder à leurs conseils ... Ma fiancée désirait que j'allasse droit à Malte, et elle m'envoya un ordre de mon médecin, qui me recommandait d'y passer l'hiver en me défendant positivement d'aller à Rome, à cause des fièvres malignes qui, disait-il, y régnaient. Il y avait là plus de motifs qu'il n'en*

fallait pour me détourner du voyage de Rome, si ce voyage s'était trouvé sur mon itinéraire.
Mais comment suis-je allé à Rome?
Je ne puis le dire, je ne puis me l'expliquer à moi-même. Je crois que je me suis trompé de chemin; car, au lieu de me rendre au bureau des places de Palerme, vers lequel je me dirigeais, je suis arrivé au bureau des diligences de Rome. J'y suis entré et je pris ma place. Je fis dire à Monsieur Vigne, l'ami qui devait m'accompagner à Malte, que je n'avais pu résister à faire une courte excursion à Rome, et que je serais positivement de retour à Naples, pour en repartir le 20 janvier. J'eus tort de m'engager, car c'est Dieu qui dispose, et cette date du 20 janvier devait marquer autrement dans ma vie. »
Alphonse à Desgenettes, 12 avril 1842, n° 59, p. 64-66.

Synthèse

Alphonse était déterminé à partir pour la Sicile et Malte (ci-dessus, notes 3, 4 et 5). Pourquoi part-il pour Rome malgré ses objections antérieures et sa sourde oreille aux amis juifs, catholiques et protestants? (ci-dessus note 5).

Les motifs...

Selon Théodore de Bussières, Alphonse « *pensa,* COMME DEPUIS IL ME L'A DIT LUI-MÊME, QUE N'ÉTANT PAS SÛR DE REVENIR EN ITALIE, *il serait presque* RIDICULE DE N'AVOIR PAS VU ROME » (n° 12).
Il songe qu'il n'a pas vu Rome, qu'une fois de retour, il est peu probable qu'il puisse revenir en Italie (n° 26).
« *Je fis dire à Monsieur Vigne, l'ami qui devait m'accompagner à Malte, que* je n'avais pu résister à faire une courte excursion à Rome *et que je serais positivement de retour à Naples pour en repartir le 20 janvier* » (n° 59, p. 66).
Quoi qu'il en dise (n° 59; cf n° 7 et 52), Alphonse avait bien des motifs d'aller à Rome. Il avait même fait le projet de s'y rendre dès Pâques 1841; il avait écrit à son frère Théodore pour lui demander de bonnes adresses : « *Peut-être irai-je passer la Semaine Sainte à Rome. Dans ce cas, je serais bien aise d'avoir quelques lignes de ta main pour me recommander aux plus profanes de tes amis.* » (8 mars 1841, n° 2).
A cela s'ajoutent la curiosité dont parlent certains témoins (n° 20, 24), la crainte que l'étape à Rome envisagée au retour ne soit pas possible (n° 12), et les pressions et arguments des 3 familles amies de Naples.

...et l'irrationnel?

Dans sa perspective, Alphonse souligne uniquement le côté irrationnel de sa décision, qui lui semble venir de plus loin : providentiellement ou miraculeusement? Il ne précise pas.
Voici les principaux textes, le premier datant du lendemain même de l'apparition :
« *Obéissant à une* FORCE IRRÉSISTIBLE, *je change subitement* INVOLONTAIREMENT *de direction, et c'est au bureau des diligences de Rome que je cours* » (Alphonse à sa fiancée Flore Ratisbonne, 21 janvier 1842, n° 3).

« UNE MAIN INVISIBLE ME CONDUIT *au bureau des diligences pour Rome, et* SANS SAVOIR COMMENT, *je me décide à aller à Rome* » (n° 7).

T. Walsh lui fait écho en termes analogues : « *Il change brusquement d'idée,* SANS RAISON AUCUNE, SANS POUVOIR ASSIGNER UN MOTIF PLAUSIBLE À UN CHANGEMENT AUSSI SUBIT [...]. *Il entra et se fit inscrire pour le plus prochain départ* [...]. *Il semblait qu'une* MAIN INVISIBLE (nous a-t-il répété depuis) ME POUSSÂT *vers Rome en quelque sorte* MALGRÉ MOI. » (T. Walsh, *Le Comte de la Ferronnays*, 20 mars 1842, n° 50, p. 52).
« *Comment suis-je allé à Rome? Je ne puis le dire,* JE NE PUIS L'EXPLIQUER A MOI-MÊME. *Je crois que* JE ME SUIS TROMPÉ DE CHEMIN, *car au lieu de me rendre au bureau des places de Palerme, vers lequel je me dirigeais, je suis arrivé au bureau des diligences de Rome. J'y suis entré et je pris ma place* [...]. *Je fis dire à Monsieur Vigne* [...] *que* JE N'AVAIS PU RÉSISTER *à faire une courte excursion à Rome* [...]. *C'est Dieu qui dispose* » (n° 59, p. 66).

Chronologie

La chronologie est épineuse, comme si le sens providentiel de l'événement faisait oublier (ou bousculait même) les données factuelles. Selon Alphonse et Théodore de Bussières, il semblerait s'agir d'une décision *soudaine* suivie d'un départ *immédiat*, qui met Alphonse à Rome trois jours plus tard :
L'évaluation de la *durée* du voyage est exacte. Il est parti le 4 janvier à 8 heures du matin et semble être arrivé le 6 de très bonne heure. Pour le reste, Alphonse multiplie des inexactitudes déconcertantes.
1° Il serait parti *aussitôt* après l'achat précipité de son billet. Or, il l'a acheté le 30 décembre, atteste ce billet même. Et puis, pourquoi Alphonse exprime-t-il sa déception que le bateau « *ne soit pas encore parti le premier jour de l'an* » (n° 59, p. 65), puisque, deux jours plus tôt, il a pris son billet de diligence pour Rome ?
2° Son départ aurait eu lieu le 5.
« *Je quittai Naples le 5 et j'arrivai à Rome, le 6, jour des Rois* », dit-il encore (n° 59, p. 66). La date d'arrivée est exacte. Mais le départ a lieu le 4, atteste l'irrécusable billet.

Pour justifier la version contestable d'Alphonse, il faudrait imaginer le scénario suivant : le 4, de bonne heure, il va au port s'informer sur le bateau dont le départ tarde. Il s'engouffre dans le bureau des diligences au lieu du bureau maritime. Il prend sa place. Pour la lui assurer, on l'antidate du 30 décembre. Il paraît plus difficile de situer le départ le 5, en supposant qu'il aurait été ajourné.

Mieux vaut donc penser qu'Alphonse, soucieux d'expliquer son revirement, omet ou déforme les données chronologiques. Il a bien pris son billet le 30 décembre, pour le cas où le départ du bateau tarderait encore. Le 3 janvier, en allant au port, il confirme son départ pour le 4 janvier matin à 8 heures ; il arrive à Rome au matin du 6 janvier, jour de l'Epiphanie : la donnée chronologique la plus précise et la plus certaine qu'il nous fournisse (n° 59, p. 66).

T. de Bussières (n° 26) précise qu'Alphonse arrive à Rome 3 jours après avoir pris sa place de diligence. Ce dernier point est inexact, le billet ayant été pris le 30 décembre, Théodore compte bien les *3 jours* du voyage : départ le 4, arrivée le 6 au matin.
Alphonse a prévu son retour à Naples le 17. Pourquoi Bussières, qui écrit après coup, dit-il que le séjour à Rome sera *limité à 15 jours* ?
Sans doute parce qu'il additionne les 4 à 5 jours de voyage (aller et retour) aux 11 jours (6-17 janvier) du séjour proprement dit.
Alphonse compte revenir par la diligence du 17 janvier qui partait à 4 heures du matin (voir note suivante), pour arriver à Naples le 18 au soir ou plus probablement le 19 au matin ; il doit embarquer pour Palerme, le 20, avec Monsieur Vigne. On verra plus loin pourquoi ce retour n'eut pas lieu.

7. RETOUR PRÉVU À NAPLES, LE 17 JANVIER

Billet du retour Rome-Naples :
Ufficio di Roma : Diligenza di Caperno, n° 3366, li 15 gen[naio]
il S[ignore] Ratisbonne ha pagato per la piazza n° 12 della diligenza per Napoli del 17 gen[naio] 1842, ad ore 4 mattina.
E più pagò per eccedenza di bagaglio [néant pour cet excédent]
Si vedino le avvertenze a tergo.
L'incaricato : A.SISTI (Billet du 15 janvier 1842, n° 2)
N.B. Le verso du billet est identique à celui du billet d'aller Naples-Rome transcrit à la note précédente (note 3)

« *A Rome, après un séjour de moins de 2 semaines* [du 6 au 15 janvier], *je prends ma place, je la paie, pour retourner à Naples et continuer mon voyage.* » Alphonse à sa fiancée Flore Ratisbonne, 21 janvier 1842, n° 3.

« *Voici 15 jours que je suis* [à Rome]. *La place était prise pour partir.* » Alphonse à son frère Théodore, 22 janvier 1842, n° 6.

« *J'étais sur le point de quitter Rome* [...]. *Je devais partir le 17, à 9 heures du matin* » [la copie porte bien 9, mais il a difficilement pu faire une telle confusion d'horaire ; la copie a dû transcrire en *9* le chiffre *3*, qu'atteste la lettre à Desgenettes, n° 59. Plus loin, en racontant sa visite du 16 janvier à Théodore de Bussières, il précise :] *Je devais partir le lendemain* [17 janvier ...]. *Ma place était payée, j'en avais la facture et je la conserve.* » Alphonse à son oncle Louis Ratisbonne, 22 janvier 1842, n° 7.

« *Alphonse devait retourner à Naples. Sa place était retenue à la diligence pour le lundi 17 janvier à 3 heures du matin.* » T. de Bussières, Relation, 30 janvier 1842, n° 12, p. 4.

« *Il quittait cette ville avec indignation, et déjà sa place était retenue.* » *L'Ami de la Religion,* 12 février 1842, n° 20.

« *Sopraggiungeva ormai il 17 Gennaio fermo pel suo ritorno a Napoli.* » « *Arrivait maintenant le 17 janvier fixé pour son retour à Naples.* » *Diario di Roma,* Biblioteca Nazionale Vittario-Emmanuele, vol.5, p. 1-2, 15 février 1842, n° 24.

« *Sa volonté est précise, son parti irrévocablement pris. Dans 15 jours, il est de retour à Naples.* » T. de Bussières, *L'Enfant de Marie,* 17 février 1842, n° 26, p. 10.
« *Quant à votre départ, n'en parlons pas, car il faut absolument le remettre à 8 jours.* » Ib. p. 19.

« *Mes malles étaient faites et tout préparé pour mon départ.* » Alphonse, in *Procès,* 18 février 1842, n° 29, p. 82.

« *Le lundi soir 17* [janvier], *Monsieur Théodore de Bussières* [...] *m'apprit qu'il avait réussi à empêcher le départ de Monsieur Ratisbonne le jour suivant, comme il avait été établi.* » E. de Bock, in *Procès,* 4 mars 1842, n° 40, p. 121. Le Baron de Bock apprend l'événement le 17, mais c'est bien le 16 que Théodore a empêché le départ du *lendemain.*

« *Après avoir séjourné 15 jours dans cette ville* [Rome], *il songea à en repartir* [...]. *Il se leva en annonçant qu'il allait quitter Rome le surlendemain* [17 janvier] ; *sa place était déjà retenue. Monsieur de Bussières* [...] *s'efforça de le décider à prolonger son séjour.* » T. Walsh, *Le Comte de la Ferronnays,* 20 mars 1842, n° 50, p. 52 et 56.

« *C'était le 15* [janvier], *et j'allai retenir ma place aux voitures de Naples ; mon départ est arrêté pour le 17, à 3 heures du matin.* » Alphonse à Desgenettes, 12 avril 1842, n° 59, p. 71.

« *J'avais pris et payé ma place* [...]. *Déjà j'en avais donné avis à ma famille.* » Ib. p. 77.

Synthèse

Dès le 15 janvier [dixième jour de son séjour à Rome], Alphonse a retenu (n° 12, 20, 50, 59) et payé sa place de diligence (n° 7, 59) : « *voiture de Naples* » (n° 50, 71), pour partir « *le 17, à 3 heures* » du matin (n° 12,59). Le billet prévoit « *4 heures du matin* » (n° 2, billet de la *Diligenza di Ceprano*), mais Alphonse a sans doute noté l'heure où il devait partir de chez lui, ou embarquer avec ses bagages : ses « malles étaient faites » (n° 29). Théodore de Bussières lui fera annuler son départ le 16 (ci-dessous, chapitre 8, note 7), et non le 17, comme le dit le Baron de Bock (n° 40). C'est ainsi qu'il va passer à Rome, non pas les 11 jours prévus (n° 6, 25, 50), mais 2 mois, presque jour pour jour (6 janvier-mars 1842).

8. La Promesse non tenue envers Monsieur de Raigecourt

« *Mon médecin m'avait prescrit de me rendre de Naples à Malte le plus tôt possible. J'allai voir le bateau à vapeur : le Mongibello, qui devait me transporter dans cette île, et j'étais en compagnie du Baron de Richemont* (sic), *gendre de Monsieur Lefèvre, lorsque, changeant subitement d'avis, je me rendis au Bureau des Diligences.* » Alphonse, in *Procès,* 18 février 1842, n° 28, p. 79.

« *Un ami* [Monsieur de Raigecourt] *m'accompagna sur le bateau et me promit de revenir au moment du départ pour me dire adieu. Il vint* [le 20 janvier], *mais ne me trouva point au rendez-vous. Si jamais Monsieur de* Réchecourt [sic pour Raigecourt] *apprend le motif qui m'y a fait manquer, il s'expliquera mon impolitesse et la pardonnera sans aucun doute.* » Alphonse à Desgenettes, n° 59, p. 64.

« *Arrivée d'une caravane de pélerins* [au couvent de l'Ecce Homo de Jérusalem]. *Le Père Marie* [Alphonse] *les reçoit et il retrouve, avec plaisir, dans le président : Monsieur de Raigecourt, un ancien ami, à qui il avait donné rendez-vous à Naples le 20 janvier 1842 ; mais, dans l'ordre de la Providence, ce rendez-vous était fixé à Jérusalem, longtemps après.* » *Journal de l'Ecce Homo,* 13 avril 1862, n° 56.

Flavie, épouse du Marquis Nicolas de Raigecourt, « *aimait tendrement Eugénie* », fille d'Auguste de la Ferronnays. Lettre du Marquis de Raigecourt à Philippe Gerbet, 6 avril 1842, citée par Madame Auguste Craven, *Récit d'une sœur,* Paris, Didier, 1868, n° 544, tome 2, p. 321.

Synthèse

Monsieur de Raigecourt qui pilotait Alphonse dans le port de Naples, en vue de son voyage pour Palerme (ci-dessus notes 5, 6 et 7), lui avait promis de le retrouver lors du départ du vapeur le 20 janvier. Alphonse a été frappé que le rendez-vous manqué du *20* janvier (jour de l'apparition) ait eu lieu *20* ans plus tard non plus à Naples, mais à Jérusalem.
Les désignations approximatives qu'Alphonse fait de Nicolas de Raigecourt sous les noms de Richemont (n° 28) ou Réchecourt (n° 59) sont démenties par le Journal de *l'Ecce Homo* (1862, n° 56), et par Madame Craven (1868, n° 544), évidemment mieux informée sur son nom et sur son titre : « *Marquis* » plutôt que « *Baron* », à moins que ce Baron ait hérité après coup du titre de marquis.

9. DE NAPLES A ROME AVEC MARSHALL, 4-6 JANVIER

« *Arrivé à Rome le 5 janvier 1842* » (sic pour *6*) Alphonse, in *Procès,* 18 février 1842, n° 28, p. 79.

« *Je quittai Naples le 5 et j'arrivai à Rome le 6, jour des Rois. Mon compagnon de voyage était un Anglais nommé Marschal, dont la conversation originale m'amusa beaucoup en chemin* » Alphonse à Desgenettes, 12 avril 1842, n° 59, p. 66.

Synthèse

Alphonse fait erreur, là où il dit partir de Naples le 5 janvier (n° 59), ou arriver à Rome le 5 ! (n° 28). Ici encore, le billet de diligence (ci-dessus, note 6) corrige sa mémoire approximative. Le départ eut normalement lieu « *le 4 janvier à 8 heures du matin* ». Alphonse arrive à Rome « *le 6, jour des Rois* » (n° 59 : bon repère, vu la solennité des fêtes de l'Epiphanie dans la Ville Eternelle). Le voyage a duré trois jours, confirme Théodore de Bussières. (17 février 1842, n° 26, p. 10, cité ci-dessus note 6 : dont les termes ambigus donneraient à penser que les trois jours s'écoulent entre l'achat du billet et le départ). Si donc Alphonse a bien pris son billet le 30 décembre, comme l'a écrit le préposé, il attendit quatre jours à Naples avant de faire ce voyage qui dura effectivement trois jours.

10. PREMIÈRES VISITES A ROME

« *Le voilà donc visitant les ruines, les églises, les galeries, entassant, en vrai touriste, les courses, les impressions et les souvenirs confus.*
Il a hâte d'en finir avec cette ville qu'il est venu voir, moins encore par curiosité que par une sorte d'entraînement qu'il s'explique mal » T. de Bussières, *Relation,* 17 février 1842, n° 26, p. 10-11.

« *Rome ne me fit point, au premier abord, l'impression que j'espérais. J'avais d'ailleurs si peu de jours à donner à cette excursion improvisée, que je me hâtais de dévorer, en quelque sorte, toutes les ruines anciennes et modernes que la ville offre à l'avidité d'un touriste. Je les entassais pêle-mêle dans mon imagination et sur mon journal. Je visitais, avec une monotone admiration, les galeries, les cirques, les églises, les catacombes, les innombrables magnificences de Rome* » Alphonse à Desgenettes, 12 avril 1842, n° 59, p. 66-67.

11. LES VISITES A L'ARACOELI

« *Je lui demandai ce qu'il avait vu à Rome et, en m'en faisant le récit, il me dit que l'église d'Ara Coeli, au Capitole, avait produit sur lui une impression telle que son valet de place même s'en était aperçu. Alphonse protesta, en même temps, que cette impression avait été religieuse et nullement catholique* » T. de Bussières à T. Ratisbonne, 22 janvier 1842, n° 5.

« *Qu'avez-vous vu à Rome? Je racontai alors, au milieu des sarcasmes et des plus affreux blasphèmes,* [à T. de Bussières] *mes impressions dans les églises à la vue des cérémonies etc. J'ajoutai toutefois qu'en entrant dans l'église située sur le Capitole, j'avais éprouvé une sensation profonde et inexprimable dont le valet de place lui-même s'était aperçu. Je crois avoir mentionné ce détail dans une lettre à ma chère Flore* » Alphonse à son oncle Louis, 22 janvier 1842, n° 7.

« *J'ai été également à l'église d'Ara Coeli au Capitole et, je ne sais pourquoi, je fus saisi d'une émotion extraordinaire. Mon valet de place me demanda ce qui m'arrivait, ajoutant qu'il avait déjà vu plusieurs fois des étrangers éprouver cette même émotion* » T. de Bussières, *Relation,* 30 janvier 1842, n° 12, p. 4-5, rapportant les propos d'Alphonse.

« *Il m'est arrivé une chose assez extraordinaire : en visitant l'église d'Aracoeli, au Capitole, je me suis senti saisi d'une émotion profonde que je ne pouvais expliquer. Témoin de mon agitation, le valet de place me demanda ce qui m'arrivait, si je voulais me retirer, prétendant que plusieurs fois il avait vu des étrangers éprouver cette même émotion* » T. de Bussières, *L'Enfant de Marie,* 17 février 1842, n° 26, p. 12.
« *Il se hâta d'affirmer, avec une intention bien marquée, que cette impression avait été purement religieuse et nullement chrétienne* » Ib., p. 13.
« *Je voulus qu'il visitât* une seconde fois [en fait la 3e : le 17 ou 18 janvier] *avec moi l'église d'Ara Coeli. S'il y éprouva encore une certaine impresssion, elle fut bien fugitive, car il m'écoutait froidement et ne répondait à mes réflexions que par des plaisanteries* » Ib. , p. 23.

« *C'est seulement dans l'église de l'Ara Coeli que j'éprouvai des sentiments religieux, mais non chrétiens* [...]. *La seconde fois que je fus à l'Ara Coeli, je vis qu'il se faisait des préparatifs pour le baptême de la famille Constantini, juifs d'Ancône* [baptisés le 9, selon l'*Univers* du 13 février]. *J'éprouvai un vif dégoût et l'exprimai à mon valet de place* (servo di piazza), *Bonom. J'avais invité à venir avec moi dans cette église l'Anglais* [Marshall], *pour voir si cela éveillerait en lui les mêmes sentiments que* [cette église] *avait éveillés en moi, la première fois que je la vis; mais il ne s'en montra point ému* » Alphonse, in *Procès,* 18 février 1842, n° 28, p. 80.
« *Je racontai* [à T. de Bussières] *l'impression ressentie à la vue de l'église d'Aracoeli, sans aucun sentiment chrétien cependant* » Ib. p. 81.

« *Je tiens de Monsieur de Bussières que dans la première visite que lui fit Monsieur Ratisbonne, celui-ci, lui a* [...] *raconté l'impression involontaire qu'il avait éprouvée dans l'église d'Aracoeli...* » P. de Villefort, in *Procès,* 25 février 1842, n° 35, p. 103.

« *Monsieur Ratisbonne me raconta qu'il s'était rendu dans l'église de Sainte Marie d'Ara Coeli et qu'y étant entré, il avait éprouvé une impression si forte que la couleur de son visage s'en était altérée et qu'une personne qui se trouvait dans l'église s'était approchée en lui demandant s'il se sentait mal. A quoi il avait répondu qu'il n'y avait en lui rien de nouveau* (vi era in lui nulla di nuovo) » J. Rozaven, in *Procès,* 2 mars 1842, n° 38, p. 112.

Alphonse « *avait manifesté lui-même que, dans l'église de l'Ara Coeli, il avait senti, impromptu, une impression intérieure et extérieure qui lui avait procuré comme un sentiment religieux* (appreso come un sentimento religioso), *ce pourquoi un valet de place* (servitore di piazzad), *qui était avec lui, s'étant aperçu de la sus-dite impression, lui avait dit qu'à d'autres personnes il en était arrivé autant* » E. de Bock, in *Procès,* 4 mars 1842, n° 40, p. 119.

« *J'appris* [sans doute le 17 janvier] *du P. Rozaven que Monsieur Ratisbonne, entré dans l'église de l'Ara Coeli, avait senti une particulière impression, laquelle, comme je l'appris ensuite de Monsieur de Bussières, n'était pas considérée* (giudicata) *par Monsieur Ratisbonne, selon son expression, comme une impression de catholicisme, mais de simple religiosité; cela n'avait pas convaincu Monsieur de Bussières, qui voulait profiter de cette impression pour le persuader de se faire chrétien* » J. Roothaan, in *Procès,* 9 mars 1842, n° 46, p. 131.

« *J'ai vu, entre autres choses, répondit* [Alphonse à T. de Bussières] *la vieille église d'Ara Coeli, sur l'emplacement du Capitole, et j'avoue qu'elle a produit en moi une impression extraordinaire et tellement forte que mon valet de place, s'en étant aperçu, m'a demandé si je ne voulais pas sortir pour prendre l'air.*
— Non ! Restons encore un moment, lui répondis-je tout troublé. Toutefois Monsieur Ratisbonne protesta que cette impression avait été purement religieuse et nullement catholique » T. Walsh, *Le Comte de la Ferronnays,* 20 mars 1842, n° 50, p. 53-54.

[J. M. Aladel], mars 1842, n° 52, p. 395-396, n'est qu'un écho des précédents.

« *Je mis donc à profit les dernières heures de mon séjour à Rome pour achever mes courses. Je me rendis au Capitole et visitai l'église d'Ara Coeli. L'aspect imposant de cette église, les chants solennels qui retentissaient dans sa vaste enceinte et les souvenirs historiques éveillés en moi par le sol même que je foulais aux pieds, toutes ces choses firent sur moi une impression profonde. J'étais ému, pénétré, transporté, et mon valet de place, s'apercevant de mon trouble, me dit, en me regardant froidement que, plus d'une fois, il avait remarqué cette émotion dans les étrangers qui visitent l'Ara Coeli* » Alphonse à Desgenettes, 12 avril 1842, n° 59, p. 69-70.

Synthèse

Première visite (6 janvier)

La première visite d'Alphonse à l'Aracoeli (n° 5, 7, 12, 26, etc) eut lieu sans doute le 6 janvier. Les chants solennels dont Alphonse se souvient avec émotion (n° 59, p. 69) étant ceux de la fête, plus solennelle à Rome que Noël même.
Alphonse ressent « *impromptu* » (n° 50) une impression particulière (n° 46), intérieure et extérieure (n° 40), involontaire (n° 37), profonde (n° 7, 26, 59), inexprimable (n° 7), extraordinaire (n° 12, 26), « *si forte que la couleur de son visage s'en est altérée* » (n° 38) et qu'il donnait des signes d' « *agitation* » (n° 26). Le « *valet de place Bonom* », c'est-à-dire le guide, (n° 28, 40) s'en aperçoit (n° 5, 12, 26 ; cf. 38 où le P. Rozaven ne précise pas qui perçoit l'émotion d'Alphonse ; n° 40, 50, 59).
— Que vous arrive-t-il ? (n° 12, 26) Voulez-vous vous retirer ? (n° 26) demande le guide.
— Voulez-vous sortir pour prendre l'air ? transpose le n° 50.
— Non ! Restons encore un moment, lui répondis-je troublé (n° 50 ; cf. 38).
— J'ai déjà vu plusieurs fois des étrangers éprouver cette émotion, précise le guide (n° 12, 26, 40, 59).
Le retour se fit par le ghetto de Rome, objet de la note suivante.

Deuxième visite (8 janvier)

L'incident détermina une seconde visite avec Marshall. Alphonse était curieux de voir si le flegmatique Anglais éprouverait la même impression. Il n'en fut rien. Cette

nouvelle visite eut lieu la veille du baptême des Constantini (n° 28), célébré le 9 janvier (atteste le journal *L'Univers* en date du 13 février) : donc le 8 (ce qui confirme que la première eut lieu le 6). Les préparatifs du baptême provoquèrent chez Alphonse une impression vive et indignée (n° 28 et note suivante).
N.B. La Gazette du 5 février 1842 précise que toute la famille Constantini : le père, la mère et leurs 4 filles, furent baptisés ce jour là (et non pas « *2 messieurs* » comme le dit Alphonse, n° 59, p. 70-71).

Troisième visite (18 janvier)

La « *seconde visite* » à l'Aracoeli, dont parle Théodore de Bussières (n° 26, p. 23), est en fait la *troisième*. Elle eut lieu le 18 janvier (ci-dessous chapitre 5, note 3). Théodore de Bussières y emmène Alphonse, avec l'espoir de renouveler l'émotion du 6 janvier, où il croyait discerner une motion de Dieu vers une possible conversion (n° 46) ; mais sans succès (ci-dessous chapitre 2, note 10).
Alphonse lui avait pourtant dit qu'il s'agissait d'une impression religieuse mais non catholique (n° 5, 46, 50), ni chrétienne (n° 12, 28), et que ce lieu affecté au baptême des juifs lui répugnait (note suivante).
L'émotion étrange qu'Alphonse avait éprouvée était si impressionnante qu'il en fit part à sa famille (lettre perdue à Flore : janvier 1842, et lettre à son oncle Louis, n° 7), et à Théodore de Bussières (n° 12, 26), qui le confia au P. de Villefort (n° 35, p. 103). Le 17 janvier, le P. Rozaven l'apprit de source inconnue (Alphonse ou le P. de Villefort ?). Il en fut également frappé et le rapporta au P. Roothaan (n° 46).

12. La visite au ghetto et l'indignation d'Alphonse

« *J'écrivais dans ma dernière lettre à Hanna* [l'épouse d'Achille Ratisbonne, ci-dessus tome 1a, p. 73, Arbre généalogique] :
— *J'ai passé dans la rue des juifs, et leur misère a ranimé ma haine contre les catholiques. J'aime mieux être parmi les persécutés que parmi les persécuteurs* » Alphonse à son frère Théodore, 22 janvier 1842, n° 6.

« *Ma dernière lettre à Héléna* [sœur de Flore Ratisbonne, ib.], *si je m'en rappelle exactement les termes, disait qu'après avoir traversé le quartier des juifs, j'en étais sorti plus indisposé que jamais contre la charité chrétienne* » Alphonse à son oncle Louis Ratisbonne, 22 janvier 1842, n° 7.

« *La vue du ghetto, qu'il traversa une fois, réveilla en son cœur de vifs sentiments de sympathie pour les israélites et de haine contre les catholiques* » T. de Bussières, *Relation,* 30 janvier 1842, n° 12, p. 3.
« *La vue de la misère et de la dégradation des juifs, dont il avait traversé le quartier en quittant le Capitole, avait rallumé dans son cœur sa haine contre le catholicisme, parce qu'il aimait toujours mieux être du côté des opprimés que de celui des oppresseurs* » Ib., p. 5.

« *Monsieur Alphonse Ratisbonne fit part* [à T. de Bussières le 15 janvier] *des impressions pénibles que Rome produisait sur lui. La vue du ghetto (quartier des juifs) lui avait inspiré, disait-il, une violente aversion contre le gouvernement pontifical et contre l'Eglise. Le voyage de Rome, loin de diminuer ses préjugés, les avait donc accrus. Il quittait cette ville avec indignation* » *L'Ami de la Religion,* 12 février 1842, n° 20.

« *Après avoir vu le ghetto des juifs, il sentit augmenter en lui les sentiments de compassion et d'affection pour ses coreligionnaires et les sentiments de rancune à l'égard des chrétiens* » *Diario di Roma,* 15 février 1842, n° 24.

« *En descendant du Capitole, un bien triste spectacle vint rallumer toute ma haine contre le catholicisme; je traversai le ghetto, et, tout en voyant la misère et la dégradation des juifs, je me disais qu'après tout il valait mieux être du côté des opprimés que des oppresseurs* » T. de Bussières, *L'Enfant de Marie,* 17 février 1842, n° 26, p. 13.

« *La vue du ghetto accrut mon aversion envers les chrétiens, et j'en écrivis à la famille, en disant que je préférais être au nombre des persécutés plutôt que des persécuteurs* » Alphonse, in *Procès,* 18 février 1842, n° 28, p. 80.

« *Je lui fis part* [à T. de Bussières] *de l'effet qu'avaient produit la vue du ghetto et l'oppression de mes coreligionnaires, ainsi que les superstitions des catholiques, comme je les appelais avec dérision* » Ib. , p. 81.

« *Je le trouvai profondément juif, et encore plus à cause de l'horreur que lui causait la vue du ghetto, où il disait reconnaître la cruauté des catholiques, ajoutant qu'il préférait se trouver parmi les opprimés que parmi les oppresseurs* » G. de Bussières, in *Procès,* 22 février 1842, n° 33, p. 94.

« *En sortant* [de l'Aracoeli], *il avait traversé le ghetto et la vue de la condition misérable où vivaient ses coreligionnaires avait soulevé en lui une vive indignation contre le gouvernement pontifical* » J. Rozaven, in *Procès,* 2 mars 1842, n° 38, p. 112.

Dans son entretien du 15 janvier avec T. de Bussières, « *il ajouta qu'étant revenu* à son hôtel *par le ghetto, il avait été si frappé de la misère de ses malheureux coreligionnaires, de leur dégradation et du mépris dont ils paraissaient être l'objet, qu'il avait ressenti en ce moment un redoublement de haine contre la religion catholique* » T. Walsh, *Le Comte de la Ferronnays,* 20 mars 1842, n° 50, p. 54.

« *A peine fut-il sorti* [de l'Aracoeli] *que, traversant le ghetto, sa haine se ralluma, encore plus violente, contre le christianisme, en voyant la misère et la dégradation des juifs* » [J. M. Aladel], *Récit,* mars 1842, n° 52, p. 396.

« *En descendant du Capitole, mon cicerone me fit traverser le ghetto* (quartier des juifs). *Là, je ressentis une émotion toute différente* [de celle éprouvée à l'Aracoeli] : *c'était de la pitié et de l'indignation. Quoi! me disais-je, à la vue de ce spectacle de misère, est-ce donc là cette charité de Rome qu'on proclame si haut! Je frissonnais d'horreur et je me demandais si, pour avoir tué un seul homme il y a 18 siècles, un peuple tout entier méritait un traitement si barbare et des préventions si interminables?* [...]. *Je rendis compte à ma famille de ce que j'avais vu et ressenti. Je me souviens d'avoir écrit que j'aimais mieux être parmi les opprimés que dans le camp des oppresseurs. Je retournai au Capitole, où l'on se donnait beaucoup de mouvement à l'Ara Coeli pour une cérémonie du lendemain. Je m'enquis du but de tant de préparatifs. On me répondit qu'on disposait la cérémonie du baptême de deux juifs, Messieurs Constantini, d'Ancône. Je ne saurais exprimer l'indignation qui me saisit à ces paroles; et quand mon guide me demanda si je voulais y assister :*
— Moi, m'écriai-je, moi! assister à de pareilles infamies! Non, non : je ne pourrais m'empêcher de me précipiter sur les baptisants et sur les baptisés! [...]. *Jamais de ma vie je n'avais été plus aigri contre le christianisme que depuis la vue du ghetto. Je ne tarisssais point en moqueries et en blasphèmes* » Alphonse à Desgenettes, 12 avril 1842, n° 59, p. 70-71.

Synthèse

La traversée de la « *rue des juifs* » (n° 6), ou, plus largement, du « *quartier des Juifs* » (n° 7, 12) : le ghetto de Rome, (n° 20, 26, 33, 50, 59), assez misérable (n° 12, 20, 24, 26, 28, 33), indigna Ratisbonne. Il en parla dans ses lettres (n° 59) à sa belle-sœur Hanna (n° 6) et à sa nièce Héléna (n° 7; cf.n° 59). Cette visite réveilla sa « *sympathie* » (n° 12), son « *affection* » et sa « *compassion* » pour ses coreligionnaires (n° 24) et ralluma une « *violente aversion* » (n° 20, 28), « *une indignation* » (n° 30, 38, 59), de la rancune (n° 24), et même de la haine (n° 12, 26, 50, 52), contre les catholiques et le catholicisme (n° 6, 12, 26, 33, 50, 52), contre « *Rome* » (n° 20, 59) et le « *gouvernement pontifical* » (n° 20, 38). Cette « *cruauté* » (n° 33) était un terrible démenti à la « *charité chrétienne* » (n° 7; cf. 24, 59).
— J'aime mieux être parmi les persécutés que parmi les persécuteurs, conclut Alphonse (n° 6, 28); du côté des opprimés que des oppresseurs (n° 12, 26, 33; 59, p. 70). La misère, la dégradation (n° 50), où sont tenus les juifs (n° 6, 12, 26, 38, 50,

52, 59), le traitement barbare, les préventions interminables (n° 59) et le mépris dont ils sont l'objet (n° 50) le frappent d'autant plus qu'à Strasbourg il avait engagé une action gratuite et généreuse pour la « *régénération* » des juifs économiquement faibles.(T. 1, p. 44, 45, 76)

La date et l'itinéraire

C'est, semble-t-il, en descendant du Capitole (après la visite à l'Aracoeli : n° 12, 26, 38, 59) et en regagnant l'Hôtel Serny (n° 50) qu'Alphonse traversa fortuitement le ghetto. C'est bien à la première visite : du 6 janvier ; celle du 8 lui donnera une autre indignation : les préparatifs qu'on faisait dans cette église même, pour le baptême des Constantini, (n° 28, 59) fixé au lendemain 9 janvier (L'Univers, 13 février 1842).

13. TOUS PÉCHEURS : CHRÉTIENS ET JUIFS

L'instruction chrétienne que recevra bientôt Alphonse et l'approfondissement de sa foi lui apprendront vite que la mort du Christ n'est pas une exclusive des juifs, qu'elle est le fait de tous les hommes, chrétiens compris.
Dès son arrivée à Jérusalem, il applique non aux seuls juifs, mais aux chrétiens, le pardon du Christ à tous ses bourreaux : Père, pardonne leur, ils ne savent ce qu'ils font. « *Pater dimitte illis ! Je le disais pour moi-même, je le disais pour le peuple juif ; je le redisais pour tant d'autres âmes ingrates envers le Sauveur du monde.* » Propos d'Alphonse à son arrivée à Jérusalem, rapporté dans *Annales de Terre Sainte,* Bulletin n° 6, septembre 1878 n° 292.

« *L'œuvre expiatoire va donc commencer sur la Voie douloureuse et ce sera, dans le temps où nous vivons, aussi bien pour les chrétiens que pour les juifs, que l'on y demandera grâce et pardon* » Alphonse à un religieux Barnabite de Vienne, 20 février 1868, n° 80.

« *Ah ! ce* Pater dimitte illis — *il se redit de nos temps* pour les chrétiens *comme pour les juifs.* » Alphonse aux Magnan, 17 février 1877, n° 30.

« *Il faut faire entendre cette suprême invocation* [Pater dimitte illis], *non plus seulement pour les juifs, mais aussi et surtout pour la conversion des athées.* » Alphonse à Madame Magnan, 19 février 1883, n° 43.

14. DEUXIÈME VISITE A L'ARACOELI ET AU GHETTO :

Voir ci-dessus notes 11 et 12 : notes-clés

15. RENCONTRE D'UN AMI DE LYCÉE : GUSTAVE DE BUSSIERES (8 JANVIER)

« *Le 8 janvier, au milieu de mes courses, j'entends une voix qui m'appelle dans la rue : c'était un ami d'enfance, Gustave de Bussières. J'étais heureux de cette rencontre, car mon isolement me pesait. Nous allâmes dîner chez le père de mon ami.* » Alphonse à Desgenettes, 12 avril 1842, n° 59, p. 67.

« *Une intéressante rencontre m'était ménagée à la gare de Strasbourg par la divine bonté. C'était mon vieil ami Gustave de Bussières, mon ancien ami de pension, cet ardent protestant qui, en janvier 1842, m'apercevant dans une rue de Rome, me cria du fond de sa voiture :*
— Radichon ! C'était mon surnom à la pension, où aucun directoire ne défendait ces familiarités, et qui fut une cause providentielle de tous les autres événements qui devaient s'ensuivre. » Alphonse aux Sœurs de Jérusalem, 27 septembre 1866, n° 429.

« *Aujourd'hui, il y a 33 ans, je marchais dans les rues de Rome, comme un païen, avec mon garçon de place, et j'entendis tout d'un coup ces mots :*
— Radichon ! Radi !
C'était le surnom qu'on me donnait en pension. J'aperçois à travers la portière d'une

voiture la tête de mon compagnon de pension, Gustave de Bussières, le protestant. Il m'invite à venir avec lui chez son père. » Alphonse, Instruction aux Sœurs de Jérusalem, 8 janvier 1875, n° 6, suite dans le texte, cf. Vie I, Preuves et Documents, p. 22.

« *Il y a 41 ans aujourd'hui, je rencontrai dans une rue de Rome un ami de pension, Gustave de Bussières, fervent calviniste. Cet enragé protestant me conduisit à son frère Théodore. Et ce Théodore me conduisit à Théodore mon frère. C'est ainsi que de Théodore en Théodore je suis arrivé à Jérusalem* [...]. *Pauvre Alphonse! Terrible Gustave!* [...] *Singulière journée que celle du 9* [sic pour 8] *janvier 1842.* » Alphonse, *lettre à Mère Christina,* 9 janvier 1883, n° 7, où Alphonse se trompe d'un jour.

Synthèse

Le 8 janvier 1842 (n° 59; 1875, n° 6; 1883, n° 7,avec erreur d'un jour), surlendemain de son arrivée à Rome, dans une « *rue* » non précisée (1866, n° 429; 1875, n° 6; 1883, n° 7), Alphonse entend soudain une voix lui crier :
— Radi! Radichon! (1866, n° 429; 1875, n° 6).
C'était son surnom en pension, à Strasbourg (1866, n° 429; 1875, n° 6). La voix est celle de Gustave de Bussières (n° 59; 1866, n° 429; 1875, n° 6; 1883, n° 7), « *ardent protestant* » (1866, n° 429; 1875, n° 6; 1883, n° 7), « *calviniste* » (1883, n° 7), depuis peu affilié à une secte piétiste (n° 59, p. 81), d'où les épithètes d'Alphonse : « *ardent* » (1866, n° 429), « *fervent* » (1883, n° 7), « *enragé* » (1883, n° 7).
Il cherche du regard, et voit « *la tête* » connue de son condisciple Gustave, à travers la portière d'une voiture (1875, n° 6).
Alphonse, isolé à Rome, est heureux de retrouver ainsi ses racines (1842, n° 59).

Gustave l'emmène chez son père, où ils dîneront (1842, n° 59; 1875, n° 6). Il éprouve de la « *joie* » dans cette « *douce société* » (1842, n° 59). Une ombre a passé, pourtant, sur cette soirée euphorique : la froide rencontre (n° 17 : note suivante) avec le frère de Gustave : Théodore de Bussières (1883, n° 7, note suivante), qui va changer son destin. Ce 8 janvier lui a laissé une impresion vive et durable. Il en reparlera à trois reprises, en 1866, et à l'occasion des anniversaires, en 1875 (n° 6) et 1883 (n° 7).

16. PREMIÈRE RENCONTRE AVEC THÉODORE DE BUSSIÈRES

« *Je vis une fois Alphonse chez mon frère, mais il y arriva au moment où j'en allais sortir; on me le présenta. Je lui dis que j'avais des nouvelles de son frère l'abbé, avec lequel je suis intimement lié depuis que j'ai le bonheur d'être catholique. Il me répondit, avec une très froide politesse, et je m'en allai. Je restai alors pendant huit jours sans voir Monsieur Ratisbonne et sans penser à lui. Mon frère, chez lequel seul j'aurais pu le rencontrer, était parti pour la chasse* » T. de Bussières, *Relation,* 30 janvier 1842, n° 12, p. 4.

« *Jusqu'à ce moment, nous ne nous étions rencontrés qu'une seule fois chez mon père et, malgré mes avances, je n'avais obtenu de Ratisbonne que la froide politesse d'un homme bien élevé.* » T. de Bussières, 17 février 1842, n° 26, p. 12.

« *Un jour, en allant voir Monsieur Gustave de Bussières, je rencontrai, au sortir de la maison de celui-ci, son frère, le Baron Théodore de Bussières, ami de mon frère Théodore, prêtre catholique. Nous nous fîmes quelques politesses et je lui promis de lui faire une visite, tout en me proposant de lui laisser une simple carte;* » Alphonse, in *Procès,* 18 février 1842, matin, n° 28, p. 80.

Alphonse à Desgenettes, 12 avril 1842, n° 59, p. 67-68, cité dans le texte.

Synthèse

La première rencontre d'Alphonse avec Théodore de Bussières a lieu le samedi 8 janvier, surlendemain de son arrivée, chez les Bussières qui l'ont invité à dîner (note précédente). Est-ce chez Gustave? « *Chez mon frère* », dit constamment

Théodore (n° 12, 28) ? ou chez leur père, comme croit se souvenir Alphonse (1875, n° 6, cité dans note précédente : « *Il m'invita à venir avec lui chez son père* ») ? Peut-être habitaient-ils la même maison ? Ou peut-être Gustave retint-il Alphonse à dîner chez lui après la visite chez ses parents.
C'était au salon familial (n° 59). L'échange fut bref, car Alphonse « *arrivait* » au moment où Théodore « *allait sortir* » (n° 12, 28, 59). Théodore de Bussières est l'ami de Théodore Ratisbonne, frère d'Alphonse, devenu prêtre catholique. Lui-même est passé du protestantisme au catholicisme. Alphonse éprouve une « *profonde antipathie* » pour ces deux renégats (n° 59), mais Théodore de Bussières a voyagé en Orient et en Sicile, où lui-même s'apprête à se rendre ; il a honorablement publié ses impressions. Alphonse, qui envisage de faire de même, souhaite profiter de son information (n° 59, p. 68 ; cf. Walsh, n° 50, p. 52). Pour cette raison, et « *par simple politesse* », il exprime « *l'intention de lui faire visite* ». Théodore acquiesce. Il vient de « *recevoir des lettres de l'abbé Ratisbonne* », et pourra en indiquer « *la nouvelle adresse* », précise-t-il.
— *Je la recevrai volontiers quoique je n'en use point* », répond sèchement Alphonse (n° 59).
La conversation s'arrête là. Elle est restée sur un ton de froide politesse (n° 12, 26 ; cf. 28, 59). Théodore s'éloigne. Alphonse ne le reverra pas avant le 15 janvier, une semaine plus tard, jour pour jour (n° 12 et ci-dessous chapitre 2, note 5).

17. L'ardeur touristique d'Alphonse (6-17 janvier)

« *J'étais sur le point de quitter Rome, enthousiasmé, il est vrai, des curiosités qu'elle renferme, mais loin de ressentir l'influence de ce qui devait m'arriver.* » Alphonse à Louis Ratisbonne, 22 janvier 1842, n° 7.

« *Arrivé à Rome, il y passa 10 jours* [en fait deux semaines] *à la façon des touristes, courant les ruines, les églises et les galeries.* » T. de Bussières, *Relation,* 30 janvier 1842, n° 12, p. 3.

« *Le voilà donc visitant les ruines, les églises, les galeries, entassant, en vrai touriste, les courses, les impressions et les souvenirs confus. Il a hâte d'en finir avec cette ville qu'il est venu voir, moins encore par curiosité que par une sorte d'entraînement qu'il s'explique mal.* » T. de Bussières, *L'enfant de Marie,* 17 février 1842, n° 26, p. 10-11.

« *Rome ne me fit point, au premier abord, l'impression que j'espérais. J'avais si peu de jours à donner à cette excursion improvisée que je me hâtais de dévorer, en quelque sorte, toutes les ruines anciennes et modernes* [...]. *Je les entassais pêle-mêle dans mon imagination et sur mon journal. Je visitais avec une monotone admiration les galeries, les cirques, les églises, les catacombes, les innombrables magnificences de Rome. J'étais accompagné le plus souvent de mon Anglais* [Marshall] *et d'un valet de place. Je ne sais à quelle religion ils appartenaient, car ni l'un ni l'autre ne se déclarèrent chrétiens dans les églises et, si je ne me trompe, je m'y conduisais avec plus de respect que les deux autres.* » Alphonse à Desgenettes, 12 avril 1866, n° 59, p. 66-67.

Synthèse

Alphonse (n° 7, 12, 26, 59), « *enthousiasmé des curiosités* » de Rome (n° 7) s'est comporté en « *touriste* » (n° 12), dévorant (n° 59), « *courant les ruines* » (n° 12), « *entassant les courses, les impressions* » (n° 26). Seule la lettre à Desgenettes précise ce qu'il a visité : « *les galeries, les cirques, les églises, les catacombes* ». Faisait-il ces visites avec enthousiasme, comme il le dit à son oncle (n° 7), ou seulement « *avec une monotone admiration* » (n° 59) ? Cette dernière nuance semblerait le plus juste : il était attentif et tenait un journal (n° 59), par souci culturel. Peut-être caresssait-il un projet littéraire, à l'exemple de T. de Bussières.

18. DISCUSSIONS AVEC GUSTAVE DE BUSSIÈRES (9 AU 13 OU 14 JANVIER)

« *Je voyais de temps à autre Gustave de Bussières et Edmond Humann. Gustave, qui est enragé protestant et qui, depuis longtemps, cherchait à faire de moi un Lochmayer, et qui disait à sa femme* [elle-même me l'a rapporté depuis] :
— *Il n'y a rien à attendre d'Alphonse, c'est un juif encroûté. Gustave lui-même peut attester de quels sentiments peu religieux j'étais animé en face de ce que Rome renferme de plus imposant en fait de religion. Avec Lotzbeck, je n'ai jamais causé religion et je ne sais même pas à laquelle il appartient. Quant à Edmond Humann, je ne l'ai vu que deux fois, et il déclarera devant Dieu ce dont il fut témoin durant notre dernier entretien* », du 20 janvier matin. Alphonse à son oncle Louis, 22 janvier 1842, n° 7.
N.B. Alphonse situe ce développement dans son récit de la journée du 18 janvier (ci-dessous chapitre 3), mais ce qu'il dit de ses rencontres avec Gustave de Bussières est antérieur à cette date, car Gustave de Bussières est parti à la chasse vers le 13 janvier et ils ne se sont revus que le 20. (Quant aux rencontres avec Edmond Humann, la seconde se situe le 20 janvier matin au Café Greco : chapitre 6, note 7 ; la première au même endroit dans la même période du 9 au 13 ou 14 janvier)

« *Alphonse vint voir mon frère, Gustave de Bussières — qui demeure au Palazzetto Borghese. Ils avaient été élevés à Strasbourg dans la même pension et étaient amis d'enfance. Mon frère, protestant piétiste, et très zélé, avait essayé plusieurs fois de convertir le jeune Ratisbonne, mais il n'avait eu aucun succès. Alphonse lui répondait qu'il était un* protestant enragé, *Gustave ripostait en soutenant que, de son côté, il était un* juif encroûté ; *cependant nous devons remarquer que Ratisbonne, tout en soutenant que jamais il ne changerait de religion, ajoutait que, s'il le faisait, ce serait pour devenir protestant, et non pas catholique, parce qu'il ne comprenait pas, disait-il, que deux prêtres catholiques pussent se rencontrer dans la rue sans se rire au nez, comme les anciens augures.* » T. de Bussières, *Relation,* 30 janvier 1842, n° 12, p. 3-4.
T. de Bussières, in *Procès,* 17 février 1842, n° 25, p. 69, ne parle que de la rencontre du 20 janvier avec Gustave, dont il sera question au chapitre 6, note 5.

Alphonse « *part demain* [dimanche 16 janvier], *mais il doit une visite d'adieu à un ancien ami, Gustave de Bussières* [...], *élevé avec lui dans la même pension, et les deux camarades d'enfance sont restés intimement liés, malgré l'opposition de leurs idées religieuses. Gustave, mon frère, est protestant, très zélé, de la secte des piétistes. Il avait quelquefois essayé, mais en vain, d'attirer à lui le jeune israélite; les causeries se terminaient ordinairement par deux mots qui rendaient assez bien la situation morale des deux interlocuteurs :*
— *Protestant enragé ! disait l'un.*
— *Juif encroûté ! répondait l'autre.* »
Le 16 janvier, « *Ratisbonne ne trouve point mon frère, qui était parti pour la chasse.* » T. de Bussières, *L'enfant de Marie,* 17 février 1842, n° 26, p. 11.

« *J'étais intimement lié avec Monsieur Gustave de Bussières, protestant piétiste, autrefois mon compagnon de lycée* (convitto) *et d'éducation à Strasbourg : protestant et piétiste. Il cherchait souvent à me faire embrasser sa religion. Je ne faisais aucun cas de ses invitations, mais les rejetais avec mépris, ce pourquoi son épouse en vint à dire de moi qu'il n'arriverait à rien avec moi, puisque j'étais un juif obstiné* (ebreo accanito : *acharné*). » Alphonse, in *Procès,* 18 février 1842, n° 28, p. 80.

« *Monsieur Gustave de Bussières fit, comme on a dit, bien des efforts pour me faire protestant, en me parlant des consolations de la religion chrétienne, et spécialement de la force qu'elle fournit* (somministra) *pour supporter les épreuves, comme il en avait fait l'expérience. Je ne reçus pourtant aucune instruction proprement dite et je finis en lui disant que si jamais j'avais dû changer de religion je me serais fait protestant* (se avessi mai cangiato religione, mi sarei fatto protestante), *toujours très loin de toute idée de conversion, et surtout à la religion catholique.* » Alphonse in *Procès,* 18 février 1842, n° 29, p. 85.

« *J'eus avec lui* [Alphonse] *diverses conversations* (abboccamenti) *pendant 8 jours avant de partir pour la chasse : le dernier de ces jours précéda de 6 jours seulement la conversion de Ratisbonne. En ces conversations,* [du 8 au 13 janvier] *je le trouvai décidément juif* (decisamente ebreo), *surtout pour avoir été choqué* (disgustato) *par la visite du ghetto.* » Gustave de Bussières, in *Procès,* 22 février 1842, n° 33, p. 94.

[J. M. Aladel], mars 1842, n° 52, n'est qu'un écho de T. de Bussières.

« *Je continuai à courir dans Rome tout le long du jour, sauf deux heures que je passais le matin avec Gustave et le repos que je prenais le soir au théâtre ou en soirée. Mes entretiens avec Gustave étaient animés car, entre deux camarades de pension, les moindres souvenirs fournissaient d'intarissables sujets de rire et de causeries. Mais il était zélé protestant, et enthousiaste comme le sont les piétistes d'Alsace. Il me vantait la supériorité de sa secte sur toutes les autres sectes chrétiennes et cherchait à me convertir, ce qui m'amusait beaucoup car je croyais que les catholiques seuls avaient la manie du prosélytisme. Je ripostais ordinairement par des plaisanteries ; mais une fois, pour le consoler de ses vaines tentatives, je lui promis que, si jamais l'envie me venait de me convertir, je me ferais piétiste. Je lui en donnai l'assurance et, à son tour, il me fit une promesse : celle de venir assister aux fêtes de mon mariage, au mois d'août. Ses instances pour me retenir à Rome furent inutiles.* » Alphonse à Desgenettes, 12 avril 1842, n° 59, p. 68-69.

Synthèse

Après la rencontre du 8 janvier (ci-dessus note 14), Alphonse et Gustave se voient régulièrement durant « *2 heures* » chaque « *matin* » (n° 59, p. 68). Ces entretiens se poursuivirent « *pendant 8 jours* », dit approximativement Gustave (n° 33). En fait, ils n'ont duré que 7 jours : du 8 au 14, car il précise lui-même : « *Le dernier de ces jours précéda de 6 jours seulement la conversion de Ratisbonne* ». Gustave vit donc Alphonse une dernière fois le 14 janvier au matin, et partit pour la chasse, le 14 après-midi. Cela fait :

- « *7 jours* » de rencontres amicales : du 8 au 14 matin.
- « *6 jours* » avant l'apparition du 20 janvier.

Gustave n'était pas chez lui le 16, veille du départ projeté par Alphonse (ci-dessous chapitre 2). Il revint à Rome le 19 au soir ou le 20 janvier matin, et revit Alphonse ce matin-là, avant 11 heures. Leurs rencontres étaient amicales et enjouées. Ils évoquaient avec plaisir, humour et rires, leurs communs souvenirs de jeunesse (n° 12, 26, 28, et surtout 59, p. 68 : « *entretiens animés* », où « *les moindres souvenirs fournissent d'intarissables sujets de rire et de causeries* »). Mais Gustave, converti à une secte piétiste alsacienne (n° 26, 28, 59), dont le nom n'est pas précisé, est « *très zélé* » (n° 12). Il a entrepris de convertir Alphonse. Il lui manifeste les avantages du christianisme, et, surtout, la « *supériorité* » de sa secte (n° 59), pour supporter les épreuves de la vie (n° 29). Ce zèle « *amusait* » Alphonse (n° 59, p. 69) plus qu'il ne l'irritait. Il découvrait ainsi, côté protestant, le prosélytisme, qu'il croyait être l'apanage exclusif des catholiques (n° 59, p. 69). Nullement séduit, il « *ripostait ordinairement par des plaisanteries* » (n° 59). C'est par simple politesse et amitié qu'il finit par dire à Gustave que, s'il changeait un jour de religion (ce qu'il n'envisageait nullement : n° 59), il ne se ferait point catholique mais protestant (n° 12, 29), voire piétiste (n° 59, p. 69).

Il n'avait que du « *mépris* » à l'égard de ces entreprises religieuses (n° 28), et une grande antipathie pour les conversions (note précédente). Gustave avait fini par comprendre qu'il n'arriverait à rien avec Alphonse. Il le dit à sa femme :

— Il n'y a rien à attendre d'Alphonse, c'est un juif encroûté (n° 7 ; un juif enragé : *accanito,* traduit approximativement le *Procès,* n° 28). C'est par extrapolation que Théodore de Bussières (n° 12, 26) introduit ce propos dans les conversations de Gustave et d'Alphonse, parfaitement courtoises et détendues. Il dramatise et ponctualise pour le relief du récit. Alphonse précise bien qu'il apprit cette réflexion de Gustave par l'épouse de son ami, après l'apparition (n° 7, 28).

2

UNE PROVOCATION

1. ALPHONSE PREND SON BILLET DE RETOUR POUR NAPLES

Voir ci-dessus, chapitre 1, note 7.

2. ADIEUX A ROME : DERNIERS PROJETS : COURSES ET VISITES

« *J'avais des visites de congé à faire* [...]. *Il me restait deux jours, je les employai à de nouvelles courses.* » n° 59, p. 71.
Cf. Chapitre 1, note 15 (sur ses visites).

3. P.P.C. A GUSTAVE PARTI POUR LA CHASSE

« *Le 15* [janvier] *au soir, je vais déposer une carte de visite d'adieu* [selon ma bonne habitude] *chez Gustave Renouard de Bussières et chez ses parents, qui m'avaient fait la politesse de m'inviter à dîner et de me mener au théâtre. Gustave étant à la chasse* [hors de Rome], *je ne voulus pas me présenter chez eux.* » Alphonse à Louis Ratisbonne, 22 janvier 1842, n° 7.

« *Ratisbonne ne trouve point mon frère, qui était parti pour la chasse. Il vient chez moi.* » T. de Bussières, *L'enfant de Marie,* 17 février 1842, n° 26, p. 17.

Synthèse

Le texte de Théodore : « *Ratisbonne* ne trouve point *mon frère* » est approximatif (n° 26). Alphonse ne s'attend point à trouver Gustave. Il sait bien qu'il est parti pour la chasse, la veille, et sera absent durant six jours (ci-dessus, chapitre 1, note 17). Il va seulement déposer sa carte P.P.C. (= pour prendre congé : n° 7).

4. L'ADRESSE PERDUE ET RETROUVÉE

Alphonse à Desgenettes, 12 avril 1842, n° 59, p. 71-72, cité dans le texte et note 6

5. L'INTENTION D'ALPHONSE : DÉPOSER UN P.P.C. CHEZ THEODORE... SANS ENTRER

« *Votre frère* [...] *a pensé qu'il serait poli de me poser une carte* » T.de Bussières à T. Ratisbonne, 22 janvier 1842, n° 5.

« *En sortant* [de chez Gustave de Bussières, où a été déposé le P.P.C.], *je pensai que ce serait également bien de laisser une autre carte de visite chez la famille de Théodore de Bussières, ami de notre Théodore* [Ratisbonne]. *C'était simplement pour faire plaisir à l'abbé que je remplissais ce devoir de convenances. Je voulais remettre ma carte au portier...* » La suite est citée dans le texte : Alphonse à Louis Ratisbonne, 22 janvier 1842, n° 7 ; voir note 6.

« *Il crut devoir me faire la politesse d'une première et dernière visite et me laisser une carte P.P.C. en ma qualité d'ami intime de son frère, et étant d'ailleurs lui-même celui du mien. Il monta mon escalier avec cette intention et sonna à la porte.* » T. de Bussières, *Relation,* 30 janvier 1842, n° 12.

« *Monsieur Alphonse Ratisbonne crut que la politesse l'obligeait à déposer une carte chez l'ami de son frère.* » *L'Ami de la Religion,* 12 février 1842, n° 20.

« *Pour faire preuve de courtoisie* (per mostra di cortesia), *il alla déposer un P.P.C.* (commiato = congé) *chez Monsieur le Baron Théodore de Bussières, autrefois converti du protestantisme à la foi catholique.* » *Diario di Roma,* 15 février 1842, n° 24.

« *Il vient chez moi, mais il n'entrera pas. Il se contentera de mettre une carte P.P.C.* » T. de Bussières, *L'enfant de Marie,* 17 février 1842, n° 26, p. 11.

Le 8 janvier « *je lui* [avais] *promis de lui faire une visite, mais j'avais l'intention de lui laisser une simple carte* [biglietto]. *Je me rendis chez lui vers 1 heure de l'après-midi.* » Alphonse in *Procès,* 18 février 1842, matin, n° 28, p. 80.

« *Il crut qu'il serait poli d'aller voir Monsieur Théodore de Bussières, l'ami de son frère, qui, d'ailleurs, pourrait lui donner quelques renseignements sur l'Orient. Il se rendit donc chez lui le samedi 15 janvier...* » T. Walsh, *Le Comte de la Ferronnays,* 20 mars 1842, n° 50, p. 52.

Et Alphonse à Desgenettes, 12 avril 1842, n° 59, p. 71-72, cité dans le texte.

Synthèse

En sortant de chez Gustave de Bussières, où il a seulement déposé sa carte P.P.C. (pour prendre congé : n° 7, 59), Alphonse songe qu'il doit faire de même chez Théodore de Bussières (n° 5, 7, 12, 20, 24, 26, 28, 59), « *par devoir de convenances* » (n° 7), « *politesse* » (n° 5, 12, 20, 50) et « *courtoisie* » (n° 24), car ils ont convenu de se revoir, lors de la brève rencontre du 8 janvier (chapitre 1, note 15). Il a la ferme intention de ne pas entrer (n° 26, 28), tant par manque de sympathie que par la hâte de faire en moins de 2 jours tant de choses qui lui restent (n° 59, p. 71). Il avait sans cesse ajourné cette visite promise, et ce jour même (15 janvier) une répugnance lui a fait abandonner « *vingt fois* » ce projet (n° 59, p. 72)... malgré la pensée que Théodore de Bussières, réputé pour son journal de voyages en Orient (n° 50 ; 59, p. 68), pourrait lui être utile. Cet ajournement avait d'ailleurs une bonne raison : Alphonse n'avait point l'adresse (n° 59, p. 71), cité dans le texte.

6. VISITE FORCÉE CHEZ THÉODORE DE BUSSIÈRES (SAMEDI 15 JANVIER, VERS 13H).

« *Samedi dernier* [15 janvier], *il y a huit jours aujourd'hui, votre frère, qui était à Rome depuis une quinzaine* [en fait depuis 10 jours], *a pensé qu'il serait poli de me poser une carte en ma qualité de votre ami, car il ne me connaissait pas personnellement. Au moment où il sonna à ma porte, mon domestique lui dit que j'y étais, il fallut donc, bon gré mal gré, qu'il entrât : ce qui, au fond, ne l'amusa guère.* » Théodore de Bussières à Théodore Ratisbonne, 22 janvier 1842, n° 5.

« *Je voulais remettre ma carte au portier, mais comme il n'y était pas, je montai, dans l'intention de la remettre au domestique. Celui-ci ne parlait qu'italien, et ne me comprenant pas, il me fit entrer au salon, à ma grande contrariété.* » Alphonse à Louis Ratisbonne, 22 janvier 1842, n° 7.

« *Il monta mon escalier avec cette intention* [: « laisser une carte P.P.C. »] *et sonna à ma porte. Mon domestique français était en course. L'Italien qui lui ouvrit, ne le comprit point et, bon gré mal gré, l'introduisit au salon, ce qui, au fond, ne l'amusa guère.* » T. de Bussières, *Relation,* 30 janvier 1842, n° 12.

« *Le hasard, ou plutôt la Providence, permet qu'il s'adresse à un domestique italien qui, le comprenant mal, l'introduit, à son grand regret, dans le salon.* » T. de Bussières, *L'Enfant de Marie,* 17 février 1842, n° 26, p. 11-12.

« *Je me rendis chez lui le 15, vers 1 heure de l'après-midi* (circa un'ora pomeridiana), *et le concierge n'était pas là* (non v'era portinato). *C'est à lui que je désirais laisser ma carte. Etant monté, je trouvai le cuisinier* (cuoco) *italien, qui ne comprenait pas plus le français que moi l'italien. Sans chercher plus loin* (senz'altro), *il ouvrit la porte et m'introduisit chez Monsieur le Baron Théodore de Bussières.* » Alphonse, in *Procès,* 18 février 1842, n° 28.

« *Le samedi 15 janvier* [...], *en montant l'escalier, il ne vit plus que la gêne et l'ennui d'une première visite faite à un homme qu'il connaissait à peine et espéra bien en être quitte pour une carte. Il n'en fut pas ainsi. Le domestique l'introduisit au salon où 'j'entrai fort à contrecœur', dit-il, 'et ne pouvant faire autrement!'* » T. Walsh, *Le Comte de la Ferronnays,* 20 mars 1842, n° 50, p. 52-53.

[J. M. ALADEL], *Récit de la conversion d'A. Ratisbonne,* mars 1842, n° 52, p. 397, ne fait que démarquer les textes précédents, quoiqu'il ait par ailleurs interrogé Alphonse.

« *C'était le 15 et j'allai retenir ma place aux voitures de Naples. Mon départ est arrêté pour le 17, à 3 heures du matin. Il me reste deux jours, je les employai à de nouvelles courses. Mais en sortant d'un magasin de librairie, où j'avais vu quelques ouvrages sur Constantinople, je rencontre au* Corso *un domestique de Monsieur de Bussières père. Il me salue et m'aborde. Je lui demande l'adresse de Monsieur Théodore de* [p. 72] *Bussières. Il me répond avec l'accent alsacien :*
— Piazza Nicosia, n° 38.
Il me fallut donc, bon gré mal gré, faire cette visite, et cependant je résistai, vingt fois encore. Enfin je me décide en traçant un P.P.C. sur ma carte. Je cherchais cette place Nicosia et, après bien des détours et circuits, j'arrive au n° 38. C'était précisément la porte à côté du bureau des diligences où j'avais pris ma place le même jour! J'avais fait bien du chemin pour arriver au point d'où j'étais parti : itinéraire de plus d'une existence humaine! Mais, du même point où je me retrouvais alors, j'allais repartir, encore une fois, pour faire un tout autre chemin.
Mon entrée chez Monsieur de Bussières me causa de l'humeur car le domestique, au lieu de prendre ma carte, que je tenais en main, m'annonça et m'introduisit au salon. Je déguisai ma contrariété tant bien que mal, sous les formes de sourire, et j'allai m'asseoir... » Alphonse à Desgenettes, 12 avril 1842, n° 59, p. 71-72.

« *Où restez-vous définitivement? Est-ce bien à cette adresse chérie à côté du bureau de la diligence pour Naples? Est-ce bien Piazza Nicosia, n° 38* [...]*? Quels grands souvenirs me rappelle maintenant cette adresse, ces trois mots qu'un domestique de Monsieur votre père vint me dire, au milieu du* Corso, *au moment où je sortais de chez un libraire. Je cherchais un itinéraire pour aller à Constantinople et le Bon Dieu m'envoie Piazza Nicosia, et, de là, à Sant'Andrea delle Fratte.* » Alphonse à T. de Bussières, 31 janvier 1843, n° 6.

Synthèse

Le 8 janvier, Alphonse s'était engagé à faire visite à Théodore de Bussières. Mais il est « *enchanté* » d'avoir une excuse : il ne connaît l'adresse (n° 59, p. 71, et note précédente). Or, le samedi (n° 5, 50) 15 janvier (n° 28, 50, 59), « *vers 1 heure de l'après-midi* » (n° 28), il rencontre fortuitement le domestique alsacien de Monsieur de Bussières père, sur le Corso, à la sortie de chez un libraire (n° 59, p. 71 ; 1843, n° 6) : « *il me salue et il m'aborde. Je lui demande l'adresse de Monsieur Théodore de Bussières. Il me répond avec l'accent alsacien : Piazza Nicosia, n° 38* » (n° 59, p. 71-72 ; 1843, n° 6). Alphonse souligne avec insistance sa répugnance persistante à faire

cette visite, qu'il songe à éviter « *vingt fois encore* » (n° 59, p. 72). Il garde le ferme projet de déposer seulement sa carte (n° 5, 7, 28, 50, 59), mais il ne trouve pas le portier (*portinaio* : n° 28) : un domestique « *français* » (n° 12). Le cuisinier italien (n° 28), qui ne parle pas français (n° 7, 12, 28) comprend mal (n° 26) ou point du tout (n° 7, 12, 28). Il ne prend même pas la carte, et introduit Alphonse au salon (n° 59, p. 72 ; cf.n° 5, 7, 12, 26, 28, 50).
Alphonse est contrarié : ses expressions le soulignent :
— « *il fallut donc, bon gré mal gré, qu'il entrât* » (n° 5)
— « *il me fit entrer au salon, à ma grande contrariété* » (n° 7)
— « *bon gré mal gré* [...] *: ce qui, au fond, ne l'amusa guère* » (n° 5, 12)
— « *à son grand regret* » (n° 26)
— « *j'entrai fort à contre-cœur* » (n° 50)
— « *je déguisai ma contrariété tant bien que mal sous les formes de sourire* » (n° 59, p. 72). Le Comte Carolus, présent au salon, n'en perçoit pas moins sa déconvenue (n° 50, cité note suivante).

7. QUI EST AU SALON ?

« *Monsieur Théodore de Bussières s'y trouvait avec sa femme, leurs deux petites filles et un ami, qui partit presque aussitôt.* » Alphonse à Louis Ratisbonne, 22 janvier 1842, n° 7.

« *Monsieur le Baron Théodore de Bussières était là avec son épouse* (colla sua consorte) *et deux petites filles* (figliuoline) *et Monsieur le Comte de Caroli.* » Alphonse, in *Procès,* 18 février 1842, matin, n° 28, p. 81.

« *Le Comte de C*[arolus]*, ami de Monsieur de Bussières, qui était présent, m'a confirmé que Monsieur Ratisbonne avait, en entrant, l'air d'un homme visiblement contrarié.* » T. Walsh, *Le Comte de la Ferronnays,* 20 mars 1842, n° 50, p. 53.

« *J'allai m'asseoir auprès de Madame la Baronne de Bussières, qui se trouvait entourée de ses deux petites filles gracieuses et douces comme les anges de Raphaël* ». Alphonse à Desgenettes, n° 59, p. 72.

Synthèse

Alphonse trouve au salon cinq personnes :
1. Théodore de Bussières (n° 7 et 28),
2. La Baronne de Bussières, « son épouse » (n° 7 et 28), près de laquelle il va s'asseoir (n° 59),
3 et 4. leurs deux petites filles (n° 7, 28, 59), « gracieuses et douces » (n° 59) : Georgina, 11 ans et demi, et Maria, 4 ans et demi (n° 5 : lettre de T. de Bussières, qui prie T. Ratisbonne d' « inscrire Georgina et Marie à l'Archiconfrérie »).
5. enfin, un ami de la famille, le Comte de Carolus (n° 50).

8. ALPHONSE CONFIE SES IMPRESSIONS SUR L'ARACOELI... ET LE GHETTO

« *La conversation roulait sur le thème habituel des étrangers :*
— *Qu'avez-vous vu à Rome ?*
Je racontai alors, au milieu des sarcasmes et des plus affreux blasphèmes, mes impressions dans les églises, à la vue des cérémonies, etc. J'ajoutai toutefois qu'en entrant dans l'église située sur le Capitole j'avais éprouvé une sensation profonde et inexprimable dont le valet de place lui-même s'était aperçu. Je crois avoir mentionné ce détail dans une lettre à ma chère Flore. » Alphonse à Louis Ratisbonne, 22 janvier 1842, n° 7 (La lettre où il aurait confié cette précision à Flore n'a pas été conservée).

« *Je le reçus de mon mieux. Nous commençâmes à causer. Je lui demandai ce qu'il avait vu à Rome. Il me fit le récit succinct de ses différentes excursions et me dit entre autres :*

— J'ai été également à l'église de l'Aracoeli au Capitole et, je ne sais pourquoi, je fus saisi d'une émotion extraordinaire. Mon valet de place la remarqua et me demanda ce qui m'arrivait, ajoutant qu'il avait déjà vu plusieurs fois des étrangers éprouver cette même émotion ». Suivent ses impressions sur le ghetto citées note 10. T. de Bussières, *Relation,* 30 janvier 1842, n° 12, p. 4-5, éd. R. Laurentin, *Catherine Labouré, Documents authentiques,* p. 302-303.

« *Je le reçois* [...] *de mon mieux. Je lui parle de ses courses. Il me raconte ce qu'il a vu et ses impressions.*
— Il m'est arrivé, ajoute-t-il, une chose assez extraordinaire : en visitant l'église de l'Aracœli, au Capitole, je me suis senti saisi d'une émotion profonde que je ne pouvais expliquer. Témoin de mon agitation, le valet de place me demanda ce qui m'arrivait, si je voulais me retirer, prétendant que plusieurs fois il avait vu des étrangers éprouver cette même émotion [...]. » T. de Bussières, *L'enfant de Marie,* 17 février 1842, n° 26, p. 12.

« *Je lui racontai ce que j'avais vu à Rome et lui fis part de l'impression que j'avais reçue* (impressione da me ricevuta) *à la visite de l'église d'Aracoeli.* » Alphonse, in *Procès,* 18 février 1842 matin, n° 28, p. 81.

« *Je tiens de Monsieur de Bussières que, dans la première visite que lui fit Monsieur Ratisbonne, celui-ci lui a* [...] *raconté l'impression involontaire qu'il avait ressentie dans l'église de l'Aracoeli...* » (Suite à la note 10). P. de Villefort, in *Procès,* 25 février 1842, n° 35, p. 103.

« *Le 16 janvier dernier, me trouvant à un repas* (pranzo) *chez le Prince Borghese, le dit Baron de Bussières me raconta que, le jour précédent* [samedi 15 janvier], *il avait reçu la visite d'un Monsieur Ratisbonne* [...] *et, lui ayant demandé, durant cette visite, quel effet avait produit la visite des églises de Rome, celui-ci avait spontanément confié* (rivelato) *que, dans l'église de l'Aracoeli, il avait senti, inopinément* (improvisamente), *une impression intérieure et extérieure qu'il avait reçue comme un sentiment religieux ; ce pourquoi un valet de place* (servitore di piazza), *qui était avec lui, s'étant aperçu de l'impression sus-dite, lui avait dit qu'à d'autres il en était arrivé autant.* » E. de Bock, in *Procès,* 4 mars 1842, n° 40, p. 119.

« *Monsieur de Bussières mit dès le début la conversation sur Rome et demanda au frère de son ami ce qu'il avait déjà vu.*
— J'ai vu, entre autres choses, répondit celui-ci, la vieille église d'Aracoeli, sur l'emplacement du Capitole, et j'avoue qu'elle a produit sur moi une impression extraordinaire et tellement forte que mon valet de place, s'en étant aperçu, m'a demandé si je ne voulais pas sortir pour prendre l'air. ' Non, non ! restons encore un moment, lui répondis-je tout troublé.' » Suivent ses impressions sur le ghetto : citées note 10. T. Walsh, *Le Comte de la Ferronnays,* 20 mars 1842, n° 50, p. 53-54.

« *La conversation, d'abord vague et légère, ne tarda point à se colorer de toute la passion avec laquelle je racontais mes impressions de Rome... Je regardais le Baron de Bussières comme un dévot, dans le sens malveillant qu'on donne à ce terme, et j'étais fort aise de le tympaniser, à propos de l'état des juifs romains. Cela me soulageait ; mais ces griefs placèrent la conversation sur le terrain religieux. Monsieur de Bussières me parla des grandeurs du catholicisme ; je répondis par des ironies et des imputations que j'avais lues ou entendues si souvent ; encore imposai-je un frein à ma verve impie, par respect pour Madame de Bussières et pour la foi des jeunes enfants qui jouaient à côté de nous.* » Alphonse à Desgenettes, 12 avril 1842, n° 59, p. 72-73.

Synthèse

Comme il convient, le Baron de Bussières lance le voyageur sur ses impressions de voyage à Rome. Alphonse raconte ses excursions (n° 12, 26), les églises et cérémonies (n° 7, 40, 59), et surtout la situation des juifs (n° 12, 26, 50, et ci-dessus chapitre 1, note 12). Il ne cache pas son indignation sur leur état misérable (n° 7, 12, 26, 50, 59 p. 73). Il le fait sur un ton assez vif (n° 59), comme pour défouler près de l'ami de son

frère prêtre, lui-même converti, son aversion pour les transfuges. Il se plaît « *à tympaniser* » Théodore, qu'il tient « *pour un dévot, dans le sens malveillant du terme* » (n° 59). Alphonse dramatise sans doute, rétrospectivement, en qualifiant ses propos, non seulement de « *verve impie* » (n° 59), mais d' « *affreux blasphèmes* » (n° 7). Il se plaît à la provocation, mais en homme du monde : il sait mesure garder, et veille à ne pas choquer les gracieuses petites filles (n° 59, p. 73). Pour équilibrer ses critiques, il avoue élégamment son « *émotion profonde* » (n° 26), son « *impression extraordinaire* » (n° 50) à l'Aracoeli (n° 7, 12, 26, 28, 35, 40, 50), église située près du Capitole (n° 7, 12, 26, 50) : la mairie de Rome. Son guide, le valet de place Bonom, s'en est aperçu (n° 7, 12, 26, 40, 50). Il lui a proposé de sortir prendre l'air (n° 26, 50), mais Alphonse a préféré rester (ci-dessus chapitre 1, note 11). Comme Théodore accueille cet aveu avec une joie triomphante (note 10), Alphonse s'empresse de préciser qu'il ne s'agissait pas d'une « *impression catholique* » ou « *chrétienne* » (ci-dessus chapitre 1, note 11 et note 10).
Il est difficile de rétablir l'ordre de la conversation : Aracoeli, ghetto, etc. ; les relations n'ont point de souci formellement chronologique. Selon le n° 50 (cité note 10), le ghetto fut évoqué pour compenser l'aveu d'une émotion religieuse à l'Aracoeli.
Théodore répond en exaltant la grandeur du catholicisme (n° 12 et 59, p. 73), mais Alphonse réplique ironiquement, tout en imposant un frein à sa verve, par égard pour Madame de Bussières et ses enfants qui jouaient là (n° 59).
L'ombre de Théodore Ratisbonne plane sur cette conversation. En attaquant Rome, Alphonse s'en prend à son frère-ennemi, à travers l'ami de ce frère, lui aussi renégat de sa religion (protestante), devenu catholique, et qui, de surcroît, s'appelle aussi Théodore. (ci-dessous, note 12).

9. Le ghetto de Rome

Ghetto est un mot italien qui viendrait de l'hébreu *ghet* = lettre de divorce, ou divorce. Il désigne le quartier habité par les juifs pendant les siècles de ségrégation. Après la tolérance du quattrocento, et le temps où la statue de Moïse par Michel Ange faisait accourir des juifs enthousiastes, la descente des hordes de l'empereur Charles Quint, en 1527, provoqua des autodafés des manuscrits et livres saints. Jules II continua cette ligne en brûlant les textes talmudiques et Paul IV institua le ghetto par la bulle du 12 juillet 1555. Pie IV avait interdit aux juifs d'Italie d'avoir plus d'une synagogue dans chaque ville : disposition que la communauté juive de Rome tourna habilement en construisant 5 synagogues sous le même toit, pour satisfaire les divers rites : traditionnel, romain, sicilien, castillan, catalan. La synagogue actuelle date de 1902-1904. Le Pape Jean-Paul II a tenu à la visiter officiellement, le 13 avril 1986.
En 1842, le quartier n'était qu'un entassement de maisons assez élevées, car l'étendue limitée ne permettait pas de multiplier les constructions. Alphonse a dû traverser des quartiers sombres aux rues étroites, encombrées de déchets, la population vivant des métiers de chiffonnier, fripier, etc.
Au fronton de l'église San Gregorio della Divina Pietà, on peut lire en latin :
Je tendais mes mains vers un peuple rebelle qui suivait une mauvaise voie. Un peuple qui me provoquait sans cesse en face, sacrifiant dans des jardins, mettant dans ses plats des mets immondes. Is.65, 2-4.
C'est là que se tenaient les « sermons forcés », qui durèrent de 1584 à 1847 : date à laquelle Pie IX fit abolir cette pratique imposée aux juifs.
— Sur la visite du ghetto, ci-dessus chapitre 1, note 12.
— Sur son évocation chez Bussières, voir note précédente.

10. 'Éclair électrique' des yeux de Théodore et rectification d'Alphonse

Alphonse « *m'a dit depuis* [sa conversion] *que, dans cet instant* [où il parlait de l'Aracoeli], *il avait vu un éclair briller dans mes yeux et que mon regard exprimait les mots : ' Tu es à nous'. Vous pensez bien que je ne négligeai point l'occasion.* » T. de Bussières à T. Ratisbonne, 22 janvier 1842, n° 5.

« *A ces mots* [sur les impressions de l'Aracoeli], *je vis briller comme un éclair électrique dans les yeux de Monsieur de Bussières, qui est un homme d'une piété vive et profonde. Je l'assurai bien vite qu'une telle impression avait été purement religieuse mais nullement catholique.* » Alphonse à Louis Ratisbonne, 22 janvier 1842, n° 7.

« *Monsieur Ratisbonne m'a assuré depuis qu'au moment où il prononça ces paroles, il avait vu comme un éclair électrique briller dans mes yeux, et que mon regard exprimait les mots : ' Tu seras des nôtres'. Aussi se hâta-t-il d'affirmer que l'impression avait été purement religieuse et nullement chrétienne, et que d'ailleurs la vue de la misère et de la dégradation des juifs dont il avait traversé le quartier en quittant le Capitole avait rallumé dans son cœur sa haine contre le catholicisme, parce qu'il aimait toujours mieux être du côté des opprimés que de celui des oppresseurs.* » T. de Bussières, *Relation,* 30 janvier 1842, n° 12, p. 5, éd. R. Laurentin, *C. Labouré, Documents I,* p. 304.

« *Il paraît qu'au moment où Ratisbonne me faisait cette confidence, mes regards étincelants de joie semblaient lui dire : ' Tu seras des nôtres' ; il se hâta d'affirmer, avec une intention bien marquée, que cette impression avait été purement religieuse et nullement chrétienne.* » T. de Bussières, *L'enfant de Marie,* 17 février 1842, n° 26, p. 13.

Quand je « *lui fis part de l'impression par moi reçue à la visite de l'Aracoeli, quoique sans aucune impression chrétienne, je m'aperçus qu'à cette nouvelle* (notitia) *une sorte d'éclair électrique courut et brilla dans les yeux de Monsieur de Bussières* (corse come un lampo elettrico e brillò negli occhi del... *Bussi*erre). » Alphonse, in *Procès,* 18 février 1842, n° 28, p. 81.

« *Je tiens de Monsieur de Bussières que, dans la première visite que lui fit Monsieur Ratisbonne, celui-ci, lui ayant raconté l'impression involontaire qu'il avait ressentie dans l'église de l'Aracoeli, vit dans les yeux de Monsieur de Bussières comme un éclair de joie* (quasi un lampo di gioia) *qui semblait dire : ' Celui-ci sera des nôtres* (Questo sarà dei nostri) ' » Philippe de Villefort, in *Procès,* 25 février 1842, n° 35, p. 103.

« *Monsieur Ratisbonne protesta que cette impression avait été purement religieuse et nullement catholique. Pour en mieux convaincre monsieur de Bussières, il ajouta qu'étant revenu à son hôtel par le ghetto, il avait été si frappé de la misère de ses malheureux coreligionnaires, de leur dégradation et du mépris dont ils paraissaient être l'objet, qu'il avait ressenti en ce moment un redoublement de haine contre la religion catholique.* » T. Walsh, *La Ferronnays,* 20 mars 1842, n° 50, p. 54.

N.B. Rien sur « *l'éclair électrique* » au n° 59, qui mentionne l'attaque sur le ghetto ; (voir note 8).

Synthèse

Sur son aveu d'une émotion religieuse (note 8), Alphonse pense avoir vu briller dans les yeux de Théodore de Bussières un éclair (n° 5, 7, 12, 28, 35, 50) qu'il qualifie d'électrique (n° 7, 12, 28). Son « *regard étincelant de joie* » (n° 26 ; « *éclair de joie* » : n° 50) semble dire :
— Tu es à nous (n° 5),
— Tu seras des nôtres (n° 12, 26, 35, 50),
Les deux premiers textes sont de Bussières, à qui Alphonse a spontanément confié son interprétation (n° 5 et 12).
Cet éclair triomphant amène la réplique d'Alphonse : — C'était une impression purement religieuse, et nullement catholique (n° 7) ou chrétienne (n° 12 ; sur ce point précis, voir ci-dessus note 8 et chapitre 1, note 11).
« *Pour mieux convaincre* [...], *il ajouta qu'étant revenu à l'hôtel par le ghetto, il avait été frappé de la misère de ses coreligionnaires : de la dégradation et du mépris* » (n° 12, 50, 59).

11. SUR LA TENTATIVE DE BAPTÊME POUR LE PETIT AUGUSTE RATISBONNE

Voir Tome 1, vol. 1, chapitre 3, p. 45 et vol. 2, note 17, p. 34. Théodore n'avait pas baptisé l'enfant (n° 28). Il avait seulement demandé la permision (n° 59, cf n° 7 et t. 1, vol. 2, p. 34 ; cf. n° 7) à laquelle Alphonse s'était opposé. Voir note suivante.

12. LA DISCUSSION

« *On causa encore quelque temps* [à la suite de l'éclair électrique et de la rectification d'Alphonse sur le caractère 'nullement catholique' de son émotion]. *Enfin, on entama l'article de l'abbé Ratisbonne, et j'exprimai mon indignation contre lui pour sa conduite au sujet du petit Auguste* [ci-dessus note 11]. *Ma visite se prolongeait sans que je pus me décider à me lever. J'étais comme cloué sur ma chaise.* » Alphonse à Louis Ratisbonne, 22 janvier 1842, n° 7.

Sur la double protestation d'Alphonse : l'impression à l'Aracœli n'était nullement catholique (n° 7) ; nullement chrétienne (n° 12), et la situation des juifs de Rome a rallumé sa haine contre le catholicisme (ci-dessus note 10), « *je crus devoir essayer de combattre les bizarres préjugés de mon interlocuteur et lui parler, comme on peut le faire en pareille occurence, des douceurs, des consolations, des sublimes vérités du christianisme. Il me répondit, sans le savoir ni le vouloir, par bien des blasphèmes, soutenant d'abord que toutes les religions étaient bonnes pourvu qu'on fût honnête homme. Je lui répliquai que les déclarer toutes bonnes équivalait à les déclarer toutes mauvaises ; ensuite, il protesta qu'un honnête homme ne changeait jamais de religion et que, puisqu'il était né israélite, il resterait tel. Je cherchai à lui démontrer que son axiome, très commode pour la paresse et l'orgueil, était un véritable blasphème, que c'était dire à Dieu en d'autres termes :*
— Révélez ce qu'il vous plaira de révéler, je suis né juif, musulman ou idolâtre, et je resterai tel, l'honneur me le commande, que cela vous convienne ou non, peu importe. D'ailleurs, ajoutai-je, si vous êtes un bon et fidèle israélite, vous devez par là même devenir bon catholique ; en votre qualité de juif, vous croyez à la divinité des livres de l'Ancien Testament, à l'inspiration des prophéties, et nécessairement aussi, trouvant dans l'Eglise catholique les réalisations de toutes les figures et l'accomplissement de tout ce qui a été prédit, il est de votre devoir de devenir membre de cette Eglise. Ratisbonne ne répondait à mes paroles que par un sourire d'incrédulité et de pitié. Sa figure exprimait la compassion que lui faisaient éprouver ma niaiserie et ma superstition. » T. de Bussières, *Relation,* 30 janvier 1842, n° 12, p. 5-6, Ed. R. Laurentin, in *Catherine Labouré, Documents I,* p. 304.

« *Notre causerie tendait à la discussion. J'essayais, dans mon entraînement, de lui faire partager mes convictions catholiques, et lui, souriant de mes efforts, me répondait avec une bienveillante pitié pour ma superstition :* qu'il était né juif et qu'il mourrait juif. » T. de Bussières, *L'enfant de Marie,* 17 février 1842, n° 26, p. 13.

« *Nous parlâmes de mon frère le prêtre, dont je me plaignais parce qu'il avait baptisé mon neveu mourant* [avea battezzato il mio nipote moribondo : *confusion due à la traduction italienne des propos français d'Alphonse, le notaire prenant le désir et la demande récusée de Théodore pour une exécution]. Nous discutâmes ensemble religion et je manifestai toujours un sentiment contraire aux conversions en la matière. Je disais : Je n'aime pas les convertis* [qui changent] *la religion où Dieu les a fait naître, et toute religion est bonne. Je lui fis connaître l'impression que m'avait faite la visite du ghetto sur l'oppression de mes frères* [juifs], *et aussi les superstitions* (comme je les appelais) *des catholiques, avec dérision.*
— Eh bien, répondit Monsieur de Bussières, si vous êtes un esprit fort... (suite note 15). Alphonse, in *Procès,* 18 février 1842 matin, n° 28, p. 81.

« *En poursuivant* [le 16 janvier] *le récit de son entretien* [du 15 janvier] *avec Ratisbonne, Monsieur de Bussierre ajouta que, se sentant persuadé que Dieu avait jeté*

sur ce juif des regards de miséricorde, il avait cru devoir s'étendre sur les motifs qui pouvaient le porter à renoncer au judaïsme.
— Vous croyez, lui avait-il dit, aux anciennes Ecritures sacrées? Eh bien, vous deviendrez catholique.
Monsieur de Bussierre s'aperçut, à l'altération du visage de Monsieur Ratisbonne, que ces paroles l'avaient impressionné. Mais celui-ci, comme pour se montrer un esprit fort, répondit :
— Je suis né juif et je veux rester juif. » E. de Bock, in *Procès,* 4 mars 1842, n° 40, p. 120.

[J. M. Aladel], *Récit de la conversion,* mars 1842, n° 52, p. 397-398, ne donne qu'un pâle résumé de ce que nous avons entendu des témoins.

« *Obéissant de confiance à ce prophétique pressentiment, Monsieur de Bussière entama le chapitre religieux et chercha à faire entrevoir et goûter à son jeune visiteur quelque chose des vérités chrétiennes. Mais il se vit reçu d'une manière peu encourageante. Monsieur Ratisbonne fit valoir les motifs nombreux et déterminants qu'il avait de rester juif : les juifs pouvaient désormais arriver à tout en France. Il venait d'être admis comme associé dans la grande maison de banque qui portait son nom et, de plus, il était fiancé à une juive, sa parente, jeune, belle et riche, qu'il aimait et dont il était aimé. Il se trouvait d'ailleurs à la tête de toutes les œuvres juives de sa ville natale ayant pour but la régénération de ses coreligionnaires. Enfin, il ne dissimula pas à Monsieur de Bussières le peu de penchant qu'il éprouvait pour le catholicisme et il se hâta de rompre une conversation qui n'était nullement de son goût par ces mots :*
— Je suis né juif, je mourrai juif!
Après quoi, il se prépara à prendre congé et, cependant, il ne pouvait se décider à sortir. » T. Walsh, *Le Comte de la Ferronnays,* 20 mars 1842, n° 50, p. 55-56.

Mes « *griefs placèrent la conversation sur le terrain religieux. Monsieur de Bussières me parla des grandeurs du catholicisme. Je répondis par des ironies et des imputations que j'avais lues ou entendues si souvent. Encore imposai-je un frein à ma verve impie, par respect pour Madame de Bussières et pour la foi des jeunes enfants qui jouaient à côté de nous.* » Alphonse à Desgenettes, 12 avril 1842, n° 59, p. 73.

Synthèse

Aussitôt après « *l'éclair électrique* » (note 10), la conversation vient sur l'abbé Théodore Ratisbonne, et (note Alphonse) « *j'exprimai mon indignation contre lui pour sa conduite au sujet du petit Auguste* », qu'il aurait voulu baptiser (n° 7 et 28, où un accident de traduction a fait prendre son projet pour une réalité).
La discussion s'enferre sur le terrain religieux. Théodore est là dans son domaine. Il essaie à la fois de rectifier les préjugés d'Alphonse (n° 12) et de lui manifester la vérité et les bienfaits du christianisme (n° 12, 50). Toute religion est bonne (n° 28).
Alphonse réplique en ridiculisant les « *superstitions catholiques* » (n° 28).
— Toutes les religions sont bonnes pourvu qu'on soit honnête, ajoute-t-il (n° 12).
— Cela équivaut à les dire toutes mauvaises, réplique Théodore (n° 12).
— Un honnête homme ne change jamais de religion, (n° 12).
— Je n'aime pas les convertis (n° 28), rétorque Alphonse, en référence aux deux Théodore : son frère... et son interlocuteur.
— Ce disant, vous méprisez la révélation de Dieu, répond Bussières (n° 12).
— Je suis né juif et resterai juif, conclut Alphonse (n° 12, 26, 40, 50).
Il fait valoir ses motifs : la nouvelle liberté des juifs, l'avenir heureux qui en résulte pour lui (n° 50) et son peu de penchant (n° 50), son aversion même (n° 26, 28) pour la « *superstition* » catholique (n° 26). Sa figure exprimait la compassion (n° 12).
— La Bible même, que vous admettez, prophétise la vérité catholique et vous invite à vous convertir, objecte Théodore (n° 12, 40), qui pense l'avoir impressionné par ses paroles (n° 40).
Mais la conversation s'essouffle, et Théodore perçoit bien, sous la politesse de l'interlocuteur, son incrédulité et « *compassion pour ma niaiserie et ma superstition* » (n° 12 ; cf.26).

Alphonse souhaitait partir vite. Et pourtant, écrit-il à son oncle, « *ma visite se prolongeait sans que je pus me décider à me lever. J'étais comme cloué sur ma chaise* » (n° 7 : note suivante).

13. « CLOUÉ SUR MA CHAISE »

« *Ma visite se prolongeait sans que je pus me décider à me lever. J'étais comme cloué sur ma chaise.* » Alphonse à Louis Ratisbonne, 22 janvier 1842, n° 7.

« *Il se prépara à prendre congé ; et cependant, il ne pouvait se décider à sortir :*
— Je me sentais comme cloué sur ma chaise, a-t-il dit depuis. » T. Walsh, *La Ferronnays,* 20 mars 1842, n° 50, p. 56.

14. UNE IDÉE IRRÉSISTIBLE DE THÉODORE

« *Cependant, poussé par je ne sais quel désir irrésistible, je le suppliai instamment, au moment où il allait partir, de me permettre d'attacher à son col la Médaille Miraculeuse...* » T. de Bussières, *Relation,* 30 janvier 1842, n° 12, p. 6 ; éd. R. Laurentin, *Catherine Labouré, Documents I,* p. 304.

« *Alors me vint l'idée la plus extraordinaire : une idée du Ciel ; car les sages du monde l'auraient appelée folie.* » T. de Bussières, *L'enfant de Marie,* 17 février 1842, n° 26, p. 13-14.

« *Alors Monsieur de Bussières, poussé par une inspiration intérieure* (spinto da un'interiore ispirazione), *le pria d'accepter une chose qu'il voulait lui donner.* » E. de Bock, in *Procès,* 4 mars 1842, n° 40, p. 120 ; n° 59, cité dans le texte.

Synthèse

Théodore se sent alors « *poussé* » (n° 40) par je ne sais quel « *désir irrésistible* » (n° 12) : « *attacher à son col la Médaille Miraculeuse* » (n° 12). Cette « *idée extraordinaire* », il la perçoit bien comme une « *folie* », mais c'est peut-être « *une idée du Ciel* » (n° 26) : une de ces « *inspirations intérieures* » (n° 40) qui guide depuis longtemps sa vie, là où il ne l'attendait pas.

15. PROPOSITION, DISCUSSION ET ACCEPTATION DE LA MÉDAILLE

« *Au moment où il allait partir, je le suppliai instamment de me permettre d'attacher à son cou la Médaille Miraculeuse. Après en avoir beaucoup ri et plaisanté, et s'être moqué de ma crédulité, il y consentit par complaisance pour moi, et pour me prouver qu'on faisait tort aux juifs en les accusant d'obstination et d'un insurmontable* entêtement. » T. de Bussières à T. Ratisbonne, 22 janvier 1842, n° 5, p. 11.

« *Ma visite se prolongeait* [...].
— Puisque vous êtes un esprit si fort, me dit Monsieur Théodore de Bussières, promettez-moi de porter sur vous une Médaille Miraculeuse. Après avoir beaucoup ri et plaisanté, je lui dis que je la porterais assez volontiers pour lui prouver, premièrement que les juifs ne sont pas aussi obstinés qu'on veut le dire. Deuxièmement, que la Médaille Miraculeuse n'est qu'une simple prière. Je la pris donc, me disant en moi-même, comme Hoffmann dans la Chanson des Remèdes : *Si cela ne peut me faire de bien, du moins cela ne peut me faire de mal.* [...] *Je devais partir le lendemain* [sic pour surlendemain] *et je me proposais de faire de la Médaille et de la prière un épisode amusant de mes notes et souvenirs de voyage.* » Alphonse à Louis Ratisbonne, 22 janvier 1842, n° 7.

« *Poussé par je ne sais quel désir irrésistible, je le suppliai instamment, au moment où il allait partir, de me permettre d'attacher à son col la Médaille Miraculeuse de l'Immaculée Conception.*

— Puisque vous êtes un esprit fort et si sûr de votre fait, lui dis-je, promettez-moi de porter sur vous ce que je vais vous donner.
— Voyons, de quoi s'agit-il ? répliqua-t-il d'un ton moqueur.
— Simplement de cette médaille, répondis-je en la lui montrant A ces mots, il se rejeta vivement en arrière.
— Mais, ajoutai-je froidement, d'après votre manière de voir, cela doit vous être parfaitement indifférent, et c'est me faire à moi un très grand plaisir.
— Oh ! qu'à cela ne tienne, s'écria-t-il alors en éclatant de rire, je veux au moins pouvoir vous prouver qu'on fait tort aux juifs (p. 7) en les accusant d'obstination et d'un insurmontable entêtement ; et d'ailleurs vous me fournissez là un fort joli chapitre pour mes notes et impressions de voyage. » T. de Bussières, *Relation,* 30 janvier 1842, n° 12, p. 6-7, éd. R. Laurentin, *Catherine Labouré, Documents I,* p. 304.

« *Monsieur de Bussières pria aimablement* [Alphonse] *d'accepter par complaisance la médaille de Marie, Vierge Immaculée, qu'il lui tendait.* » *Diario di Roma,* 15 février 1842, n° 24.

« *Alors il me vint l'idée la plus extraordinaire, une idée du Ciel* [...] :
— Puisque vous êtes un esprit si fort et si sûr de vous-même, promettez-moi de porter sur vous ce que je vais vous donner.
— Voyons, de quoi s'agit-il ?
— Simplement de cette médaille.
Et je lui montre une médaille de la Vierge Miraculeuse. Il se rejette vivement en arrière avec un mélange d'indignation et de surprise. [La suite est identique au n° 12, mais ajoute après « impressions de voyage » :] *Et il continuait des plaisanteries qui me navraient le cœur, car pour moi c'étaient des blasphèmes.* » T. de Bussières, *L'enfant de Marie,* 17 février 1842, n° 26, p. 14-15.

Après sa sortie sur le ghetto et les « *superstitions catholiques* » :
« *— Eh bien, répondit Monsieur de Bussières, puisque vous êtes un esprit fort, vous n'aurez pas de difficulté à porter une médaille que je vous donnerai.*
— Je la porterai, répondis-je (par pure complaisance), pour vous montrer que les juifs ne sont pas aussi obstinés qu'on le dit. » Alphonse, in *Procès,* 18 février 1842, n° 28, p. 81.

« *Au moment où il allait sortir, Monsieur de Bussières lui dit :*
— Puisque vous êtes un esprit si fort, vous ne ferez sans doute aucune difficulté d'accepter cette médaille de la Sainte Vierge que je vous prie de porter en souvenir de moi.
Monsieur Ratisbonne s'en défendit quelque temps, puis, enfin, pour se débarrasser de ces importunités, il accepta de prouver que les juifs n'étaient pas aussi entêtés qu'on le prétendait.
— Et, après tout, ajouta-t-il, si cela ne peut faire grand bien, cela ne peut toujours pas faire de mal ! D'ailleurs, regardant votre médaille comme un pur enfantillage, j'aurais mauvaise grâce à ne pas la prendre puisque cela vous fait plaisir ! » T. Walsh, *La Ferronnays,* 20 mars 1842, n° 50, p. 57.

[J. M. Aladel], *Récit,* n° 52, p. 398, n'est qu'un écho légèrement enjolivé des textes précédents : « *Promettez-moi de porter* toujours *sur vous ce petit hommage que je vous supplie de ne pas refuser* », etc.

« *Enfin, me dit Monsieur de Bussières, puisque vous détestez la superstition et que vous professez des doctrines si libérales, puisque vous êtes un esprit fort si éclairé, auriez-vous le courage de vous soumettre à une épreuve bien innocente ?*
— Quelle épreuve ?
— Ce serait de porter sur vous un objet que je vais vous donner...
Voici ! C'est une médaille de la Sainte Vierge. Cela vous paraît bien ridicule, n'est-ce pas ? Mais, quant à moi, j'attache une grande valeur à cette médaille.
La proposition, je l'avoue, m'étonna par sa puérile singularité. Je ne m'attendais pas à cette chute. Mon premier mouvement était de rire en haussant les épaules, mais la pensée me vint que cette scène fournirait un délicieux chapitre à mes impressions de

voyage et je consentis à prendre la médaille comme une pièce de conviction que j'offrirais à ma fiancée. » Alphonse à Desgenettes, 12 avril 1842, n° 59, p. 73.

Synthèse

Après les sorties ironiques sur le ghetto et la superstition catholique (n° 28), Alphonse « *allait partir* » (n° 5, 12, 50). Et c'est alors que Bussières est saisi par une idée « *irrésistible* » (note précédente).
— Puisque vous êtes un esprit fort (n° 7) et si sûr de vous-même (n° 26), auriez-vous le courage de vous soumettre à une épreuve bien innocente ? (n° 59)
D'autres textes précisent moins justement :
— *Permettez-moi* d'attacher à *votre cou* (n° 5).
— « Je vous prie de porter [..] *cette médaille en souvenir de moi* (n° 50).
— « *Vous n'aurez pas difficulté* à porter sur vous... » (n° 50).
Ces variantes *peuvent* refléter les étapes d'un débat, d'abord insinuant, puis insistant, voire impérieux ; Théodore va du questionnement :
— Auriez-vous le courage de vous soumettre à une épreuve bien innocente ? (n° 59)
— Me permettez-vous... ? (n° 5, 12).
à la proposition :
— Vous ne ferez sans doute aucune difficulté ... (n° 50).
— Promettez-moi (n° 12, 26).
Sur la question moqueuse (n° 24) et intriguée d'Alphonse :
— Voyons, de quoi s'agit-il ? (n° 12, 26)
— Quelle épreuve ? (n° 59)
Théodore montre la Médaille Miraculeuse (n° 5, 7, 12, 24, 26, 28, 50, 59), « *aimablement* » (n° 24) mais instamment (n° 5, 12).
— Cette « *épreuve bien innocente* » (n° 59) doit vous être indifférente (n° 12, 26).
— Ce serait « *me faire à moi un très grand plaisir* » (n° 12, 26, 50).
— Ce serait un souvenir (n° 50), et j'y « *attache une grande valeur* » (n° 59).
Devant cette étrange proposition catholique, semblable aux superstitions qu'il vient de flétrir, Alphonse se « *rejeta vivement en arrière* » (n° 12, 26), avec un mélange d'indignation et de surprise (n° 26). Il se défend quelque temps (n° 50) contre ce « *pur enfantillage* » (n° 50, 59). Et, en homme du monde, il sait le prendre avec humour. Après avoir beaucoup ri et plaisanté (n° 7 ; cf 59 : « *mon premier mouvement était de rire* »), il l'accepte pour deux raisons qu'il expose à son oncle Louis :
— Prouver que les juifs ne sont pas aussi obstinés qu'on peut le dire (n° 5, 7, 12, 26, 28, 50).
— « *Prouver sa compréhension* » à l'égard d' « *une simple prière* » (n° 7).
« *Si cela ne peut me faire de bien, du moins cela ne peut me faire de mal* », se dit-il par réminiscence de la *Chanson des Remèdes d'Hoffmann* (n° 7, 50 ; cf. 59, p. 75 ; et note 18 sur le Memorare).
— « *D'ailleurs, ajoute-t-il, vous me fournissez là un fort joli chapitre pour mes notes et impressions de voyage* » (n° 12, 26 et 59).
Bref, il consent pour ne pas se dérober au défi, et « *par complaisance* » pour l'hôte distingué (n° 5), avec cette double pensée :
— Vous voyez ainsi « *qu'on fait tort aux juifs* (cf n° 5, 12, 26), *en les accusant d'obstination* (cf n° 5, 7, 12, 26, 28, 50) *et d'un insurmontable entêtement* », conclut-il (n° 5, 12, 26, 28).
— Voilà un trait pittoresque pour son journal de voyage !
— Ce sera une pièce à conviction : cette médaille est en argent, il pourra l' « *offrir* » à sa fiancée (n° 59).

16. L'IMPOSITION DE LA MÉDAILLE

Dans la lettre à son oncle Louis, Alphonse ne raconte pas l'imposition même de la médaille. Mais elle est clairement sous-entendue, et il précise : « *Je me proposais de faire de la médaille et de la prière un épisode amusant de mes notes et souvenirs de voyage.* » 22 janvier 1842, n° 7.

« *Pendant notre débat, mes petites filles avaient préparé un ruban, je passai la médaille au col d'Alphonse, qui continuait à m'accabler de brocarts et de mauvaises plaisanteries.* » T. de Bussières, *relation,* 30 janvier 1842, n° 12, p. 7, éd.R. Laurentin, in *Catherine Labouré, Documents I,* p. 305.

« *Cependant je lui avais passé au col un ruban auquel mes petites filles, pendant notre débat, avaient attaché la médaille bénite.* » T. de Bussière, *L'enfant de Marie,* 17 février 1842, n° 26, p. 15.

« *Et voilà alors* (ed ecco allora) *ses petites filles tout en mouvement pour me trouver un petit cordon* (le sue figliuolette tutte in moto per trovarmi un cordoncino) *auquel suspendre la médaille, je me la fis mettre au cou* (me la feci porre al collo). » Alphonse, in *Procès,* 18 février matin, n° 28, p. 81.

« *En achevant ces mots il se la passa effectivement au cou en riant aux éclats et en faisant maintes plaisanteries.* » T. Walsh, *La Ferronnays,* 20 mars 1842, n° 50, p. 57. (Il attribue le geste de Théodore : passer la médaille au cou, à Alphonse lui-même).

[J. M. Aladel], *Récit,* mars 1842, n° 52, p. 399, n'introduit encore ici que des variantes, de son style brillant.

« *Aussitôt dit et aussitôt fait. On me passa la médaille au cou, non sans peine, car le nœud était trop court et le cordon ne passait pas. Enfin, à force de tirer, j'avais la médaille sur la poitrine...* » Alphonse à Desgenettes, 12 avril 1842, n° 59, p. 74.

La médaille d'Alphonse : une médaille d'argent (1,5 × 2 cm), fut remise par Alphonse à Mère Eléonore, et léguée par elle à Mère Godeleine. Elle est conservée aujourd'hui à la maison des sœurs de Notre Dame de Sion à Issy-les-Moulineaux : « *Nous certifions, après l'avoir entendu affirmer par Mère M. Eléonore, que cette médaille était portée par le P. Marie le 20 janvier 1842; laissée par lui à Mère M. Eléonore, elle a été portée par elle jusqu'au jour de son décès, le 2 décembre 1930* ». *Attestation de Mère Godeleine,* contresignée par Sœur Claudia, 28 décembre 1930. Cette imposition de la médaille a inspiré l'iconographie populaire de l'apparition.

Synthèse

Après le consentement qu'Alphonse a donné de guerre lasse, l'imposition de la médaille ne traîne pas : « *aussitôt dit aussitôt fait* » (n° 59). Déjà, précise Théodore, pendant le débat, mes petites filles « *avaient préparé un ruban* » (n° 12; cf n° 26); « *s'étaient mises en mouvement* » (*in moto*, n° 28), pour trouver (n° 28), et préparer (n° 12) un ruban et y attacher la médaille bénite (n° 26, 28).
Walsh se trompe en disant qu'Alphonse « se la passa *effectivement au cou* » (n° 50), ce que démentent à la fois :
Théodore : « *Je lui passe au col un ruban* » (n° 12, 26).
et Alphonse lui-même :
— « *Je me* la fis *mettre au cou* » (n° 28).
— « On me passa *la médaille au cou* » (n° 59).
L'opération fut laborieuse « *car le nœud était trop court* » (n° 59), mais à force de tirer, le problème est résolu (n° 59). En homme du monde, Alphonse assume cette provocation intempestive avec humour. Il rit aux éclats (n° 50) et se défoule en « *brocards et plaisanteries* » (n° 12, 50).

17. « ME VOILÀ CATHOLIQUE ET ROMAIN »

« *Et voilà que je dis par plaisanterie* (scherzando) :
— C'est fait, je suis catholique! (è fatto tutto, sono cattolico!). » *Alphonse, in Procès, 18 février 1842, n° 28, p. 81.*

« *Enfin* [...], *j'avais la médaille sur la poitrine et je m'écriais :*
— *Ah! Ah! me voilà catholique, apostolique et romain.*
C'était le démon qui prophétisait par ma bouche. » Alphonse à Desgenettes, 12 avril 1842, n° 59, p. 74.

Les deux versions d'Alphonse, dont une est parvenue par le canal de l'italien, ne sont pas littéralement identiques mais concordent en substance.

18. Seconde demande de T. de Bussieres : il faudra réciter cette prière

« *J'avais une seconde prière à lui adresser. Là, j'ai eu plus de peine : je voulais qu'il dît la pieuse invocation de votre cher saint Bernard : le* Souvenez-vous ; *à la première proposition que j'en fis, je reçus une complète rebuffade. Cela lui sembla aussi impertinent que s'il m'eût demandé, lui, de dire une prière juive. Cependant, je devins tellement importun que, pour se débarrasser de moi, il prit l'invocation.* » T. de Bussières à T. Ratisbonne, 22 janvier 1842, n° 5.

« *Encouragé par ma docilité, Monsieur de Bussières me pria de réciter une prière à la Vierge : prière composée par saint Bernard, prière de quelques lignes, prière infaillible. Ah ! Pour le coup, je trouvai cela trop indiscret et j'étais tenté de lui demander à mon tour de réciter une prière hébraïque. Enfin, pour me débarrasser de son importunité, je lui promis de réciter chez moi cette prière soir et matin. Je devais partir le lendemain et je me proposais de faire de la médaille et de la prière un épisode amusant de mes notes et souvenirs de voyage.* » Alphonse à Louis Ratisbonne, 22 janvier 1842, n° 7.

« *Cependant, j'avais une seconde prière à lui adresser. Là, j'ai eu plus de peine. Je voulais qu'il dît la pieuse invocation de saint Bernard : le* Memorare. *A la première proposition que je lui en fis, je fus repoussé avec pertes. Cela lui sembla aussi impertinent, a-t-il dit depuis, que s'il m'eût, lui, demandé de dire une prière juive. Mais je devins tellement importun que, pour se débarrasser de moi, il prit l'invocation que je lui présentais.* » T. de Bussières, *Relation,* 30 janvier 1842, n° 12, p. 7.

« *Il me restait quelque chose de plus difficile encore à obtenir : je voulais qu'il récitât la pieuse invocation de saint Bernard :* Memorare o piissima Virgo... *Pour le coup, il n'y tint plus. Il me refusa positivement avec un ton qui semblait dire : cet homme est, en vérité, par trop impertinent. Mais une force intérieure me poussait moi-même, et je luttais contre ses refus réitérés avec une sorte d'acharnement. Je lui tendais la prière.* » T. de Bussières, *L'enfant de Marie,* 17 février 1842, n° 26, p. 15.

« *Puisque je vous vois sincère* (viveggo sincero), *reprit Monsieur de Bussières, je vous demanderai une autre faveur : de réciter une brève prière à la Très Sainte Vierge, composée par saint Bernard, qui commence par* Memorare » (che incomincia il Memorare, *sic.*). Alphonse, in *Procès,* 18 février matin, n° 28, p. 81.

« *Monsieur de Bussière, enhardi par ce premier succès, et cédant à son insu à un mouvement d'indiscrétion tout apostolique, Monsieur de Bussière, dis-je, ne s'en tint pas là et pressa son jeune ami d'accepter aussi de réciter une fois chaque jour une prière célèbre de saint Bernard à la Vierge (le* Memorare*), dont l'efficacité était reconnue. Le vieux sang juif de Monsieur Ratisbonne se révolta à cette proposition :*
— Elle me parut, dit-il, aussi déplacée, aussi inconvenante que possible. Ce Monsieur, pensez, me force à prendre sa médaille, et voilà qu'il pousse l'importunité jusqu'à vouloir que je récite une prière à la Vierge ! Mais que dirait-il si j'allais lui proposer, moi, de réciter une prière en hébreu ! » T. Walsh, *La Ferronnays,* 20 mars 1842, n° 50, p. 57-58.

« *— Maintenant, me dit-il, il faut compléter l'épreuve. Il s'agit de réciter matin et soir le* Memorare : *prière très courte et très efficace, que saint Bernard adressa à la Vierge Marie.*
— Qu'est-ce que votre Memorare ? *m'écriai-je. Laissons là ces sottises ! Car, en ce moment, je sentais toute mon animosité se renouveler en moi. Le nom de saint Bernard me rappelait mon frère qui avait écrit l'histoire de ce saint : ouvrage que je n'avais jamais voulu lire ; et ce souvenir réveillait à son tour tous mes ressentiments contre le prosélytisme et le jésuitisme et ceux que j'appelais tartufes et apostats.*
Je priai donc Monsieur de Bussières d'en rester là ; et tout en me moquant de lui [p. 75], *je regrettais de n'avoir pas moi-même une prière hébraïque à lui offrir pour que la partie*

fût égale; mais je n'en avais point et n'en connaissais point. Cependant, mon interlocuteur insista : il me dit qu'en refusant de réciter cette courte prière, je rendais l'épreuve nulle, et que je prouvais par cela même la réalité de l'obstination volontaire qu'on reproche aux juifs. Je ne voulus pas attacher trop d'importance à la chose et je dis :
— Soit! je vous promets de réciter cette prière. Si elle ne me fait pas de bien, du moins ne me fera-t-elle pas de mal! » Alphonse à Desgenettes, 12 avril 1842, n° 59, p. 74-75.

Synthèse

La première demande : accepter la médaille, en entraîne une « *seconde* » (n° 5, 12), « *plus difficile* » (n° 26), que Théodore obtiendra avec « *plus de peine* » (n° 5, 12) : pour que « *l'épreuve* » ne soit point « *nulle* » (n° 59, p. 75), il faudra aussi réciter chaque jour (n° 50), matin et soir (n° 59, p. 74), le *Souvenez-vous* (n° 5), dit encore *Memorare* (n° 12, 26, 50), que Théodore attribue à saint Bernard (n° 5, 7, 28, 50). Cette fois, Théodore subit une « *complète rebuffade* » (n° 5). « *Je fus repoussé avec pertes* », reconnaît-il (n° 12). « *Il me refusa positivement* (n° 26). « *Je trouvais cela trop indiscret* » (n° 7), « *impertinent* » (n° 12), « *déplacé, inconvenant* » (n° 50), confie Alphonse lui-même, qui rapporte ainsi ses protestations :
— Laissons là ces sottises (n° 59).
« *Je sentais toute mon animosité se renouveler en moi* » contre « *mon frère Théodore et ce saint Bernard* » dont il avait écrit la vie (n° 59). Il ajoute inexactement qu'il n'a « *jamais voulu la lire* » (n° 59), mais sa lettre du 8 mai 1841 (n° 2) témoigne du contraire (voir texte).
Selon le jeu de leurs provocations, Alphonse souhaiterait lui demander de réciter une prière hébraïque (n° 5, 7, 12, 50; 59, p. 75). Mais faute d'en connaître, il doit renoncer à jouer cette carte.
— Qu'est-ce que votre *Memorare?* demande-t-il avec agacement (n° 59, p. 74). Malgré le bien-fondé des protestations d'Alphonse, raconte Théodore, « *une force intérieure me poussait moi-même et je luttais contre ses refus réitérés avec une sorte d'acharnement* » (n° 26; cf.12). Je devins délibérément « *importun* » (n° 5; cf.12 et 50, où Alphonse parle de l'importunité de Théodore).
— Par votre refus de l'épreuve, vous prouveriez « *la réalité de l'obstination volontaire qu'on reproche aux juifs* », insiste Théodore (n° 59, p. 75; argument analogue ci-dessus note 15).
Alphonse, quoique fâché, cède à cet argument et conclut :
— Soit. Je vous promets de réciter cette prière (n° 59), soir et matin (n° 7).
— Si elle ne me fait pas de bien, du moins ne me fera-t-elle pas de mal (n° 59, p. 75; cf aussi note 15).
Il prend l'invocation (n° 5, 12) que Théodore lui tend avec insistance (n° 26; cf. n° 12 : présentait).

19. REGRET DE NE PAS AVOIR DE PRIÈRE À IMPOSER EN ÉCHANGE

Voir note précédente.

20. ALPHONSE ACCEPTE DE RÉCITER LA PRIÈRE

Voir note 18 : il prend la prière (n° 5, 12) et promet de la réciter (n° 7, 59).

21. TROISIÈME DEMANDE DE BUSSIÈRES : COPIER LE MÉMORARE

« *Alors, pour le forcer à la lire, je lui dis que je n'avais qu'un exemplaire et que je le priais de me la recopier, afin que je l'eusse pour moi-même. Il ne put plus s'en défendre.* » T. de Bussières à T. Ratisbonne, 22 janvier 1842, n° 5.

« *Alors, voulant le forcer à la lire, je lui dis que je n'en avais qu'un seul exemplaire, ce qui était vrai en effet, et que je le priais de la recopier, afin que je l'eusse pour moi-*

même. Il ne put plus s'en défendre, et répliqua, avec un léger mouvement d'humeur et d'ironie : — Je la copierai, je vous donnerai ma copie et je garderai la vôtre. — C'est très bien, répondis-je. » T. de Bussières, Relation, 30 janvier 1842, n° 12, p. 7, éd. R. Laurentin, Catherine Labouré, Documents I, p. 305.

« *Je lui tendais la prière, le suppliant de l'emporter avec lui, mais d'être assez bon pour la copier, parce que je n'en avais pas d'autre exemplaire.* » T. de Bussières, L'enfant de Marie, 17 février 1842, n° 26, p. 15.

« *Monsieur de Bussières m'ayant dit ensuite qu'il n'avait que cette unique copie de la dite prière, je lui dis qu'après l'avoir copiée, je lui rendrais ma copie et garderais sa prière. Il montra défiance sur l'exécution* (mostro diffidare che io l'avrei fatto). *Alors je l'en assurai et pris la prière comme monument de la superstition catholique.* » Alphonse, in Procès, 18 février 1842 matin, n° 28, p. 81.

« *Vaincu de nouveau par l'insistance de Monsieur de Bussières, et cédant peut-être à la mystérieuse impulsion de cette* main invisible *qui l'avait, malgré lui, poussé à Rome et mis forcément en contact avec son futur convertisseur, il finit par accepter le papier que celui-ci lui présentait.*
— *Mais je ne possède que ce seul exemplaire, lui dit Monsieur de Bussières qui voulait, par cette ruse, le contraindre à lire au moins la prière. Ayez donc la complaisance de le copier et de me le rendre. Monsieur Ratisbonne en prit l'engagement et sortit, se promettant bien,* écrivait-il à ses parents, *de faire de la Médaille* Miraculeuse *et de la prière* infaillible *un chapitre amusant et comique de ses notes et impressions de voyage.* » T.WALSH, La Ferronnays, 20 mars 1842, n° 50, p. 58-59.

Pour mémoire, [J.M.ALADEL], Récit, n° 52, p. 40.

« *Et Monsieur de Bussières alla la chercher en m'invitant à la copier. J'y consentis.*
— *A condition, lui répondis-je, que je vous remettrai ma copie et garderai votre original. Ma pensée était d'enrichir mes notes de cette nouvelle pièce justificative. Nous étions donc parfaitement satisfaits l'un et l'autre ; notre causerie, en définitive, m'avait paru bizarre et elle m'amusa.* » Alphonse à Desgenettes, 12 avril 1842, n° 59, p. 75.

Synthèse

Selon la logique de son « inspiration », Théodore termine par une troisième demande, pour forcer Alphonse à lire cette prière (le « contraindre » : n° 5, 12, 50). — Je le priai de la recopier (n° 5, 12, 26, 50, 59). Cette fois, « il ne put plus s'en défendre » (n° 5 et 12). De guerre lasse, il accepte le papier (n° 50), « avec un léger mouvement d'humeur et d'ironie » (n° 12). — Je la copierai et je vous donnerai ma copie et je garderai la vôtre, précise-t-il (n° 12, 28, 59). Cette feinte pour obtenir la « pièce à conviction » s'inscrit dans les formes de la politesse, puisqu'elle valorise l'autographe de Théodore (n° 12, 28, 59). Je ne « pris la prière » que « comme monument de la superstition catholique », précise-t-il au procès (n° 28), « et thème pour un chapitre amusant et comique de mes notes et impressions de voyage » (n° 50 et 59). Sur la corde raide, l'un et l'autre ont fait leur parcours sans faute d'hommes du monde, chacun mesurant jusqu'où l'humour et les nuances permettaient « d'aller trop loin » dans la critique, l'indiscrétion ou la provocation : « Nous étions donc parfaitement satisfaits l'un de l'autre. Notre causerie, en définitive, m'avait paru bizarre et elle m'amusa », conclut Alphonse (n° 59). Mais nous verrons, note suivante, que Bussières était moins satisfait de lui-même.

22. CHEZ LES BUSSIÈRES APRÈS LE DÉPART D'ALPHONSE

« *Quant à moi, je passai ma journée à penser à ma visite du* matin [sic], *tout étonné de ce qui s'était passé entre moi et un individu avec lequel je causais pour la première fois. J'étais décidé à faire tout ce qui était en mon pouvoir pour l'empêcher de partir.* » T. de Bussières, Relation, 30 janvier 1842, n° 12, p. 8, éd. R. LAURENTIN, Catherine Labouré, Documents I, p. 305. Point à rectifier, la visite n'est pas du matin. Alphonse dit être venu « vers une heure de l'après-midi » (n° 28, cité note 6) ; cette visite semble avoir duré assez longtemps : une heure peut-être.

« *Lorsqu'il fut sorti, nous nous regardâmes quelque temps en silence, ma femme et moi. Tout affligés des blasphèmes que nous avions entendus, nous en demandions au Ciel pardon pour lui ; nous recommandions à nos deux petites filles de réciter le soir* l'Ave Maria *pour la conversion d'Alphonse.* » T. de Bussières, L'enfant de Marie, 17 février 1842, n° 26, p. 16. (Cité dans le texte).

« *Monsieur de Bussières, le cœur navré des dispositons et des désolants propos qu'il avait entendus, conjurait, avec les siens, le Dieu de miséricorde de pardonner au pauvre aveugle qui ne savait ce qu'il disait, recommandait à ses chères enfants de lever leurs mains suppliantes vers le Refuge des pécheurs.* », etc. [J. M. Aladel], *Récit*, mars 1842, n° 52, p. 401.

Synthèse

Après le départ d'Alphonse, T. de Bussières s'étonne de l'initiative étrange qu'il a prise vis-à-vis de son hôte (n° 26), mais il est décidé à tout faire pour l'empêcher de partir (n° 12). Théodore et sa femme sont « *tout affligés de ce qu'ils ont entendu* » (n° 26). Théodore en a le cœur « *navré* » (n° 52). Ils demandent pardon au ciel (n° 26, 52) et recommandent à leurs petites filles de prier pour Alphonse (n° 52), en disant un *Ave Maria* (n° 26).

23. THÉODORE DE BUSSIÈRES VA CONSULTER LE P. DE VILLEFORT AU GESÙ

« *La première fois que j'entendis parler de Monsieur Ratisbonne fut le 15 janvier dernier, par Monsieur le Baron Théodore de Bussières. Il me raconta brièvement la conversation qu'il avait eue avec lui, et me demanda s'il devait insister pour que Monsieur Ratisbonne prolonge son séjour à Rome. Je l'encourageai beaucoup à le faire* (l'incoraggiai molto a farlo) *et à le conduire au Gesù pour le mettre en contact avec le P. Rozaven.* » P. de Villefort s.j., in *Procès*, 24 février 1842, n° 34, p. 97.

« *Le lundi 17 au soir, je passai la soirée près du baron Théodore de Bussières.* [...] *J'appris de lui qu'il avait réussi à annuler le départ de monsieur Ratisbonne* [...], *qu'ensuite, il était allé chez le Père Général de la Compagnie, pour qu'il lui indique un sujet capable de porter Ratisbonne à la conversion, et que le Père Général lui avait choisi, à cette fin, le père Rozaven* » E. de Bock, in *Procès*, 4 mars 1842, n° 40, p. 121.

Qui est le P. de Villefort?

« *Je m'appelle Marie Philippe de Villefort, mes parents furent Michel et Catherine Mouton de la Clote. Je suis né à Cornus, diocèse de Rodez en France, j'ai 42 ans accomplis et il y a 20 ans accomplis que je me trouve dans la Compagnie de Jésus en qualité de prêtre profès. J'y exerce la fonction de substitut dans le Secrétariat Généralice* [...]. T. de Villefort, in *Procès*, 24 février 1842, n° 34, p. 96-97.

« *Le P. de Villefort est un cœur qui marche* », disait Alphonse à T. de Bussières le 10 mars 1842, n° 47.

« *Cet homme de Dieu n'est pas un homme : c'est un cœur, c'est une personnification de la céleste charité* », écrira Alphonse à Desgenettes le 12 février 1842, n° 59, p. 90.

24. THÉODORE CONSULTE LE P. J. ROOTHAAN, SUPÉRIEUR GÉNÉRAL DES JÉSUITES

« *Je m'appelle Jean Roothaan, je suis né à Amsterdam en Hollande. Mes parents furent Matthias et Angela Ter Hostt. J'ai 57 ans et je suis Préposé Général de la Compagnie des Jésuites.* [...] *Je n'ai connu Alphonse Ratisbonne que le jour de sa conversion* [...], *le 20 janvier passé. Quelques jours avant* [probablement le 15, après la visite à Villefort], *Monsieur le Baron Théodore de Bussières m'en avait parlé. Il me raconta comment il avait fait la connaissance de Monsieur Ratisbonne, alors juif* (ebreo), *et les tentatives qu'il avait faites sur lui pour le convertir, ainsi que l'espérance qu'il concevait lui-même que sa conversion se ferait. Je ne me rappelle pas si en cette circonstance ou dans une autre Monsieur de Bussières me fit connaître d'avoir imposé à Monsieur Ratisbonne une Médaille miraculeuse de l'Immaculée Conception, dite généralement Médaille de France, et s'il avait déjà réussi à retenir Monsieur Ratisbonne, qui avait pourtant pris sa place pour partir de Rome vers Naples. Je me rappelle très bien que le dit Monsieur de Bussières me demanda* [de lui indiquer] *un interloculeur* (un soggetto) *qui pût prêter son concours pour parler avec Monsieur Ratisbonne. Et je l'adressai au P. Rozaven. Dans le cours des trois ou quatre jours qui se passaient entre la demande de Monsieur de Bussières et la conversion de Ratisbonne, je sus par le P. Rozaven que Ratisbonne avait été chez lui.* » J. Roothaan, Général des Jésuites, in *Procès,* 9 mars 1842, n° 46, p. 129-130.

Le P. Roothaan ne précise pas le contenu de la première conversation de Théodore au sujet d'Alphonse Ratisbonne. Théodore l'a sans doute vu aussitôt après le P. de Villefort, peut-être sur le conseil de celui-ci, et lui a déjà parlé de l'imposition de la médaille, peut-être du projet de retenir Alphonse à Rome. Mais Théodore a pu voir le P. Roothaan le lendemain, pendant qu'Alphonse avait son premier entretien avec le P. Rozaven. On manque d'éléments pour trancher.

25. Théodore de Bussières dépose un billet à l'hôtel Serny (15 janvier au soir)

« *Dans la soirée* [du 15 janvier], *j'allai lui faire une visite à l'Hôtel Serny. Ne l'ayant pas trouvé* [il était au théâtre], *je lui écrivis un petit billet pour lui demander de venir me voir le dimanche 16 à 10 h 30 du matin.* » T. de Bussières, *Relation,* 30 janvier 1842, n° 12, p. 8, éd. R. Laurentin, *Catherine Labouré, Documents I,* p. 305.

« *J'allai lui faire une visite à l'Hôtel Serny, et, ne l'ayant pas trouvé, je l'engageai, par un billet, à vouloir bien passer chez moi le lendemain, dimanche, vers 10 h et demie du matin.* » T. de Bussières, *L'enfant de Marie,* 17 février 1842, n° 26, p. 18.

26. Qui est Théodore de Bussières et son milieu religieux

Léonce de La Rallaye, *Le Vicomte de Bussières, ou un grand propriétaire du* XIX*e siècle,* Paris, éd. Delhomme et Briguet, 83 rue de Rennes, sans date, 487 pages : Théodore était le fils aîné de Paul-Athanase Renouard de Bussières et de Federica Frank. Né en Alsace le 18 juin 1802, il épouse, le 24 septembre 1829, Marie-Louise *Octavie* Humann, nièce de Madeleine Louise Humann, qui baptisa Théodore Ratisbonne chez elle, le 14 avril 1827. Ils eurent cinq enfants, dont deux seulement survécurent : Georgina, née le 18 septembre 1830 (11 ans et demi en janvier 1842), et Marie, née le 14 septembre 1837 (4 ans et demi en janvier 1842). Les trois autres sont morts en bas âge, dont Roger Fernand, filleul de Fernand de la Ferronnays, né le 24 mars 1836, mort le 20 mars 1840.

Carrière

Il entre dans la diplomatie à 19 ans. D'abord « attaché libre », à Munich, il est nommé 3e secrétaire d'ambassade à Vienne le 14 juin 1824. En 1828, il est autorisé à s'absenter pour voyager en Asie (Note conservée aux archives du Quai d'Orsay, MAE Paris, série personnel, carton 54). En fait il s'agissait de missions discrètes à Constantinople, en Palestine, et aussi en Nubie et en Egypte. Au retour, il écrit ses *Lettres sur l'Orient* (Paris, 1829, éd. F. G. Levrot, 2 volumes in-8°. Il est « nommé le 13 septembre 1829 secrétaire de légation à Carlsruhe, où il est chargé d'affaire par interim, du 10 septembre 1830 au 31 janvier 1831 » (même note du Quai d'Orsay). Cette situation intérimaire manifeste la prise de distance de ce fervent légitimiste après la révolution de 1830. Il se retire « du corps diplomatique », officiellement pour raison de « santé, le 10 octobre 1832 » (même note).

Il se réfugie alors en Italie, où il se lie amicalement et spirituellement avec Auguste de La Ferronnays : celui qui va tant prier pour Alphonse.

Evolution religieuse

Le 8 février 1837, il abjure le protestantisme, sous l'influence de Louis Bautain. En 1837, d'accord avec son épouse, il fait vœu de continence explique son biographe : « *L'union entre ces deux époux admirables avait perdu pour ainsi dire tout caractère terrestre ; elle était* [...] *aussi spiritualisée que possible. Théodore n'en connaissait pas d'autre capable de s'harmoniser avec l'espèce de vénération qu'il avait vouée à sa chaste compagne. Cette réserve, qu'ils s'étaient imposée* de concert *depuis la conversion de Théodore et qui avait été comme le sceau de son complet retour à Dieu, faisait de leur existence en commun quelque chose de suave et d'éthéré.* » Léonce de La Rallaye, *Le Vicomte de Bussières,* 1896, n° 8, p. 360.

Il avait soumis sa décision à son confesseur et à Eugène Boré (1809-1878), alors laïc, futur supérieur général des Lazaristes. Il s'en tira par la prière, mais son équilibre nerveux s'en ressentit. Il passa par des moments dépressifs, avec assauts maîtrisés de tentations.

Sa mort

Il meurt à Reichshoffen le 21 mars 1865. La veille, il ne cessait de répéter : « *Mais il y aura un miracle, il y aura un miracle* », prédiction que nul n'a éclaircie. Il souhaitait que ses filles deviennent religieuses, mais toutes deux se marieront :
- Georgina, en 1850, avec le Comte de Sugny,
- Marie, en 1856, avec le Comte de Leusse, fils de celui qui a beaucoup aidé le P. Marie au plan financier.

Leur père les a fait inscrire toutes deux à l'*Archiconfrérie de Notre-Dame des Victoires* (lettre de Théodore de Bussières à Théodore Ratisbonne, 22 janvier 1842, n° 5).

27. LE MILIEU CHARISMATIQUE OÙ GERMA L'IDÉE DES GROUPES DE PRIÈRE

Théodore de Bussières participait à un groupe de prière fervent, issu du mouvement suscité par la Médaille Miraculeuse et en liaison étroite avec N.-D. des Victoires (Paris). Ils faisaient notamment des veillées de prière, dont Théodore de Bussières témoigne ainsi :
« *Je devais veiller pendant les premières quatre heures de la nuit du samedi au dimanche, en présence du Saint-Sacrement. Mes amis Marc-Antoine Borghese et Edouard de Bock étaient de la veillée.* Relation, 30 janvier 1842, n° 12.

Témoignages d'animateurs de ce groupe

1. *La Princesse Borghese* (née en 1776)

Adèle de la Rochefoucauld, veuve de François Borghese (9 juin 1776-24 mai 1839), fils de Marc-Antoine IV et d'Anna-Maria Salviati (dont la généalogie est conservée aux archives de Sion à Rome), participa à la fondation de l'Archiconfrérie de N.-D. des Victoires ; le bulletin en témoigne :

« *Quant à la Princesse Borghese, ce qu'elle a fait pour l'association naissante dépasse tout ce qu'on pourrait dire. C'est à elle que nous devons son érection en Archiconfrérie. On sait que cette sainte faveur date du 24 avril 1838. Madame la Princesse Borghese l'obtint du Pape Grégoire XVI, au moment où tout semblait s'opposer au succès d'une démarche semblable.* » *Annales de l'Archiconfrérie de N.-D. des Victoires,* Bulletin n° 9, janvier 1843, p. 305, n° 7.
En 1847, elle obtint un bref de Pie IX qui hâta considérablement l'approbation définitive de la *Congrégation Notre-Dame de Sion,* fondée par Théodore Ratisbonne (Ci-dessus t. 1, vol. II, p. 77, n° 6).
Elle eut 4 enfants : Maria-Luisa, Marc-Antoine V, Prince Aldobrandini, Scipione Duc Salviati.
Marc-Antoine IV avait, en effet, laissé en héritage ses trois titres de noblesse, comme le confirme Louis Bautain. *Journal romain,* 1838, n° 1, p. 48, note 51.

2. *Le Prince Borghese*

Le Prince Borghese, Marc-Antoine V (1814-1886) eut 5 enfants, dont 3 meurent en bas âge en 1840 : Camillo (1837-† 1840), Gio Barta (1838-† 1840), Francesco (mort à quelques semaines en 1840). Sa femme, Lady Gwendoline Talbot, fille de Lord Shrewsbury, amie d'Alexandrine de La Ferronnays, fut emportée en quelques jours de maladie en novembre 1840 :
« *Sais-tu déjà l'affreuse nouvelle qui vient de nous consterner? La femme de Marc-Antoine est morte !* [...] *Morte ! Elle dont tu me vantais la beauté et la santé, qui venait si vite encore de se remettre de la naissance de son dernier enfant.* » Eugénie de La Ferronnays, lettre à sa sœur Pauline Craven, 10 novembre 1840, in Pauline Craven, *Récit d'une sœur,* 1852, éd. Paris 1870, 2, p. 285-286.

Le Prince Borghese, profondément ébranlé par ces deuils réitérés, surmonta ce drame par un retour à une foi plus profonde. Il se remarie et a 9 enfants (la première, née en 1844). Ses malheurs de 1840 semblent l'avoir rapproché de Théodore de Bussières, qui avait perdu, la même année, son fils Fernand : ci-dessus, note 26.

« *Le titre de duc de Salviati était entré dans la famille Borghese à la suite du mariage de Marc-Antonio IV avec Anna Maria Salviati, qui mourut en 1819. François Borghese, second fils de Marc-Antoine III, prince Aldobrandini, né à Rome en 1776 et mort en 1839, laissa ses titres à ses trois fils, Antoine, Camille et Scipion. Ce dernier prit, à la mort de son père, le titre de duc de Salviati. Antoine portait le nom de Borghese, et Camille celui d'Adobrandini* ». Louis Bautain, *Journal romain,* 1838, n° 1, p. 48, note 51.

3. *Edouard de Bock*

« *Je m'appelle Edouard Baron de Bock. Mon père s'appelait Georges, ma mère s'appelle Adolphina, Baronne Kenescebec. Je suis né à Hanovre. J'ai 30 ans. Je suis propriétaire et suis catholique depuis l'année 1837, ayant abandonné alors le protestantisme.* » E. de Bock, in *Procès,* 4 mars 1842, n° 40, p. 118.

28. VEILLÉE DE PRIÈRE POUR ALPHONSE RATISBONNE

« *Dans la soirée* [après la] *visite à l'Hôtel Serny* [...], *je devais veiller pendant les premières 4 heures de la nuit du samedi au dimanche, en présence du Saint-Sacrement* [de 4 à 8 heures, selon l'horaire italien, n° 41]. *Mes amis, Marc-Antoine Borghese* [28 ans] *et Edouard de Bock* [30 ans, converti du protestantisme en 1837] *étaient à la même veillée. Je leur demandai de joindre leurs prières aux miennes pour la conversion d'un juif.* » T. de Bussières, 30 janvier 1842, n° 12, p. 8.

« *Pendant ce temps, de pieuses personnes adressaient de ferventes prières au Seigneur pour ce cœur si rétif.* » *Diario di Roma,* Bulletin n° 13, 15 février 1842, n° 24 (Traduction).

« *Le soir, selon un pieux usage de Rome, je devais faire, avec le Prince M[arc Antoine] B[orghese] et d'autres amis, la veillée devant le Saint-Sacrement. Je leur recommandai de se joindre à mes prières pour obtenir de Dieu la conversion...* » T. de Bussières, *L'enfant de Marie,* 17 février 1842, n° 26, p. 18.

« *Depuis un an, la famille du jeune néophyte était l'objet de nos vœux, et quinze jours avant sa conversion, il avait été, à nouveau et spécialement, recommandé par son frère aux prières publiques.* » C.E. Dufriche-Desgenettes, préambule à la publication de la lettre d'Alphonse : n° 59, p. 49-50.

29. R. LAURENTIN

Vie de Catherine Labouré, éd. DDB 1980,T 1, p. 80-93 : Texte et T 2, p. 173-206 : Notes.

30. L'ARCHICONFRÉRIE DE NOTRE-DAME DES VICTOIRES

« *Quant à la Princesse Borghese, ce qu'elle a fait pour l'association naissante dépasse tout ce qu'on pourrait dire. C'est à elle que nous devons son érection en Archiconfrérie. On sait que cette sainte faveur date du 24 avril 1838. Madame la Princesse Borghese l'obtint du Pape Grégoire XVI, au moment où tout semblait s'opposer au succès d'une démarche semblable.* »

Annales de l'Archiconfrérie de N. D. des Victoires, Bulletin n° 9, janvier 1843, p. 305, n° 7. Le fondateur, Charles Eleonore Dufriche-Desgenettes : — 10 août 1778 : naissance à Alençon ; — 7 juin 1805 : ordination sacerdotale ; — 1807-1808 : il est vicaire à Argentan, puis Alençon, d'où il est nommé Directeur du petit séminaire de Laigle ; — 1811 : curé de Saint Martin de Laigle ; — 1812 : il fonde une école ecclésiastique à Sées ; — 1814 : il appuie un manifeste royaliste et doit se cacher pendant les Cent-Jours — 1816 : curé de Saint Pierre de Monsort à Alençon ; — 1819 : vicaire à la paroisse des Missions-Etrangères à Paris (dont dépend la Maison-Mère des Filles de la Charité, rue du Bac) ; — 1820 : curé de la paroisse des Missions-Etrangères ; — 1824 : il fonde sur cette paroisse l'orphelinat de la Providence, avec l'aide de Charles X et de la Duchesse d'Angoulême ; — 1830 : pendant la Révolution de février, il fait parvenir des vivres aux soldats royalistes enfermés dans la caserne de Babylone. Cela suscite une émeute et il doit quitter sa paroisse et se cacher ; — 1832 : il est nommé curé de N.D. des Victoires ; — 25 avril 1860 : décès à Paris.

Sources. 320 — *Vie de l'abbé Dufriche-Desgenettes, Curé de N. D. des Victoires,* élu de Dieu, par un membre de l'archiconfrérie, Paris 1860 ; — *Recueil de ses sermons* (Manuscrit) ; — *Journal de l'abbé Carl, de l'Oratoire.* Tous ces documents sont rassemblés aux Archives de N.D. de Sion, à Rome.

31. INSCRIPTION DE LA COMPAGNIE DE JÉSUS À L'ARCHICONFRÉRIE

Le P.Jean Roothaan semble avoir fait inscrire la Compagnie de Jésus à l'Archiconfrérie dès 1841, un an avant l'apparition. Le n° 1 des *Annales de l'Archiconfrérie,* en date du 28 avril 1842, mentionne l'inscription de quantité d'églises tenues par les pères Jésuites, notamment à Bénévent (p. 28), Turin, Chambéry (p. 29), leur collège de Sassari, etc. Le Bulletin suivant (mai 1842, p. 105), mentionne en-tête : « *Rome, la Compagnie de Jésus* », suivie de nombreuses églises et collèges.

32. LA LISTE DES INSCRIPTIONS À L'ARCHICONFRÉRIE est impressionnante dès les premiers bulletins :

Annales de l'Archiconfrérie du Très Saint et Immaculé Coeur de Marie n° 1, p. 28-31 : près de 20 inscriptions, groupées par pays, à commencer par l'Italie, y compris Rome, où se sont inscrits : l'Ordre des Révérends Pères Mineurs Capucins, Le Monastère de la Chartreuse, le Monastère de la Visitation.
N° 2, p. 105-112 : plusieurs centaines d'inscriptions, venues de 16 pays de 4 continents (tous sauf l'Afrique). Les p. 108 à 113 mentionnent d'innombrables inscriptions en France : à Paris et dans les diocèses commençant par la lettre A : d'Agen à Avignon.

33. ARTICLE DE C. E. DUFRICHE-DESGENETTES DANS ANNALES, 1842, p. 52 : réédité dans la notice

Conversion de Marie Alphonse Ratisbonne, éd. Paris 1912, p. 49-50.

34. « Il n'y a pas d'œuvre à cette époque qui n'ait eu pour berceau N. D. des Victoires, ou son ancre de salut, ou son centre de ralliement. » Pierre BLANCHARD : *Le Vénérable Père Libermann,* p. 292 ......

35. ALPHONSE AU THÉÂTRE : LE 15 JANVIER AU SOIR

« *Deux jours avant mon départ pour Naples* [prévu pour le lundi 17, à 4 heures du matin], *au retour du théâtre, je trouvai un billet de Monsieur le Baron Théodore de Bussierre.* » Alphonse, in *Procès,* 18 février 1842, n° 28, p. 82.
« *Nous nous séparâmes et j'allai passer la soirée au spectacle, où j'oubliai, et la médaille et le* Memorare. » Alphonse à Desgenettes, 12 avril 1842, n° 59, p. 75.

Synthèse

Le 15 janvier au soir (n° 28), Alphonse et Théodore se séparent (n° 59). Alphonse passe la soirée au spectacle (n° 59), au « théâtre » (n° 28) où il oublie le *Memorare* (n° 59). Au retour à l'hôtel Serny, il trouve le « billet » que Théodore a porté après leur séparation.

36. PENSUM À L'HÔTEL SERNY : BILLET DE BUSSIÈRES, BAGAGES ET COPIE

« *Alphonse me quitta, emporta le* Memorare *et le copia. Plus tard, il m'a avoué que le lendemain* [16 janvier] *il lut et relut cette prière, afin d'y chercher ce qu'elle avait de remarquable.* » T.de Bussières, 30 janvier 1842, n° 12, p. 7.
« *Dans la soirée, j'allai lui faire visite à l'Hôtel Serny; ne l'ayant pas trouvé, je lui écrivis un petit billet pour lui demander de venir me voir le dimanche 16, à 10h30 du matin.* » Ib. p. 8.

« *Ratisbonne* [...] *avait pourtant copié cette prière, à laquelle j'attribuais une si puissante efficacité; il la lisait et relisait afin d'y découvrir ce qui me la rendait si précieuse.* » T.de BUSSIERES, *L'enfant de Marie,* 17 février 1842, n° 26, p. 17.

« *Monsieur de Bussières m'ayant dit qu'il avait cette seule copie de la dite prière, je lui dis que je la copierais et lui rendrais la copie faite par moi, en gardant sa prière. Il semblait se défier* (egli mostrò diffidare) *que je le fasse, alors je l'en asssurai et pris l'oraison comme un monument de la superstition catholique. Je la copiai effectivement dans ma maison, et, en la lisant, je n'y trouvai rien d'extraordinaire* [...]. *Deux jours avant mon départ pour Naples, retour du théâtre, je trouvai un billet de Monsieur le Baron de Bussières, où il m'invitait à aller le trouver chez lui. Cette invitation me déplut, vu le peu de temps qui me restait.* » Alphonse, in *Procès,* 18 février 1842, n° 28, p. 81-82.

« *Rentré chez lui, il copia donc le* Memorare, *puis le lut et relut, s'efforçant de découvrir ce qu'il y avait là de si remarquable...* » T.WALSH, *La Ferronnays,* 20 mars 1842, n° 50, p. 59, qui a visiblement sous les yeux le n° 26.

« *J'allai passer la soirée au spectacle, où j'oubliai la médaille et le* Memorare. *Mais en rentrant chez moi, je trouvai un billet de Monsieur de Bussières, qui était venu rendre ma visite, et m'invitait à le revoir avant mon départ. J'avais à lui restituer son* Memorare ; *et, devant partir le lendemain, je fis mes malles et mes préparatifs ; puis je me mis à copier la prière, qui était conçue en ces propres termes* [voir la copie ci-dessous, note 37]. *J'avais copié machinalement ces paroles de saint Bernard sans aucune attention. J'étais fatigué; l'heure était avançée et j'avais besoin de prendre du repos.* » Alphonse à Desgenettes, 12 avril 1842, n° 59, p. 75-76.

Synthèse

« *Deux jours avant mon départ* » (n° 28), « *en rentrant chez moi* » (n° 59), « *au retour du théâtre* » (n° 28), je trouvai un billet de Monsieur de Bussières qui m'invitait à aller le trouver chez lui (n° 28, 59) le lendemain (n° 59). Théodore de Bussières précise qu'il avait fixé ce rendez-vous « *à 10h30* » (n° 12, p. 8). « *Cette invitation me déplut, vu le peu de temps qui me restait* », continue Alphonse (n° 28). « *Je fis mes malles et mes préparatifs* » (n° 59), « *puis je me mis à copier la prière* » (n° 12, 26, 50, 59), « *machinalement, sans aucune attention* » (n° 59). « *J'étais fatigué. L'heure était avancée, j'avais besoin de prendre du repos* » (n° 59). C'est seulement le lendemain, 16 janvier, au réveil, qu'il relira cette prière, cherchant ce qu'elle avait de remarquable (n° 12, 26), au point de la mémoriser (n° 28). Et bientôt, elle lui reviendra malgré lui (chapitre suivant, note 2).

37. LE MEMORARE ET SA COPIE PAR ALPHONSE

Texte autographe d'Alphonse	*Variantes de la lettre à Desgenettes*
Texte de 1878, n° 230	variantes du n° 59, p. 75-76
Souvenez-vous,	
ô très miséricordieuse	*ô très pieuse*
Vierge Marie,	
qu'on n'a jamais entendu dire	qu'on n'a jamais *ouï* dire
qu'aucun de ceux qui ont eu	
recours à votre protection,	
imploré votre secours,	
et demandé vos suffrages,	et demandé *votre* suffrage,
ai*ent* été abandonné.	ai*t* été abandonné.
Animé d'une pareille confiance,	*plein* d'une pareille confiance,
je viens, ô Vierge des Vierges,	
ma Mère,	[ces deux mots manquent]
me jeter entre vos bras,	
et gémissant	
sous le poids de mes péchés,	
je me prosterne à vos pieds.	
O Mère du Verbe,	
ne rejetez pas mes prières	ne *dédaignez* pas mes prières
mais *daignez les accueillir*	mais *écoutez-les.*
favorablement.	

L'attribution à saint Bernard

Tous les textes d'époque (n° 12, 26, 59) attribuent cette prière à saint Bernard, Théodore Ratisbonne le faisait dans son livre : *Histoire de saint Bernard et de son siècle,* 6me édition t.2, Paris, Poussielgue, 1864, p. 151-152. Théodore Ratisbonne rapprochait cette prière d'un sermon où l'Abbé de Clairvaux déclare :
« *Qu'on ne parle plus de votre bonté miséricordieuse, ô Marie, si un seul homme peut se souvenir de vous avoir invoquée dans ses afflictions sans avoir été exaucé !* » (sermon 4, de l'Assomption, n° 8, *Sancti Bernardi opera,* éd. J. Leclercq, Rome, 5, 1968, p. 249).

Théodore commente prudemment en note :
« *C'est dans cette homélie que se trouvent éparses les paroles* dont on a composé *la salutaire invocation de saint Bernard devenue célèbre et à jamais mémorable sous le titre de* Memomare » (p. 152).
De fait, c'est bien l'idée du *Memorare* qui n'est attestée qu'au XVe siècle. On la trouve déjà chez les grecs, dans les Ménées de la liturgie byzantine (VIIIe-Xe siècle) : R. Laurentin, *Marie, Mère du Seigneur,* Paris, Desclée, 1984, p. 170.

3

DE DISCUSSION EN DISCUSSION
16 janvier 1842

1. Alphonse va faire signer son passeport

« *Je fis signer mon passeport et achevai les dispositions du départ.* » Alphonse à Desgenettes, 12 avril 1842, n° 59, p. 76.

2. Le memorare le poursuit

« *Depuis le 15 au soir, je lisais et relisais cette prière si étrange, précisèment pour y chercher ce qu'elle renfermait d'extraordinaire. Je la sus bientôt par cœur, et je la répétais sans pouvoir m'en défendre, comme on chante machinalement un air de théâtre qui vous poursuit.* » Alphonse à Louis Ratisbonne, 22 janvier 1842, n° 7.

« *Alphonse me quitta, emporta le* Memorare *et le copia. Plus tard, il m'a avoué que, le lendemain, il lut et relut cette prière, afin d'y chercher ce qu'elle avait de remarquable. A force de la lire, il la sut par cœur, et sans cesse, dit-il, elle me revenait à l'esprit. Je la répétais malgré moi comme les airs d'opéra qui restent dans la mémoire et qu'on chante intérieurement sans le vouloir et en s'en impatientant.* » T. de Bussières, *Relation,* 30 janvier 1842, n° 12, p. 7.

« *Ratisbonne* [...] *avait copié cette prière* [...]. *Il la lisait et relisait, afin d'y découvrir ce qui me la rendait si précieuse. A force de la lire, il la savait presque par cœur. Elle lui revenait à chaque instant à la mémoire. Il la répétait machinalement, comme ces airs d'opéra qu'on chante sans y penser en s'en impatientant.* » T. de Bussières, *L'Enfant de Marie,* 17 février 1842, n° 26, p. 17.

« *Rentré chez moi, je copiai* [la prière], *et en la lisant je n'y trouvais rien d'extraordinaire. Cependant, je la lus à plusieurs reprises, au point de la savoir* involontairement par cœur. *Elle me revenait toujours à l'esprit et je ne pouvais me défendre de la répéter en moi-même,* sans en éprouver toutefois aucune impression religieuse. » Alphonse, in *Procès,* 18 février 1842, n° 28, p. 82.

« *Rentré chez lui, il copie donc le* Memorare, *puis le lut et le relut, s'efforçant de découvrir ce qu'il y avait là de si remarquable. Il fit tant qu'il sut cette prière par cœur, et qu'il allait la répétant malgré lui, dit-il, 'comme un air d'opéra qui vous reste dans la mémoire, que vous chantez et rechantez sans cesse, malgré vous, tout en vous impatientant'.* » T. Walsh, *La Ferronnays,* 20 mars 1842, n° 50, p. 59-60.

« *J'avais copié* machinalement *ces paroles de saint Bernard, sans presque aucune attention. J'étais fatigué ; l'heure était avancée, et j'avais besoin de prendre du repos. Le lendemain* [16 janvier], *j'* [...] *achevai les dispositions du départ. Mais, chemin faisant, je redisais sans cesse ces paroles du* Memorare [...]. Je ne pouvais m'en défendre. *Elles me revenaient sans cesse. Je les répétais continuellement comme ces airs de musique qui vous poursuivent, vous impatientent, et qu'on fredonne malgré soi,* quelqu'effort qu'on fasse. » Alphonse à Desgenettes, 12 avril 1842, n° 59, p. 76.

« *Les préoccupations de Monsieur de Bussières avaient diminué son ardeur prosélyte, et je pensais qu'il avait oublié sa Médaille miraculeuse, tandis que moi, je murmurais toujours,* avec une inconcevable impatience, *l'invocation perpétuelle de saint Bernard.* » Ib. , p. 80.
Mais ce deuxième texte se situe le 19 janvier, veille de l'apparition.

Synthèse

Alphonse a copié la prière (n° 12, 26, 28, 50, 59) au terme de sa journée du 15 janvier (n° 7), peut-être après minuit (« *j'étais fatigué ; l'heure était avancée* » n° 59).
Au matin du 16, il la lit et relit (n° 7, 12), cherchant en vain ce qu'elle a d'extraordinaire (n° 7, 28), de remarquable (n° 12, 50), ou de précieux (n° 26). A force de la relire, il la sait par cœur (n° 7, 12, 26, 28, 50) et la répète « *involontairement* » (n° 28), sans cesse (n° 12, 50, 59), « *à chaque instant* » (n° 26), « *toujours* » (n° 28). Elle lui revient à l'esprit (n° 12, 26, 28, 5O, 59), il la répète (n° 7, 12, 26, 28, 50, 59), chemin faisant (n° 59), comme un air de théâtre (n° 7), de « *musique* » (n° 59) ou d' « *opéra* » (n° 12, 26, 50) qui vous poursuit (n° 7), et qu'on chante (n° 7) et rechante (n° 50), intérieurement (n° 12), machinalement (n° 7), sans le vouloir (n° 12), sans y penser (n° 26), « *malgré vous* » (n° 50, 59), quoiqu'on s'en défende (n° 28, 59) et malgré l'impatience (n° 12, 26, 50, 59 : « *avec une inconcevable impatience* »).
Les textes majeurs sont les témoignages directs d'Alphonse : (n° 7, 12, 28, 59). Il ne précise pas exactement quand commença le phénomène. C'est dès le 16 janvier, sans doute au matin, « *chemin faisant* » (n° 59), dans les rues de Rome, sans en éprouver aucune impression religieuse (n° 28).

5. LA VISITE D'ADIEU À THÉODORE DE BUSSIÈRES ET L'ESCALADE

« *Monsieur Ratisbonne fut exact au rendez-vous du dimanche. Il entra chez moi d'un air très dégagé, me disant qu'il espérait que je ne songeais plus à mes rêveries de la veille, et qu'il venait prendre congé de moi, devant partir la nuit suivante. Ma réponse fut que, loin de ne plus songer à ce qu'il lui plaisait d'appeler mes rêveries, j'y pensais plus que jamais et que, quant à son départ, il fallait absolument qu'il le remît de huit jours.*
— Impossible, ma place est retenue !
Eh bien, nous allons nous rendre ensemble au Bureau des Diligences pour dire que vous ne partez plus.
— Ah ! Celui-là est trop fort, très décidément, je pars.
— Très décidément, vous ne partirez pas, lui répliqu'ai-je avec le plus grand sang-froid, dussé-je vous tenir sous clé dans ma chambre. Là-dessus fort longue dispute et discussion. Enfin je représentai à Alphonse qu'il ne fallait pas quitter Rome sans avoir vu une cérémonie à Saint Pierre, et qu'il y en aurait une dans peu de jours. Bref, je l'entraînai, j'entrai avec lui dans le Bureau des Diligences... » T. de Bussières, *Relation*, 30 janvier 1842, n° 12, p. 8-9.

« *Ratisbonne fut exact au rendez-vous et,* m'abordant *d'un air très dégagé :*
— Eh bien ! J'espère que vous ne songez plus à vos rêveries d'hier. Je viens prendre congé de vous, je pars cette nuit.
— Mes rêveries ! Ce qu'il vous plaît d'appeler ainsi me préoccupe plus que jamais, et, quant à votre départ, n'en parlons plus car il faut absolument le remettre à huit jours.
— Impossible, ma place est retenue !
— Qu'importe ? *Allons ensemble au Bureau des Diligences dire que vous ne partez plus.*
— Ah ! Cette fois, *c'est trop fort ! Très décidément, je pars !*
— Très décidément, vous ne partirez pas, dussé-je vous tenir sous clé dans ma chambre.

Je lui *représente qu'il ne* peut *quitter Rome sans avoir vu une cérémonie à saint Pierre; que, dans peu de jours, il aura* cette occasion. *Bref, je l'entraîne, tout stupéfait de mon opiniâtreté...* » T. de Bussières, *L'Enfant de Marie,* 17 février 1842, n° 26, p. 19-20. Nous soulignons en italique les différences avec le texte précédent.

« *Je m'étonne d'autant plus de m'être laissé persuader de différer mon départ que Monsieur Vigne, qui devait être mon compagnon de voyage à Malte et à Constantinople, m'attendait à Naples.* » Alphonse, in *Procès,* 18 février 1842, n° 29, p. 82.

« *Le lundi 17 au soir du même mois* [de janvier], *je passai la soirée auprès de Monsieur le Baron Théodore de Bussières, où l'on parlait continuellement de ce fait. J'appris alors de lui qu'il avait réussi à empêcher le départ de Monsieur Ratisbonne, décidé pour le lendemain* [en fait, pour ce matin là : Bock confond les jours]; *et il me raconta comment ils étaient allés ensemble au Bureau des Diligences...* » E. de Bock, in *Procès,* 4 mars 1842, n° 40, p. 121.

« *Monsieur de Bussières avait réussi à retenir Monsieur Ratisbonne, dont la place était déjà retenue pour le trajet de Rome à Naples.* » J.Roothaan, in *Procès,* 9 mars 1842, n° 46, p. 130.

« *Monsieur de Bussières* [...] *s'efforça de le décider à prolonger son séjour. On ne pouvait pas raisonnablement partir de Rome, lui dit-il, sans avoir vu le Pape.* » T. Walsh, *Le Comte de La Ferronnays,* 20 mars 1842, n° 50, p. 56, qui situe à tort cette invitation à retarder le départ et cet argument lors de la visite du 15 janvier. Mais T. de Bussières la situe mieux le 16 : n° 12 et 26.

« *Le lendemain dimanche, veille de son départ arrêté, Monsieur Ratisbonne retourna chez Monsieur de Bussières, pour lui rendre son Memorare et lui faire définitivement ses adieux. La conversation fut de nouveau remise sur les matières religieuses. Monsieur de Bussières devenait plus pressant. Monsieur Ratisbonne paraissait mal à l'aise et son agitation était visible.*
— Je suis troublé ! s'écria-t-il à diverses reprises.
Il interrompit son interlocuteur par ces mots prononcés d'un ton d'impatience :
— Sorcier ! Magicien ! ! !
Puis, quelques instants après, il lui dit :
— Comment donc ! Vous ne me connaissez que depuis vingt-quatre heures et vous me forcez à entendre des choses que mon frère n'oserait pas me dire !
Et Monsieur de Bussières continuait imperturbablement. » T. Walsh, *Le Comte de La Ferronnays,* 20 mars 1842, n° 50, p. 60, qui enchaîne ici sur le surlendemain 19, où la résistance d'Alphonse est devenue plus ferme, quoiqu'il continue à réciter le Memorare (n° 59, p. 80).

« *Après cette seconde visite, Monsieur Ratisbonne se leva pour prendre définitivement congé.*
— Vous ne partirez pas ! lui dit Monsieur de Bussières de grand sang-froid.
— Mais ma place est payée !
— Nous allons la décommander. Je vous demande en grâce encore huit jours, après lesquels vous serez libre de vous en aller. D'ailleurs, il faut absolument voir le Pape officier à cette fête de la Chaire de Saint Pierre, qui est magnifique.
Et Monsieur Ratisbonne céda encore, ainsi qu'il avait cédé jusqu'alors ! » T. Walsh, *La Ferronnays,* 20 mars 1842, n° 50, p. 61-62.

« *Je vous supplie de prolonger votre séjour, et, de ce pas, nous allons aller au Bureau des Diligences contremander votre place. Ce fut en vain que Monsieur Ratisbonne se récria [...]. Monsieur de Bussières, sous prétexte d'une cérémonie des plus importantes, qui devait avoir lieu à Saint Pierre, le força, plutôt qu'il ne le détermina, à demeurer encore quelques jours.* » [J. M. Aladel] , *Récit de la conversion,* mars 1842, n° 52.

« *Vers onze heures, je me rendis chez Monsieur de Bussières pour lui rapporter son inextricable prière. Je lui parlai de mon voyage d'Orient et il me fournit d'excellents renseignements.*
— Mais, s'écria-t-il tout à coup, il est étrange que vous quittiez Rome dans un moment

où tout le monde vient assister aux pompes de Saint Pierre ! Peut-être ne reviendrez-vous jamais et vous regretterez d'avoir manqué une occasion que tant d'autres viennent chercher avec une si avide curiosité.
Je lui répondis que j'avais pris et payé ma place ; que déjà j'en avais donné avis à ma famille, que des lettres m'attendaient à Palerme ; qu'enfin il était trop tard pour changer mes dispositions et que décidément je partirais.
Ce colloque fut interrompu par l'arivée du facteur qui apportait à Monsieur de Bussières une lettre de l'abbé Ratisbonne. Il m'en donna connaissance ; je la lus mais sans aucun intérêt, car il n'était question dans cette lettre que d'un ouvrage religieux que Monsieur de Bussières faisait imprimer à Paris. Mon frère ignorait d'ailleurs que je fusse à Rome. Cet épisode inattendu devait abréger ma visite, car je fuyais même le souvenir de mon frère.
[Après un développement sur l'ajournement de son départ (ci-dessus note 7) et sur les intentions cachées de la Providence, il revient à ses pensées du moment].
Mon intention n'était point de passer le carnaval à Rome ; mais je voulais voir le Pape ; et Monsieur de Bussières m'avait assuré que je le verrais au premier jour à Saint Pierre » Alphonse à Desgenettes, 12 avril 1842, n° 59, p. 76-78.

Synthèse

Le lendemain (n° 50), dimanche (n° 12, 50), 16 janvier, vers 11 heures (n° 59), Alphonse se rend chez T. de Bussières, pour lui rendre son « *inextricable prière* » (n° 59). Il entre d'un air très dégagé (n° 12, 26) et s'informe auprès de Théodore sur l'Orient (n° 59), où il se rendra après Malte. Théodore l'invite à remettre son départ de huit jours (n° 12, 26 : avec le dialogue, 50) ; Alphonse refuse (n° 12, 26, 50, 59) avec de solides motifs : il a retenu (n° 12, 26), payé sa place (n° 59), et en a donné avis à sa famille (n° 59). Du courrier l'attend à Palerme (n° 59), et monsieur Vigne l'attend à Naples (n° 29). Il est trop tard pour changer (n° 59).
Théodore insiste (n° 12, 26). Alphonse se lève pour prendre congé (n° 50).
— Très décidément je pars (n° 12, 26).
— Très décidément vous ne partez pas, réplique Théodore (n° 12, 26).
Suit une « *fort longue discussion* » (n° 12, 26, 50).
— « *C'est une folie* », dit Alphonse (n° 40).
Théodore explique adroitement ses raisons :
— Partir sans voir le Pape, qui va officier le 18 janvier pour la Chaire de Saint Pierre, ce serait dommage ! (n° 12, 26, 50, 52, 59).
Théodore attribue son insistance obstinée à une force intérieure (n° 26).

De fait, le cas est unique, et ce ne fut jamais chez lui une méthode ni avant, ni après. C'est une conviction intérieure qui le pousse (n° 26). La veille, il a demandé conseil au P. de Villefort qui ne l'a pas dissuadé (n° 34, cité ci-dessus chapitre 2, note 23). Finalement, ils vont ensemble au *Bureau des Diligences* et annulent le départ (note 7), puis visitent l'église des Augustins (n° 7, n° 12 et 26 cités note 7) et le Gesù (note 8).

6. LE FACTEUR APPORTE UNE LETTRE DE T. RATISBONNE

Alphonse, lettre à Desgenettes, 12 avril 1842, n° 59, p. 77 : « *Ce colloque fut interrompu par l'arrivée du facteur qui apportait à Monsieur de Bussières une lettre de l'abbé Ratisbonne. Il m'en donna connaissance ; je la lus, mais sans aucun intérêt...* » : la suite dans le texte ; et contexte dans la note précédente.

7 L'ANNULATION DU DÉPART

Billet de retour Rome-Naples, 15 janvier (n° 2) : Voir ci-dessus, chapitre 1, note 7.« *Je l'entraînai, j'entrai avec lui au bureau des Diligences et je décommandai sa place en sa présence, sans qu'il essayât de me résister davantage. Nous allâmes ensuite nous promener et je le conduisis à l'église des Augustins et au Gesù* » T. de Bussières, *Relation,* 30 janvier 1842, n° 12, p. 9.

« Je l'entraîne, stupéfait de mon opiniâtreté, et après avoir été ensemble rayer son nom de la liste des voyageurs, je le conduisis à l'église des Augustins et à celle du Gesù. » T. de Bussières, *L'enfant de Marie,* 17 février 1842, n° 26, p. 20.

« Nous allâmes, en effet, ensemble à l'Office des Diligences. Là, en ma présence, Monsieur de Bussières décommanda la poste pour Naples, malgré quelques répugnances de ma part, car j'avais déjà déboursé dix écus pour ce voyage, que d'ailleurs je perdis. J'ajoutai que je partirais le samedi suivant [22 janvier]. *Je suis d'autant plus stupéfait de m'être laissé induire* (indurre) *à ne pas partir que Monsieur Vigne, qui devait être mon compagnon de voyage à Malte et à Constantinople, m'attendait à Naples. Monsieur de Bussières m'invita à passer la soirée avec lui, mais je n'y allai pas. »* Alphonse, in *Procès,* 18 février 1842, n° 29, p. 82.

« J'appris de Monsieur de Bussières qu'il avait réussi à empêcher le départ de Monsieur Ratisbonne, décidé pour le surlendemain [17 janvier]. *Il me raconta comment ils étaient allés ensemble* [la veille du départ] *à l'Office de la Diligence et, bien que Ratisbonne eût appelé folie l'opposition à ce départ, il avait décommandé* (disdetto) *la place. » E. de Bock, in Procès, 4 mars 1842, n° 40, p. 121.* (Sur l'erreur de Bock, qui recule au 18 janvier au lieu du 17, le retour à Naples prévu par Alphonse, voir ci-dessus note 5).

« Par une influence incompréhensible, je me décidai à prolonger mon séjour à Rome. J'accordais aux instances d'un homme que je connaissais à peine ce que j'avais obstinément refusé à mes amis et à mes camarades les plus intimes ». Alphonse à Desgenettes, n° 59, p. 77.
Curieusement, Alphonse fait l'impasse sur l'annulation du départ. Il s'en tient à mentionner sa décision incompréhensible de prolonger le séjour à Rome (n° 59, p. 77-78, cité dans le texte).

« Ils visitèrent l'église des Augustins puis l'église du Gesù. Là le jeune voyageur lui demande :
— Où sommes-nous ?
— Chez les Jésuites.
La suite citée dans le texte.
G. Gœrres *Conversion et baptême de Monsieur Alphonse Ratisbonne,* 1843, n° 28, p. 179-180.

Synthèse

Théodore entraîne Alphonse (n° 12, 26, 40), tout stupéfait de son opiniâtreté (n° 26), au Bureau des Diligences. Il entre avec lui (n° 12) et décommande sa place en sa présence (n° 12, 29). Il fait rayer « *son nom de la liste des voyageurs* » (n° 26), sans qu'il essaie de résister davantage (n° 12). Alphonse s'étonne d'autant plus d'avoir cédé (n° 29, 59) qu'il avait déjà payé sa place et perdit les dix écus (n° 29). Après cela, Théodore l'emmène visiter l'église des Augustins (n° 12, 26 ; 1843, n° 28), puis celle du Gesù (n° 12, 26 ; 1843, n° 28), où il avait pris rendez-vous la veille (ci-dessous note 8).

8. PREMIÈRE VISITE D'ALPHONSE AU GESU

Chez le Père de Villefort

« La première fois que j'entendis parler de Monsieur Ratisbonne, ce fut le 15 janvier passé. Monsieur Théodore de Bussières me raconta brièvement la conversation qu'il avait eue chez lui et me demanda s'il devait insister pour que Monsieur Ratisbonne prolonge son séjour à Rome. Je l'encourageai beaucoup à le faire et à le conduire au Gesù pour le mettre en contact avec le P. Rozaven. Le lendemain, 16 janvier, le dit baron de Bussières conduisit Monsieur Ratisbonne dans cette maison professe [la Maison Généralice des Jésuites] *et je lui suggérai de lire les Actes des Apôtres et quelques lettres de Saint Paul. Le P. Rozaven lui donna un rendez-vous pour le soir. Monsieur Ratisbonne y fut fidèle et eut du Père Rozaven un livre, je ne sais si c'était la*

Doctrine Chrétienne *ou* les Actes des Apôtres. » P. de Villefort, S.J., in *Procès,* 24 février 1842, n° 34, p. 97.
N.B. Villefort raconte ensuite les visites ultérieures d'Alphonse : les « *lundi 17* » (deuxième visite) et « *mardi ou mercredi* » (18 ou 19), *car je ne me rappelle pas précisément le jour où Ratisbonne vint chez moi.* » Ib., p. 97.

« *Interrogeant Ratisbonne après sa conversion [du 20 janvier] sur l'impression qu'avaient faite sur lui les raisonnements du P. Rozaven et les miens, il me répondit que, par respect envers nous, il n'osait proposer aucune difficulté* » (suite dans le texte) P. de Villefort, in *Procès,* 25 février 1842, n° 35, p. 103.

Chez le Père Rozaven

« [ib. p. 111] *Le 15 ou 16 du mois de janvier passé* [en fait le dimanche 16] *me fut présenté en cette maison professe du Gesù par Monsieur le baron Théodore de Bussières, français et strasbourgeois, Monsieur Alphonse Ratisbonne, pour parler religion à ce même Ratisbonne. Ce fut la première fois que je le vis. En ce premier contact entre moi* [p. 112] *et lui seul, Monsieur Ratisbonne me raconta qu'il s'était rendu en l'église de Sainte Marie de l'Aracœli et* [...] *y avait éprouvé une forte impression* [... ci-dessus chapitre 1].
Puis il se mit à parler religion. Je lui demandai de quelle religion il était puisqu'il semblait qu'il ne pût observer les rites de sa religion, et il me répondit qu'il n'était point possible de le faire en vivant au milieu de la société [moderne]. *J'ajoutai que cette raison ne tenait pas, mais bien cette autre : que la religion des juifs n'existait plus. Il me demanda pourquoi. Je lui fis savoir que les juifs n'avaient plus ni prêtres, ni sacrifice, ni Temple. A quoi il me répondit que les juifs ont leurs rabbins. J'ajoutai que les rabbins ne pouvaient être des prêtres légitimes parce qu'ils ne descendaient pas de la tribu de Levi, et encore moins de la famille d'Aaron, qu'il leur manquait le principal sacrifice : celui de l'agneau pascal, qu'on ne pouvait immoler hors de Jérusalem et qu'ils n'avaient plus de Temple parce qu'il avait été détruit depuis bien des siècles, le seul qu'ils avaient et pouvaient avoir selon le précepte divin. Alors j'en vins à lui redemander quelle religion il avait car la question se réduisait, me semble-t-il, à voir s'il avait quelque religion ou aucune, à quoi il répondit qu'il s'était fait une religion par lui-même, qu'elle consistait à entrer dans* [p. 113] *les églises et à prier Dieu de bon cœur ; là-dessus, je lui fis observer que, bien que cette prière fût un acte bon, il n'était pourtant point tel qu'il est requis par la vraie religion. Pour cela il convenait qu'il priât le Seigneur de l'éclairer. De là j'en vins à lui rappeler que les figures et les prophéties de l'Ancien Testament s'étaient accomplies dans la personne de Jésus-Christ, que la religion chrétienne n'était rien d'autre que l'accomplissement fidèle de tout ce qui avait été promis dans l'antique Loi, que Jésus était le Prophète annoncé par Moïse, celui, disait-il, qu'un jour on devait écouter* [Deut. 18, 15]. *Monsieur Ratisbonne ne montra peu ou point de contradictions à cette vérité, ce pourquoi je l'exhortai à lire le Nouveau Testament, et en particulier les Actes des Apôtres et les lettres de Saint Paul aux Hébreux et aux Romains. Il ne s'y refusa pas et je lui donnai alors une copie du Nouveau Testament latin-français, qu'il emporta avec lui. Avant de prendre congé, il me dit que dans peu de jours il devait partir pour Naples et qu'à son retour il viendrait de nouveau, pour faire un plus commode examen de la chose. Sur quoi j'ajoutai que l'affaire était importante, et qu'il y réfléchisse pour faire une détermination avant de partir. Mais il ne répondit rien et prit congé.*
Antérieurement à cet entretien, Monsieur le baron Théodore de Bussières était allé, comme je l'appris ensuite, chez le Père Général pour lui demander à qui il pourrait adresser un juif pour tenter sa conversion. Le Père Général daigna m'indiquer et ce fut la raison pour laquelle Monsieur de Bussières me fit connaître Monsieur Ratisbonne.[...] *Je ne vis plus Monsieur Ratisbonne jusqu'au 20 janvier.* » J. Rozaven, in *Procès,* 2 mars 1842, n° 38, p. 111-113.

Autres échos

« *Le lundi 17 au soir* [...] *je passai la soirée près du baron Théodore de Bussières, où l'on parlait continuellement de ce fait. J'appris alors de lui qu'il avait réussi à annuler le départ de Monsieur Ratisbonne, fixé au lendemain* [... ci-dessus note 7], *qu'ensuite* [en fait la veille : p. 122] *il était allé chez le Père Général de la Compagnie de Jésus pour qu'il lui indique un sujet capable de porter Ratisbonne à la conversion et que le Père Général lui avait choisi à cette fin le Père Rozaven. Après quoi* [en fait le lendemain] *Ratisbonne fit visite au Père Rozaven, avec lequel il s'entretint.* » E. de Bock, in *Procès,* 4 mars 1842, n° 40, p. 121-122.

« *Monsieur de Bussières me demanda quelqu'un qui pût lui prêter son concours en s'entretenant avec Monsieur Ratisbonne. Je l'adressai au P. Rozaven.* [...] *Le Père Rozaven me rapporta que celui-ci était venu le trouver dans cette maison professe,* [la Maison Généralice des Jésuites] *qu'ils avaient eu ensemble une assez longue conférence, que le juif lui avait paru assez disposé à l'écouter, par principe (me semble-t-il) d'éducation et de politesse* (gentilezza) *et qu'il lui avait donné à lire le Catéchisme de Lhomond. Il me semble qu'une autre fois,* [après l'apparition du 20 janvier] *le Père Rozaven me dit s'être entretenu avec Monsieur Ratisbonne. Il en avait appris que ce Catéchisme ne lui avait pas déplu, qu'il en avait lu une partie. Il ne me semble pas toutefois que le dit P. Rozaven m'ait manifesté une espérance de le voir converti sous peu.*
La première idée que je formai sur Ratisbonne, quand Monsieur de Bussières m'en parla, fut de penser : il est juif seulement parce qu'il est né de famille juive, mais en fait c'est un indifférent, et je tirai clairement cette conviction du récit que me fit Monsieur de Bussières lors du premier entretien. » Jean Roothaan, in *Procès,* 9 mars 1842, n° 46, p. 130.

G. Gœrres, *Relation sur la conversion de A. Ratisbonne,* 1843, n° 28 : cité dans le texte et note précédente.

Synthèse

Après l'annulation du départ, Théodore a emmené Alphonse pour continuer sa visite de Rome : église des Augustins, puis le Gesù (n° 12, 26, cités note précédente). Et là, il lui proposa la visite aux Jésuites qu'il avait convenue la veille. Suit le dialogue ironique d'Alphonse (1843, n° 28)
La suite n'est relatée que par les Jésuites eux-mêmes. C'est la première fois qu'ils voient Alphonse (n° 34).
Le Père de Villefort lui conseille de lire les Actes des Apôtres et quelques lettres de Saint Paul (n° 34). Il l'informe que le P. Rozaven « *lui a donné rendez-vous ce soir pour parler religion* » (n° 38), suite à la visite de Théodore la veille (n° 38, 40). « *Monsieur Ratisbonne y fut fidèle* » (n° 34), c'est à dire exact au rendez-vous.
Dans le texte, nous reconstituons le dialogue avec le Père Rozaven, au plus près de la relation de ce dernier (n° 38). Ils discutent : la religion juive n'existe plus, argumente Rozaven. Quelle est la vôtre ? Alphonse n'a pas de difficulté sur l'objection. Les rites ont fait leur temps, il s'est fait une religion ouverte, adaptée au siècle. Il entre parfois dans les églises (il songe à sa prière improvisée dans une église de Naples : chapitre 1, note 3).
— Prière insuffisante, objecte le Père Rozaven, vous n'êtes qu'à mi-chemin.
Les prophéties de l'Ancien Testament sont réalisées en Jésus-Christ, la religion chrétienne est l'accomplissement des promesses de l'Ancienne Loi (n° 38). Il invite Alphonse à lire les *Actes des Apôtres,* ainsi que les *Epîtres aux Romains* et aux *Hébreux* (n° 38 ; cf n° 34 où Villefort énonce en forme alternative : *Doctrine* ou *Actes*). Il lui donne un Nouveau Testament latin-français (n° 38). Quant au *Catéchisme de Lhomond,* le père Rozaven l'a remis à Alphonse « *2 ou 3 jours avant* » l'apparition (n° 34), mais Alphonse ne le lira qu'après l'apparition (n° 46). Il s'agit du livre de Charles-François Lhomond, dit *Catéchisme de Lhomond,* 1re éd., 1783, maintes fois réédité au cours du XIXe siècle. Avant de prendre congé, Alphonse se dit prêt à continuer le dialogue, à son retour de Naples (n° 38). Il n'a fait aucune objection « *par respect* ». Le P. Rozaven n'espère pas grand chose de cet entretien. C'est « *un indifférent* » pense le Général Roothaan après l'avoir entendu (n° 46). Le Père Rozaven pense n'avoir eu *qu'une visite d'Alphonse,* avant l'apparition. Les Pères

de Villefort (n° 34) et Roothaan (n° 46) ont le sentiment qu'il y eut une visite intermédiaire où Alphonse aurait signalé poliment des côtés intéressants du catéchisme remis le 16 (n° 46).

Qui est le Père Rozaven?

« *Je me nomme Jean Ludovic Rozaven. Mon père se nommait Guillaume et ma mère Corentine Gusden. Je naquis dans la Basse Bretagne, au diocèse de Quimper. J'ai 70 ans. Je suis prêtre et assistant général de France dans la Compagnie de Jésus qui pourvoit à mon entretien* ». J. Rozaven, in *Procès,* 2 mars 1842, n° 38, p. 111.
N.B. Concernant les visites d'Alphonse au Père Rozaven, voir Procès p. 97, 103, 111, 129, 130. Il y est question des livres remis à Alphonse par le Père Rozaven : Doctrine chrétienne ou Actes des Apôtres (p. 97), ed. du Nouveau Testament latin-français (p. 113), *Doctrine chrétienne,* dite *Catéchisme de Lhomond* (p. 130).

9. SÉPARATION ET SOIRÉS RESPECTIVES D'ALPHONSE ET DE THÉODORE

« *Monsieur de Bussières m'invita à passer la soirée avec lui. Mais je n'y allai pas* ». Alphonse, in *Procès,* 18 février 1842, n° 29, p. 82.
Sur la soirée de Théodore avec la Ferronnays chez les Borghese, voir chapitre suivant.

4

L'HEURE DU COMTE DE LA FERRONNAYS
16-17 janvier 1842

1. Qui est le Comte de la Ferronnays ?

Auguste de La Ferronnays, né à Saint-Malo le 4 décembre 1777, épouse, le 23 février 1802, Albertine, fille du Comte de Montsoreau. Il est alors deuxième gentilhomme de la maison du Comte d'Artois, dont le premier aumônier célèbre le mariage. Auguste est conduit à l'autel par le Duc de Berry.
Des 10 enfants nés de ce mariage, 3 meurent en bas âge, 7 autres ont survécu :
— Charles † 1863
— Albert, qui épouse Alexandrine d'Alopeus et meurt le 29 juin 1836.
— Fernand, entré au service du Comte de Chambord, mort au cours d'une promenade avec ce dernier à Frohsdorf en 1867.
— Pauline, Madame Craven † 1891.
— Eugénie, Madame de Mun † 1842.
— Olga † 1843.
— Albertine, qui épouse le Comte de la Panouse.

Domicile et relations

Le Comte de la Ferronnays habitait Rome depuis février 1840, *Via Angelo Custode* (rue de l'Ange Gardien, devenue *Via del Tritone*). Il était très lié avec Théodore de Bussières, qui l'appelait « *mon oncle* » et envisagea d'épouser une de ses filles (Pauline ?).

Carrière

1819 : Ambassadeur à Saint-Pétersbourg.
1828 : affecté au ministère à son retour de Russie.
1829 : Ministre des Affaires Etrangères durant quelques mois, il démissionne pour raison de santé, part pour l'Italie, à Citadella, près de Lucques et voyage beaucoup en Italie.
1830 : Ambassadeur à Rome, il démissionne après la révolution de Juillet et s'installe à Naples avec sa famille.
1835 : retour en France.
1838 : Il commence à souffrir du cœur.
1839 : Il repart pour l'Italie et s'installe à Rome en février 1840.
1841 : Au début de cette année, les malaises cardiaques s'aggravent.
1842 : Au début janvier, par un temps neigeux, il se trouve un peu fiévreux, et meurt le 17, vers 23 heures. (M. Savigny-Vesco, p. 268)

Bibliographie

André, Jeanne, *L'amour merveilleux d'Alexandrine de la Ferronnays,* Paris 1932 : Alexandrine d'Alopeus, 1806-1846, épouse d'Albert † 1836 (fils d'Auguste) qui avait offert le sacrifice de sa vie pour la conversion d'Alexandrine, qui était orthodoxe et filleule du Tsar, bien que sa famille soit luthérienne.

Catta, Tony, *La Ferronnays (Ferron de)* in Catholicisme, VI, 1600-1601.

Costa de Beauregard (Marquis), *En émigration, Souvenirs tirés des papiers du Comte A. de la Ferronnays,* 1777-1814, Paris, 1894.

Craven Pauline (née de la Ferronnays), *Récit d'une sœur,* Paris 1852 : ouvrage à grand succès, dont nous citons la 23e édition, 1870.

Lecour-Grandmaison J. aurait écrit un *La Ferronnays,* Paris 1951 ? introuvable, peut-être un article ?

Savigny-Vesco Marguerite, *Une fresque romantique : les La Ferronnays,* Aurillac 1957.

2. Le dîner du 16 janvier chez la Princesse Borghèse

« *Dimanche dernier* [16 janvier 1842], *Monsieur de la Ferronnays dînait ici, selon l'usage, avec quelques saints amis de la Princesse. Après le dîner, il s'était retiré un moment dans la salle de billard avec un petit groupe à qui Bussières racontait comment son pieux zèle avait échoué contre l'obstination et l'indifférence d'un jeune homme de beaucoup d'esprit, juif de nation, et qu'il avait connu à Strasbourg.* [C'est Gustave qui avait connu Alphonse à Strasbourg. Théodore ne l'avait jamais rencontré avant le voyage à Rome.]. *Le Comte de La Ferronnays se mit à nous dire qu'il ne fallait pas désespérer, qu'il fallait avoir recours à la Sainte Vierge et obtenir du juif qu'il portât la Médaille Miraculeuse, puis, avec cet abandon de causerie que vous connaissiez, il nous raconta différentes circonstances de sa vie qui prouvèrent quelle confiance il avait toujours eue pour Celle que l'Eglise a si bien nommée le « Refuge des Pécheurs ».* Louis Esbelin, à la Marquise de Mun, 21 janvier 1842, n° 4.

« *Dimanche dernier, je dînais chez la Princesse Borghèse, avec Monsieur de La Ferronnays, qui écouta mon histoire* [le port de la médaille et la récitation du *Souvenez-vous* obtenus d'Alphonse] *avec un indicible intérêt et me promit de prier beaucoup pour la conversion de mon cher israélite et pour celle de ma famille.* » T. de Bussières à T. Ratisbonne, 22 janvier 1842, n° 5.

« *Il y a quinze jours, mon pauvre ami* [le Comte de La Ferronnays] *avait eu un peu de fièvre ; le temps avait été mauvais, il avait neigé, chose si rare ici !* [... Cependant, il] *ne pouvait ni se ralentir ni contenir sa ferveur. Il avait fait seul la tournée des sept basiliques et l'avait terminée en communiant à Saint Pierre samedi* [le 15 janvier ...]. *Il me dit ensuite :*
— *J'aurais voulu communier mardi prochain* [18 janvier], *jour de la fête de la Chaire de Saint Pierre, mais je ne sais si je le pourrai* [...]. *Le dimanche* [16 janvier], *il allait très bien. Il alla dîner chez la Princesse Borghèse : il passa presque toute la soirée à causer avec Théodore* [de Bussières] *et l'abbé Dupanloup. Il leur parla entre autres de son amour pour la Sainte Vierge à toutes les époques de sa vie : il y voyait le fil qui l'avait empêché de périr et qui l'avait enfin ramené à Dieu. Théodore lui parla beaucoup d'un juif dont il désirait vivement la conversion (c'est le frère de l'abbé Ratisbonne) et qui était ardent ennemi de Jésus-Christ. Cela avait fort intéressé ton père. Puis il avait parlé de la mort, et ton père avait dit " qu'il fallait toujours être prêt, qu'on ne pouvait répondre de l'heure " ; puis il avait parlé, avec amour, de Dieu, " si bien nommé le* Bon Dieu ", *avait-il dit. Il rentra et me parla avec envie de tout le bien que faisait Bussières.*
— « *Moi, je ne fais rien, disait-il tristement.* » Lettre de la Comtesse de La Ferronnays

à sa fille Pauline, 22 janvier 1842, n° 8, publiée par celle-ci, devenue Madame Auguste Craven, *Récit d'une sœur,* tome 2, Paris, 1852, Ed. 1870, p. 304-305.

« *Le même jour* [le dimanche où il a décommandé le départ d'Alphonse], *je dînais chez Madame la Princesse Borghèse, avec Monsieur de la Ferronnays, je racontai mon histoire à ce dernier aussitôt après mon entrée dans le salon de la Princesse.*
— Ah ! Coquin, me dit-il avec amitié en me tapant doucement sur la tête, ah, coquin, tu auras ton juif et tu en auras bien d'autres encore. Je reparlai encore longuement de cela à Monsieur de la Ferronnays dans la soirée et lui demandai instamment de prier pour cette conversion. Il me le promit. » T. de Bussières, *Relation,* 30 janvier 1842, n° 12, p. 9.

« *Sur ces entrefaites* [transition très imprécise], *Monsieur de Bussières, qui était lié avec Monsieur le Comte de La Ferronnays,* [...] *parla à son ami des préventions si vives et si obstinées de Monsieur Alphonse Ratisbonne, qu'il recommanda à ses prières.* » *L'Ami de la religion,* 2 février 1842, n° 20.

« *Ce même jour* [où Alphonse annulait son retour à Naples], *dînant au palais Borghèse avec Monsieur le Comte de la Ferronnays, je lui racontai, dans la soirée, ma préoccupation du moment. Je recommandai instamment à ses prières mon jeune israélite. Il me confessait ingénument lui-même, dans l'épanchement de cette causerie intime, la confiance qu'il avait toujours eue à la protection de la Sainte Vierge, même à une époque où les agitations de la politique ne lui permettaient pas toujours cette piété pratique dont il nous a donné l'exemple dans les dernières années de sa vie.*
— Ayez confiance, me répétait-il, s'il dit le Memorare, *vous le tenez, lui et bien d'autres encore.* » T. de Bussières, *L'enfant de Marie,* 17 février 1842, n° 26.

« *Le jour suivant, 16 janvier dernier, me trouvant à un repas* [a pranzo : peut-être le repas de midi, et non la *cena* du soir dont il va parler plus loin] *chez Monsieur le Prince Borghese, Monsieur le Baron de Bussières me raconta que, la veille, il avait déjà eu visite d'un certain Monsieur Ratisbonne, juif d'une famille distinguée de Strasbourg, frère de Monsieur l'abbé Ratisbonne, prêtre, qu'en cette visite il lui demanda entre autres choses quelle impression* [impressione] *avait produite en lui la visite des églises de Rome. Il avait lui-même révélé que, dans l'église de l'Aracoeli, il avait ressenti impromptu une impression intérieure et extérieure qu'il avait perçue comme un sentiment religieux* [suit, p. 119-121, le récit des démêlés entre Théodore et Alphonse, étudiés plus haut, jusqu'à la promesse de copier la prière]. *Après ce récit, Monsieur de Bussières me proposa de prier pour la conversion de Ratisbonne et, lui montrant moi-même* [e mostrando io] *ma bonne volonté de le faire, je suggérai que nous tous, amis* [du groupe de prière], *nous fassions usage pendant neuf jours de cette même prière, que je me procurai le jour suivant. Le soir de ce même jour, j'allai converser chez Monsieur le Comte de la Ferronnays* [mi portai in conversazione dal Signor Conte di la Ferronnays], *lequel était déjà au courant de ce qui avait été fait jusque là pour la conversion de Ratisbonne; on en vint à converser là-dessus* [si venne in discorso su questo proposito] *et Monsieur le Comte me dit qu'il avait expérimenté toujours l'effet de la prière de saint Bernard : depuis qu'il était enfant* [ragazzo] *il avait pris coutume de la réciter, au point que* [per cui anche] *quand il ne pensait plus du tout à Dieu* [non pansava affatto a Dio], *matériellement il la récitait; ainsi, quand il allait à la chasse ou à la promenade, il la répétait, ce pourquoi, m'ajouta-t-il* [mi soggiunse], *si Ratisbonne, étant donné ce qui a précédé* [posto tutto l'antecedente], *récite le* Memorare, *je suis sûr qu'il deviendra catholique.* » E. de Bock, in *Procès,* 4 mars 1842, n° 40, p. 119-121.

« *Le dimanche 16 janvier, j'allai passer une partie de la soirée chez une de nos compatriotes, Madame la Princesse B[orghese], qui réunit habituellement dans son salon ce qu'il y a de mieux dans la colonie française et la société romaine. Je devais y rencontrer le Comte de la Ferronnays, dont je m'estimais toujours heureux de me rapprocher. Après avoir présenté nos hommages à la Princesse et causé quelques instants avec elle, je passai dans une pièce contiguë* [la salle de billard : n° 4] *pour saluer le Prince, que je trouvai s'entretenant avec Monsieur l'abbé Dupanloup* [p. 8] *et Messieurs de la Ferronnays et de Bussières. La conversation roulait, comme c'était*

l'habitude entre ces Messieurs, sur un sujet religieux. Au moment où je m'adjoignis à ce petit groupe, le Baron de Bussières venait de terminer un récit qui avait captivé au plus haut degré l'intérêt de Monsieur de la Ferronnays et éveillé les sympathies les plus vives. Mais ce que je pus recueillir de la suite de cet entretien ayant une grande importance, ainsi qu'on le reconnaîtra plus tard, je crois utile de le consigner ici.
Il était question de la fameuse invocation de saint Bernard à la Vierge (le Memorare*). Monsieur l'abbé Dupanloup nous apprit que, dans l'exercice de son ministère, il avait été plus d'une fois à même de constater l'efficacité de cette prière. Alors Monsieur de la Ferronnays, prenant la parole, nous dit :*
— Je le crois sans peine, car j'en suis moi-même une preuve frappante. A l'époque [p. 9] *la plus orageuse de ma vie, d'une vie de dissipation au milieu de laquelle j'avais perdu totalement de vue les vérités religieuses, sinon en théorie, du moins en pratique, ma mère me fit promettre de ne jamais passer un jour sans réciter, ne fût-ce qu'une fois, le* Memorare. *J'en pris l'engagement et j'y fus fidèle ; je ne crois pas, en effet, y avoir manqué un seul jour. Je récitais, il est vrai, cette prière par routine, sans y attacher d'importance, et même sans penser aux paroles que je prononçais, mais enfin je la récitais. Je la disais dans le monde, au spectacle, à la chasse, partout où l'idée m'en venait, mais toujours sans songer à m'associer, ni de cœur ni d'esprit aux sentiments et à la pensée qu'elle exprimait. Eh bien, néanmoins, je suis fermement convaincu que cette habitude, en apparence toute machinale, avait quelque chose de providentiel et que c'est à* [p. 10] *l'invocation, à l'appel si souvent adressé à la Mère de Miséricorde, que j'ai dû enfin la grâce de ma conversion. Ces paroles, dites comme tout ce que disait Monsieur de la Ferronnays, d'un ton de conviction entraînant, furent écoutées avec le plus vif intérêt.*
Monsieur Dupanloup observa que c'était là un nouveau chaînon à ajouter à la chaîne des faits remarquables du même genre qu'il avait recueillis, et, après un instant, nous rentrâmes au salon.
Là, je vis Monsieur de la Ferronnays entouré des marques de respect et des égards les plus empressés de la part des personnes déjà réunies et des nouveaux arrivants. Ces témoignages, s'adressant à lui, changeaient en quelque sorte de nature ; ce n'étaient plus seulement les formes convenues d'une politesse banale : il me semblait y voir un hommage rendu à ce beau caractère, à cette vertu si haute et pourtant si acces [p. 11] *sible et si attirante. Le prestige de toute une vie d'honneur et de loyauté agissait, à leur insu, sur tous ceux qui approchaient Monsieur de la Ferronnays. Par l'effet d'un rare privilège, il se trouvait, naturellement et sans y prétendre, être le premier partout où il paraissait, et devenait comme le centre vers lequel tout convergeait. Au reste, il recevait les marques de déférence et de respect dont il était l'objet avec cette urbanité simple, aisée, pleine de bienveillance et de bon goût, dont les traditions se perdent à mesure que les caractères s'abâtardissent. C'est que le Comte de la Ferronnays était vraiment noble.*
[... p. 12]
Bientôt, la foule des visiteurs arriva et je me retirai. Mon dernier regard fut pour Monsieur de la Ferronnays… Je ne devais plus le revoir ! » T. Walsh, *Le Comte de la Ferronnays,* 20 mars 1842, n° 50, p. 7-12.

« *Monsieur de la Ferronnays, rentrant le soir chez lui, y trouva Monsieur l'abbé Gerbet et ne l'entretint, pendant une demi-heure, d'autre chose que du « juif de Bussières » dont il était vivement et exclusivement préoccupé, puis il dit :*
— Il faut prier beaucoup à son intention. » T. Walsh, Ib. , n° 50, p. 63.

« *Monsieur le Comte de la Ferronnays* […] *mourut subitement le 17 janvier au soir. La veille* [16 janvier], *il avait dîné chez le Prince Borghese, où Monsieur de Bussières recommanda le jeune israélite aux prières de Monsieur de la Ferronnays, qui témoigna le plus vif intérêt pour cette conversion.* » Note de l'éditeur à la lettre d'Alphonse à Desgenettes, 12 avril 1842, n° 59, p. 85-86, note 1.

« *La Comtesse de Mun* […] *fut assez forte, le 16 janvier 1842, pour dîner chez la Princesse Borghese, née Adèle de la Rochefoucauld. Le Comte de la Ferronnays y vint ; il avait été souffrant au début de l'année précédente et, depuis quelques jours, se trouvait un peu fiévreux ; la veille il avait entrepris pourtant la tournée des sept*

basiliques, en la terminant, le matin même, par la communion. Sous ses cheveux bruns, où s'emmêlaient quelques fils d'argent, sa tête énergique et spirituelle conservait sa beauté et, chaque jour, son âme s'approfondissait. Sa faculté d'enthousiasme ne s'affaiblissait pas :
— La verve de l'admiration, assurait-il, est celle qui se refroidit la dernière.
Toute la soirée, il causa avec son charme habituel. Le Vicomte de Bussières lui parla d'Alphonse Ratisbonne, fils d'un riche banquier israélite de Strasbourg, adversaire déclaré du catholicisme depuis que son frère aîné s'était converti et avait embrassé le sacerdoce. Le jeune homme avait accepté en riant la Médaille miraculeuse offerte par le Vicomte [...]. *Le Comte de la Ferronnays promit de prier pour le jeune incroyant ; cette invocation de la Sainte Vierge qu'il avait récitée chaque soir, fût-ce en ses phases les plus orageuses, avait été, dit-il, le fil qui l'avait ramené vers Dieu. L'entretien se porta sur la mort et il fit remarquer la nécessité d'être toujours prêt à passer cette frontière où l'heure du départ est inconnue. Enfin, il célébra la bonté divine avec un accent de ferveur intense. En rapportant à sa femme cette conversation, il conclut, à propos des œuvres de Bussières :*
— Moi, je ne fais rien. » M. Savigny-Vesco, *Une fresque romantique : les La Ferronnays,* Aurillac 1957, n° 1, p. 268-269.

Synthèse

Dimanche (n° 4, 5, 8, 50) 16 janvier (n° 4, 8, 40, 50), Monsieur de La Ferronnays était invité au dîner « *d'usage* » chez la Princesse Borghese (n° 4, 5, 8, 12, 26, 40, 50, 59 ; 1957-1). Souffrant et maître de lui, très entouré (n° 50 ; 1957,1) il rayonne sous ses cheveux noirs à fils d'argent (1957,1). Après dîner, dans la salle de billard (n° 4), T. de Bussières lui parle d'Alphonse (n° 4, 5, 8, 12, 20), en présence de l'abbé Dupanloup (n° 8), du Prince Borghese, puis de T. Walsh (n° 50 : qui, arrive à la fin du récit de Bussières). Il demande à l'ancien ministre de prier pour cette conversion (n° 12, 20, 26, 59 ; 1957-1). L'abbé Dupanloup évoque « *l'efficacité de cette prière* » qu'il a « *constatée dans son ministère* » (n° 50). Le Comte de la Ferronnays l'écoute « *avec un indicible intérêt* » (n° 5, 59).
— *S'il dit le Memorare,* vous le tenez ! dit-il notamment (n° 26).
— *Il deviendra catholique* (n° 40).
Et familièrement, « *en tapant doucement sur sa tête :*
— *Ah coquin ! tu l'auras ton juif... et bien d'autres encore* (n° 12 et 26 avec variantes).
— *Il ne faut pas désespérer... avoir confiance en la Vierge.* (n° 4).
Au fil de cette pensée, il raconte sa vie et sa conversion. Longtemps éloigné de Dieu par la politique et par ses passions (n° 50), il n'a jamais omis de réciter le *Memorare,* selon la promesse faite à sa mère (n° 4, 8, 40, 50 ; 1957-1). Il le disait « *dans le monde, au spectacle, à la chasse* », de manière « *toute machinale* » (n° 50).
« *Son amour pour la Sainte Vierge* » (n° 8, 26), sa confiance (n° 8), ont été « *le fil qui l'a empêché de périr* » (n° 8, 50, 1957-1) et l'a « *enfin ramené à Dieu* » (n° 8, 50).
Il enchaîne sur « *la mort* » (n° 8 ; 1957-1)
— Il faut toujours être prêt (n° 8, 1957-1).
— On ne peut répondre de l'heure (ib.). Il conclut en confessant son « *amour du Bon Dieu* » (n° 8 ; 1957-1), avec un accent très pénétré.
Dans la soirée, Théodore lui en reparle (n° 12). Le Comte promet sa prière. (n° 5, 8, 12, 20 ; 1957-1). Il ajoute :
— Il faut beaucoup prier à son intention (n° 50, p. 63).
Sa personne et ses propos sont entourés d'un grand respect (le n° 50 s'étend longuement là-dessus).
L'abbé Dupanloup, présent à la conversation (n° 8) dit les raisons de sa confiance dans le *Memorare* (n° 50, p. 9). Là-dessus, le groupe retourne au salon (n° 50).
Le Baron de Bock présent à ce même repas, commence à organiser une neuvaine de *Memorare,* dans le groupe de prière auquel il appartient (n° 40).
Rentré à la maison, le Comte de la Ferronnays dit à sa femme son admiration pour « *le bien que faisait Bussières* » (n° 8).
— Moi, je ne fais rien, ajoute-t-il « *tristement* » (n° 8 ; 1957-1).
Il semble ignorer humblement les rayons de gloire qui émanent de sa personne.

3. N° 50, cité note précédente

4. LE SOUVENEZ-VOUS, DERNIÈRE PRIÈRE DE MGR DUPANLOUP EN 1878

« *Avez-vous remarqué que la dernière prière de l'éminent évêque, Mgr Dupanloup, a été le* Souvenez-vous ? Alphonse aux Magnan, 5 novembre 1878, n° 314.
Alphonse évoque aussi le souvenir de Dupanloup, peu après sa mort in *Annales de N. D. de Sion en Terre Sainte,* 3 décembre 1878, n° 7, p. 3, n° 339, mais sans évoquer le Souvenez-vous.

Qui est Monseigneur Dupanloup ?

Félix Dupanloup, né le 3 janvier 1802, enfant naturel « *d'un des grands noms de France* », reçut une excellente éducation, fut ordonné prêtre le 18 décembre 1825 et, à la suite d'activités remarquables, nommé évêque d'Orléans en 1849. Il fut député en 1871, puis sénateur, de 1875 à sa mort, 11 octobre 1878.
A. LARGENT : *Dupanloup,* in *Dictionnaire de théologie catholique* 4, 1911 p. 1949-1953.
A. SALLES : *Dupanloup,* in *Catholicisme* 3 (1952, p. 1180-1183).
Encyclopedia universalis. Thesaurus, index, 1, 1988, p. 920-921.
Bibliographie dans les deux premiers articles.

5. T. Walsh, n° 50, p. 9-10. Cf. ci-dessus note 2.

6. Lettre d'Albertine de la Ferronnays, 22 janvier 1842, n° 8, éditée dans Pauline Craven, *Récit,* 1852 ; éd. 1870, p. 305.

7. LA FERRONNAYS RENTRE CHEZ LUI

Voir la note 2, note clé sur toute cette soirée.

8. L'ABBÉ GERBET (1798-1864)

Philippe Olympe Gerbet (5 février 1798-7 août 1864) travailla avec Migne et avec Lamennais, dans une constante soumission à Rome. Il devient évêque de Perpignan en 1854.
Agé de 44 ans au moment de l'apparition, il avait déjà derrière lui tout une œuvre journalistique, philosophique, théologique, en même temps qu'une réputation de directeur d'âme. Il est l'objet de plusieurs biographies :
L. BESSON, *Etude sur la vie et les œuvres de Mgr Gerbet* : brochure de 1865.
Mgr Thomas Casimir de LADOUE : *Mgr Gerbet, sa vie, ses œuvres et l'école Lamennaisienne,* 3 volumes, 1870.
Mgr Antoine RICARD, *Gerbet,* 1881
H. BREMOND, *Gerbet,* 1907
LLOBET, *Monseigneur Gerbet,* 1946
P. GODET, in DTC, 6, 1296-1299
C. H. LEDRE, in *Catholicisme,* 4, 1876-1877, avec bibliographie.
Sur la rencontre de Gerbet, ce soir-là, avec La Ferronnays, voir n° 50, cité note précédente.

9. PROMENADE DU 17 JANVIER

« *Le lundi* [17 janvier], *je fis encore une promenade avec Alphonse. Je fus le prendre chez lui en voiture à 1 heure, s'il m'en souvient bien. Toutefois, cette journée, pendant laquelle il ne se passa rien de remarquable, m'est moins présente que les autres.*

Ratisbonne était toujours dans la même disposition railleuse et dénigrante à l'égard du catholicisme. » T. de Bussières, *Relation,* 30 janvier 1842, n° 12, p. 9.

« *Lundi 17 janvier je fis quelques promenades nouvelles avec Ratisbonne, qui vint me prendre vers 1 heure. Je remarquais avec chagrin le peu de fruits que produisaient nos conversations ; car il était toujours dans les mêmes dispositions : hostile et dénigrant pour le catholicisme ; cherchant à échapper par la raillerie aux arguments qu'il ne se donnait pas la peine de réfuter.* » T. de Bussières, *L'Enfant de Marie,* 17 février 1842, n° 26, p. 21.

10. RENCONTRE D'ALPHONSE AVEC UN NÉOPHYTE

« *Ce fut en ce même intervalle* [mal précisé par le contexte : sans doute entre le 17 et le 20 janvier] *que Monsieur de Bussières me raconta qu'il avait conduit Monsieur Ratisbonne chez un néophyte et que, celui-ci ayant manifesté dans son discours de la vanité* (albagia) *mondaine, Ratisbonne s'en était montré presque scandalisé et écœuré, disant à peu près :*
— Quel homme vaniteux que celui-là. C'est la première fois que je vois un nouveau riche (una persona nuova) *faire étalage de ses titres* (onori).
Et Bussières ajouta qu'il s'était repenti de l'y avoir conduit et qu'il en sentait une agitation intérieure, car il était d'avis qu'une telle rencontre pouvait avoir un effet tout à fait contraire à celui qu'il s'efforçait d'obtenir de Ratisbonne. Ce fut alors qu'il me consulta sur le moyen à prendre pour éviter le rendez-vous pris avec le dit néophyte. »
Jean Roothaan, in *Procès,* 9 mars 1842, n° 46, p. 130-131.

11. RENCONTRE D'ALPHONSE AVEC P. DE VILLEFORT (17 JANVIER APRÈS-MIDI)

« *Le lundi 17 du même mois* [de janvier] *je le vis de nouveau. Il me montra l'*Epître aux Hébreux, *qu'il avait alors reçue du Père Rozaven et donna un coup d'œil à la préface, où l'on dit que certains regardent saint Luc comme auteur de l'Epître, content de pouvoir faire une diversion momentanée.*
— Je trouve ici quelque chose de bon et de curieux, cela n'est pas de saint Paul. »
Philippe de Villefort, in *Procès,* 24 février 1842, n° 34, p. 97.

12. VISITE AU PÈRE ROZAVEN, CE 17 JANVIER ?

Voir ci-dessus chapitre 3, note 8.

13. JOURNÉE DU COMTE DE LA FERRONNAYS : LUNDI 17 JANVIER

« *Le lundi matin (le 17), il faisait un temps magnifique. Il fut à la messe. Après le déjeuner, il fut convenu qu'il irait se promener avec Eugénie ; et moi, quoique très bien, je n'osai sortir. Je devais cependant, ce même soir, mener Olga et Albertine chez l'Ambassadeur d'Autriche, à un bal pour lequel toutes les deux préparaient leurs toilettes* [...].
Ton père alla se promener avec Eugénie et Adrien sur la belle pelouse qui mène de Saint Jean de Latran à Sainte Croix de Jérusalem, et jouit complètement du beau temps, ne souffrit qu'un instant de sa douleur (au cœur), qui passa sur le champ, et continua à ramasser avec eux des fleurs sur le gazon. Il les quitta dans sa petite voiture et alla à Sainte Marie Majeure, où il pria longtemps. Il fit à genoux, devant l'image de la Vierge de la chapelle Borghese, qui était découverte ce jour-là, sa préparation à la mort, qu'il disait tous les jours, puis, plus de vingt fois, le Souvenez-vous, me dit-il ensuite, pour des intentions sans nombre ; puis il alla au Sacramentale *pour la bénédiction.*
Il revint content de sa matinée, ranimé par la promenade.
— Je veux y aller tous les jours, me dit-il. Je crois que cela me fera du bien. Il me conta toutes les prières qu'il avait faites et me dit « qu'il avait dit au Bon Dieu que s'il voulait

le prendre, il était prêt et entièrement soumis ; que, s'il voulait le laisser vivre encore, il lui promettait de n'employer sa vie qu'à le servir et à faire ce qui pourrait l'honorer ». [cf. ci-dessous note 15]
Il se mit à écrire à son bureau, et moi-même je rentrai dans ma chambre, où, de mon côté, je me mis à genoux pour faire la prière que je n'avais pu aller faire avec lui à l'église : cette semaine passée dans mon lit m'avait rendue un peu languissante.
Il y avait dans le salon une malheureuse brasière ; tous ces jours-ci, nous avions dit qu'il ne fallait plus la laisser là parce qu'elle faisait mal à la tête ; mais ce soir-là, elle brûlait à peine, on ne songea pas à l'ôter. Après le dîner, ton père se mit près de cette brasière, disant qu'il avait froid aux pieds ; puis il se leva et joua avec Robert : il était gai, bien portant. Bientôt après cela, il sortit de la chambre, et au bout d'un instant on vint me dire 'qu'il avait sa douleur'. J'y courus. » Albertine de la Ferronnays, *lettre à sa fille Pauline,* 22 janvier 1842, n° 8, in P. Craven, *Récit,* 1852 éd. 1870, p. 305-306.

« *Le lendemain* [lundi 17] *il alla à la messe dans l'église de l'Ange Gardien. On a tout lieu de croire que c'était à cette intention qu'il implora avec ferveur l'assistance de la Sainte Vierge.* » T. de Bussières, 30 janvier 1842, n° 12, p. 9.

« *Hier* [17 janvier] *il est allé à la messe, comme à son ordinaire, a fait ses visites, vaqué à ses occupations habituelles ; puis il a dîné en famille, et rien n'annonçait ce qui devait arriver. Il passa la soirée au milieu des siens.*
A 9 heures, il se sentit pris d'une de ces violentes douleurs de poitrine dont il se plaignait plus fréquemment depuis quelques semaines ; la crise fut accompagnée de vomissements. Monsieur de la Ferronays suffoquait. » T. Walsh, *Le Comte de la Ferronnays,* 20 mars 1842, n° 50, p. 14-15.

« *Le lendemain 17, jour de sa mort, Monsieur de la Ferronnays alla entendre la Messe à sa paroisse* [Sant'Andrea], *où il resta longtemps en prière devant l'autel de la Vierge. Le soir, il dit à Madame de la Ferronnays :*
— *J'ai bien répété plus de cent fois le* Memorare *aujourd'hui ! Mais il n'exprima pas que ce fût spécialement à l'intention de Monsieur Ratisbonne.* » Ib., p. 63.

« *Le lendemain 17 janvier, il entendit la Messe et l'après-midi, il accompagna dans leur promenade Eugénie* [sa fille] *et Adrien [de Mun, son gendre, mari d'Eugénie], cueillit comme eux des fleurs dans la campagne et se plaignit une seule fois de cette douleur au cœur qu'il ressentait fréquemment. Il les quitta pour aller à Sainte Marie-Majeure.* » Marguerite Savigny-Vesco, *Une fresque romantique,* 1957, n° 1, p. 269.

Synthèse

Le lundi matin, 17 janvier (n° 8, 12, 50) il faisait un temps magnifique (n° 8). Il alla entendre « *la Messe dans l'église de l'Ange Gardien* » (n° 12), c'est-à-dire Sant'Andrea delle Fratte, « *sa paroisse* » (n° 50), « *où il resta longtemps en prière devant l'autel de la Vierge* » (n° 50).
« *Après le petit déjeuner, car sa femme situe la promenade dans la matinée (n° 8), il alla se promener avec sa fille Eugénie (n° 8 ; 1957-1) et Adrien de Mun, son gendre (1957 1) sur la belle pelouse qui mène de St Jean de Latran à Ste Croix de Jérusalem (n° 8). Il* « *ne souffrit qu'un instant de sa douleur* » au cœur (n° 8 ; 1957-1), puis continua à ramasser des fleurs (ib.). Il quitta sa fille et son gendre dans « *sa petite voiture* » (n° 8), pour aller à Sainte Marie Majeure (n° 8 ; 1957-1), où il « *pria longtemps* » pour des intentions sans nombre (n° 8). Il fait sa « *préparation à la mort* » qu'il renouvelait chaque jour (n° 8), et va au *Sacramentale* pour la bénédiction. Il rentre chez lui content de cette promenade qu'il se propose de renouveler (n° 8). Il confie à son épouse qu'il a répété « plus de vingt fois le *Souvenez-vous* » (n° 8), « *mais il n'exprima pas que ce fût spécialement à l'intention de Monsieur Ratisbonne* » dit Walsh (n° 50).
Il est difficile de préciser l'horaire. A lire Albertine de la Ferronnays, on a le sentiment que le « *déjeuner* » pris au retour de la messe était le petit déjeuner et que la promenade suivit aussitôt, puisqu'il « *revint content de sa MATINÉE* » (n° 8). Mais, Marguerite Savigny-Vesco (qui n'est point témoin oculaire et écrit bien

longtemps après) situe la promenade l' « *après-midi* ». La version de sa veuve paraît meilleure. Nous ne savons rien du milieu de la journée puisqu'elle enchaîne sans transition le retour de la promenade, l'écriture au bureau, le dîner (mentionné aussi par Walsh, n° 50, p. 15), le début de soirée près du brasero, où il joue avec son petit-fils Robert. Et c'est alors, « *à 9 heures* » (n° 50, p. 15), qu'il est saisi de « sa douleur » (n° 8, p. 306) de ses « violentes *douleurs de poitrine dont il se plaignait* plus fréquemment, *depuis quelques semaines* », précise Walsh. (n° 50, p. 15).
N.B. La promenade de la matinée pourrait aussi être située l'après-midi, car Littré écrit : « *De nos jours, dans les grandes villes surtout, on étend souvent la matinée jusqu'à l'heure du dîner, c'est à dire jusqu'à 6 ou 7 heures du soir. Une matinée musicale* [...] *a lieu de 1 ou 2 heures après-midi jusqu'à 4 ou 5 heures* ».

14. *Lettre d'Albertine de la Ferronnays à sa fille Pauline,* 22 janvier 1842, n° 8, in P. Craven, *Récit,* 1852 éd. 1870, p. 305-306.

15. PRIÈRE ET OFFRANDE DU COMTE DE LA FERRONNAYS

[Le 16], « *il avait parlé de la mort* [...], *dit qu'il fallait toujours être prêt.* » [Le 17], il était prêt et entièrement soumis [à Dieu...], « *il lui promettait de « n'employer sa vie qu'à le servir et faire ce qui pourrait l'honorer.* » Albertine de la Ferronnays à sa fille Pauline, 22 janvier 1842, n° 8, in P. Craven, *Récit d'une sœur,* p. 306 : cité plus complètement note 13.

« *Monsieur de la Ferronnays, dangereusement malade, se préoccupa de cette âme* [d'Alphonse] *pour laquelle on ne doute pas qu'il n'ait* offert sa vie à Dieu. » *L'Ami de la religion,* 12 février 1842, n° 20.

« *Le P. Marie ignora longtemps que Monsieur de la Ferronnays avait offert pour lui le sacrifice de sa vie. Voici comment il l'apprit :*
Monsieur Gerbet, évêque de Perpignan [...], *raconta aux dames* [à une réunion de charité] *que Monsieur de la Ferronnays, son pénitent à Rome en 1842, lui avait demandé la permission d'offrir le sacrifice de sa vie pour le jeune israélite. Le P. Marie en fut bouleversé.* » Note de M. Bénédicta, 1860, collationnée dans Documents d'Archives, 1902, n° 80.

16. CRISES CARDIAQUES ET VISITES MÉDICALES : 17 JANVIER, 21 HEURES

« *Il sortit de la chambre* [le salon où était la brasière] *et, au bout d'un instant, on vint me dire ' qu'il avait sa douleur'. J'y courus et je le trouvais souffrant beaucoup, en effet, et bientôt il survint des vomissements. J'envoyai chercher le médecin, mais sans avoir encore aucune inquiétude réelle. Tes sœurs se coiffaient pour le bal, oh ! mon Dieu ! J'allai dans leur chambre et je leur dis avec regret que je ne croyais pas pouvoir les y mener, quoique persuadée que cela allait passer. Je leur dis que j'étais fâchée de leur imposer ce sacrifice. Bientôt la douleur cessa en effet; il se remit et on renvoya, sans l'employer, le chirurgien venu pour le saigner. Est-ce possible, oh mon Dieu, que ceux qui aiment le mieux perdent ainsi la tête et l'esprit quand l'heure est venue ? Mais nous l'avions souvent vu ainsi, et l'espérance, toujours si forte, nous fermait les yeux à tous...* » Albertine de la Ferronnays, Lettre du 22 janvier 1842, n° 8, in P. Craven, *Récit d'une sœur,* 1852, éd. 1870, p. 306-307.

« *Je reprends mon récit de l'autre jour : la douleur cessa donc et le chirurgien s'en alla, sans l'avoir saigné.*
Dix minutes après son départ [le départ du médecin : p. 307, qu'elle appelle surtout 'chirurgien', p. 307-308], *tout recommença. Je courus à l'escalier pour faire rappeler le chirurgien, et presqu'au même moment, on vint me dire que l'abbé Gerbet était arrivé. Je rentre dans la chambre et, juge de mon effroi, j'entends les paroles de l'absolution que l'abbé donnait à ton père !* [...]. *Je saisis le bras du médecin :*

— N'espérez-vous donc plus rien ?
Il hésite un moment puis me dit :
— Non !
Et j'entends alors l'abbé dire ces paroles :
— Ayez confiance.
Et ton père répondre avec force :
— Oh, je suis plein de confiance !
Puis l'abbé dit :
— Vous repentez-vous de toutes les fautes de votre vie passée ?
— Oui ! Oui ! dit ton père avec une expression inouïe.
Ses yeux brillaient ; ils semblaient animés par un rayon du ciel. Jamais je ne les avais vus si vifs, si expressifs. L'abbé lui donna l'absolution. » Albertine de la Ferronnays, 23 janvier 1842, n° 10, in P. Craven, *Récit d'une sœur,* 1852, éd. 1870, p. 308.

« *Monsieur de la Ferronnays* [...] *reçu*[t] *l'absolution générale, s'étant confessé, ayant communié l'avant-veille* [p. 11], *et ayant mené dans les dernières années et plus particulièrement encore durant les derniers mois, la vie édifiante d'un saint pénitent.* » T. de Bussières, *Relation,* 30 janvier 1842, n° 12, p. 10-11.

« *A 9 heures, il se sentit pris d'une de ses violentes douleurs de poitrine dont il se plaignait plus fréquemment depuis quelques semaines. La crise fut accompagnée de vomissements. Monsieur de la Ferronnays suffoquait. Il fit appeler le médecin, ensuite l'abbé Gerbet, son confesseur. Celui-ci arriva au moment où le docteur pratiquait une saignée, et ne put, en raison de cette circonstance, confesser le malade qui, en outre, éprouvait une extrême difficulté à parler. Connaissant à fond l'état de cette conscience si pure (Monsieur de la Ferronnays avait communié la veille), il se borna à lui demander s'il se repentait sincèrement de tous les péchés de sa vie.*
— Oh oui ! bien sincèrement !
— Aimez-vous Dieu de tout votre cœur ?
— Oui, je l'aime !
— Confiance donc ! Confiance ! ajouta l'abbé Gerbet.
— Je l'ai pleine et entière. T. Walsh, *La Ferronnays,* 20 mars 1842, n° 50, p. 15.

« *Tandis qu'antithèses vivantes, Albertine et Olga mêlaient de fleurs leurs cheveux, le Comte se remit à souffrir, et un médecin fut appelé. L'abbé Gerbet survint au même instant, et, en entrant dans la pièce, la Comtesse, saisie d'effroi, entendit la formule de l'absolution avec une exhortation à la confiance. 'J'ai confiance, dit le mourant ; adieu mes enfants, adieu ma femme.' Si violemment que le clou vint en même temps, il arracha le Christ accroché à son chevet, le baisa en faisant un acte d'amour, et ajouta que, s'il était sauvé, il intercèderait pour Alphonse Ratisbonne.* » Marguerite Savigny-Vesco, *Une fresque romantique : les la Ferronnays,* 1957, n° 1, p. 270.

Synthèse

A 9 heures (n° 50), le Comte de la Ferronnays est pris d'une violente douleur de poitrine (n° 8, 50). Sa femme Albertine « *envoie chercher le médecin* » (comme elle le précise elle-même au n° 8, et non lui, comme semblerait le dire Walsh). Madame de la Feronnays n'est pas encore inquiète mais prévient ses filles qu'elle ne pourra les accompagner au bal (n° 8). Quand elle les quitte, la douleur a cessé. Elle renvoie le chirurgien qui ne fait pas la saignée habituelle (n° 10). Mais « *10 minutes après son départ tout recommença* ». Elle rappelle le chirurgien (n° 10). Presqu'au même moment, l'abbé Gerbet arrive (n° 10, 50 ; 1957-1).
Il sent qu'il n'a pas le temps d'entendre la confession ; il pourrait d'autant moins l'entendre qu'il arrive au moment où le médecin soigne d'urgence ; il donne l'absolution (n° 10, 12 ; 1957-1). Le malade adhère consciemment et ardemment (n° 10 ; 1957-1).
Le dialogue avec Gerbet est rapporté différemment par Albertine de la Ferronnays (6 jours après) et par Marguerite Savigny-Vesco qui s'en fait l'écho. L'ordre de cette dernière est plus logique, et son addition :

— « *Aimez-vous Dieu...* »
est belle. On préfèrerait cette dernière version, mais elle n'est probablement qu'un rewriting de la version plus proche de Madame de la Ferronnays au lendemain de l'événement. Madame Savigny-Vesco rapporte seule ces dernières paroles :
— J'ai confiance. Adieu , mes enfants ; adieu, ma femme ! (1957, n° 1).

17. RAPPEL DU MÉDECIN ET VISITE DE L'ABBÉ GERBET

Voir note précédente

18. MORT D'AUGUSTE DE LA FERRONNAYS

« *Monsieur de la Ferronnays mourut subitement dans la nuit du lundi* [17], *après avoir reçu l'absolution générale, s'étant confessé et ayant communié la veille.* » T. de Bussières à T. Ratisbonne, 22 janvier 1842, n° 5.

« *Monsieur le Comte de la Ferronnays* [...] *mourait à l'âge de 64 ans, presque subitement, après une heure d'agonie, d'une attaque d'apoplexie, mais il était mort saintement, après avoir mené une vie très sainte durant ses dernières années, se préparant chaque jour à comparaître devant le tribunal de Dieu.* » Alphonse à Louis Ratisbonne, 22 janvier 1842, n° 7.

« *L'abbé lui donna l'absolution :*
— Merci ! Merci ! lui dit-il.
— Adieu, mes enfants ! Adieu, ma femme !
Puis il arracha vivement le crucifix (indulgencié pour l'heure de la mort) qui était suspendu à son lit et l'embrassa avec ardeur. Après cela, Eugénie plaça un oreiller sous sa tête. Il lui dit :
— Merci, mon enfant ! avec un regard qui sera un doux souvenir pour elle.
Mais bientôt, l'affaiblissement vint. Je lui parlai, il ne m'entendait plus. Je le suppliai de me serrer la main, et cette chère main resta sans mouvement. Le pouls sembla un instant se relever, puis ne battit plus ! » Albertine de la Ferronnays, 23 janvier 1842, n° 10, in P. Craven, *Récit d'une sœur,* 1852, éd.1870, p. 308-309.

« *Monsieur de la Ferronnays mourut presque subitement le lundi soir* [17 janvier] *à 11 heures* ». T. de Bussières, *Relation,* 30 janvier 1842, n° 12, p. 9-10.

« *Monsieur de la Ferronnays mourut presque subitement, le soir à 11 heures, laissant aux amis qu'il avait édifiés par la ferveur de ses dernières années, comme à la famille qui le pleurait, l'exemple de ses vertus et la consolation d'espérer que Dieu ne l'avait appelé à lui que parce qu'il était mûr pour le ciel.* » T. de Bussières, *L'Enfant de Marie,* 17 février 1842, n° 26, p. 21-22.

« *L'abbé Gerbet* [...] *dit la formule de l'absolution avec une exhortation à la confiance.*
— J'ai confiance, dit le mourant. Adieu mes enfants, adieu ma femme.
Si violemment que le clou vint en même temps, il arracha le Christ accroché à son chevet, le baisa en faisant un acte d'amour et ajouta que, s'il était sauvé, il intercèderait pour Alphonse Ratisbonne. A 11 heures, il s'éteignit doucement, comme on s'endort au soir d'une accablante journée. Ce n'était pas en vain qu'il avait osé demander une sainte et heureuse mort.
Quatre ans auparavant, il avait écrit à Rio [un ami de la famille] :
— Dieu peut m'appeler, j'ai tant d'amour pour lui dans le cœur que, confiant dans son infinie miséricorde, je puis paraître en sa présence sans aucune crainte. » M. Savigny-Vesco, *Une fresque romantique,* 1957, n° 1, p. 270 ;
Suivent des extraits inédits du testament.

Synthèse

Après l'absolution, le Comte exprime sa confiance et ses adieux aux siens. Puis il arrache vivement le crucifix indulgencié suspendu à son lit : « *le clou vint en même temps* » (1957-1). Il embrasse ce crucifix avec ardeur (n° 10). Après cela Eugénie place un oreiller sous sa tête. Merci, murmure-t-il, avec un regard inoubliable (n° 10), puis c'est l'affaiblissement et le silence. Il n'entend plus. Son épouse lui tient la main (n° 10) ; l'agonie, très calme, dure « *une heure* » *environ* (n° 7). A 11 heures du soir, c'est la fin. (n° 12, 26 ; 1957-1)

19. VEILLÉE DE LA VEUVE DANS LA NUIT DU 17 AU 18 JANVIER

« *Je fis un acte de soumission* [...] *calme. Adrien, quelques heures après, me trouva à genoux, tenant cette chère main tant de fois serrée ; il s'approcha de moi et il dut me croire folle quand je lui dis :*
— Je vais bien, je me sens si près de lui ! Il me semble que nous n'avons jamais été aussi réunis !
Grâce immense que Dieu m'a faite en ce moment affreux où tout s'écroulait !
Je me sentais transportée avec lui près de Dieu et j'oubliais presque mon malheur pour ne penser qu'à lui.
Je passai ainsi toute cette première nuit. Au point du jour, je quittai mon bien-aimé pour aller entendre la messe. » Albertine de la Ferronnays, 23 janvier 1842, n° 10, in P. Craven, *Récit d'une sœur,* 1852, éd. 1870, p. 309.

« *Dans son testament rédigé à cette époque, il faisait, avec autant d'humilité que de foi, son bilan spirituel en face de Dieu : 'Je puis, disait-il, m'offrir au monde comme une preuve vivante de votre infatigable patience et de votre inépuisable miséricorde'. A sa femme, il protestait de son repentir autant que de sa tendresse : 'Prie beaucoup pour ton ami, concluait-il, mais que les larmes que tu viendras répandre sur ma tombe soient douces comme l'est ton âme et que chacune d'elles, portée par la confiance, la prière et la ferveur, arrive au ciel comme un cri de miséricorde et en même temps comme un acte d'espérance et de résignation.*
En remerciant ses enfants des consolations qu'il leur devait, il s'accusait des mauvais exemples qu'il avait donnés à ses fils et les suppliait de ne pas le suivre dans ses désordres et ses tardifs remords : 'Si je pouvais, disait-il, vous raconter mes nuits sans sommeil, mes terreurs secrètes, les reproches de ma conscience, vous dire combien d'angoisses j'ai éprouvées, que de larmes j'ai versées, j'en suis sûr, mes amis, vous seriez bien plus disposés à plaindre qu'à imiter votre malheureux père'. » M. Savigny-Vesco, *Une fresque romantique,* 1957, n° 1, p. 271.

20. MESSE DE MADAME DE LA FERRONNAYS (MARDI 18 JANVIER)

« *Au point du jour, je quittai mon bien-aimé pour aller entendre la Messe à l'église d'en face, et je communiai comme j'avais eu l'intention ce jour-là (celui de la chaire de Saint Pierre). Comment le fis-je ? Je ne sais ; hors de moi, sans doute, et sans faculté de prier ni de pleurer. Je revins bien vite reprendre mon poste près de mon pauvre ami. J'y passai toute cette journée, tenant toujours sa main, que je réchauffais dans les miennes au point de lui donner l'apparence de la vie ! A présent que ces heures sont passées, je ne puis comprendre que j'ai eu des forces pour les supporter. Dieu m'en a donné !* » Albertine de la Ferronnays, 23 janvier 1842, n° 10, in P. Craven, *Récit d'une sœur,* 1852, éd. 1870, p. 309-310.

M.Savigny-Vesco, 1957-1, p. 271, n'est qu'un écho du texte précédent.

21. MADAME DE LA FERRONNAYS AVISE LADY X... SON EX-RIVALE

« *Alors vint* [à Madame de la Ferronnays] *l'idée sublime d'appeler au chevet de celui qu'elle avait si fidèlement chéri, une femme qui lui avait volé des heures de tendresse. Entre beaucoup d'autres, aussi belles et charmantes, le Comte, en l'ère des égarements, avait passionnément élu Lady... et, à plusieurs reprises, l'avait rendue mère. Le sang du*

Christ avait effacé leur faute. La Comtesse voulait adoucir la souffrance de sa rivale et donner au compagnon de sa vie un suprême pardon. Dans cette voluptueuse Italie, où le climat se fait complice de l'amour, en veillant auprès de celui dont les nobles traits avaient pris la majesté du marbre, l'épouse, désormais, priait aux côtés de la belle repentie, comme elle abîmée dans sa douleur. Peut-être aussi sa pensée suivait-elle les contours d'une histoire trop bien connue : une ravissante jeune fille jetée, nouvelle Abigaïl, aux bras d'un riche vieillard. En marge de la passion, faite pour l'inspirer, et, plus qu'une autre, préparée à la défaite, une vague tumultueuse l'avait emportée vers l'homme séduisant qui lui tendait les siens [ses bras]*; des enfants, dont il était indubitablement le père, avaient achevé de resserrer ces nœuds ; leur visage trahissait le secret de leur naissance...* » M. Savigny-Vesco, *Une fresque romantique,* 1957-1, p. 271-272.

22. VISITE DE THÉODORE DE BUSSIÉRES AUX LA FERRONNAYS (18 JANVIER)

« *Monsieur l'abbé Gerbet, auquel je demandais, le mardi 18, si mon devoir était de ne point quitter la famille la Ferronnays ou bien d'aller trouver le jeune Ratisbonne, m'enjoignit de le chercher et me rappela que ce serait me conformer aux intentions de Monsieur de la Ferronnays, lequel avait pris le plus grand intérêt à cette œuvre et avait prié avec ardeur pour son accomplissement.* » T. de Bussières, *Relation,* 30 janvier 1842, n° 12, p. 20.

« *J'avais passé une partie de la nuit au milieu* [de la famille de la Ferronnays], *si justement éplorée. Comprenant mieux que personne sa douleur, j'hésitais à me séparer d'elle ; et pourtant, une préoccupation inquiète ramenait sans cesse ma pensée à Ratisbonne, comme si une main invisible m'eût poussé vers lui. Je ne voulais pas me séparer de ce qui restait ici-bas de mon ami ;* [mais] *je ne pouvais pas éloigner ma pensée de cette jeune âme que je voulais conquérir à ma foi. Je dis ma lutte intérieure à Monsieur l'abbé Gerbet* [...].
— Allez, me répondit-il, allez, continuez votre œuvre. C'est vous conformer aux intentions de Monsieur de la Ferronnays, qui a prié avec ardeur pour la conversion de ce jeune homme. » T. de Bussières, *Relation,* 17 février 1842, n° 26, p. 22-23.

« *Indulgente et brisée, la Comtesse de la Ferronnays sortit de sa prostration pour rejoindre au salon, avec l'abbé Gerbet et ses enfants, le Vicomte de Bussières, visiblement bouleversé. Il avait hésité à laisser ses amis pour s'occuper d'Alphonse Ratisbonne à la veille de quitter Rome.*
— Allez, lui avait conseillé l'abbé Gerbet, continuez votre œuvre, c'est vous conformer aux intentions de Monsieur de la Ferronnays, qui a prié avec ardeur pour la conversion de ce jeune homme. » M. Savigny-Vesco, *Une fresque romantique,* 1957, n° 1, p. 271-272.

Synthèse

Théodore de Bussièrres a passé une partie de la nuit chez les la Ferronnays. Mais il pense irrésistiblement à Alphonse (n° 26). Que choisir ? L'abbé Gerbet, consulté, lui conseille de rejoindre son ami, selon les « *intentions de Monsieur de la Ferronnays* » qui a prié pour lui (n° 12, 26 ; 1957-1).

5

UNE LUTTE OBSCURE
(18-19 janvier)

1. Sentiments de Bussières au matin du 18 janvier

« *Chaque jour, je trouvais le moyen de consacrer 1 ou 2 heures à Alphonse pour lui faire voir l'une ou l'autre des églises de Rome, ou pour essayer de porter sa pensée sur les vérités catholiques. J'avais peu de succès, je l'avoue ; ce que je disais était froidement reçu, on y répondait souvent par une plaisanterie ; n'importe, je ne me décourageais point, et Alphonse* [était] *étonné de ma tranquillité, ne savait comment la faire cadrer avec mon désir de le convertir, et me fit même une plaisanterie à ce sujet.* » T. de Bussières à T. Ratisbonne, 22 janvier 1842, n° 5.

« *Il me semble encore qu'ayant vu une autre fois, très à la hâte, Monsieur de Bussières, celui-ci me dit qu'il éprouvait quelqu'inquiétude de ne voir encore aucun heureux résultat de ses efforts pour la conversion de Monsieur Ratisbonne.* » J. Roothaan, in *Procès,* 9 mars 1842, n° 46, p. 129.

Synthèse

Ce qu'écrit Bussières le 22 janvier (n° 5) coïncide bien avec ce qu'il disait au Général des Jésuites J. Roothaan durant les 3 jours qui précédèrent l'apparition (n° 46).

2. Sentiments d'Alphonse devant l'insistance religieuse de Bussières

Textes cités note précédente et ci-dessous note 6. Nous remettons les propos d'Alphonse en style direct.

3. Troisième visite à l'Aracoeli

« *Je conduisis Alphonse à l'Aracoeli. L'église lui fit encore une certaine impression, mais, du reste, tout ce que je lui disais semblait inutile. Il m'écoutait froidement et répondait par des plaisanteries.* » T. de Bussières, *Relation,* 30 janvier 1842, n° 12, p. 10.

« *Je voulus qu'il visitât une seconde fois avec moi l'église d'Aracoeli. S'il y éprouva une certaine impression, elle fut bien fugitive, car il m'écoutait froidement et ne répondait à toutes mes réflexions que par des plaisanteries.*
— *Je songerai à tout cela, me disait-il, quand je serai à Malte* [...]. *Ce sera bon pour me désennuyer* » T. de Bussières, *L'Enfant de Marie,* 17 février 1842, n° 26, p. 23.

Synthèse

Théodore s'accroche au seul signe d'émotion religieuse perçu jusque là : à l'Aracoeli (n° 26 et ci-dessus, chapitre 1, note 11). Il y emmène Alphonse « *une seconde fois* », dit-il (n° 26). Mais c'est en fait la troisième visite, et la seconde avait effacé l'impression heureuse de la première : Alphonse y avait vu les préparatifs du baptême des juifs Constantini (ci-dessus chapitre 1, note 12) dont l'Aracoeli était le lieu. Il en restait scandalisé. L'espoir de Théodore était vain : Alphonse ne manifestait que froideur et plaisanteries (n° 12, 26).

4. LA CÉLÉBRATION PAPALE DE LA CHAIRE DE SAINT PIERRE (18 JANVIER)

« *Le surlendemain 18, j'allai à Saint Pierre pour assister à une fonction papale à l'occasion de la fête de la Chaire du Prince des Apôtres* [...]. *J'étais arrêté auprès de cette vieille statue de saint Pierre* [...]. *Le Souverain Pontife avait passé, porté solennellement sur son trône, précédé des cardinaux en longues chapes, etc.* » T. Walsh, *Le Comte de La Ferronnays,* 20 mars 1842, n° 50, p. 12.

Gustave « *était fort étonné de me retrouver à Rome. Je lui en expliquai le motif : c'était l'envie de voir le Pape.*
— *Mais je partirai sans le voir, lui dis-je, car il n'a pas assisté aux cérémonies de la Chaire de Saint Pierre, où l'on m'avait fait espérer qu'il se trouverait.* » Alphonse à Desgenettes, 12 avril 1842, n° 59, p. 81.

Synthèse

Alphonse a-t-il vu le Pape ? Oui, selon T. Walsh (n° 50), mais il doit confondre, avec une cérémonie ultérieure. Alphonse est mieux placé pour se rappeler qu'il ne le vit point (n° 59). Il le verra plus tard, le 3 février (ci-dessus chapitre 10).
Sur le rôle de cette motivation qui retint Alphonse à Rome, voir ci-dessus chapitre 3, note 15.

5. VISITE DE THÉODORE ET D'ALPHONSE AU P. DE VILLEFORT

« *Le mardi* [18 janvier] *ou le mercredi suivant* [19], *je ne me souviens pas du jour précis, Ratisbonne revint me voir.* » P. de Villefort, in *Procès,* 24 février 1842, n° 34, p. 97.
Les souvenirs de Villefort ne situent donc cette visite qu'à un jour près. Sur ce problème et les visites d'Alphonse au P. Rozaven, voir chapitre 3, note 15 (note clé).

6. LA PROMENADE DU 19 JANVIER 13 HEURES

« *Alphonse, étonné de ma tranquillité, ne savait comment la faire cadrer avec mon désir de le convertir, et me fit même une plaisanterie à ce sujet; je lui répondis que, plein de confiance en les promesses de Dieu et le voyant de bonne foi, j'étais sûr qu'il serait un jour catholique.* » T. de Bussières à T. Ratisbonne, 22 janvier 1842, n° 5.

« *Le 19, à la promenade* [Monsieur de Bussières] *m'engagea à monter en voiture avec lui et sa femme. Nous visitâmes ensemble la basilique de Sainte Marie-Majeure et la villa Wolkonski.* » Alphonse à son oncle Louis, 22 janvier 1842, n° 7.

« *Le mercredi 19, je pris encore Monsieur Ratisbonne à 1 heure après-midi. Je le menai par le Capitole et le Forum à Saint Etienne-le-Rond, sur le Mont Coelius. Les peintures de cette église lui firent éprouver un sentiment d'horreur, et il affirma, avec beaucoup de vivacité, que mes coreligionnaires avaient été tout aussi cruels envers les pauvres juifs, dans le Moyen-Age, que les persécuteurs des premiers siècles à l'égard des chrétiens. De Saint Etienne-le-Rond, nous nous rendîmes à Saint Jean de Latran; je lui montrai les bas-reliefs placés au-dessus des statues des douze Apôtres, et qui représentent : d'un côté les figures de l'Ancien Testament, de l'autre leur accomplissement par le Messie. Cela lui sembla ingénieux, et il trouva que les rapprochements étaient faits avec esprit. Nous sortîmes de la basilique pour aller à la villa Wolkonski. Alphonse, étonné de ma tranquillité, ne savait comment la faire cadrer avec mon désir de le convertir. Il me fit même une observation à ce sujet, protestant qu'il était plus juif qu'il ne l'eût jamais été.*

Je lui répondis que, plein de confiance en les promesses de Dieu et le voyant de bonne foi, j'étais convaincu qu'il serait un jour catholique, quand bien même il faudrait un ange pour le convertir. Un instant après, nous passâmes devant la Scala Santa. » T. de Bussières, *Relation,* 30 janvier 1842, n° 12, p. 10-11.

« *Mercredi 19 janvier, je dirigeai notre promenade vers le Capitole et le Forum. Près de là, sur le Monte Celio, s'élève l'église de Saint Etienne-le-Rond, dont les murs sont couverts de fresques qui représentent, avec une effrayante vérité, les différents supplices au milieu desquels expiraient les martyrs. La vue de ces tortures fit éprouver à Ratisbonne un sentiment d'horreur.*
— Ce spectacle est affreux, s'écria-t-il, pour prévenir mes réflexions ; vos corréligionnaires ont été tout aussi cruels envers les pauvres juifs du Moyen-Age que les persécuteurs des premiers siècles à l'égard des chrétiens.
Je lui montrai, à Saint Jean de Latran, les bas-reliefs placés au-dessus des statues des douze Apôtres. Ils représentent, d'un côté les figures de l'Ancien Testament, de l'autre leur accomplissement par le Messie. Ces rapprochements lui paraissaient ingénieux.
Nous nous acheminions vers la villa Wolkonski. Ratisbonne s'étonnait de ma tranquillité. Il ne pouvait l'expliquer avec cet ardent désir de le convertir, lui qui, disait-il, était plus juif que jamais. Je lui répondis que, plein de confiance dans les promesses de Dieu, j'étais convaincu que puisqu'il était de bonne foi, il serait un jour catholique, quand bien même le Seigneur devrait lui envoyer un ange pour l'éclairer.
Nous passions dans ce moment devant la Scala Santa. » T. de Bussières, *Relation,* 11 février 1842, n° 26, p. 24-25.

« *Lundi, mardi et mercredi* [19 janvier], *nous fîmes ensemble des promenades, traitant de sujets religieux et indifférents ; je conservais le ton de raillerie, y joignant parfois des blasphèmes contre le christianisme* [...]. *Nous visitâmes l'église Saint Etienne-le-Rond. J'eus horreur des martyrs représentés sur les murs, et je disais que ceux qui avaient traité ainsi les chrétiens n'étaient pas des israélites, mais que les chrétiens avaient exercé la même cruauté à l'égard des juifs du Moyen-Age. Monsieur de Bussierre me montra, à Saint Jean de Latran, les bas-reliefs de la grande nef où sont retracées les prophéties de l'Ancien Testament et leur accomplissement dans le Nouveau. Je lui dis que c'était fait avec un bel artifice.*
En passant devant la Scala Santa, il la salua en disant :
— Je te salue, saint escalier, il y a là un homme qui, un jour, te montera à genoux.
[là dessus] *je le saluai en riant, sans me découvrir la tête et sans donner aucun signe de respect. J'étais surpris de la tranquillité du dit baron Théodore de Bussières et je lui dis qu'il n'arriverait à rien avec moi, vu que j'étais juif plus qu'avant. Il me répondit qu'il était sûr de ma conversion même si, pour l'opérer, il fût nécessaire de m'envoyer un ange. Quant à moi, cependant, je me disais en moi-même :*
— Celui-ci était protestant, il a commis la folie de se faire catholique, et maintenant il voudrait que j'en fasse autant. Je lui dis que, pour moi, il fallait deux miracles : un pour me persuader, l'autre pour m'ébranler une fois convaincu tant il y avait de raisons et d'intérêts et d'affection et de point d'honneur, qui me retenaient dans le Judaïsme. »
Il développe ensuite ces raisons sur lesquelles nous reviendrons plus loin, au chapitre 7, note 18. Alphonse, in *Procès,* 18 février 1842, n° 29, p. 82-83.

Après l'annulation du voyage à Naples, les 17-19 janvier, sans précision dans ce texte, « *nous allâmes faire quelques courses ensemble. Nos conversations avaient pour objet tout ce qui frappait nos regards : tantôt un monument, tantôt un tableau, tantôt les mœurs du pays et, à ces divers sujets, se mêlèrent toujours des questions religieuses. Monsieur de Bussières les amenait si naïvement, et insistait avec une ardeur si vive que, plus d'une fois, dans le secret de ma pensée, je me disais que si quelque chose pouvait éloigner un homme de la religion, c'était l'insistance même qu'on mettait à le convertir. Ma gaîté naturelle me portait à rire des choses les plus graves, et aux étincelles de mes plaisanteries se joignait le feu infernal des blasphèmes auxquels je n'ose plus penser aujourd'hui tellement j'en suis effrayé.*

Et cependant, Monsieur de Bussières, tout en m'exprimant sa douleur, demeurait calme et indulgent. Il me dit même une fois :

— Malgré vos emportements, j'ai la conviction qu'un jour vous serez chrétien, car il y a en vous un fond de droiture qui me rassure et me persuade que vous serez éclairé, dût pour cela le Seigneur vous envoyer un ange du ciel.
— A la bonne heure, lui répondis-je, car autrement la chose serait difficile !
En passant devant la Scala Santa... » Alphonse à Desgenettes, 12 avril 1842, n° 59, p. 78-79.

Synthèse

Le mercredi (n° 12, 26, 42), 19 janvier (n° 7, 12, 26), à 1 heure de l'après-midi (n° 12), selon leur habitude (n° 5) Théodore engage Alphonse « *à monter en voiture avec lui et sa femme* » (n° 7), pour partager sa promenade. En voici les étapes :
1° Forum et Capitole (n° 12 et 26, qui inverse les 2 étapes).
2° Saint Etienne-le-Rond : les peintures de martyres donnent à Alphonse « *un sentiment d'horreur* » et lui inspirent ce reproche :
— Les persécuteurs n'étaient pas des juifs, et les chrétiens ont été persécuteurs des juifs (termes divers aux n° 12, 26, 29).
3° A Saint Jean de Latran (n° 12, 26, 29), Théodore explique les figures de l'Ancien Testament et leur accomplissement par le Messie (n° 12, 26, 29).
— Ces rapprochements apologétiques sont « *ingénieux* » (n° 12, 26), « *faits avec esprit* » (n° 12) : « *un bel artifice !* » (n° 29) observe Alphonse.
Toutes ces étapes nourrissent une discussion de bon ton où Alphonse engage sa « *gaieté naturelle* » avec « *rires* », selon son tempérament humoristique et volontiers ironique (n° 59). Rétrospectivement, il caractérise ces plaisanteries (n° 12, 29 : *scherzo*) comme des « *blasphèmes* » (n° 29 : *bestemmia* ; et 59 : « *le feu infernal des blasphèmes auxquels je n'ose plus penser aujourd'hui* »).
T. de Bussières reste persévérant, mais tranquille (n° 12, 26), calme et indulgent (n° 59). Alphonse s'en étonne et fait là-dessus une « *plaisanterie* » non précisée (n° 5), qui tient en ceci :
— A quoi bon vous acharner à me convertir. Vous voyez bien que je suis plus juif que jamais ! (n° 5, 12, 26, 29)
— Je suis sûr de votre bonne foi (n° 5, 12, 26, 59 : « *votre fond de droiture* » ; variantes diverses). Dieu vous convertira, « *dût-il vous envoyer un ange du ciel* » (n° 12, 26, 59)
— « *A la bonne heure car autrement, la chose serait difficile* », conclut Alphonse selon le seul n° 59, et il souligne l'impossibilité de cette conversion : elle irait non seulement contre ses convictions, mais contre ses intérêts et ses sentiments les plus profonds (n° 29).
4° En allant vers la Villa Wolkonski (n° 12, 26), ils passent devant le palais édifié au XVIe siècle pour abriter la Scala Santa (note suivante).

7. SALUTATION DE LA SCALA SANTA ET ÉCLAT DE RIRE D'ALPHONSE

« *Un instant après* [l'apostrophe de Théodore : vous serez « un jour catholique »] *nous passions devant l'escalier saint. Je saluai et je dis tout haut :*
— Salut, saint escalier, voici quelqu'un qui, un jour, vous montera à genoux. Alphonse rit de ces paroles. » T. de Bussières à T. Ratisbonne, 22 janvier 1842, n° 5.

« *Nous passâmes devant la* Scala Santa. *Je me découvris et dis tout haut en désignant mon compagnon :*
— Salut, saint escalier, voici un homme qui, un jour, vous montera à genoux. Ratisbonne se prit à rire aux éclats et à me faire là-dessus une foule de plaisanteries de mauvais goût ». T. de Bussières, *Relation*, 30 janvier 1842, n° 12.

« *Nous passions devant la Scala Santa et, désignant mon compagnon, je dis tout haut, en ôtant mon chapeau :*
— Salut, saint escalier, voici un homme qui, un jour, vous montera à genoux !
Ratisbonne se prit à rire aux éclats. Nous nous séparâmes sans que je puisse emporter la

plus faible espérance d'avoir le moins du monde ébranlé ses convictions. » T. de Bussières, *L'Enfant de Marie,* 17 février 1842, n° 26.

« *En passant devant la Scala Santa, il* [Bussières] *la salua en disant :*
— Je te salue, saint escalier, voici un homme qui, un jour, te montera à genoux.
Je le saluai en riant, sans me découvrir et sans donner aucun signe de respect (reverenza) ». Alphonse, in *Procès,* 18 février 1842, n° 29, p. 82.

« *Nous passâmes devant la Scala Santa. Je m'écriai alors, en soulevant mon chapeau .*
— Salut, escalier saint ! Voici un juif qui vous montera un jour à genoux !
A ces paroles, Alphonse se mit à rire aux éclats d'un rire vraiment « diabolique ».
T. Walsh, *Le Comte de La Ferronnays,* 20 mars 1842, n° 50, p. 66.

« *En passant devant la Scala Santa, Monsieur de Bussières se prit d'enthousiasme. Il se leva dans sa voiture et, se découvrant la tête, il s'écria avec feu :*
— Salut saint escalier ! Voici un pécheur qui vous montera un jour à genoux !
Exprimer ce que produisit sur moi ce mouvement inattendu, cet honneur rendu à un escalier, *serait chose impossible. J'en riais comme d'une action tout à fait insensée.* »
Alphonse à Desgenettes, 12 avril 1842, n° 59, p. 79.

« *Vous rappelez-vous, cher parrain, la fameuse scène que vous m'avez faite en passant devant la Scala Santa ? Eh bien, cet escalier sacré faisait partie du palais de Pilate que je voudrais acquérir pour notre œuvre.* » Alphonse à T. de Bussières, 20 janvier 1857, n° 15.

« *Lorsqu'en janvier 1842, nous passions ensemble devant la Scala Santa, vous, avec tant de piété, avec tant de respect, moi avec tant d'arrogance, nous ne pensions ni l'un ni l'autre que votre irréligieux et enragé compagnon de promenade à Rome deviendrait, quinze ans plus tard, à Jérusalem, l'acquéreur des restes sacrés du prétoire de Pilate, dont les seuls escaliers réveillaient alors dans votre esprit des souvenirs si grands et si émouvants.* » Alphonse à T. de Bussières, 20 décembre 1857, n° 130.

Synthèse

Théodore et Alphonse passent devant la Scala Santa (n° 12, 26, 29, 50, 59 ; 1857, n° 15 et 131 ; « *saint escalier* », traduit le n° 5). Théodore salue (n° 5, 29), se découvre (n° 12, 26, 50, 59) et dit tout haut (n° 5, 12, 26 ; « *s'écrie* » selon les n° 50 et 59) :
— Voici « *quelqu'un* » (n° 5), « *un homme* » (n° 12, 26, 29), « *un juif* » (n° 50), « *un pécheur* » (n° 59), « *qui un jour vous montera à genoux* » (n° 5, 12, 26, 29, 50, 59).
Alphonse rit aux éclats (n° 5, 12, 26, 29, 50) « *d'un rire vraiment diabolique* », dramatise Walsh (n° 50). Il salue ironiquement sans se découvrir ni donner aucun signe de respect (n° 29). Rendre un tel honneur à un escalier est un acte tout à fait insensé (n° 59).
L'apostrophe de son prosélyte déclenche ses quolibets (n° 12).
L'église de la Scala Santa, proche du Latran, ancienne résidence du Pape, fut construite par Sixte V à la place d'un vaste palais en ruines, pour être sa chapelle privée. Il y avait intégré l'escalier importé par l'impératrice Hélène.

8. VISITE À LA VILLA WOLKONSKI

« *Le 18, Monsieur Théodore de Bussières réunit chez lui quelques amis et m'invite à y venir ; je ne m'y rends pas. Je le rencontre de nouveau le 19 à la promenade, il m'engage à monter en voiture avec lui et sa femme ; nous visitons ensemble la Basilique de Sainte Marie-Majeure et la villa Wolkonski. Monsieur de Bussières me dit* [...] *qu'il est assuré de ma conversion, que Dieu m'enverrait un ange plutôt que de m'abandonner* [...], *qu'il voyait en moi une grande sincérité. Je ne fis d'autre réponse que des railleries et des blasphèmes.* » Alphonse à Louis Ratisbonne, 22 janvier 1842, n° 7.

« *Nous sortîmes de la Basilique* [Saint Jean de Latran] *pour aller à la villa Wolkonski* [...]. *Alphonse étonné de ma tranquillité, ne savait comment la faire cadrer avec mon désir de le convertir, il me fit même une observation à ce sujet* [...]. *Je lui répondis que*

[…] *j'étais convaincu qu'il serait un jour catholique quand bien même il faudrait un ange pour le convertir. Un instant après, nous passâmes devant la Scala Santa, je me découvris et je dis tout haut, en désignant mon compagnon :*
— Salut, Saint Escalier, voici un homme qui vous montera un jour à genoux. Ratisbonne se prit à rire aux éclats et à me faire là-dessus une foule de plaisanteries de mauvais goût. Je le quittai en lui donnant rendez-vous pour le lendemain (jeudi 20) *à une heure et je retournai auprès de la famille la Ferronnays.* » T. de Bussières, *Relation,* 30 janvier 1842, n° 12, p. 11-12.

Après « *le Capitole et le Forum* […] *l'église Saint Etienne le Rond,* […et] *Saint Jean de Latran* […], *nous nous acheminions vers la villa Wolkonski. Ratisbonne s'étonnait de ma tranquillité* […]. *Je lui répondis que* […] *j'étais convaincu* […] *qu'il serait un jour catholique* […].
Nous passions dans ce moment devant la Scala Santa [voir note précédente : « Salut saint escalier »…].
Nous nous séparâmes « T. de Bussières, *L'Enfant de Marie,* 17 février 1842, n° 26, p. 25.

« *Quand plus tard* [après la Scala Santa], *nous traversâmes la délicieuse villa Wolkonski, dont les jardins éternellement fleuris sont entrecoupés par les aqueducs de Néron, j'élevai la voix à mon tour, et je m'écriai, en parodiant la première exclamation :*
— Salut, vraies merveilles de Dieu ! C'est devant vous qu'il faut se prosterner et non pas devant un escalier ! » Alphonse à Desgenettes, 12 avril 1842, n° 59, p. 79, qui semblerait situer à tort cette promenade le 17, puisqu'il ajoute aussitôt : « *Ces promenades en voiture se renouvelèrent les 2 jours suivants et durant 1 ou 2 heures* ».
A moins qu'il ne compte la promenade du 20, Alphonse se trompe d'un jour car la visite des jardins Wolkonski date du 18 janvier et non du 17.

Synthèse

Au n° 26 Théodore situe la Scala Santa, à tort, après la villa Wolkonski, sans mentionner sa réplique.
C'est bien le 19 janvier (n° 7, 12, 26), et non le 17, comme Alphonse semble le dire par confusion (n° 59, p. 80), que la promenade passe par la villa Wolkonski. Mais dans son premier texte, plus proche des faits : 22 janvier (n° 7), Alphonse date bien la promenade.
Alphonse est seul à rapporter sa réplique ironique devant la « *délicieuse villa Wolkonski, et les splendeurs de ses jardins éternellement fleuris* […] *entrecoupés par les aqueducs de Néron* ».
— Salut, vraies merveilles de Dieu ! etc. (n° 59)

9. DIALOGUE SANS COMMUNICATION

Note 6 ; cf. notes 1, 2, 7, 8 (surtout 6-8)

10. LA MAIN DE CORAIL BRISÉE

« *A l'exclamation de Théodore : " Salut saint escalier "* […], *Alphonse rit* […]. *Cependant il était un peu préoccupé parce qu'il avait trouvée brisée, dans sa boîte à bijoux, le souvenir de sa fiancée, sans qu'il pût s'expliquer comment cet incident avait eu lieu.* » T. de Bussières à T. Ratisbonne, 22 janvier 1842, n° 5.

« *Je ne désire pas qu'on parle à Strasbourg de la circonstance du bijou brisé. Ce serait peut-être un motif pour Flore de résister. Il ne faut pas, dans une affaire aussi sérieuse, attacher tant d'importance à un évènement qui n'a peut-être rien de décisif.* » Alphonse à Théodore, 4 février 1842, n° 15.

« *Monsieur Ratisbonne avait trouvé, disait-on, quelques jours auparavant, une bague que lui avait donnée sa fiancée, brisée et gisant en deux morceaux au fond de sa boîte à bijoux.* » T. Walsh, *Le Comte de la Ferronnays,* 20 mars 1842, n° 50, p. 46.

« *Ce n'était point une bague, mais une petite main de corail taillé, très fragile.* » T. Walsh, *Le Comte de la Ferronnays,* éd. 1843, p. 44, en note.

Synthèse

Il y a peu de témoignages sur ce point, car Alphonse préférait le garder secret (n° 15). Il le confie à son frère Théodore, *précisément pour qu'on ne l'ébruite pas.* Mais T. de Bussières, qui avait reçu la confidence le 19, l'avait confié à Théodore Ratisbonne (n° 5). T. Walsh, qui le tenait de Théodore de Bussières, l'a ébruité en mars. Il a parlé d'abord de bague, mais il rectifie dans l'édition de 1843 : « *point une bague, mais une petite main en corail taillé, très fragile* ».

11. LE CHÂTIMENT APPARENT D'UNE PROSÉLYTE CATHOLIQUE

« *Je me souviens ici d'un fait qui me paraît propre à démontrer la haine de Ratisbonne à l'égard du christianisme : il y a quelques mois, à Strasbourg, une dame avait obtenu la conversion d'une juive. Une enfant de cette dame était venu à mourir peu après. Monsieur Ratisbonne, ainsi qu'il me l'a raconté depuis, disait que la mort de cette petite fille était un châtiment de Dieu à cause de la sus-dite conversion.* » T. de Bussières, in *Procès,* 26 février 1842, n° 36, p. 77.

12. RENDEZ-VOUS POUR LE LENDEMAIN 20 JANVIER, ET PRIÈRE PRÈS DU CERCUEIL

« *Le jeune israélite* [...] *porte la médaille ; Bussières, tout entier à de pieux devoirs, n'a plus le temps de s'occuper de lui ; il prie près du cercueil de son ami. La pensée du juif lui revient, et il demande avec insistance à Monsieur de la Ferronnays que, si la chose est possible, il veuille bien l'aider dans cette bonne œuvre.* [Le lendemain 20 janvier], *vers 2 heures* [en réalité 1 heure : chapitre suivant] *il sort pour terminer quelques arrangements* [pour la sépulture] *avec le curé de Saint André.* » Louis Esbelin à la Marquise de Mun, 21 janvier 1842, n° 4.

« *Je fus donc entièrement absorbé par* [la famille de la Ferronnays] *durant la journée et une partie des nuits suivantes* [18-20 janvier].
Toutefois, chaque jour je trouvais moyen de consacrer 1 ou 2 heures pour lui faire voir l'une ou l'autre des églises de Rome, ou pour essayer de porter sa pensée sur les vérités catholiques. J'avais peu de succès [... Le 19 après-midi], *je le quittai, lui donnant rendez-vous pour le jour suivant* (jeudi 20), *à 1 heure. Je retournai chez les la Ferronnays et, me mettant à genoux à côté du cercueil, je priai instamment ce bien-aimé défunt de m'aider à convertir mon jeune ami si déjà il était dans le séjour des bienheureux.* » T. de Bussières à T. Ratisbonne, 22 janvier 1842, n° 5.

Le 19 après-midi « *je le quittai en lui donnant rendez-vous pour le lendemain* (jeudi 20) *à 1 heure* [...]. *Je retournai auprès de la famille de la Ferronnays ; là, agenouillé à côté du cercueil, je priai instamment le bien-aimé défunt de m'aider à convertir mon jeune ami, etc.* » T. de Bussières, *Relation,* 30 janvier 1842, n° 12, p. 12, qui est ici une reprise littérale de la lettre de Théodore : c'est pourquoi nous l'avons abrégée.

« *Nous nous séparâmes sans que je puisse emporter la plus faible espérance d'avoir le moins du monde ébranlé ses convictions* [...] *J'allai prier près du bien-aimé défunt* [la Ferronnays] ; *agenouillé près de son cercueil je le conjurai de m'aider à convertir mon jeune ami* ». T. de Bussières, *L'Enfant de Marie,* 17 février 1842, n° 26, p. 25-26.

« *Je le quittai* [Alphonse] *en lui donnant rendez-vous pour le lendemain* [jeudi 20] *à 1 heure. Je retournai chez les la Ferronnays. Là, agenouillé près du cercueil, je priai instamment ce bien-aimé défunt de m'aider à convertir mon jeune ami.* » T. Walsh, *Le Comte de la Ferronnays,* 20 mars 1842, n° 50, p. 66-67.

Synthèse

Ces cinq textes permettent de suivre l'emploi du temps de Théodore de Bussières, de la mort de la Ferronnays au rendez-vous du 20 janvier, 1 heure. Ce qui « *absorbe* » maintenant Théodore, c'est le défunt dont on prépare l'enterrement, et sa famille (n° 5). Cependant, après avoir prié devant le cercueil, et consulté l'abbé Gerbet (chapitre 4, note 22), il trouve le moyen de consacrer chaque jour 1 ou 2 heures à Alphonse (n° 5), en tout début d'après-midi. Le 19, il le quitte (n° 5, 12, 26, 50) à 1 heure (n° 5), en lui donnant rendez-vous pour le lendemain, 20 janvier,1 heure (n° 5, 12, 50 ; et non 2 heures : n° 4). Puis il retourne chez les la Ferronnays, s'agenouille devant le cercueil, et prie le défunt d'aider son projet sur Alphonse (n° 4, 5, 12, 26, 50).

6

CROIX DANS LA NUIT ET ENCEINTE FUNÉRAIRE (19-20 janvier)

1. ALPHONSE AU BAL DES TORLONIA

« *Après le départ de Mr Humann, survint* [au Café Gréco, le 20 janvier matin], *le Baron de Lotzbeck, protestant lui aussi et son condisciple au collège de Strasbourg, auquel il parla du* bal *qui avait eu lieu chez le Duc Torlonia* ». T. de Bussières, in *Procès,* 17 février 1842, n° 25, p. 70.

Avec « *le Baron Alfred de Lotzbeck, protestant, mon ancien compagnon de Lycée à Strasbourg, nous parlâmes du bal de Mr le Duc Torlonia, donné le soir précédent, et de diverses petites choses de notre temps de Lycée* ». Alphonse, in *Procès,* 18 février 1842, n° 29, p. 86.

Au matin du 20 janvier, avec Gustave de Bussières « *nous parlâmes* [...] *de la soirée brillante qu'avait donnée la veille, le duc de Torlonia* ». Alphonse à Desgenettes, 12 avril 1842, n° 59, p. 82.

Synthèse

La « *soirée brillante* » (n° 59) à laquelle Alphonse semble avoir été invité, avec la plus haute société romaine « *chez le Duc de Torlonia* » : un bal (n° 25, 29), a défrayé les conversations mondaines d'Alphonse dans la matinée du lendemain 20 janvier avec Gustave de Bussières (n° 59), avec le Baron Humann (n° 25) et avec le Baron Alfred de Lotzbeck (n° 25, 29).

2. THÉODORE EN PRIÈRE PRÈS DU CERCUEIL

Voir chapitre précédent, note 12.

3. LA NUIT D'ALPHONSE (19-20 JANVIER)

« *Il nous a avoué, au père de Villefort et à moi, que déjà dans la nuit précédente, il n'avait pu dormir, et qu'il avait vu constamment devant lui* une grande croix *d'une forme particulière,* sans Crucifix, *qu'il avait fait d'incroyables efforts pour chasser cette image sans jamais pouvoir y parvenir. Quelques heures après, voyant par hasard et pour la première fois, le revers de la médaille miraculeuse, il a reconnu sa Croix* ». T. de Bussières à T. Ratisbonne, 22 janvier 1842, n° 5.

Le 20 janvier, lors de sa 3e visite de ce jour au Père de Villefort, à l'heure de l'Ave Maria, « *Alphonse nous avoua alors que, déjà, dans la nuit précédente, il n'avait pu dormir, et qu'il avait vu constamment devant lui une* grande Croix sans Crucifix *et d'une forme particulière :*

— J'ai fait, dit-il, d'incroyables efforts pour chasser cette image, sans pouvoir y parvenir.
Quelques heures après, voyant par hasard, pour la première fois, le revers de la médaille miraculeuse, il y a reconnu sa croix ». T. de Bussières, *Relation,* 30 janvier 1842, n° 12, p. 16.

Au terme du récit de la rencontre d'Alphonse avec le Père de Villefort (la première qui suit l'apparition), Théodore de Bussières déclare (sans préciser qu'il s'agit de la rencontre suivante) : Alphonse « *ajouta que, toute la nuit précédente, il n'avait pu dormir, voyant toujours un* chemin *au bout duquel se dressait une* grande Croix, *d'une forme particulière et* sans Crucifix. *Il faisait en vain de violents efforts pour dissiper cette représentation* » T. de Bussières, in *Procès,* 17 février 1842, n° 25, p. 72.

Lors de la 3e rencontre du 20 janvier avec le Père de Villefort, au moment où celui-ci l'invite à ne pas veiller au-delà de 10 heures, « *Ratisbonne nous avoua* alors *que la nuit précédente, il n'avait pu dormir, qu'il avait eu contamment devant lui une* grande Croix, *d'une forme particulière et* sans Christ.
— J'ai fait, dit-il, d'incroyables efforts pour chasser cette image sans jamais pouvoir y parvenir.
Quelques heures après, voyant par hasard le revers de la Médaille miraculeuse, il a reconnu sa Croix ! » T. de Bussières, *L'enfant de Marie,* 17 février 1842, n° 26, p. 34-35.

« *Durant une grande partie de la nuit précédente* [...], *je voyais toujours devant moi un* chemin *avec* une grande Croix noire sans le Christ *et quoi que je fasse pour en effacer l'image, je ne pouvais. Je m'endormis finalement. M'étant réveillé je ne fis aucun cas de l'incident, le tenant pour un songe; et pourtant je n'étais point endormi quand cette image se présentait à moi* ». Alphonse, in *Procès,* 18 février 1842, n° 29.

« *Rentré chez moi* [...le 20 janvier au soir], *je me rappelai la Croix de la nuit précédente, en cherchant la cause de cette imagination qui ne me semblait plus, comme le matin, avoir été une vaine apparence. Je tirai ma médaille pour la baiser, et je reconnus, au verso, une Croix de même forme, mais non de même grandeur que celle qui m'était apparue, car elle était beaucoup plus grande que sur la médaille* ». Alphonse, in *Procès,* 19 février 1842, n° 30, p. 89.

Lors de ma première rencontre du 20 janvier avec Alphonse, raconte le Père de Villefort, « *il me dit qu'il se trouvait fort agité et n'avait pu dormir de toute la nuit, mais sans m'en dire la cause* [...]. *Il me parla encore de son agitation* ». P. de Villefort, 24 février 1842, n° 34, p. 98 : cité plus amplement ci-dessous note 6.
« *Il m'expliqua alors* [3e rencontre du 20 janvier, au Gesù, peu avant l'heure de l'Ave Maria] *comment, la nuit précédente, il n'avait pu dormir, voyant continuellement devant ses yeux, de quelque côté qu'il se tournât, une Croix noire* » ib., p. 99.

« *Alphonse nous a avoué, au Père de Villefort et à moi* [Théodore de Bussières] *que, la nuit qui avait précédé le miracle, il n'avait pu dormir, et avait constamment devant lui une* grande Croix sans Crucifix *et d'une forme particulière, qu'il avait fait d'incroyables efforts pour chasser cette image, sans jamais y parvenir* ». T. Walsh, *La Ferronnays,* 20 mars 1842, n° 50, p. 73.

« *Il raconte que, la nuit qui avait précédé sa conversion, il avait eu sans cesse devant les yeux une grande* Croix sans Christ*; que cette vue le fatiguait, sans qu'il y attachât de l'importance :*
— J'ai fait, dit-il d'incroyables efforts pour chasser cette image sans en pouvoir venir à bout.
Ce ne fut que plus tard [le 20 janvier au soir] *qu'ayant vu par hasard le revers de la Médaille miraculeuse, il reconnut exactement le signe qui l'avait frappé* ». [J. M. Aladel], *Récit* 1842, n° 52, p. 423.

« *Au milieu de la nuit du 19 au 20,* je me réveillai *en sursaut. Je voyais, fixe devant moi, une* grande Croix *d'une forme particulière et* sans Christ. *Je fis des efforts pour chasser cette image, mais je ne pouvais l'éviter, et je la retrouvais toujours devant moi,*

de quelque côté que je me tournasse. Je ne pourrais dire combien de temps dura cette lutte.
Je me rendormis, et le lendemain, à mon réveil, je n'y pensais plus ». Alphonse à Desgenettes, 12 avril 1842, n° 59, p. 80.

« *N'oubliez pas une circonstance du miracle de Saint André.* [...] *On ne se rappelle en général que la manifestation si touchante de la tendresse de Marie ; mais souvenez-vous* [...] *qu'avant cette manifestation, il y en eut une autre* [...]. *Cette autre manifestation, c'est l'apparition d'une grande Croix sans Christ, qui avançait et grandissait,* qui grandissait en avançant, *et qu'on ne pouvait éviter de quelque côté qu'on se retournât* ». Alphonse aux Sœurs de Sion de Jérusalem, 20 janvier 1863, n° 10.

« *L'amour de la Vierge de Sion est inséparable de l'amour de la Croix. Le 20 janvier, Marie s'est fait précéder de la Croix* ». Alphonse aux Enfants de Marie de Sainte Mathilde, à Grand Bourg, le 20 janvier 1864, n° 19.

« *Ce qui s'est passé à Rome en 1842 doit se reproduire tout le reste de ma vie : la Croix, de quelque côté que je me tourne et me retourne, la Croix, toujours plus grande et plus formidable — mais ensuite Marie, toujours Marie, avec sa tendresse maternelle : Marie avec toutes les bénédictions et les consolations du ciel* ». Alphonse aux sœurs de Sion de Jérusalem, 20 janvier 1869, n° 32.

« *N'oublions pas que l'abondance des bénédictions déversées par les mains de Marie a été précédée par la manifestation de la Croix : d'une Croix qu'on ne saurait éviter — et qu'il faut savoir envisager d'accepter sans frayeur. Marie est là* ». 20 janvier 1869, n° 34.

Le père Marie « *nous parle de cette Croix noire qui le poursuivait dans son sommeil, la nuit du 19 au 20 janvier. Il avait beau se retourner pour éviter sa vue, elle se plaçait du côté où il était tourné, et* d'abord toute petite, elle s'allongeait jusqu'à d'immenses proportions ». Journal de l'Ecce Homo, 30 janvier 1877, n° 17 ; repris dans le *Journal de la Maison de Saint Jean,* même jour, n° 19.

« *Notre cher Père* [Marie] *se rappelait cette* Croix noire *qu'il avait vue la veille de sa conversion. Il avait beau se tourner d'un autre côté, la Croix se représentait devant lui. Toute petite d'abord, elle s'allongeait, s'allongeait jusqu'à ce qu'elle atteigne des proportions immenses. C'est en souvenir de cette grande Croix, toute la nuit qui précéda le 20 janvier 1842, qu'une Croix toute semblable a été placée à l'entrée du sanctuaire de* l'Ecce Homo, *en face de la porte du public* ». Circulaire de la maison de Jérusalem, mars 1877, n° 112.

« *dans l'après-midi* [du 6 mai, jour de sa mort] *il disait :*
— *Le 20 janvier, il y avait d'abord la Croix, puis Marie. Maintenant, il y a la Croix et Marie.*
Et ensuite il fit un signe pour montrer le ciel. » Sœur Thérésine, n° 246.

« *Oui, le 20 janvier, Marie et la Croix, et maintenant la Croix avec Marie, mais bientôt plus de Croix, et toujours* Marie ». Oraison funèbre d'Alphonse Ratisbonne par le Père Matthieu Lecomte, O.P., *Annales de Terre Sainte,* juin 1884, n° 29, p. 95 ; n° 286 de notre dossier.

Synthèse

La croix nocturne

Au milieu (n° 59) de la nuit du 19 au 20 janvier (n° 5, 12, 25, 26, 29, 34, 50, 52, 59) Alphonse qui n'a pu dormir (n° 5, 12, 25, 26, 34, 50) ou mieux « *se réveille en sursaut* », comme il précise dans son récit autographe, (n° 59), voit constamment (n° 5, 12, 26, 34, 50), « fixe » devant lui (n° 59), un chemin au bout duquel se dressait (n° 25, 29) une croix (n° 5, 12, 25, 26, 29, 34, etc.) grande (n° 5, 12, 25, 26, 29, 50, 52, 59), noire (n° 29, 34, 59), d'une forme particulière (qu'il ne précise pas, n° 5, 12, 25, 26, 50), sans Christ, (n° 26, 29, 50, 52, 59 ; sans cruficix : n° 5, 12, 25). Elle grandissait en avançant (1863, n° 10). Cette vue le fatiguait, sans qu'il y attachât d'importance

(n° 52). Il fait pourtant d'incroyables efforts (n° 5, 12, 25 ; de « *violents efforts* », n° 25, 26, 50, 52, 59) pour chasser cette image (n° 5, 26, 29, 50, 52, 59, pour « *l'effacer* », n° 29), sans y parvenir (n° 5, 12, 26, 50, 52). « *Je ne pouvais l'éviter* » (n° 59). De quelque côté que je me retourne (n° 34, 59 ; 1863, n° 10 ; 1877, n° 17, 19, 112), « *je la retrouvais toujours devant moi* » (n° 59). « *Elle me poursuivait* » (1877, n° 17, 19). Il ne sait combien de temps dura cette lutte.
« *Je m'endormis finalement* » (n° 29), ou plus précisément selon l'autographe qui a parlé du réveil : « *je me rendormis* » (n° 59).
Au matin du 20, « *je me réveillai, sans en faire aucun cas* » (n° 29). « *Je n'y pensais plus* », dit-il plus radicalement dans son autographe (n° 59). C'est un songe, conclut-il (n° 29), et pourtant il est assuré qu'il ne dormait point (n° 29). C'est lors de la 3e visite du 20 janvier au P. de Villefort, vers 18 heures (n° 5, 12), et non lors de la précédente : celle de 13 h 30 (comme suggère le n° 25), ni « *bien sûr* » à la première visite du 20 janvier : (celle de 11 heures du matin, où il confia son insomnie, « *mais sans en dire la cause* » : n° 34), Il l'avait confiée, en premier au P. Roothaan, lors de sa visite de 14 heures, le 20 janvier (ci-dessous chapitre 7, note 14).
C'est « *quelques heures après* » la dernière visite au P. de Villefort « *le 20 vers 18 heures* : (n° 26) en rentrant chez lui, (n° 30),qu'il reconnaît la croix sur le revers de sa médaille (n° 5, 12, 26, 52) : « *même forme* », mais « *beaucoup plus grande* » dans la vision (n° 30). Cette vision de la Croix a profondément marqué toute sa vie, jusqu'au seuil de sa mort, où il en exprime le sens : « D'abord la Croix, puis Marie » Lettre du 11 mai 1884, n° 246 ; cf. 1863, n° 10 ; 1869, n° 32 ; 1877, n° 17, 19, 112.

L'interprétation

Marie s'est fait précéder de la croix, dont elle est inséparable, interprètera-t-il en 1864 (n° 19). Il y verra une prémonition de son avenir, car durant tout le reste de sa vie, la croix se présentera, « *toujours plus grande et plus formidable, mais ensuite Marie, toujours Marie* » (1869, n° 32 et 34 ; 1884, n° 29). En souvenir de cette croix, il en dressera une toute semblable à l'*Ecce Homo* de Jérusalem (1877, n° 112).

4. ALPHONSE ÉCRIT À SA FAMILLE (20 JANVIER MATIN)

« *Je crois que ce fut le 20 que je commençai à écrire à Hélène et que je portai la lettre à la poste* ». Alphonse à Louis Ratisbonne, 22 janvier 1842, n° 7.

« *J'ai écrit une lettre à la sœur de ma fiancée, puis je me rendis chez Gustave* ». Alphonse, in *Procès,* 18 février 1842, n° 29, p. 86.

« *J'avais à écrire plusieurs lettres et je me rappelle que l'une d'elles adressée à la jeune sœur de ma fiancée se terminait par ces mots :*
— *Que Dieu vous garde !*
Depuis, j'ai reçu une lettre de ma fiancée sous la même date du 20 janvier et par une singulière coïncidence, cette lettre finissait par les mêmes mots Que Dieu vous garde ! *Ce jour était en effet sous la garde de Dieu* ». [...] *Le jeudi 20 janvier, après avoir déjeuné* [breakfast] *à l'hôtel et porté moi-même mes lettres à la poste, j'allai chez* [...] *Gustave.* » Alphonse à Desgenettes, 12 avril 1842, n° 59, p. 81.

Synthèse

Au matin du 20 janvier, Alphonse écrit plusieurs lettres (n° 59), dont une à Hélène (n° 7), la sœur cadette de sa fiancée (n° 29, 59). Il la porte lui-même à la poste, croit-il se rappeler (n° 7, 59). Elle se terminait par ces mots : « *Dieu vous garde !* ». (n° 59, p. 81)
Et la lettre que sa fiancée lui écrivait ce même 20 janvier (et qu'il recevra plus tard) finissait par ces mêmes mots : « *Que Dieu vous garde* ». (n° 59).

5. RENCONTRE D'ALPHONSE AVEC GUSTAVE DE BUSSIERES (20 JANVIER MATIN)

Après avoir porté « *la lettre à la poste* [...], *j'allai chez Gustave* [de Bussières] *que je trouvai seul avec sa femme. Nous avons causé et plaisanté sur la cérémonie de Saint Pierre. Il me dit :*
— Alphonse, je t'engage à aller voir aujourd'hui une curieuse cérémonie : la bénédiction des animaux.
— Ah ! répondis-je, certainement et je demanderai à faire partie de ceux qui sont bénis ». Alphonse à Louis Ratisbonne, 22 janvier 1842, n° 7.

« *Monsieur Ratisbonne, avant de venir chez moi le matin, s'était rendu chez mon frère Gustave, de religion protestante. Celui-ci lui annonça qu'il y aurait à voir une cérémonie curieuse dans laquelle on bénissait des animaux.*
— C'est très bien, répondit Ratisbonne sur un ton moqueur, j'irai, moi aussi me faire bénir ». T. de Bussières, in *Procès,* 17 février 1842, n° 25 p. 69.

« *Après avoir écrit à la sœur de ma fiancée* [...], *je me rendis chez Monsieur Gustave de Bussières, revenu de la chasse où il avait passé une semaine. Il fut surpris de me voir, me croyant déjà parti. Nous parlâmes avec dérision de la cérémonie que j'avais vue à Saint Pierre. Il me dit que, l'après midi, devait avoir lieu une autre cérémonie curieuse : la bénédiction des animaux. Je lui répondis que, puisqu'on bénissait les animaux, j'irais moi aussi me faire bénir ; et nous prîmes rendez-vous pour le lendemain* ». Alphonse, in *Procès,* 18 février 1842, n° 29, p. 86.

« *Le matin du 20 à* 11 heures, *nous parlâmes de choses indifférentes, je l'informai qu'en ce jour devait avoir lieu, près de Sainte Marie Majeure, une curieuse cérémonie, dans laquelle on bénissait les animaux. Il me répondit en plaisantant qu'il irait s'y faire bénir. Je reconnus en lui une certaine agitation dont j'ignorais la cause. Je le priai de rester près de moi, mais il n'y resta que 10 minutes environ* ». G. de Bussières, in *Procès,* 22 février 1842, n° 33.

Alphonse « *causa avec son ami de la solennité papale pour laquelle il avait prolongé son séjour à Rome, il s'en montra peu satisfait, encore moins touché, faisant maintes plaisanteries sur les choses et les personnes* ». T. Walsh, *Le Comte de la Ferronnays,* 20 mars 1842, n° 50, p. 80-81.

« *Le jeudi 20 janvier, après avoir déjeûné à l'hôtel et porté moi-même mes lettres à la poste, j'allai chez mon ami Gustave, le piétiste, qui était revenu de la chasse : excursion qui l'avait éloigné depuis quelques jours. Il était fort étonné de me retrouver à Rome. Je lui expliquai le motif : c'était l'envie de voir le Pape.*
— Mais je partirai sans le voir, lui dis-je, car il n'a pas assisté aux cérémonies de la chaire de Saint Pierre où l'on m'avait fait espérer qu'il se trouverait. Gustave me consola ironiquement en me parlant d'une autre cérémonie, tout à fait curieuse, qui devait avoir lieu, je crois, à Sainte Marie Majeure. Il s'agissait de la bénédiction des animaux. Et sur cela, assaut de calembours et de quolibets, tels que l'on peut se les figurer entre un juif et un protestant. Nous nous séparâmes vers 11 heures, après nous être donné rendez-vous au lendemain, car nous devions aller examiner un tableau qu'avait fait faire notre compatriote le Baron de Lotzbeck ». Alphonse à Desgenettes, 12 avril 1842, n° 59, p. 81-82.

« *Ce fut dans les thermes de Caracalla qu'il prit congé de Monsieur Gustave de Bussières, le frère de son nouvel ami. Il avait donné à celui-ci rendez-vous pour le lendemain jeudi à midi, afin de lui faire également ses adieux* ». Guido Goerres, *Conversion et baptême de Monsieur Alphonse Ratisbonne à Rome,* 1843, n° 28.

Synthèse

Le matin (n° 25, 33) du 20 janvier (n° 33), après avoir écrit ses lettres et pris son breakfast (« *déjeûner* » selon la terminologie d'alors, très juste, car c'est ce premier repas qui fait cesser le long jeûne de la nuit, les 2 principaux repas étant, après cela, dîner et souper : n° 59), Alphonse poste lui-même ses lettres à sa famille (n° 7, 59 et note précédente), un peu avant 11 heures (n° 33 ; cf.59). Puis il va chez Gustave de

Bussières (n° 7, 25, 29, 59), retour de la chasse (n° 59), qui s'étonne de le trouver là (n° 29,59). Alphonse explique : Il est resté pour voir le Pape, à la cérémonie du 18 janvier : mais le Pontife n'est pas venu (n° 59).
Gustave enchaîne en l'engageant à voir « *une curieuse cérémonie dans laquelle on bénissait des animaux* » (n° 7, 25, 29, 33, 59), peut-être « *à Sainte Marie Majeure* » (n° 59), ce qui déchaîne leur verve en « *assaut de calembours et de quolibets* » (n° 50, 59), diversement notés :
— Je demanderai à faire partie de ceux qui sont bénis, ironise Alphonse (n° 7).
— J'irai moi aussi me faire bénir (n° 25, 29, 33).
Gustave observe chez Alphonse une certaine agitation (n° 33). La rencontre est brève : 10 minutes (n° 33). Les deux amis se séparent « *vers 11 heures* » (n° 59), en se donnant rendez-vous pour le lendemain (n° 29, 59), sans se douter qu'ils vont se revoir le soir même (chapitre 7, note 23).

6. VISITE AU PÈRE DE VILLEFORT ET HORAIRE DE LA MATINÉE

« *Le jeudi suivant* [20 janvier], *une heure avant midi, il retourna chez moi et je le conduisis dans les petites chambres* (cappellette) *de Saint Ignace. Après quelques échanges faits avec lui* (dopo alcuni discorsi fatti con lui), *il me dit qu'il se trouvait très agité et qu'il n'avait pu dormir de toute la nuit* (in tuta la notte), *mais sans m'en dire la cause* (ma non me ne addusse la ragione) *et il ajouta que s'il pouvait être convaincu que l'état actuel de sa nation n'est pas une épreuve à laquelle Dieu veut le soumettre* (metterno) *pour connaître ceux qui lui sont fidèles, il se ferait catholique mais que cela, il en doutait beaucoup* (lo teneva molto in dubbio) *et qu'il lui semblerait manquer de courage s'il ne supportait pas cette épreuve. Et ici jaillit cette exclamation* (qui proruppe in questa esclamazione) *en appuyant la tête au mur :*
— *Je me sens très agité.*
En le voyant dans cette agitation je lui proposai de prier et je me mis à genoux pour prier devant l'autel de saint Ignace, mais il tourna les épaules vers le mur en appuyant encore sa tête sur sa main, en un acte qui semblait montrer répugnance. Après que je me fus relevé, il me parla encore de son agitation.
[Ici, Villefort ajoute par confusion une visite que dément le P. Rozaven : ci-dessus chapitre 3, note 8 et qui se situe un autre jour] : « *et je le conduisis chez le P. Rozaven d'où il sortit à midi. A la fin de notre récréation religieuse c'est-à-dire 1 heure et demie après midi, je fus appelé à la porterie...* » Suite chapitre 7, note 13. P. de Villefort, in *Procès,* 24 février 1842, n° 34, p. 98.

Note critique

Le P. de Villefort est le seul à parler de la visite du « *jeudi* » 20 janvier, « *une heure* avant *midi* » au terme de laquelle il aurait conduit Alphonse chez le P. Rozaven. Cette donnée, malheureusement isolée implique 3 difficultés :

1. Un seul témoignage

On s'étonne qu'Alphonse ne souffle mot de sa visite au Gesù, mais dise : « *En sortant de chez Gustave, j'entre dans un café* » (n° 7). Et même : « *Nous nous séparâmes, Gustave et moi, vers onze heures. Après nous être donné rendez-vous au lendemain, je me rendis dans un café, sur la Place d'Espagne.* » (n° 29, 59). Mais il arrive souvent à Alphonse de faire l'impasse sur des choses importantes. Il enchaîne les contrastes significatifs : ici les conversations mondaines et superficielles, avec l'apparition qui va suivre impromptu.

2. La visite prévue au P. Rozaven

Le P. de Villefort croit avoir conduit Alphonse chez le P. Rozaven, d'où il serait sorti jusqu'à midi. Ici, il fait évidemment confusion. Si Alphonse s'était rendu longuement chez le P. Rozaven ce jour-là, il n'aurait pas eu le temps d'aller au café Greco : près d'un kilomètre, d'avoir l'apparition et de revenir au Gesù pour 1 heure et demie. Mais c'est bien le 20 janvier au matin, après la nuit d'insomnie où Alphonse vit la croix et peu de temps avant l'apparition suivie du retour au Gesù qu'Alphonse visita Villefort. Bref la visite au P. de Villefort est inéluctable. Celle qui aurait suivi au P. Rozaven est impossible et ne peut s'expliquer que par une confusion (ci-dessus chapitre 3, note 8).

3. L'horaire de la matinée

Cette visite au Gesù, une heure avant midi, donc à 11 heures, selon l'horaire précisé par le P. de Villefort, nous paraissait laisser peu de temps pour le reste de la matinée, où il faut caser :

- le trajet du Gesù au café Greco, environ un kilomètre : 10 minutes.
- la lecture des journaux et les 2 conversations avec Humann et Lotzbeck
- la rencontre avec Théodore de Bussières pour la promenade du jour.

Mais, tout bien examiné, cette difficulté s'évanouit.
Alphonse a quitté Gustave vers 11 heures (sans doute un peu avant, n° 59).
Il a vu le P. de Villefort de 11 heures à 11 heures 30 ou un peu plus.
Il situe lui-même son entrée au café, tantôt à midi et demie (n° 7 et 12), tantôt à midi (n° 22, 26, 50, cités note suivante). Même la première hypothèse (courte) lui donnerait le temps d'y feuilleter les journaux (5 à 10 minutes), de parler avec Monsieur Humann et avec le Baron de Lotzbeck (5 à 10 minutes chacun). Cela lui permet fort bien de rencontrer Théodore de Bussières vers une heure ou plutôt avant, puisque le P. Mantineo (cité note 10) situe l'arrivée à 12 heures 45 (le sacristain Bertucci, « *vers 1 heure* »).
Alphonse avait rendez-vous chez Bussières à 13 heures, et il partit quelques minutes avant. De son côté, Bussières, mesurant le retard qu'allait causer la visite à Sant'Andrea pour les funérailles du Comte de la Ferronnays, a préféré prendre les devants, puisqu' Alphonse venait de son hôtel par la Via dei Condotti et les rues situées dans son prolongement sans variante possible. Or ils ont eu la chance de se rencontrer précisément devant le café, au moment où Alphonse sortait (ci-dessous note 8).

- Le trajet du café Greco à Sant'Andrea : 300 mètres, demandait à peine 2 minutes en voiture à cheval.

Conclusion

En définitive, l'objection que nous nous étions faite est mineure. Elle laisse place à un enchainement relativement rapide, mais nullement précipité, qui conduit Théodore et Alphonse à Sant'Andrea quelques minutes avant 13 heures (12 heures 45 selon Bertucci).
Par ailleurs, le Père de Villefort n'a pu inventer cette visite de 11 heures. Ses souvenirs sont précis et méthodiques, et la conversation même nous situe sans ambiguïté *juste après la nuit du 19 au 20,* où l'insomnie d'Alphonse le laisse fatigué, agité. Gustave et le P. de Villefort notent cet état d'Alphonse qu'ils expriment par le même mot,

- en forme substantive pour Gustave : *agitation* : (n° 33).
- en forme verbale pour Villefort *agité*: (n° 34, cité dans le texte).

Cela exclut que la visite à Villefort ait eu lieu la veille, 19. Et c'est évidemment avant l'apparition de 13 heures qui donne lieu à un tout autre dialogue (chapitre 7, note 13).
Sur les visites au Père Rozaven, voir ci-dessus chapitre 3, note 8.

7. AU CAFÉ GRÉCO

« *En sortant de chez Gustave, j'entre dans un café et je crie au garçon de me donner ce qu'il voudra, parce que je ne viens que pour lire les journaux. Il était* midi et demi. *Par le plus grand des hasards, Edmond Humann se trouvait là et se mit à causer avec moi. Nous parlâmes de politique, de statistiques, de Strasbourg, et nous nous sommes moqué de la pension. Peu de Paris. C'était mon second entretien avec lui, et il peut témoigner dans quelles dispositions tranquilles, paisibles, naturelles je me trouvais* ».
Alphonse à Louis Ratisbonne, 22 janvier 1842, n° 7.

« *Le jeudi* [20 janvier], *Alphonse entra, à* midi et demie, *dans le café de la Place d'Espagne, afin d'y lire les journaux et il y vit mon beau-frère, Edmond Humann, qu'il connaissait, et avec lequel il causa des cancans de Paris, du recensement, de son père, le Ministre des Finances, de politique* [... p. 12].
Mon beau-frère, Edmond Humann dit [...] *à Elie de Gontaut :*
— Je rencontrai Ratisbonne jeudi à midi et demie, *au café de la Place d'Espagne. Certes, il ne paraissait pas en humeur religieuse, ni surtout dans la disposition de se faire catholique !* » T. de Bussières, *Relation,* 30 janvier 1842, n° 12, p. 12 et 20.

« *Monsieur de Bussières le rencontre le jeudi 17* [sic pour 20] *janvier, au moment où il se rendait à l'église des Frères Minimes pour ordonner le convoi de Monsieur de la Ferronnays. Monsieur Alphonse Ratisbonne le suivit* [en fait, monta dans sa voiture] *en causant* ». *L'Ami de la religion,* 12 février 1842, n° 20.

« *A* midi *j'étais au café, à lire, à causer avec Monsieur Edmond Humann, puis avec le Baron de Lotzbeck (protestant)* ». Alphonse à Louis Ratisbonne, 15 février 1842, n° 22.

« *De là* [de chez Gustave], *il se rendit au café du* Buon Gusto, *Place d'Espagne (in Piazza Spagna), pour lire les journaux, et là il eut un entretien avec Monsieur Humann, où il ne s'agissait que de divertissements et de politique. Une fois parti Monsieur Humann, survint Monsieur le Baron de Lotzbeck, protestant, lui aussi* [comme Gustave, mais point comme Humann qui était catholique, et que le *Procès* écrit *Humman*] »
Il était son ancien condisciple au collège de Strasbourg. Il parla avec lui du bal tenu dans la maison de Monsieur le duc de Torlonia et d'un cadre mythologique commandé par le dit Monsieur Lotzbeck. Tout cela je l'ai su, après coup de Monsieur Ratisbonne, de Monsieur le Vicomte de Goutant (sic, pour Gontaut) et de quelques autres personnes ». T. de Bussières, in *Procès,* 17 février 1842, n° 25, p. 70.

« *Il entre vers* midi *au café de la place d'Espagne, pour y lire des journaux. Mon beau-frère Edmond Humann s'entretient avec lui des nouvelles du jour, avec un abandon et une légèreté qui excluent l'idée de toute préoccupation grave* ». T. de Bussières, *L'Enfant de Marie,* 17 février 1842, n° 26, p. 26-27.

« *J'allais ensuite au café du* Buon Gusto, *en Place d'Espagne, pour lire les journaux. Je les lus. Survint ensuite Monsieur Edmond Humann et nous nous entretînmes sur les événements politiques de Paris et sur diverses bagatelles. Monsieur Humann s'en alla et je continuais à lire les Gazettes quand entra Monsieur le Baron Alfred Lotzbeck, protestant, mon ancien ami du Lycée de Strasbourg. Nous parlâmes du bal de Monsieur le Duc Torlonia, qui avait eu lieu la veille au soir, et de diverses petites choses du temps où nous étions au lycée ensemble. Je sortis alors du café pour aller chez Monsieur Théodore de Bussières* ». Alphonse, in *Procès,* 18 février 1842, n° 29, p. 86.

« *Le jour même du miracle, il entra* vers midi *au café de la Place d'Espagne, où il rencontra son ancien camarade, Monsieur Edmond Humann, qui peut attester, dit-il, que j'étais dans une disposition d'esprit parfaitement calme, enjoué, et plaisantant comme à mon ordinaire* ».
Laissons parler Monsieur Edmond Humann :
— « *Je trouvai par hasard Ratisbonne le jeudi 20 vers* midi et demi, *au café, et il ne me parut certes pas en disposition religieuse ni en humeur de se faire catholique. Je le connais depuis longtemps. Il était d'un caractère froid, nullement enthousiaste, et pour quiconque l'a fréquenté un peu, il est impossible d'attribuer sa conversion à des considérations humaines* ». T. Walsh, *Le Comte de la Ferronnays,* 20 mars 1842, n° 50, p. 81-82.

[J. M. Aladel], *Récit,* mars 1842, n° 52, p. 407, n'est qu'un pâle écho des textes précédents.

Après la rencontre avec Gustave, « *je me rendis dans un café, sur la place d'Espagne, pour y parcourir les journaux, et* je m'y trouvais à peine, *quand Monsieur Edmond Humann, le fils du ministre des finances, vint se placer à côté de moi, et nous causâmes*

très joyeusement sur Paris, les arts et la politique. Bientôt, *un autre m'aborde, c'était un protestant, Monsieur Alfred de Lotzbeck, avec lequel j'eus une conversation plus futile encore. Nous parlâmes de chasse, de plaisir, des réjouissances du Carnaval, de la soirée brillante qu'avait donnée la veille le Duc de Torlonia. Les fêtes de mon mariage ne pouvaient être oubliées, j'y invitai Monsieur de Lotzbeck, qui me promit positivement d'y assister.*
Si en ce moment (car il était midi) un troisième interlocuteur [...] *m'avait dit :*
— *Alphonse, dans un quart d'heure tu adoreras Jésus Christ* [... cela m'eût semblé une] *folie* ». Alphonse à Desgenettes, 12 avril 1842, n° 59, p. 82.

« *Le jeudi à* midi *Ratisbonne entra au café du* Bon Goût, *sur la Place d'Espagne, pour y parcourir les journaux ; il s'y entretint avec son ami Monsieur Edmond Humann, fils du Ministre des Finances, qu'il y trouva par hasard. La conversation roula sur la politique du jour et le recensement. Ils plaisantèrent à propos de leurs souvenirs de jeunesse : il ne fut nullement question de religion dans leur entretien* ». Guido Goerres, *Conversion et baptême de Monsieur Ratisbonne,* 1843, n° 28, p. 190.

Synthèse

L'entrée et l'horaire

« *En sortant de chez Gustave* » (n° 7, 25), dit Alphonse, j'entre au café (n° 7, 12, 22, 26, 50, 59) du Buon Gusto (n° 25, 29 ; 1843, n° 28), Place d'Espagne (n° 12, 25, 26, 29, 50, 59 ; et 1843, n° 28 : cette mention approximative fait problème, car le café du Buon Gusto se situe, non sur la place, mais rue Condotti, à 50 mètres de cette place). Alphonse omet la visite à Villefort (note précédente) et semblerait situer vers 11 heures (n° 59) son entrée au café qu'il faut situer vers 11 heures 45 (note précédente).
— « *Je crie au garçon de me donner ce qu'il voudra* » comme consommation, « *parce que je ne viens que pour lire les journaux.* » Il était midi et demi selon les n° 7 et 12, mais midi selon les n° 22, 26, 50, et 1843, n° 28 : plus vraisemblable. Il faut situer avant 1 heure la lecture des journaux et les deux rencontres.

Conversation avec Edmond Humann

« *Je m'y trouvais à peine* » (il n'a donc guère lu les journaux), « *quand Monsieur Edmond Humann, fils du Ministre des Finances* » (n° 59 et 1843, n° 28) m'aborde (n° 7, 12, 22, 25, 26, 29, 50, 59 ; 1843, n° 28), « *et nous causâmes très joyeusement sur Paris, les arts et la politique* » (n° 25, 29, 59) ; ils parlent également statistiques (n° 7), et plus précisément recensement (1843, n° 28), arts (n° 59) ; ils évoquent le « *carnaval* » (n° 59), le « *bal des Torlonia* » (n° 25, 29, 59), la pension de Strasbourg où ils étaient condisciples, sur « *un ton de moquerie* », cancans de Paris (n° 12), mais peu (n° 7), divertissements (n° 25) et bagatelles (n° 29). Alphonse ne « *paraît pas en humeur religieuse* » (n° 12 ; cf. 26, 50).

Conversation avec A. Lotzbeck

A peine Alphonse se remettait-il à lire les journaux qu'entre le Baron Alfred Lotzbeck, protestant (n° 22), autre condisciple de Strasbourg (n° 25, 29), chez qui il comptait aller le lendemain avec Gustave voir un tableau que le dit Baron avait commandé. Tous deux parlent de ce tableau mythologique (n° 25), mais surtout chasse, plaisirs, carnaval, bal des Torlonia, une conversation « *plus futile encore* » (n° 59).
Ces conversations, plaisantes et détendues, se déroulent « *avec un abandon et une légèreté qui excluent l'idée de toute préoccupation grave* » (n° 26). « *J'étais dans une disposition d'esprit parfaitement calme, enjoué et moqueur comme à l'ordinaire* » (n° 50). Ils plaisantèrent sur leurs souvenirs de jeunesse, et il ne fut pas question de religion dans leur entretien, précise G. Goerres (1843, n° 28).
Alphonse annonce les « *fêtes de son mariage* » et y invite Lotzbeck, qui « *promit positivement d'y assister* » (n° 59). Là-dessus, Alphonse sort du café (n° 29), car 1 heure approche, et c'est l'heure du rendez-vous avec Théodore qui habite à une

dizaine de minutes. Il s'apprête à descendre la via dei Condotti (en tournant le dos à la place d'Espagne) pour aller place Nicosia, « *chez* [...] *Bussières* » (n° 29), à 650 mètres de là. Il est à cent lieues de s'attendre au changement qui va survenir si soudainement (n° 59).

8. RENCONTRE AVEC THÉODORE DE BUSSIÈRES

« *Vers* 2 heures, [T. de Bussières] *sort pour terminer quelques arrangements avec le curé de Saint André; il rencontre le jeune homme, cause un moment avec lui, le trouve plus mal disposé que jamais; arrivé à Saint André, l'engage à entrer avec lui* ». Louis Esbelin à la marquise de Mun, 21 janvier 1842, n° 4.

« *Le jeudi, votre frère n'étant pas encore chez moi à* 1 heure, *je sortis pour l'aller chercher. L'ayant rencontré dans la rue Condotti (il sortait du café), je le fis monter dans ma voiture, puis proposai une promenade, le priant seulement de venir avec moi à l'église Saint André delle Fratte où j'avais une commission à faire; il y consentit* [...]. *Nous entrâmes* ». T. de Bussières à T. Ratisbonne, 22 janvier 1842, n° 5.

« *Au sortir du café, je rencontrai Théodore de Bussières en voiture. Il me fait mille amabilités, fait arrêter son équipage, me dit qu'il allait précisément me chercher, et que, puisqu'il me rencontrait en chemin par un si beau temps, il me proposait de faire un promenade avec lui. A la vérité, cela me contrariait, j'acceptai cependant. Cette rencontre eut lieu près de la Place d'Espagne où je demeurais* ». Alphonse à Louis Ratisbonne, 22 janvier 1842, n° 7.

« *De mon côté, j'attendais Monsieur Ratisbonne,* il allait être 1 heure. *Je me décidai à le trouver chez lui* [...]. *Je sortis, et je rencontrai Alphonse dans la rue des Condotti. Je fis aussitôt arrêter ma voiture et il y monta.*
— Je vous cherchais, lui dis-je, pour vous proposer une promenade, mais nous voici près d'une église, où il me faut dire quelques mots [...].
Vous m'attendrez quelques minutes, ce ne sera pas long. Il consentit ». T. de Bussières, *Relation,* 30 janvier 1842, n° 12, p. 12.

Monsieur de Bussières rencontra Alphonse « *au moment où il se rendait à l'église des Frères Minimes pour ordonner le convoi de Monsieur de la Ferronnays. Monsieur Alphonse Ratisbonne le suivit, en causant. Arrivé à la porte de l'église, Monsieur de Bussières pria son interlocuteur de l'attendre quelques minutes* ». *L'ami de la religion,* 12 février 1842, n° 20.

« *Immédiatement après que Monsieur Ratisbonne sortit du café du* Buon Gusto, *eut lieu ma rencontre avec lui. Nous joignîmes l'église de Saint Andrea delle Fratte* ». T. de Bussières, in *Procès,* 17 février 1842, n° 25, p. 70.

« *Il est 1 heure. Je dois prendre quelques arrangements à l'église Saint André delle Fratte, pour la funèbre cérémonie du lendemain. Mais voici Ratisbonne qui descend la Via Condotti. Il viendra avec moi, m'attendra quelques minutes, et nous poursuivrons notre promenade. Nous entrons à l'église* ». T. de Bussières, *L'enfant de Marie,* 17 février 1842, n° 26, p. 27.

« *Je quittai alors le café pour me rendre chez Théodore de Bussières, que je rencontrai à l'entrée de la rue des Condotti. Il m'invita à monter dans la voiture* où se trouvait aussi sa femme. *J'y montai, et il me dit qu'avant de faire notre promenade, il devait s'arrêter quelques instants dans une église pour un enterrement. Au bout de quelques minutes, nous arrivâmes à l'église Saint André delle Fratte* ». Alphonse, in *Procès,* 18 février 1842, n° 29, p. 86.

T. WALSH, *Le Comte de la Ferronnays,* 20 mars 1842, n° 50, ne fait que citer le n° 5 ci-dessus.

« *Il est* 1 heure *et Monsieur de Bussières doit se rendre dans l'église de Saint André delle Fratte, pour s'occuper de quelques préparatifs concernant la cérémonie funèbre du lendemain, jour destiné à l'enterrement de Monsieur de la Ferronnays. Il part, et dans sa route, il rencontre heureusement Monsieur Ratisbonne ; ils se réunissent, comptant, après avoir rempli le but de la course, continuer ensemble leur promenade accoutumée ».* [J. M. Aladel] *Récit,* mars 1842, n° 52, p. 407-408.

« *En sortant du café, je rencontre la voiture de Monsieur Théodore de Bussières. Elle s'arrête, et je suis invité à y monter pour une partie de promenade. Le temps était magnifique, et j'acceptai avec plaisir. Mais Monsieur de Bussières me demanda la permission de s'arrêter quelques minutes à l'église Saint André des Frères* [sic : il confond *fratte* = broussailles avec *fratelli* = frères] *qui se trouvait presque à côté de nous, pour une commission qu'il avait à remplir. Il me proposa de l'attendre dans la voiture. Je préférai sortir pour voir cette église* ». Alphonse à Desgenettes, 12 avril 1842, n° 59, p. 83.

« *A midi et demie, Monsieur Ratisbonne se lève pour aller prendre congé du Baron Théodore de Bussières qu'il rencontre à quelques pas de là, débouchant en voiture sur la Place. Celui-ci l'appelle* [...]. *Il ajoute* [...] *que si Monsieur Ratisbonne veut prendre place dans la voiture, ils feront une dernière promenade ensemble, après qu'il se sera acquitté de sa commission* [...]. *Ces messieurs ne purent, pendant ce court trajet, échanger que quelques mots sur des sujets de la nature la plus indifférente. Monsieur Ratisbonne demanda, entre autres choses, au Baron de Bussières, ce que son frère avait tué dans la dernière chasse* ». G. Goerres, *Conversion,* 1843, n° 28, p. 190-191.

Synthèse

L'heure

Ici, plus qu'aux étapes précédentes, les indications d'horaire sont approximatives et divergentes. La rencontre d'Alphonse avec Théodore se situe selon les témoins :
- Vers midi et demi selon Gœrres (1843, n° 28), qui anticipe.
- Peu avant 1 heure (Théodore de Bussières, n° 12).
- 1 heure, selon Théodore de Bussières (n° 5, 26 ; cf.n° 50).
- Vers 2 heures (n° 4, Esbelin qui retarde de plus d'une heure).

L. Esbelin (n° 4) et Goerres (1843, n° 28) étant de médiocres témoins,il faut s'en tenir à Théodore de Bussières.
Ses témoignages restent à vrai dire flottants, autour de « *1 heure* ».
« *Votre frère n'étant pas encore chez moi à 1 heure, je sortis pour l'aller chercher* » (T. de Bussières à T. Ratisbonne, n° 5).
« *Il est 1 heure, mais voici Ratisbonne qui descend la Via Condotti. Il viendra avec moi* » (n° 26, p. 27).
Il est 1 heure [...]. Monsieur de Bussières [...] part, et, dans sa route, il rencontre heureusement Monsieur Ratisbonne. (Walsh, n° 50 qui fait écho à Bussières).

Mais le n° 12 : « *Il allait être 1 heure* » cadre plus précisément avec les circonstances : le rendez-vous étant à 1 heure, et Théodore — devant passer par la place d'Espagne (où se trouvait l'hôtel Serny) pour se rendre à Sant'Andrea — préfère prendre les devants pour éviter cette course inutile à son ami, et n'avoir pas à rebrousser chemin avec lui, s'il venait jusqu'à son domicile.
D'autre part, et ceci est important, le P. Joseph Mantineo, Procureur des Minimes, qui a de bons repères, puisqu'on vient le déranger pendant son repas à heure fixe, situe la visite de Bussières au guichet du réfectoire « *vers midi 3/4* » (n° 39) ; et le sacristain Bertucci (n° 37), « *vers 1 heure* » ; il faut comprendre, en accord avec Mantineo : un peu avant 1 heure. Est-ce midi 45, 5O, ou 55 ? On ne sait et peu importe. Nous n'avons pas une précision d'horloge. Ils se rencontrent (n° 59), de justesse (n° 5, 12, 50, 59), non point sur la place d'Espagne (n° 7 : Alphonse se dirigeait en sens inverse), mais bien rue Condotti (n° 5, 12, 26, 29), où se trouve le café

La Rencontre devant le café Gréco

Alphonse « *descend* » cette rue (n° 26), car elle est en très légère déclivité, de la place d'Espagne, où se dresse la colline de la Trinité des Monts, vers la place Nicosia où

demeure Bussières. A peine faisait-il les premiers pas « *au sortir du café* » (n° 5, 7, 25 ; « *en sortant du café* » n° 59 ; bref, à la sortie même), il se trouve en face de Théodore. Celui-ci arrête la voiture (n° 12, 59), où se trouvait aussi sa femme (n° 29). Il fait monter son ami (n° 5, 12, 29, 59 ; 1843, n° 28), et lui propose la promenade du jour (n° 5, 12, 59) ; il souligne le « *beau temps* » (n° 7 ; « *magnifique* » : n° 59) et s'excuse d'avoir à s'arrêter d'abord à Sant'Andrea delle Fratte (n° 5, 12, 20, 25, 26, 29, 52, 59) « *quelques minutes seulement* » (n° 12, 20, 26, 29 : « *quelques instants* »). Il fait « *mille amabilités* » (n° 7).
Les perspectives des divers témoins créent un certain flottement. Aux n° 5 et 12, Théodore de Bussières parle comme s'il était parti pour régler le problème de l'enterrement à Sant'Andrea ; et on aurait l'impression qu'il rencontre Alphonse par hasard. Selon le rendez-vous fixé (chapitre 5, note 12) et selon les autres textes, il paraît clair qu'il a le double but de prendre Alphonse et de passer à Sant'Andrea (n° 12, 20, 26, 29, 59). Peut-être Madame de Bussières ou le cocher aurait-il été prendre Alphonse à son hôtel, proche de Sant'Andrea (200 mètres) où Théodore se serait rendu à pied pendant ce temps-là, s'il ne l'avait pas rencontré.
Alphonse, fatigué par son insomnie, n'est pas bien disposé (n° 4). « *Cela me contrariait* », écrit-il à son oncle (n° 7 : il n'est pas enchanté de revoir ce prosélyte) ; toutefois le beau temps et le progamme lui conviennent : « *J'acceptai avec plaisir* », (n° 59, p. 83). Bref, il accepte sans difficulté la promenade (n° 5, 7) qui était d'ailleurs convenue la veille.

Du café à Sant'Andrea

Le trajet de la place Nicosia au café Greco était de 650 mètres. De là à Sant'Andrea, 300 mètres : 50 mètres jusqu'à la fontaine de la place d'Espagne ; et ici la voiture tourne à droite, longe la colonne de l'Immaculée, puis le Palazzo de la *Propaganda Fide* (Congrégation chargée des missions). Le trajet poursuivi avec Alphonse a donc duré moins de 2 minutes (« *quelques minutes* » n° 29). Il est environ 1 heure moins le quart.
Durant ce bref trajet, Théodore propose à Alphonse :
— Ven[ez] avec moi à l'église Sant'Andrea delle Fratte où j'ai une commission à faire.
— Je vous cherchais, lui dis-je, pour [...] une promenade, mais nous voici près d'une église où il me faut dire quelques mots [...], vous m'attendrez quelques minutes (n° 12 ; cf n° 26).
« *Théodore* [...] *me dit qu'avant de faire notre promenade il devait s'arrêter quelques instants dans une église pour un enterrement.* »
« *Théodore me demanda* [...] *la permission de s'arrêter quelques minutes à l'église Saint André* » [...] qui se trouvait presque à côté de nous, pour une commission qu'il avait à remplir. Alphonse « *accepte* » ce détour. Il « *consentit* » (n° 5, 12). Ces messieurs ne purent, pendant ce court trajet, échanger que quelques mots sur des sujets de la nature la plus indifférente. Monsieur Ratisbonne demanda, entre autres choses, au Baron de Bussières ce que son frère avait tué dans la dernière chasse (1843, n° 28).
« *Théodore me proposa de l'attendre dans la voiture. Je préférai sortir pour voir cette église* », note enfin Alphonse (n° 59).
Que devient Madame de Bussières qui était dans la voiture ? (n° 29) On n'en trouve plus trace après l'apparition. Sans doute a-t-elle quitté la voiture pour d'autres courses en arrivant dans ce quartier à Sant'Andrea.

9. ARRIVÉE À L'ÉGLISE SANT'ANDREA DELLE FRATTE

« *Arrivé à Saint André, Théodore l'engage à entrer avec lui. Il y avait là le catafalque d'usage. Bussières lui explique à qui il est destiné, puis le prie d'attendre jusqu'à ce qu'il ait tout arrangé avec le curé* ».
Louis Esbelin à la Marquise de Mun, 21 janvier 1842, n° 4.

« *Lorsque nous entrâmes, il aperçut les préparatifs pour le service funèbre du lendemain* [T. de Bussières à biffé à tort ce mot qui est pourtant juste, car le corps fut transféré le soir : chapitre 7, mais les funérailles avaient lieu le lendemain]. *Il me demanda pour qui c'était :*
— *C'est, répondis-je, pour Monsieur de la Ferronnays, au sujet duquel vous me voyez si affligé depuis 3 jours* ». T. de Bussières à T. Ratisbonne, 22 janvier 1842, n° 5.

« *Lorsqu'en ouvrant la porte, il aperçut les préparatifs du service, il me demanda pour qui c'était :*
— *C'est, répondis-je, pour un homme qui vient de mourir et que j'aimais extrêmement : Monsieur de la Ferronnays, au sujet duquel vous me voyez si profondément affligé depuis trois jours* ». T. de Bussières, *Relation,* 30 janvier 1842, n° 12, p. 12-13.

« *Arrivés à la porte de l'église, Monsieur de Bussières pria son interlocuteur de l'attendre quelques minutes pendant qu'il irait dans dans le cloître, régler les préparatifs* ». *L'ami de la religion,* 12 février 1842, n° 20.

« *Nous joignons l'église Sant'Andrea delle fratte, dans laquelle se faisaient les préparatifs pour un enterrement. Il demande :*
— *Pourquoi ces préparatifs ?*
— *Je répondis que c'était pour les funérailles de Monsieur le Comte de la Ferronnays, mon intime ami, décédé peu avant et qu'il ne connaissait pas* ». T. de Bussières, 17 février 1842, n° 25, p. 70.

« *Voici Ratisbonne qui descend la Via Condotti. Il viendra avec moi, m'attendra quelques minutes, et nous poursuivrons notre promenade. Nous entrons à l'église. Ratisbonne, apercevant les préparatifs du service, me demande pour qui ils sont destinés :*
— *Pour un ami que je viens de perdre : Monsieur de la Ferronnays, que j'aimais extrêmement* ». T. de Bussières, *L'enfant de Marie,* 17 février 1842, n° 26.

« *Au bout de quelques minutes nous arrivâmes à l'église Saint André delle Fratte. Y voyant des préparatifs funèbres, je demandai pour qui, à Monsieur de Bussières :*
— *C'est me répondit-il, pour le Comte de la Ferronnays, et c'est à cause de sa mort que vous me voyez si triste* ». Alphonse, in *Procès,* 18 février 1842, n° 29, p. 90.

« *Alphonse aperçut les préparatifs du service funèbre du soir, et me demanda pour qui c'était.* [...] *Il écouta ma réponse d'un air d'indifférence* ». T. Walsh, *La Ferronnays,* 20 Mars 1848, n° 50, p. 67.

« *Monsieur de Bussières me quitta pour aller retenir une tribune destinée à la famille du défunt* ».
— *Ne vous impatientez pas, me dit-il en montant au cloître, ce sera l'affaire de 2 minutes* ». Alphonse à Desgenettes, 12 avril 1842, n° 59.

Synthèse

Arrivés à Saint André (n° 4), Théodore propose à Alphonse de l'attendre dans la voiture (ce qui aurait pu être aimable pour Madame de Bussières), mais il « *préfère sortir pour voir l'église* » (n° 59) : Esbelin, qui reconstruit toujours de manière approximative, dit inexactement que Théodore « *engage* » Alphonse « *à entrer avec lui* » (n° 4). Ils entrent ensemble (n° 5, 26). Alphonse voit le catafalque (n° 4), et les préparatifs pour le service funèbre (n° 5, 12, 25, 26, 29, 50). Il questionne :
— Pour qui ? (n° 5,12, 25, 26, 29, 50).
— Pour Monsieur le Comte de la Ferronnays (n° 5, 12, 25, 26, 29). C'est à cause de la mort de cet ami (n° 26), « *que j'aimais extrêmement* » (n° 26) que vous me voyez « *si affligé depuis trois jours* » (n° 12 ; cf. n° 29 : « *si triste* »). Et Théodore prie Alphonse de l'attendre (n° 4, 20).
— Ne vous impatientez pas, ajoute-t-il (n° 59). Ce sera l'affaire de quelques minutes (n° 20 ; cf. 26).
— de 2 minutes (n° 59).

— pour tout arranger avec le curé (n° 4) ; régler les préparatifs (n° 20) et retenir une tribune (n° 59).
Selon Walsh (n° 50), Alphonse aurait écouté « *avec un air d'indifférence* » la déclaration de Théodore sur son affliction, mais là comme ailleurs, il force gratuitement les contrastes pour la dramatique du récit.

10. BRÈVE DÉMARCHE DE BUSSIÈRES AU COUVENT DES MINIMES

Le 19 janvier « *je le quittai, lui donnant rendez-vous pour le jour suivant* (jeudi 20) *à 1 heure.* [...] *Le jeudi, votre frère n'étant pas encore chez moi à 1 heure, je sortis pour l'aller chercher* [...] *rue Condotti (il sortait du café). Je le fis monter dans ma voiture* [...] *le priant seulement de venir avec moi à l'église de Saint André delle Fratte* [...]. *Alphonse se mit alors à se promener froidement dans l'église. Quant à moi, je montai dans le cloître pour l'affaire que j'avais à traiter. J'y restai 10 à 12 minutes* ». T. de Bussières à T. Ratisbonne, 22 janvier 1842, n° 5.

« *Je montai au couvent. Je voulus parler à un des moines et voir si on avait préparé une tribune pour la famille du défunt. Je redescendis dans l'église* ». T. de Bussières, *Relation*, 30 janvier 1842, n° 12, p. 13.

« *Je le laissai du côté droit de l'église même, c'est à dire du côté de l'Epître par rapport à l'autel majeur, vers la moitié* [de la nef], *et je m'adressai à un homme en habits séculiers qui la nettoyait. Je demandai à parler à quelque religieux pour demander si tout avait été préparé pour les funérailles. Il me répondit que les religieux étaient à déjeuner. Sur mon insistance, il me conduisit au guichet du réfectoire* (porticina del refettorio), *où je m'adressai à un religieux qui enjoignit à celui qui m'avait guidé de me conduire à la tribune* (coretto), *où je désirais voir si tout était bien disposé pour recevoir la famille de Monsieur de la Ferronnays. Il m'y conduisit en effet. Je regardai un moment et descendis* ». T. de Bussières, in *Procès*, 17 février 1842, n° 25, p. 70.

« *J'entre dans l'intérieur du couvent. Je n'ai que quelques mots à dire à l'un des moines. Je voudrais faire préparer une tribune pour la famille du défunt* ». T. de Bussières, *L'enfant de Marie*, 17 février 1842, n° 26, p. 28.

« *Le 19 ou 20 janvier dernier, et plus précisément le jour où l'on porta, à la nuit, le corps de Monsieur le Comte de la Ferronnays, vers 1 heure après-midi, se présenta à moi, dans l'église, un Monsieur dont je ne sais pas le nom, pour me demander si le Curé ou le vice-Curé était là, et, sur ma réponse qu'ils étaient au réfectoire, je l'adressai au sacriste, le P. Giuseppe Mantineo, Procureur Général* (Collega generale) *de l'ordre de Saint François de Paule, en le conduisant au réfectoire. Arrivé à la porte de ce dernier, il parla avec le dit Père, lequel me donna la tâche de conduire ce monsieur voir la tribune* (coretto). *L'ayant vue, il me dit que tout allait bien. Peu après, passant de nouveau à travers l'église, je le vis devant la chapelle sus indiquée de Saint Michel, il discourait avec un autre* [...] ». Paul Bertucci, sacristain, in *Procès*, 1 mars 1842, n° 37, p. 109-110.

« *Vers midi 3/4, tandis que j'étais à table avec mes religieux, un de nos frères lais vint me prévenir que Monsieur le Baron de Bussières demandait à me parler. Me levant de ma place, j'accourus au guichet de la cuisine, où je trouvai le dit Monsieur le Baron. Il me dit qu'il voulait un lieu où placer l'épouse et la famille du Comte de la Ferronnays. J'enjoignis aussitôt le clerc P. Bertucci de conduire le dit Monsieur le Baron à la tribune* (coretto) *existant côté Evangile, près du maître autel, afin qu'il le voie et juge de sa convenance. Cela fut fait, sans ma présence, et je ne retournai à la sacristie et à l'église qu'après vêpres* ». Joseph Mantineo, in *Procès*, 3 mars 1842, n° 39, p. 117.

T. Walsh, n° 50, p. 68, ne fait que reproduire la lettre de T.de Bussière à T. Ratisbonne. Voir ci-dessus, n° 7.

Synthèse

Le 20 janvier, dit le sacristain, Paul Bertucci (qui hésite avec le 19 : n° 37)
• vers 1 heure après-midi (ib.),

• midi trois quart, dit le curé J. Mantineo (qui a un bon repère : l'heure du repas), Théodore quitte Alphonse, qu'il laisse au premier tiers de la nef, « *du côté de l'Epître* » (n° 25, verra-t-on plus loin, note 11). Il trouve un homme « *en habits civils* » (n° 25 : le sacristain qui nettoie l'église). Il demande à parler au Père Minime responsable de l'église (n° 12, 25, 26, 37, 39).
— Les Pères sont « *au réfectoire* », répond le sacristain. (n° 37) Sur son insistance (n° 25), il conduit Théodore, par la sacristie et le cloître (n° 5), au guichet du réfectoire (n° 25). Là, Théodore s'adresse à un frère lai. Celui-ci va chercher Giuseppe Mantineo, Procureur Général de l'Ordre de saint François de Paule, qui exerce aussi les fonctions de curé (*sacrista :* n° 37). Ce dernier « *accourt au guichet de la cuisine* » (n° 39), salue le Baron de Bussières, et charge le sacristain laïc, Bertucci, de conduire Théodore à la tribune qui donne sur le maître autel, côté Evangile, pour qu'il voie si la disposition convient (n° 25, 37, 39). Le sacristain ouvre la porte située à gauche de l'abside, côté Evangile, qui donne accès au petit escalier en colimaçon de quelques marches qui donne accès à la tribune. Il en ouvre la porte. Théodore examine la pièce. Le balcon est étroit (2 à 3 mètres), surplombant l'autel, mais la pièce est relativement vaste (3 mètres sur 5 environ, avec un haut plafond voûté d'environ 4 mètres). Tout est propre. Prie-Dieu et sièges sont préparés. — Tout va bien (n° 37). Théodore redescend (n° 12, 25). Peu après, le sacristain, passant de nouveau à travers l'église, verra Théodore devant la chapelle Saint Michel, discourant avec un autre : évidemment Alphonse (n° 37). Les témoignages indépendants et disparates s'éclairent les uns les autres et convergent avec cohérence.

11. IMPRESSIONS MOROSES D'ALPHONSE DANS L'ÉGLISE : CÔTÉ ÉPÎTRE

« *Nous entrâmes dans l'église.* [...] *Il était 1 heure de l'après-midi. Cette église est de fort modeste apparence.* [Après le dialogue sur l'enterrement], *je restai seul dans l'église.* [J'y étais] *depuis 5 ou 6 minutes, lorsque Monsieur de Bussières revint* ». Alphonse à Louis Ratisbonne, 22 janvier 1842, n° 7.

« *Au lieu de demeurer sur le seuil, Monsieur Alphonse Ratisbonne eut la pensée de se distraire en visitant l'église. Il y avait déjà* parcouru des yeux deux chapelles qui se trouvaient à sa droite [en entrant], *lorsque, tout à coup, une autre chapelle, dédiée à l'ange gardien, et qui était à sa gauche, fixa son attention* ». *L'ami de la religion,* 12 février 1842, n° 20.

« *Le jeune Ratisbonne entra donc dans l'église et, selon son habitude, tourna, d'un air froid et indifférent, tout autour de ce temple chrétien* ». *Journal de Rome,* 15 février 1842, n° 24.

« *Il regardait l'église qui semblait ne pas lui plaire. Je le laisse dans l'intérieur même* ». T. de Bussières, in *Procès,* 17 février 1842, n° 25, p. 70.

« *Il se met à se promener dans la nef ; son regard froid et indifférent semble dire : Cette église est bien laide* ». T. de Bussières, *L'enfant de Marie,* 17 février 1842, n° 26, p. 28.

« *La chapelle de Saint Michel se trouvait ce jour-là disposée comme de coutume ; il n'y avait pas même de cierges dans les chandeliers* ». P. Bertucci, in *Procès,* 1 mars 1842, n° 37, p. 111.

« *La dite chapelle était, ce jour-là, disposée comme de coutume* ». Joseph Mantineo, in *Procès,* 3 mars 1842, n° 39, p. 118.

Alphonse « *se mit alors à se promener froidement dans le lieu saint, semblant dire, par un regard d'une glaciale indifférence, que cette église ne méritait point son attention. Il est à remarquer qu'il était alors du côté de l'épître* ». [J. M. Aladel] *Récit,* mars 1842, n° 52, p. 408.

« *L'église de Saint André est petite, pauvre et déserte.* [...] *Je crois y avoir été à peu près seul ;* [...] *aucun objet d'art n'y attirait mon attention. Je promenais machinalement mes regards autour de moi, sans m'arrêter à aucune pensée* ». Alphonse à Desgenettes, 12 avril 1842, n° 59, p. 84.

« *Le jeune Israélite jeta sur l'ensemble de l'église un coup d'œil méprisant, qui semblait dire :*
— Voici qui est bien laid et bien insignifiant. »
G. Goerres, *Conversion,* 1843, n° 28, p. 192.

« *Ratisbonne entre dans l'église. Il la parcourt en artiste mécontent de ce qu'il voit, car l'église est petite et pauvre* ». Matthieu Lecomte, O.P., *Oraison funèbre d'Alphonse,* juin 1884, n° 286.

Synthèse

Entré dans l'église vers « *1 heure de l'après-midi* » (n° 7), Alphonse, « *selon son habitude* » (n° 24), regarde « *ce temple chrétien d'un regard et d'un cœur froid et indifférent* » (n° 24, 25, 26, 52), voire « *glacial* » (n° 52), méprisant (1843, n° 28) ou mécontent (juin 1884, n° 286). Du point de vue artistique, qui seul l'intéresse, cette église « *semblait ne pas lui plaire* ». (n° 25)
Cette église est bien laide, interprétait Bussières en le quittant (n° 26; cf. 1884, n° 286).

La Chapelle de l'Apparition

Aucun objet d'art n'attire son attention (n° 59). Il « *se promène dans la nef pour visiter quand même* » (n° 20). A peine a-t-il parcouru des yeux deux chapelles qui se trouvent à sa droite (n° 20) que la chapelle dédiée à l'Ange Gardien (n° 20), dite aussi « *chapelle Saint Michel* » (n° 37) à cause du tableau de l'archange terrassant le dragon, fixe son attention. Ce tableau, (aujourd'hui transféré dans la première chapelle à droite en entrant) se trouvait alors au-dessus de l'autel de la deuxième Chapelle à gauche en entrant, où elle a été remplacée par la peinture de l'Apparition, selon le modèle de la médaille miraculeuse, mais avec le geste de l'index, invitant Alphonse à l'agenouillement.
Le tableau de Tobie et de son Ange Gardien, qui valait son nom à cette chapelle était située latéralement : à droite de l'autel.

Ce jour-là, la chapelle est disposée comme de coutume : pas même de cierges dans les chandeliers, et assurément aucun artifice, ont témoigné le sacristain (n° 37) et le Curé (n° 39), interrogés là dessus au Procès. C'est de cette chapelle que va venir la lumière (ci-dessous chapitre 7). Entre le départ et le retour de Monsieur de Bussières, Alphonse estime que se sont écoulées seulement 5 ou 6 minutes. Bussières pense 10 à 12. Sur cet horaire, voir ci-dessous note 13.

12. LE CHIEN NOIR EST REVENU

« *Le lendemain soir de mon arrivée* [début mars 1842], *j'étais chez ma sœur. Il n'y avait que son mari, s'occupant de la correspondance, moi, lisant dans une Bible, et elle, dans la* Revue de Paris. *Tout à coup, ma sœur jette un cri perçant en reculant sur son fauteuil. Il lui avait semblé voir un gros* chien noir *s'avancer méchamment vers elle :*
— Ah, lui dis-je tranquillement, tu as donc aussi des visions, et je me remis à lire. Je remarquai qu'elle était très troublée. C'était tout simplement le démon qui était là entre nous deux, tellement il craint en ce moment mon influence ». Alphonse à T. de Bussières, 10 mars 1842, n° 47.

« *Je promenais machinalement mes regards autour de moi, sans m'arrêter à aucune pensée. Je me souviens seulement d'un chien noir qui sautait et bondissait devant mes pas... Bientôt ce chien disparut* ». Alphonse à Desgenettes, 12 avril 1842, n° 59, p. 84.

« *J'ai revu à l'église Saint André le petit chien du 20 janvier 1842* ». Alphonse à Théodore, 27 janvier 1878, n° 39.

« *Il me paraît évident que le chien noir, qui a poursuivi le père Marie jusque dans le sanctuaire de Saint André, n'est autre que le diable lui-même. Je l'ai écrit au père Marie, et je l'ai invité à se tenir sur ses gardes* ». Théodore à Mère Benedicta, 1878, n° 98.

« *Le démon, figuré par ce chien noir, qui sautait et bondissait dans l'église de Saint André, nous savons quels ont été ses efforts pour empêcher la réalisation des desseins miséricordieux de Marie* ». *Souvenir de l'instruction d'Alphonse aux Sœurs de Jérusalem,* le 23 janvier 1873, rapportés par Mère Eléonore, 22 septembre 1928, n° 9.

Synthèse

Seul le n° 59 et l'écho de 1878, n° 39 signalent brièvement l'apparition du « *chien noir qui sautait et bondissait* ». Il « *disparut* » devant la lumière de l'apparition. Alphonse a revu ce chien chez sa sœur, à son arrivée à Paris (10 mars 1842, n° 47), puis à l'église Sant'Andrea (1878, n° 39). Alphonse voit dans ce chien méchant (n° 47) « *le démon* » (n° 47). Il « *figurait* » le démon, interprète sœur Eléonore (1928, n° 9), « *le diable lui-même* » (1878, n° 98), l'adversaire qui contrariait son action (n° 47 ; 1928, n° 9). Ce détail, confié tardivement, mais qui est resté très présent à Alphonse, a failli échapper à la chronique.

13. HORAIRE DE L'APPARITION : DU DÉPART AU RETOUR DE THÉODORE

« *Bussières* [...] *le prie d'attendre jusqu'à ce qu'il ait tout arrangé avec le Curé. Au bout d'une* demi-heure, *il revient* ». Louis Esbelin à la Marquise de Mun, 21 janvier 1842, n° 4.

« *Je montai dans le cloître* [...], *j'y restai 10 à 12 minutes* ». T. de Bussières à T. Ratisbonne, 22 janvier 1842, n° 5.

« *Nous entrâmes dans l'église. Il était 1 heure après-midi* [...]. *Je restai seul dans l'église* [j'y étais] *depuis 5 à 6 minutes, lorsque Monsieur de Bussières revint* ». Alphonse à Louis Ratisbonne, 22 janvier 1842, n° 7.

« *Il* allait être 1 heure [... lorsque] *je sortis et je rencontrai Alphonse dans la rue des Condotti.* [... Arrivés à l'église] *je lui dis* [...] :
— *Vous m'attendrez* quelques minutes, *ce ne sera pas long.* [...]. *Je montai au couvent* [...]. *Ce fut l'affaire de 10 à 12 minutes au plus* ». T. de Bussières, *Relation,* 30 janvier 1842, n° 12, p. 12-13.

« *Monsieur de Bussières* [...] *prie son interlocuteur de l'attendre* quelques minutes ». L'ami de la religion, 12 février 1842, n° 20.

« *Il est 1 heure* [...], *voici Ratisbonne qui descend la Via Condotti. Il viendra avec moi, attendra* quelques minutes, *et nous poursuivrons notre promenade.* [... une fois entré dans l'église] *J'entre dans l'intérieur du couvent. Je n'ai que quelques mots à dire* [...]. *Mon absence dura à peine* 10 à 12 minutes ». T. de Bussières, *L'enfant de Marie,* 17 février 1842, n° 26, p. 27-28.

« *Vers 1 heure de l'après-midi se présente à moi dans l'église un monsieur* [= Théodore] *pour me demander si le curé ou le vice-curé se trouvait là* ». P. Bertucci, sacristain, in *Procès,* 1er mars 1842, n° 37, p. 109.

« *Vers midi 3/4, tandis que j'étais à table avec mes religieux, un de nos frères lais vint me prévenir que Monsieur de Bussières demandait à me parler* ». G. Mantineo, in *Procès,* 3 mars 1842, n° 39, p. 117.

« *Je montai dans le cloître pour l'affaire qui m'y amenait et j'y restai* 10 à 12 minutes ». T. de Bussières, cité par T. Walsh, *La Ferronnays,* 20 mars 1842, n° 50, p. 68.

« *Monsieur de Bussières me quitta pour aller retenir une tribune destinée à la famille du défunt :*
— *Ne vous impatientez pas, me dit-il, en montant au cloître, ce sera l'affaire de* 2 minutes ». Alphonse à Desgenettes, 12 avril 1842, n° 59.

Synthèse

L'heure d'arrivée à Sant'Andrea

L'apparition de la Vierge eut lieu entre le moment où Théodore quitte Alphonse et le moment où il le retrouve, après sa courte visite au réfectoire et le rapide examen de la tribune qui convenait parfaitement.
Il est nécessaire de rassembler les appréciations approximatives et flottantes qui sont faites sur la durée de l'événement, d'après la présente note que complètent par endroits les notes précédentes.
• C'est un peu avant 1 heure que Théodore rencontre Alphonse (à la sortie du café, n° 12 et ci-dessus note 8).
Le trajet jusqu'à l'église n'a demandé que 2 minutes au plus (ci-dessus, note 8).
C'est « *vers 1 heure* », et plus précisément 12 heures 45, selon Mantineo (n° 39), que Théodore le contacte au réfectoire.

Durée de l'apparition

En entrant à Sant' Andrea, Théodore prie Alphonse de l'attendre
• quelques minutes (n° 12, 20, 26), voire « *deux minutes* » (n° 59).
Mais combien de temps est-il resté effectivement ?
• Une demi-heure selon L. Esbelin, médiocre témoin de seconde main.
• 10 à 12 minutes dit, dans quatre témoignages, Théodore de Bussières, (n° 5, 12, 26, 50). Mais lui aussi n'a pas regardé sa montre. Et on peut penser qu'il a tendance à allonger, car la brièveté de l'apparition étonne (si normale soit-elle).
• 5 à 6 minutes, dit Alphonse (n° 7). Mais l'apparition (une *autre* durée) n'a sans doute pas facilité son appréciation, et il n'a regardé sa montre ni avant, ni surtout après : bouleversé qu'il était. Les démarches furent faites très vite, par des gens pressés de part et d'autre et sans problème, la tribune existant au bord du chœur. Ce fut bref, indiquent les n° 12 (« *Ce ne sera pas long* »), 26 (« *Je n'ai que quelques mots à dire* »). Et cela fait pencher vers les 5 à 6 minutes d'Alphonse.
Des apparitions de 1 à 2 minutes peuvent être d'une grande plénitude, comme je l'ai constaté à Medjugorje. Celle de Paul sur le chemin de Damas fut sans doute brève.
Cela situe la fin de l'apparition et les retrouvailles de Théodore vers 1 heure, ou très peu après (Alphonse, n° 7 ; et ci-dessus note 8 sur l'heure de la rencontre devant le café Greco : entre 12 h 40 et 12 h 55, 1 à 2 minutes avant d'arriver à l'église.)
L'apparition silencieuse et brève ne dura qu'une partie de ces 5 à 6 minutes :
• tandis qu'Alphonse examinait l'église, et peu après que Théodore soit parti pour le réfectoire.
• et peut-être un peu avant son retour ; au plus tard à la fin de son examen de la tribune.
Bref l'apparition commença aussitôt après la prise de contact de Théodore avec le sacristain (vers 1 heure selon celui-ci, n° 37, ou 12 h 45 selon le curé Mantineo, n° 39). Alphonse situe lui-même l'entrée à l'église à « *1 heure de l'après-midi* » (n° 7), mais c'est plutôt un peu avant. La résultante de toutes les données situe donc l'apparition au plus près de 13 heures (2 à 3 minutes avant et après) et c'est peu après 13 heures (vers 13 heures 05) que Théodore retrouve Alphonse et l'emmène à l'hôtel Serny (tout proche), où ils ne restent que *quelques instants* puis chez les Jésuites où ils arrivent un peu avant la fin de la récréation des Jésuites (13 heures 30), et voient alors le P. de Villefort.

14. COMMENT THÉODORE RETROUVE ALPHONSE

Voir ci-dessous, chapitre 7, note 11.

15. COMMENT ALPHONSE EST-IL PASSÉ DU CÔTÉ ÉPÎTRE AU CÔTÉ ÉVANGILE ?

« *Je le laissai du côté de l'Epître* [... p. 17]. *Il ne savait pas lui-même comment il avait passé du côté droit de l'église à la chapelle qui est à gauche et dont il était séparé par les préparatifs de l'enterrement* ». T. de Bussières, 30 janvier 1842, n° 12, p. 13 et 17.

« *Je le laissai du côté droit de l'église même, c'est-à-dire du côté de l'Epître par rapport à l'autel majeur, vers la moitié de la nef* ». T. de Bussières, in *Procès,* 17 février 1842, n° 25, p. 70.

« *Je le laisse du côté de l'Epître, à droite d'une petite enceinte disposée pour recevoir le cercueil* [... p. 36]. *Il ne pouvait expliquer lui-même comment il était passé du côté droit de l'église à la chapelle qui est à gauche, et dont il était séparé par les préparatifs du service funèbre* ». T. de Bussières, *L'enfant de Marie,* 17 février 1842, n° 26, p. 28 et 36.

« *Je ne puis me rendre compte comment, étant tombé à genoux dans l'autre partie de la nef, malgré les préparatifs funèbres qui en empêchaient l'accès en direction de la dite chapelle* (diretto alla suddetta cappella), j'ai pu venir (fossi venuto) *près de la balustrade de cette chapelle* (di esse) ». Alphonse, in *Procès,* 19 février 1842, n° 30.

Synthèse

Théodore a laissé Alphonse côté épître (n° 12, 25, 26) : « *à droite* » en entrant (n° 12, 25), à côté « *d'une petite enceinte, disposée pour recevoir le cercueil* » (n° 26). « *Il était* » donc « *séparé* » de la chapelle de l'Ange Gardien (la chapelle de l'apparition) par « *les préparatifs de l'enterrement* » (n° 12, 26, 30) ; ces barrières « *empêchaient l'accès à la dite chapelle* » (n° 30), « *en face* » de laquelle il se trouvait (n° 30). Comment est-il passé du côté droit au côté gauche (n° 12 et 26) : côté évangile ? Il ne s'en est pas rendu compte (n° 30). Il ne sait « *pas comment* » (n° 12). « *Il ne pouvait l'expliquer* » (n° 26). Il n'en dit pas plus. Aurait-il contourné l'obstacle ? Ou aurait-il bénéficié d'une sorte de mystérieux transfert, comme le suggèrent certaines rédactions (n° 26) ? Tout commentaire serait vain sur ce que l'intéressé ne s'explique pas lui-même, d'autant que nous ne savons pas exactement comment était disposé l'obstacle qui le séparait de la chapelle. Ceux qui l'ont vu le considéraient comme infranchissable, mais non comme incontournable.

N.B. Au procès (n° 30), il semble dire qu'il est tombé à genoux, côté épître (à l'opposé de la chapelle de l'Apparition, située côté évangile) mais il n'a pu tomber à genoux qu'en arrivant à la balustrade. La traduction italienne des propos d'Alphonse notés au vol comportent plus d'une fois des équivoques. Cela nous semble ici le cas.

16. SUR CES PREMIERS CONTACTS DE THÉODORE AVEC ALPHONSE AGENOUILLÉ

voir chapitre suivant, note 11 et suivantes.

7

L'APPARITION
20 janvier 1842

1. Durée de l'apparition : 5 a 6 minutes

Ci-dessus chapitre 6, note 13

2. Disparition de l'église et apparition de la lumière

« *J'attendais, dit-il, le retour de Monsieur de Bussières lorsque, tout à coup, l'église s'est éclairée d'une lumière éblouissante et, au même moment, je me suis senti poussé par une force invincible vers un point de l'église qui seul était resté obscur. Là, je suis tombé, malgré moi, à genoux, devant une admirable Dame.* » Louis Esbelin à la Marquise de Mun, 21 janvier 1842, n° 4.

« *Je n'ai plus vu qu'une seule chapelle vers laquelle une irrésistible force m'a poussé.* » T. de Bussières à T. Ratisbonne, 22 janvier 1842, n° 5.

« *Une seule chapelle avait pour ainsi dire concentré toute la lumière.* » T. de Bussières, *Relation,* 30 janvier 1842, n° 12, p. 14.

« *La chapelle qui fixait son attention lui avait apparu éclatante de blancheur.* » *L'Ami de la Religion,* 12 février 1842, n° 20.

« *Je vis une grande lumière se répandre à l'intérieur de cette chapelle.* » *Journal de Rome,* 15 février 1842, n° 24.

« *A l'improviste, je me sentis pris d'un trouble inexprimable : je levai les yeux et voici toute l'église couverte et obscurcie comme par un voile : une seule chapelle avait pour ainsi dire concentré en elle toute la lumière et, au milieu de cette irradiation, parut* [...] *la Vierge Marie.* » T. de Bussières, in *Procès,* 17 février 1842, n° 25, p. 75.

« *Tout d'un coup, je me suis senti saisi d'un trouble inexprimable. J'ai levé les yeux ; tout l'édifice avait disparu à mes regards ; une seule chapelle avait pour ainsi dire concentré toute la lumière et, au milieu de ce rayonnement, apparut debout* [...] *la Vierge Marie.* » T. de Bussières, *L'enfant de Marie,* 17 février 1842, n° 26, p. 31.

« *A l'improviste, je me sentis pris d'un certain trouble, et je vis comme un voile devant moi ; l'église me semblait tout obscure, excepté une chapelle, comme si toute la lumière de l'église se fût concentrée là. Je levai les yeux vers la chapelle rayonnante de tant de lumière et je vis* [...] *la Sainte Vierge.* » Alphonse, in *Procès,* 18 février 1842, n° 29, p. 87.

« *Je suis entré dans l'église Saint André delle Fratte et, peu après, j'ai vu comme un voile devant mes yeux. Je ne voyais* [plus rien] *(non vedeva niente)* » P. de Villefort citant Alphonse in *Procès,* 24 février 1842, n° 34, p. 98-99.

« *Tout à coup, l'édifice a disparu à mes regards, je n'ai plus vu qu'une seule chapelle, toute éclatante de blancheur, en face de celle à laquelle j'étais adossé.* » Alphonse cité par T. Walsh, *Le Comte de la Ferronnays,* 20 mars 1842, n° 50, p. 70.

Le n° 52 n'est qu'un écho du n° 26.

« *Bientôt ce chien disparut, l'église toute entière disparut et je ne vis plus rien..., ou plutôt, ô mon Dieu ! je vis une seule chose ! ! !* » Alphonse à Desgenettes, 12 avril 1842, n° 59, p. 84.

Synthèse

Le chien disparaît (n° 59 et ci-dessus chapitre 6 note 12) et, simultanément, tout d'un coup (n° 4, 26, 50, 52), à l'improviste (n° 25, 29), Alphonse est saisi d'un trouble (n° 25, 26, 29) inexprimable (n° 25, 26, 52).
Un double phénomène s'est produit simultanément, semble-t-il :
1° Un VOILE sous lequel l'église disparaît :
« *Je vis comme un voile devant moi* » (Alphonse au Procès, n° 29).
« *Je vis l'église toute couverte et obscurcie comme par un voile* » (n° 25).
« *Tout l'édifice avait disparu à mes regards* », lui fait dire Bussières (n° 26 ; cf. 50, 52, 59).
« *L'église tout entière disparut.* » (n° 59).
« *Je ne vis plus rien.* » (n° 34, 59), « *ou plutôt je ne vis qu'une seule chose* » (n° 59).
2° UNE GRANDE LUMIERE (n° 24), « *éclatante de blancheur* » (n° 20, 50), en un point unique :
Une seule chapelle avait pour ainsi dire concentré en elle toute la lumière (n° 12, 25, 26, 29). C'est l'expression littérale d'Alphonse qu'Esbelin (n° 4) reprend à *contre-sens : « Je me suis senti poussé* [...] *vers un point de l'église qui seul était resté OBSCUR.* » C'est le contraire que dit constamment Alphonse : c'est le reste de l'église qui s'est obscurci (n° 25, 29) et a « *disparu à ses regards* » (n° 26, 50). La chapelle qui fixait son attention lui avait apparu éclatante de blancheur (n° 20 approximatif).
Je vis une grande lumière se répandre à l'intérieur de cette chapelle (n° 24).
Alphonse était « *adossé* » à la chapelle d'en face, à une dizaine de mètres, de l'autre côté du catafalque.
Une force invincible (n° 4), irrésistible (n° 5), le pousse (n° 4, 5 : notation isolée). Est-il « *poussé* » ou *attiré* vers cette chapelle, éclairée d'une « *lumière éblouissante* », devant la balustrade de laquelle on le retrouve au terme de l'apparition : « *à genoux* » (n° 4).
Alphonse n'a pas compris comment il était passé du côté droit au côté gauche de l'église, malgré l'enceinte du catafalque interposée (chapitre 6, note 15) . Ce vide de son récit ne répond pas à sa pudeur, ni à une ellipse, mais à son ignorance. Les personnes qui font, sous le coup d'une forte émotion ou d'une impulsion extraordinaire, de tels trajets ultra-rapides n'en saisissent ordinairement pas les modalités.

3. DESCRIPTION DE L'APPARITION

« *Là, je suis tombé malgré moi à genoux, devant une admirable Dame qui, comme dans la Médaille, tournait vers moi des mains d'où s'échappaient des foules de rayons. Elle me disait :*
— *Viens, viens, c'est assez.* » Louis Esbelin à la Marquise de Mun, 21 janvier 1842, n° 4.

« *Dans cette chapelle apparut, grande, brillante, pleine de majesté et de douceur, la Vierge qui est sur ma médaille.* » T. de Bussières à T. Ratisbonne, 22 janvier 1842, n° 5.
« *Au milieu de ce rayonnement, parut debout sur l'autel, grande, brillante, pleine de majesté et de douceur, la Vierge Marie telle qu'elle est sur ma médaille.* » T. de Bussières citant Alphonse, 30 janvier 1842, n° 12, p. 15.

« *Au milieu, dans les airs, une Vierge d'une admirable beauté se montrait environnée de cette gloire. En elle il reconnut celle qui était représentée sur la Médaille. Elle avait alors les mains ouvertes et étendues.* » *L'Ami de la Religion,* 12 février 1842, n° 20.

« *Là, au milieu de ces rayonnantes splendeurs, debout sur l'autel, pleine de majesté et de douceur, je vis la Vierge Marie telle qu'elle est ici sur la Médaille.* » *Journal de Rome,* 15 février 1842, n° 24.

« *Au milieu de cette irradiation, apparut debout sur l'autel de cette même chapelle, grande, brillante, vivante, pleine de majesté et de douceur, la Vierge Marie, telle qu'elle se trouvait sur ma médaille.* » T. de Bussières, citant Alphonse, in *Procès,* 17 février 1842, n° 25, p. 71-72.

« *Au milieu de ce rayonnement a paru, debout sur l'autel, grande, brillante, pleine de majesté et de douceur, la Vierge Marie telle qu'elle est sur ma médaille. Une force irrésistible m'a poussé vers elle. La Vierge m'a fait signe de la main de m'agenouiller. Elle a semblé me dire : " C'est bien ! "* » T. de Bussières, *L'enfant de Marie,* 17 février 1842, n° 26, p. 31-32.

« *Levant les yeux vers cette chapelle si lumineuse, je vis, debout sur l'autel, vivante, grande, majestueuse, toute belle* (bellissima) *et miséricordieuse, la T.S Vierge Marie, semblable en acte et en structure* (simile nell'atto e nella struttura all' immagine) *à l'image qu'on voit dans la Médaille Miraculeuse de l'Immaculée.* » Alphonse, in *Procès,* 18 février 1842, n° 29, p. 87.

« *Je fixai les yeux sur ses mains et je vis en elles l'expression du pardon et de la miséricorde.* » Alphonse , in *Procès,* 19 février 1842, n° 30, p. 87.

Je me rappelle qu'ayant demandé à Monsieur Ratisbonne, quand la première fois il me raconta la vision, de quelle couleur étaient les vêtements de la T. S. Vierge, il me répondit :
« *De couleur blanche.* » P. de Villefort, in *Procès,* 25 février 1842, n° 35, p. 103-104.

« *Il n'avait pu fixer ses regards que sur les deux mains qui lui semblaient l'expression de sa tendresse et de sa bonté* ». E. de Bock, in *Procès,* 5 Mars 1842, n° 41, p. 124.

« *Là m'est apparue une femme admirable, grande, brillante, pleine de douceur et de majesté, comme la Vierge de ma médaille. Je me suis senti poussé vers elle par une force irrésistible.* » T. Walsh, *Le Comte de la Ferronnays,* 20 mars 1842, n° 50, p. 70.

« *Toute description, quelque sublime qu'elle puisse être, ne serait qu'une profanation de l'ineffable vérité », dit seulement Alphonse dans sa lettre à Desgenettes, 12 avril 1842, n° 59, p. 84.*

« *Comme on lui demandait de quelle couleur était la robe de la Sainte Vierge :*
— Oh ! reprit-il en riant, c'est bon pour les petites filles de demander de quelle couleur était la robe de la Sainte Vierge !
Puis il ajouta après un instant :
— Sa robe était la miséricorde. » Mère Benedicta, Relation de la visite du P. Marie à la Providence de Paris le 3 janvier 1878 ; *Vie du P. Théodore,* 1902, n° 90.
« *Expliquez, si vous voulez, un rayon de soleil. C'est impossible. Eh bien, pour moi, pour vous faire comprendre cela, c'est la même chose.* » Ib. , 1902, n° 91.

Synthèse

La description d'Alphonse est sommaire : il a vu « *une admirable Dame* » (n° 4), la Vierge Marie (n° 24, 25, 26 ; appelée aussi la Vierge : n° 5, 26 : la T.S. Vierge Marie : n° 29, La T. S. Vierge : n° 35 ; variantes qui peuvent tenir à l'interprétation des témoins.)
Il l'a vue, debout sur l'autel (n° 12, 24, 25, 26, 29 : la nappe de l'autel est conservée à Sant'Andrea, dans un reliquaire). Il reconnaît l'effigie de la Médaille Miraculeuse (n° 4, 5, 12, 20, 24, 25, 26, 29 : où il précise : « *Marie, semblable en acte et en structure à*

l'image qu'on voit sur la Médaille Miraculeuse; cf. n° 50). *C'est le seul élément descriptif qu'il fournisse.*
Elle est qualifiée des épithètes suivantes :
— grande (n° 5, 12, 25, 26, 29, 52),
— brillante (n° 5, 12, 25, 26, 52)
— admirable (n° 4, 20)
— très belle (Alphonse au procès : n° 29; cf n° 20, témoignage indirect : « *d'une admirable beauté* »)
— pleine de majesté (n° 5, 12, 24, 25, 26, 29 : majestueuse, 50, 52),
— de douceur (n° 5, 12, 24, 25, 26)
— de bonté (n° 41)
— de tendresse (n° 41)
— de miséricorde (n° 29, 30; 1878, 90)
— de pardon (n° 30)
— miséricordieuse (Alphonse, au n° 29)
— « *Sa robe était la miséricorde* », dira-t-il plus tard (3 janvier 1878, relaté en 1902, n° 90).
Elle avait les mains ouvertes et étendues, précise *L'Ami de la Religion,* (n° 20), et « *de ses mains s'échappaient des foules de rayons* » (n° 4). Mais ces deux témoignages approximatifs ne font qu'expliciter la référence d'Alphonse à l'effigie de la Médaille miraculeuse. Les témoignages directs d'Alphonse ne précisent pas ces derniers points. Il lui suffit de dire que la Vierge est apparue « *comme sur la Médaille* » (ci-dessous, note 8). Cette identité figurative le dispense d'entrer dans aucun des détails descriptifs qui profaneraient l'indicible.

4. UN DOUBLE SIGNE DE LA MAIN

« *Elle me disait : " Viens, viens, c'est assez ".* » Louis Esbelin, 21 janvier 1842, n° 4.

« *Elle m'a fait signe de la main de m'agenouiller, de ne pas résister.* » T. de Bussières à T. Ratisbonne, 22 janvier 1842, n° 5.

« *Elle m'a fait signe de la main de m'agenouiller. Une force irrésistible m'a poussé vers elle. La Vierge a semblé me dire : " C'est bien ".* » T. de Bussières, *Relation,* 30 janvier 1842, n° 12, p. 15.

« *Elle fit signe de la main à Monsieur Alphonse Ratisbonne de s'agenouiller, et il obéit.* » *L'Ami de la Religion,* 12 février 1842, n° 20.

« *Elle me fit signe de la main de m'agenouiller. Une force irrésistible m'entraîna vers la Vierge. Elle parut me dire :*
— *C'est bien.* » *Journal de Rome,* 15 février 1842, n° 24.

« *Elle me fit signe de la main de m'agenouiller. Une force irrésistible me poussa vers elle. Elle semblait me dire :*
— *C'est assez.* » T. de Bussières, in *Procès,* 17 février 1842, n° 25, p. 72.

« *La Vierge m'a fait signe de la main de m'agenouiller. Elle a semblé me dire :*
— *C'est bien.* » T. de Bussières, *L'enfant de Marie,* 17 février 1842, n° 26, p. 31-32.

« *A cet instant la Vierge m'est apparue. Elle me faisait signe de la main, un signe qui signifiait :*
— *C'est bien.* » P. de Villefort, in *Procès,* 24 février 1842, n° 34, p. 99.

« *Je me suis senti poussé vers elle par une force irrésistible. Elle m'a fait signe de la main de m'agenouiller, de ne pas résister, puis* un autre signe, *comme pour me dire : — C'est bien.* » T. Walsh, *Le Comte de la Ferronnays,* 20 mars 1842, n° 50, p. 70.

« *Une force irrésistible m'a poussé vers elle. La Vierge m'a fait signe de m'agenouiller. Elle a semblé me dire :*
— *C'est bien.* » [J. M. Aladel] *Récit,* mars 1842, n° 52.

« *A peine l'a-t-il vue qu'elle fit un geste pour l'appeler à elle.* » *Annales du Très Saint et Immaculé Coeur de Marie,* avril 1842, n° 65.

« *Mon frère me dit que vous lui avez assuré que le tableau de la Sainte Vierge pour la chapelle de Paris est un chef d'œuvre. Tant mieux. Tâchez* [...] *que le peintre lui donne, autant que possible, les poses de la Médaille* [...]. *La main* droite *ordonne au pécheur* d'approcher *et de s'agenouiller. Vêtements blancs.* » Alphonse à T. de Bussières, 31 janvier 1843, n° 6.

Synthèse

Le signe

La Vierge a fait un geste (n° 65), un signe de la main (n° 5, 12, 20, 24, 25, 26, 34, 50, 52 ; 1843, n° 6), « *la main droite* », précise Alphonse en 1843 (n° 6).
Il s'agit bien d'un *signe* car Alphonse précise à plusieurs reprises que la Vierge ne lui a « *rien dit* » (contrairement à l'interprétation du n° 4 : « *elle me* disait *Viens* » : ci-dessous note 6).

Le sens

Que signifie ce signe ? C'est un appel (n° 65), une invitation à ne pas résister (n° 5, 50), à « *venir* » (n° 4), à m' « *approcher* », dit Alphonse lui-même en 1843 (n° 6 ; cf. 1842, n° 4 et 65) ; « *à m'agenouiller* », dit-il constamment (n° 5, 12, 20, 24, 25, 26, 50 ; 1843, n° 6).

L'exécution

Certains textes situent le déplacement mystérieux qui l'a conduit au-delà du catafalque, à la chapelle de l'Ange Gardien (ci-dessus chapitre 6, note 15), après la demande d'agenouillement (n° 12, 24, 25). Ces mêmes textes (*dont aucun n'est un témoignage direct d'Alphonse*) semblent insinuer qu'une force « *irrésistible* » l'a « *poussé* » (n° 4, 5), fait tomber à genoux (n° 4). Il paraît clair qu'il a fait le déplacement avant de s'agenouiller devant la balustrade de la chapelle. Mais les textes ne le précisent pas. Il y a été poussé (n° 12, 24, 25, 50, 52), entraîné (n° 24), par une force irrésistible (n° 12, 24, 25, 52 ; elle a fait signe de ne pas résister, interprètent les n° 5 et 50).

L'approbation

Au terme de ce mouvement et de cet agenouillement, précise Alphonse, la Vierge « *a semblé me dire* : C'est bien » (n° 12, 24, 26, 34, 50) ou : « *Cela suffit* » (basta così). Mais ce « *basta* » peut être une approximation du traducteur. En italien, le P. de Villefort a mieux traduit la formule constante : *C'est bien* en : *Va bene* (n° 34). Mais peu importe, car la Vierge n'a pas parlé. Alphonse dit constamment : « *Elle a* semblé (n° 12, 25, 26, 52) *ou* paru (n° 24) *me dire* » (cf. n° 34 : un geste « *qui signifiait* » ; cf. n° 50 : « *comme pour me dire* »). Elle s'est exprimée par un signe, disent Villefort (n° 26) et Walsh (n° 50 : « *un* autre *signe* »).

Deux signes ?

Selon Walsh, la Vierge a fait 2 signes (n° 50)
1° pour lui demander « *de m'agenouiller* » (cf. n° 5, 12, etc : ci-dessus, note 2).
2° pour approuver : « *C'est bien* » (n° 26, 34, 50, 52).
Le Père de Villefort ne connaît que le second signe. Est-ce encore un signe de la main, comme le premier (n° 12, 15, 20, 24, 25, 26, 50) ? Le P.de Villefort semblerait l'indiquer, mais son témoignage, qui est unique, est bien fragile, vu son ignorance du premier signe. Il a pu bloquer l'un et l'autre. Cela peut être un signe de la main, mais aussi du regard.

5. IL LÈVE LES YEUX ET DOIT LES BAISSER PAR TROIS FOIS

« *Trois fois, il avait essayé de relever les yeux sur la Mère de Miséricorde et trois fois le saisissement et le respect l'avaient forcé à les baisser de nouveau.* » T. de Bussières, *Relation,* 30 janvier 1842, n° 12, p. 17.

« *Au premier moment, il avait pu apercevoir la Reine du Ciel dans toute la splendeur de sa beauté sans tache, mais ses regards n'avaient pu soutenir l'éclat de cette lumière divine. Trois fois il avait essayé de contempler encore la Mère de Miséricorde ; trois fois des inutiles efforts ne lui avaient permis de lever les yeux que jusqu'à ses mains bénites d'où s'échappait, en gerbes lumineuses, un torrent de grâce.* » T. de Bussières, *L'enfant de Marie,* 17 février 1842, n° 26, p. 36-37.

« *J'essayai plusieurs fois de lever les yeux vers la Très Sainte Vierge mais son éclat et le respect me les firent baisser, sans m'empêcher pour cela de sentir l'évidence de l'apparition. Je fixai mes yeux sur ses mains, je vis en elles l'expression du pardon et de la miséricorde.* » Alphonse, in *Procès,* 19 février 1842, n° 30, p. 87.

Alphonse « *me raconta comment, à l'instant de l'apparition, il avait tenté trois fois de lever son regard sur le visage de la Très Sainte Vierge. Mais le respect l'avait obligé autant de fois à le baisser et l'avait fixé sur ses mains ; en les regardant, il avait compris pourquoi, dans la Médaille Miraculeuse, elles sont entourées de tant de rayons lumineux qui s'en échappent.* » T. de Bussières, in *Procès,* 21 février 1842, n° 31, p. 73.

« *Il ne savait comment il s'était trouvé de l'autre côté de l'église et, ayant levé deux ou trois fois les yeux pour contempler la Madone, la splendeur de sa beauté l'avait contraint à les abaisser.* » P. de Villefort, in *Procès,* 25 février 1842, n° 35, p. 104.

« *Trois fois il avait voulu lever les yeux pour contempler le visage de la Vierge mais son éclat et le respect l'avaient contraint de les baisser et il n'avait pu fixer ses regards que sur les deux mains qui lui semblaient l'expression de sa tendresse et de sa bonté.* » E. de Bock, in *Procès,* 5 mars 1842, n° 41, p. 124.

« *Trois fois il avait essayé d'élever encore ses regards sur cette Mère de Miséricorde dont la douce clémence avait daigné se manifester à lui ; trois fois, ses inutiles efforts ne lui avaient permis que d'arrêter les yeux sur ses mains bénies d'où s'échappait un torrent de grâces.* » [J. M. Aladel] *Récit,* mars 1842, n° 52, p. 419.

« *Il a dit aux Sœurs :*
— On me demande quelquefois ce que c'est que le 20 janvier. C'est simple : le 20 janvier, c'est une lumière dans une lumière et, dans cette lumière : Sion-Jérusalem. Je l'atteste, mes chères Sœurs, j'ai vu ces deux mots écrits dans le cœur de la Très Sainte Vierge le 20 janvier 1842. » Sœur Eléonore, 22 septembre 1928, n° 10.

Synthèse

« *Trois fois* » (n° 12, 26, 31, 41, 52 ; et, plus approximativement : « *deux ou trois fois* » : n° 35 ; plusieurs fois : n° 30), Alphonse essaie de lever les yeux (n° 12, 26, 31, 52), et trois fois, le saisissement (n° 12), le respect (n° 12, 30, 31, 41), l'éclat (n° 26, 30, 41), la splendeur et la beauté de l'apparition (n° 35), le forcent à les baisser (n° 12, 30, 35, 41) ; il est « *contraint* », disent les n°s 35 et 41. Ses efforts pour lever les yeux ont été inutiles, dit seulement le n° 26 ; « *sans l'empêcher pour cela de sentir l'évidence de l'apparition* », précise Alphonse au Procès (n° 30).

En regardant ses « *mains bénies d'où s'échappait, en gerbes lumineuses, un torrent de grâces* » (n° 26), comme « *dans la Médaille Miraculeuse* » (n° 31), il a compris le sens de ces rayons lumineux (n° 31), il a discerné l'expression du pardon et de la miséricorde (n° 30 : Alphonse au Procès), de la tendresse et de la bonté (cf. note 3). A-t-il, « *au premier moment, pu apercevoir la Reine du Ciel* » ? Seul Bussières le dit, non dans sa première rédaction (n° 12), mais seulement dans la seconde, plus littéraire (n° 26). Cette version isolée ne semble donc pas être un écho d'Alphonse

(*qui ne dit rien de tel dans ses témoignages*), mais une interprétation qu'il n'a pas maintenue au Procès (n° 31).
Concernant le regard de la Vierge sur Alphonse : ci-dessous note 9.

6. ELLE N'A RIEN DIT, MAIS J'AI TOUT COMPRIS

« *A Rome, sans maîtres, sans livres, j'ai plus appris en quelques jours, je puis même dire en quelques heures, que je n'aurais appris pendant ma vie entière, si je n'étais pas venu.* » Alphonse à Flore Ratisbonne, 21 janvier 1842, n° 3.

« *Elle me disait : 'Viens'.* [...] *Mon intelligence s'est éclaircie. J'ai su et compris, par intuition, les vérités de votre foi.* » L. Esbelin, 21 janvier 1842, n° 4.

« *Elle ne m'a pas parlé mais j'ai tout compris. Et en effet, il a tout compris, car, dès le même jour, par d'irrésistibles arguments, par des raisons dignes du plus profond théologien, il a à peu près converti mon frère Gustave et sa femme qui, depuis trois mois, résistaient à tout ce qu'on leur disait* ». T. de Bussières à T. Ratisbonne, 22 janvier 1842, n° 5.

Noter que Gustave ne persévéra pas dans sa velléité de conversion : chapitre suivant.

« *Elle ne m'a point parlé, mais j'ai tout compris* [...]. *La présence réelle de la divinité auprès de l'autel du Saint-Sacrement l'écrasait au point qu'il fut obligé de s'éloigner* [... p. 18]. *Alphonse a passé ses journées chez moi. Il y écrit des lettres à sa famille* [...]. *Ces lettres, brûlantes de foi et de charité, abondantes en arguments d'une force irrésistible, ont fait comprendre à tous ceux qui les ont lues ce qu'il perd, ce qu'il avait à ménager et les motifs qui le poussaient à ne point changer de religion.* » T. de Bussières, 30 janvier 1842, n° 12, p. 15 et 18.

« *Aujourd'hui que la lumière de la vérité brille à mes yeux, je comprends que ce qui manque à chaque membre de notre famille (ce qui me manquait à moi-même il y a peu de jours encore), c'est la religion, la connaissance de la miséricorde inépuisable, incessante de Dieu.* » Alphonse à Théodore Ratisbonne, 4 février 1842, n° 15.

« *Elle ne prononçait aucune parole, dit-il, mais je compris parfaitement. Il avait si bien compris, en effet, qu'il se trouvait entièrement changé. Il avait reçu, dans cette révélation, des lumières extraordinaires. Jamais il ne s'était occupé de la religion catholique, et il émerveillait tous ceux qui l'interrogeaient, à tel point qu'on jugea à propos de ne pas retarder son baptême.* » *L'Ami de la Religion,* 12 février 1842, n° 20.

« *Elle ne me dit pas mot, mais j'ai tout compris.* » *Diario di Roma,* 15 février 1842, n° 24.

« *Elle n'a point prononcé de parole, mais j'ai tout compris.* » T. de Bussières, in *Procès,* 17 février 1842, n° 25, p. 72.

« *Elle ne m'a point parlé, mais j'ai tout compris* [...]. *Il parle de la Présence Réelle comme un homme qui croit de toutes les forces de son âme, c'est même trop peu dire : comme un homme qui la* SENT. » T. de Bussières, *L'enfant de Marie,* 17 février 1842, n° 26, p. 32.

« *En présence de la T. S. Vierge, bien qu'elle ne m'ait dit aucune parole, je compris l'horreur de l'état dans lequel je me trouvais, la difformité du péché, la beauté de la Religion catholique ; en un mot je compris tout.* » Alphonse, in *Procès,* 19 février 1842, n° 30, p. 87.
« *J'étais aussi disposé à recevoir les lumières de l'instruction catholique et à comprendre les vérités, depuis l'apparition, que j'avais, avant, l'esprit fermé et opposé à la lumière de cette même vérité.* » Ib., n° 30, p. 90.

« *D'après les réponses que je lui ai entendu faire à mon frère et à moi, et d'après ce qu'il a dit à tous ceux qui l'interrogeaient, j'ai cru reconnaître que, à dater du moment de sa conversion, il n'avait plus besoin d'être instruit que relativement aux formes et qu'il possédait déjà les vérités catholiques.* » T. de Bussières, in *Procès,* 21 février 1842, n° 31, p. 76.

« *Ses réponses ainsi que les questions qu'il m'adressait prouvaient qu'il comprenait bien mieux les choses que ne le font communément ceux qui font la première communion à l'âge de 12 ou 13 ans* [p. 106]. *Instantanément fut fondé en lui* (ma infondeva all'istante) *la foi au Saint-Sacrement, l'intelligence de la nécessité de la pénitence, de la nécessité de l'oraison, la douleur des péchés, la douleur du misérable état des juifs et des hérétiques, éloignés du salut, le zèle le plus ardent pour les convertir, des raisonnements capables de* [p. 107] *fermer la bouche de Monsieur Gustave de Bussières, le soir même où il eut la vision, la connaissance que toutes les grâces s'obtiennent par le moyen de la Madone, etc. ; cela certainement ne peut être que l'œuvre immédiate de ce Dieu qui crée dans l'homme, quand il lui plaît, un cœur nouveau.* » P. de Villefort, in *Procès,* 25 février 1842, n° 35, p. 105.

« *Tout ce qui s'était passé dans la conversion* [d'Alphonse], *c'était cette instruction chrétienne qui se manifestait dans toutes les lettres de celui-ci, tandis que, peu de jours avant, il ne possédait aucune notion chrétienne.* » T. de Bussières, in *Procès,* 26 février 1842, n° 36 p. 77-78.

« *J'ai constamment remarqué en lui des sentiments véritablement chrétiens, c'est-à-dire un sincère mépris des choses du monde, des richesses et des honneurs, avec un grand désir de souffrir pour la foi, disant qu'il s'estimait heureux s'il lui était donné de sacrifier sa vie par le martyre.* » J. Roothaan, in *Procès,* 9 mars 1842, n° 46, p. 132.

« *Quant au sens de la foi, après la conversion, ce sens parut en lui d'une manière vive et efficace, lui faisant saisir, pénétrer et retenir tout ce qui lui était proposé, au point qu'en très peu de jours il fut plus que suffisamment instruit* [...]. *La principale instruction, durant les jours de retraite préparatoire au baptême, avait eu pour objet l'ordre et le sens même des cérémonies.* » J. Roothaan, in *Procès,* 18 mars 1842, n° 49, p. 134-135.

« *Je me suis prosterné le visage contre terre ... Elle ne m'a rien dit mais j'ai tout compris* [...] ». *Il a tout compris, l'homme qui a été initié, d'un seul coup, au sens profond du dogme catholique, à ce qui en constitue l'esprit et la substance* [...] : *le mystère de la communion des saints* [...], *la puissance de l'intercession de la Mère du Sauveur* [...], *il a tout compris par l'intelligence* [...], *aussi par le cœur.* » T. Walsh, *Le Comte de la Ferronnays,* 20 mars 1842, n° 50, p. 70-71.

« *A Rome, sans maîtres, sans livres, il aura plus appris en quelques heures, dit-il, qu'il n'aurait pu apprendre dans une vie entière s'il n'y fût venu.* » Ib., p. 85 (citant le n° 3 ci-dessus).

« *Peu de temps avait suffi pour amener le nouveau converti au point d'instruction nécessaire pour le baptême* [...]. *Il ne restait désormais à apprendre à Monsieur Ratisbonne que la lettre et, pour ainsi dire, la partie technique de notre religion, dont l'Esprit-Saint s'était chargé de lui enseigner l'essence.* » Ib., p. 120-121.

« *Je ne pourrais rendre compte des vérités dont j'avais acquis la foi et la connaissance. Tout ce que je puis dire, c'est qu'au moment du geste, le bandeau tomba de mes yeux, non pas un seul bandeau, mais toute la multitude des bandeaux qui m'avaient enveloppé disparurent successivement et rapidement, comme la neige et la boue et la glace sous l'action d'un brûlant soleil.* » Alphonse à Dufriche-Desgenettes, 12 avril 1842, n° 59, p. 86.

« *Je voyais au fond de l'abîme les misères extrêmes dont j'avais été tiré par une miséricorde infinie* » Ib., p. 86.

« *On me demande comment j'ai appris ces vérités, puisqu'il est avéré que jamais je n'ouvris un livre de religion, jamais je ne lus une page de la Bible, et que le dogme du péché originel, totalement oublié ou nié par les Juifs de nos jours, n'avait jamais occupé un instant ma pensée ; je doute même d'en avoir connu le nom. Comment donc suis-je arrivé à cette connaissance ? Je ne saurais le dire. Tout ce que je sais, c'est qu'en entrant à l'église, j'ignorais tout, qu'en sortant, je voyais clair* [...]. *Je n'avais nulle science de la lettre, mais j'entrevoyais le sens et l'esprit des dogmes* [...]. *Je sollicitais vivement le baptême.* » Ib., p. 87.

« *Cet instant a suffi pour lui donner, à lui qui n'avait aucune idée des principes et des vérités de la foi catholique, la foi et la connaissance explicite et adéquate de toutes les vérités chrétiennes, de manière à exciter l'étonnement et l'admiration de ceux qui l'entendent parler en ces matières.* » *Annales de l'Archiconfrérie du Très Saint et Immaculé Cœur de Marie,* n° 1, avril 1842, n° 65, p. 77.

« *Je suis chrétien, et combien je m'estimerais heureux si, pour éprouver ma foi, on me coupait en morceaux, on me torturait comme ces martyrs dont, hier encore, je me raillais. Le baptême ! Qu'on me donne le baptême !* » Guido Goerres, *Relation,* 1843, n° 28, p. 195.

« *Vous savez que depuis le premier instant de ma conversion j'ai été dominé par une seule pensée : celle de travailler à ramener au Seigneur les brebis d'Israël. Voilà dix ans que la même inspiration me poursuit sans relâche, et je me sens de plus en plus pressé d'accomplir enfin cette mission.* » Alphonse à J. Roothaan, 21 novembre 1852, n° 76.

« *J'ai reconnu que la volonté de Dieu dans ma conversion et dans ma vocation au sacerdoce me destinait manifestement à travailler au salut d'Israël. Vous le savez, c'était là ma première pensée depuis que j'ai ouvert les yeux à la vérité.* » Alphonse à X. de Ravignan, 21 décembre 1852, n° 96.

« *L'œuvre de Notre-Dame de Sion est liée, dès son commencement, à la conversion dont Rome fut témoin le 20 janvier 1842.* » *Notice de l'œuvre et de la Congrégation de Notre-Dame de Sion,* par le P. Marie-Alphonse Ratisbonne, 24 mai 1857, n° 48.

« *Ecoutez la Vierge, son silence est assez éloquent.* » Alphonse aux Sœurs d'Eïn Karem, 20 janvier 1877, n° 11.

« *Ratisbonne, instruit des sciences de ce monde, n'a rien su jusqu'alors de Dieu et de la religion, mais, sous le regard de Celle qui, sans lui parler, lui fait tout comprendre par le seul signe : 'C'est bien', un nouvel horizon s'ouvre à son intelligence. Il comprend l'ordre, l'harmonie des vérités de foi.* » Prédication du P. Volponi, Curé de St Sébastien-hors-les-Murs, pour le couronnement de la Vierge du Miracle, au seuil du cinquantenaire, 17 janvier 1892, n° 6.

« *Marie se montre à Alphonse, elle ne lui parle pas, et cependant, [il] a déjà tout compris ! Elle ne lui parle pas, et tout épris d'amour, il incline le front, il soupire et il pleure.* » Sermon du P. Turqui s.j. à Saint André delle Fratte, 20 janvier 1892, n° 8.

« *A Rome, le 20 janvier 1842, elle ne parle pas. Elle se montre sans rien dire. Pourquoi ? Entre le Seigneur et son peuple, il y a la peine du silence ! Elle se montre pour susciter et préparer la réconciliation* [...]. *C'est Dieu qui doit rompre le silence* [...]. *Voilà pourquoi, dans le sanctuaire de Rome, Marie se montre mais, par une exquise réserve, ne parle point. Elle est l'aurore qui annonce l'éclat, le foyer et la chaleur du soleil, mais, comme l'aurore, elle est discrétion.* » Joseph Lemann, aux fêtes jubilaires de Paris, 20 janvier 1892, n° 13.

Synthèse

Dès le premier instant (1852, n° 76), dès le geste de la Vierge qui lui fait signe (n° 59), Alphonse est éclairé d'une lumière nouvelle, une lumière intime, sur toutes les réalités et les vérités de la foi, ce qu'il exprime dans la maxime diversement rapportée selon les témoins : « *Elle ne m'a rien dit mais j'ai tout compris* » (n° 5, 12, 20 : « *Je compris parfaitement* » 24, 25, 26, 50, 52 ; 1892, n° 8 et 13). En cet instant, il a appris plus qu'il n'aurait pu pendant sa « *vie entière* » (n° 3, 50). Ce n'est point une infusion de science et de connaissance, mais une lumière (n° 4, 59). Il entrevoit « *le sens et l'esprit des dogmes* » (n° 50, 59). Il reçoit l' « *intuition* » des « *vérités de foi* » (n° 4), y compris l'expérience intime du péché originel, qui lui pèse terriblement (n° 59). Cela lui donne d'emblée une force pour témoigner, argumenter (n° 12, 36). Il désire ardemment, dès le début, communiquer ses lumières à ceux qui ne les ont pas reçues (n° 15). Il se sent appelé à travailler au salut d'Israël (1852, n° 76 et 96 ; 1857, n° 48). Ceux qui ont à lui enseigner la foi catholique constatent qu'il n'a plus à en apprendre

que les « *formes* », qu'il en possède déjà la lumière et l'intuition essentielles (n° 30, 31, 49, 50). Il comprend mieux que ceux qui font leur première communion à l'âge de 12 ou 13 ans (n° 35). Ce n'est pas une adhésion vague et confuse, mais une foi précise, en appétit de précision : il a d'emblée une foi très vive au T.Saint Sacrement (n° 12, 26, 35). « *Il parle de la Présence Réelle pas seulement comme un homme qui « croit », mais « comme un homme qui SENT* » (n° 26). Il perçoit au premier plan la Vierge (n° 35, 50), mais aussi la difformité du péché (n° 30 ; 1892, n° 6). Cela lui donne, du même coup, un « *mépris des richesses et des honneurs* » (n° 46), un désir de souffrir pour la foi (n° 46 ; 1843, n° 28) et, bien sûr, un ardent désir du baptême (n° 4, 59 ; 1843, n° 28).
Sur son désir de baptême, dont les premières expressions sont situées de manière flottante, (voir ci-dessus notes 11, 12, 13). Le désir fut immédiat mais ne fut peut-être pas exprimé avant la visite au P. de Villefort.

7. Ce qu'Alphonse a compris

Voir fin de la note précédente : l'ensemble des vérités, plus précisément le sens du péché ; l'importance de la Croix et de la souffrance ; et la présence réelle dans l'Eucharistie (ci-dessus note 15) et bien sûr, la Vierge.

8. Comme sur la médaille

« *Quelques heures après, voyant par hasard et pour la première fois le revers de la Médaille Miraculeuse, il a reconnu sa croix.* » T. de Bussières à T. Ratisbonne, 22 janvier 1842, n° 5.
Mêmes termes dans sa relation du 30 janvier 1842, n° 12, p. 16.

« *En elle, il reconnut celle qui était représentée sur la Médaille. Elle avait aussi les mains ouvertes et étendues.* » *L'Ami de la Religion,* 12 février 1842, n° 20.

« *Je vis la Vierge Marie, telle qu'elle est ici sur la Médaille.* » *Journal de Rome,* 15 février 1842, n° 24.

« *...la Vierge Marie telle qu'elle se trouvait sur ma médaille* ». T. de Bussières citant Alphonse in *Procès,* 17 février 1842, n° 25, p. 71-72.

« *Je le presse de s'expliquer. Il ne peut pas. Son émotion est trop forte. Il tire de son sein la Médaille Miraculeuse* [...]. *Je le conduis aussitôt au Gesù, près du P. de Villefort, qui l'engage à s'expliquer. Alors Ratisbonne tire sa médaille, l'embrasse, nous la montre et s'écrie :*
— *Je l'ai vue* !!! » T. de Bussières, *L'enfant de Marie,* 17 février 1842, n° 26, p. 29-30.

« *Je vis, debout sur l'autel* [...], *la Très Sainte Vierge Marie, semblable dans l'acte et la structure* (nell'atto e nella struttura) *à l'image qu'on voit sur la Médaille Miraculeuse de l'Immaculée.* » Alphonse, in *Procès,* 18 février 1842, n° 29, p. 87.

« *Tout en parlant* [lors de sa visite au Gesù, aussitôt après l'apparition, le 20 janvier à 13 h 30], *il tira sa Médaille Miraculeuse de l'Immaculée Conception et me dit :*
— *Je l'ai vue ! Je l'ai vue ! Telle qu'elle est là !* » P. de Villefort, in *Procès,* 24 février 1842, n° 34, p. 99.

« *A paru* [...] *la Vierge Marie, telle qu'elle se trouve sur ma médaille.* » Paroles d'Alphonse, rapportées par T. de Bussières, in *Procès,* 17 février 1842, n° 25, p. 72.

« *Il avait vu, au milieu d'une éclatante lumière, la Très Sainte Vierge, telle qu'elle est représentée dans la Médaille Miraculeuse française de l'Immaculée Conception* ». Jean Rozaven, in *Procès,* 2 mars 1842, n° 38, p. 114.

« *Au milieu de cette lumière, la Très Sainte Vierge, telle qu'elle est représentée sur la Médaille de France.* » E. de Bock, in *Procès,* 5 mars 1842, n° 41, p. 124.

« *comme la Vierge de ma médaille* ». T. Walsh, *Le Comte de la Ferronnays,* 20 mars 1842, n° 50, p. 70.

« *Quand Monsieur de Bussières me rappela à la vie* [dans l'église où il le trouve agenouillé], *je ne pouvais répondre à ses questions précipitées; mais enfin je saisis la médaille que j'avais laissée sur ma poitrine; je baisai avec effusion l'image de la Vierge rayonnante de grâce ... Oh! c'était bien elle!* » Alphonse à Desgenettes, n° 59, p. 85.

« *Une Dame au port le plus majestueux* [...], *vêtue d'une robe blanche, les bras étendus de la même manière que la figure de la Très Sainte Vierge est représentée sur la Médaille Miraculeuse.* » *Annales de l'Archiconfrérie du Très Saint et Immaculé Cœur de Marie,* avril 1842, n° 65.

Concernant « *le tableau de la chapelle de Paris* [...], *que le peintre lui donne* [...] *les poses de la médaille;* [...] *la main droite ordonne aux pécheurs d'approcher et de s'agenouiller; vêtements blancs.* » Alphonse à T. de Bussières, 31 janvier 1843, n° 6.

Thème retenu par l'Offfice de la Médaille Miraculeuse, 5e leçon du 2e Nocturne, 30 avril 1928, n° 8.

Synthèse

L'avers

La référence d'Alphonse à la Médaille est constante (tous les textes). Cela dispense Alphonse de toute description (ci-dessus note 3). Il la montre (n° 26, 34, 59), en soulignant l'identité : « *Je l'ai vue* » (n° 26, 34). Cette manière gestuelle de s'exprimer s'impose d'autant plus à lui que l'émotion paralyse son langage, et que la réalité dépasse toute expression. Il se réfère essentiellement aux mains rayonnantes sur lesquelles son regard s'est fixé (ci-dessus, note 5), sans qu'il ait pu lever les yeux jusqu'au visage. La lumière est à la fois visible et spirituelle : immatérielle, Dieu même qui transfigure cette femme sans altérer sa nature et sa simplicité. Il perçoit une intense communication de lumière et d'intelligence, qui lui est donnée en cet instant.

Le revers

C'est seulement au soir de l'apparition qu'il reconnaîtra la similitude entre « *la croix vue la nuit précédente* » et le *revers* de la Médaille (n° 5, 26, 30, cités ci-dessous, note 25; cf. chapitre 6, note 23), la croix étant « *beaucoup plus grande* » dans la vision prémonitoire de la nuit que sur la médaille (n° 30). Mais son insistance constante est sur l'apparition lumineuse et l'avers de la Médaille (n° 20, 24, 25, 29, 34, 38, 41, 59) : « *Oh, c'était bien elle!* » (n° 59).

9. LE REGARD DE LA VIERGE

« *Un regard de Marie suffit pour retourner une âme, convertir une mauvaise tête, pour faire un bon cœur d'un mauvais cœur. Ainsi* [...], *faites silence* [...] *et restez sous le regard de Marie.* » Alphonse aux enfants de Grandbourg, 1er juillet 1862, n° 115.

« *Elle ne m'a rien dit, mais j'ai tout compris.*
— *Mais qu'avez-vous compris dans ce* regard *d'une Mère? C'était l'ordre de commencer une congrégation nouvelle dont Jérusalem devait être le centre.* » Pierre Estrate, Instruction à la chapelle de saint Jean, 7 mai 1884, n° 233.

« *Il nous dit qu'il n'avait pu rencontrer le regard de Marie qu'une seule fois, mais que, dans ce seul regard, il avait non seulement tout compris, mais qu'il avait vu l'horreur du péché, surtout du péché originel, dont il était couvert, ainsi que la multitude de ses autres péchés. Il avait aussi vu dans ce regard la miséricorde divine, ainsi que la protection spéciale et continuelle de la Très Sainte Vierge jusqu'au bout de sa carrière. Il avait aussi vu la Congrégation de Sion qui devait se former plus tard.* » Souvenir de Sœur Genovefa, 1902, n° 105.

Conclusion

Aussi surprenant que cela paraisse, *aucun des témoignages anciens d'Alphonse ne nous parle du regard de la Vierge* et les textes ultérieurs n'y font guère qu'allusion. Le seul témoignage formel (posthume) ne nous parvient qu'à travers Sœur Genovefa en 1902. Selon ce témoignage, lors de ses trois efforts pour lever les yeux, il aurait pu rencontrer un instant le regard de Marie. Sœur Genovefa, qui a vécu avec lui à Eïn Karem, se réfère à ses paroles, et semble l'interpréter ainsi, mais en forme prudente et vague. Le silence d'Alphonse, sauf cette éventuelle réponse à Sœur Genovefa, peut-il s'expliquer par sa résistance à parler de l'ineffable, qui le rend si laconique lorsqu'il s'agit de décrire l'apparition (ci-dessus notes 3, 4, 5) ?
Il paraît probable qu'il a seulement parlé de ce *regard qu'il sentait posé sur lui.* Mais s'il avait vraiment rencontré ce regard, ne fût-ce qu'un instant, on aurait bien réussi à le lui faire dire. Or, ce qu'il dit clairement et constamment, dès ses premiers témoignages (directs et indirects), c'est que son regard n'a pu s'élever jusqu'au visage de Marie et s'est trouvé ramené sur les mains, qui disaient tout (ci-dessus note 5).

10. SENS DE CETTE PRÉSENCE : MAJESTÉ, MAIS TENDRESSE ET PARDON

Voir ci-dessus note 3.

11. THÉODORE RETROUVE ALPHONSE

« *Au bout d'une demi-heure* [sic pour 5 minutes, Bussières] *revient, cherche en vain son juif et le croit parti ; bientôt, il l'aperçoit devant l'autel de la Vierge, à genoux, immobile, les yeux fixes. Il s'approche, saisi d'étonnement. Le juif, revenant à lui, s'écrie :*
— Ah ! Monsieur, qu'Elle était belle ! Ce Monsieur a prié pour moi.
— Comment ? Que dites-vous ? Etes-vous fou ? Etes-vous malade ?
— Non, je suis chrétien. Je veux le baptême, j'ai horreur de moi, j'ai tout vu.
— Mais qu'avez-vous vu ?
— J'ai vu Celle qui est représentée sur la médaille que vous m'avez donnée.
Bussières, stupéfait, le presse de questions et n'en obtient que des mots entrecoupés et des larmes. » Louis Esbelin à la Marquise Adrien de Mun, 21 janvier 1842, n° 4.
N.B. Le début de la lettre évoque le rayonnement de Madame de la Ferronnays, « *heureuse de la certitude que son mari a trouvé dans le sein de Dieu le bonheur et le repos* », dont témoigne la conversion d'Alphonse. Louis Esbelin comprend ce qu'est la « *Communion des saints* ».

« *Lorsque je redescendis dans l'église, je n'aperçus point d'abord votre frère. Enfin, je le vis* agenouillé *devant la chapelle de l'Ange Gardien. Je m'approchai de lui, le poussai trois ou quatre fois avant qu'il s'aperçût de ma présence. Enfin, il tourne vers moi un visage baigné de larmes, joint les mains et me dit, avec une expression impossible à rendre :*
— Ah ! comme ce Monsieur a prié pour moi !
Je sentais moi-même ce que l'on doit éprouver en présence d'un miracle.
Je relève Alphonse, qui sort de sa poitrine la Médaille Miraculeuse, la couvre de baisers et de larmes. Je le ramène chez lui [p. 13]. *Il a pour Monsieur de la Ferronnays une vénération, une affection posthume, comme il le dit lui-même, qui lui cause une profonde émotion et qui est, pour la famille, le gage assuré de la béatitude de celui qu'elle pleurait avant-hier et qu'elle invoque aujourd'hui.* » T. de Bussières à T. Ratisbonne, 22 janvier 1842, n° 5, p. 12 et 13-14.

« *Je redescendis dans l'église, je n'aperçus d'abord pas Alphonse, puis je le découvris, agenouillé devant la chapelle de l'Ange Gardien. Je m'approche de lui. Je le pousse trois ou quatre fois avant qu'il s'aperçoive de ma présence. Enfin, il tourne vers moi un visage baigné de larmes, joint les mains et me dit :*
— Oh ! comme ce Monsieur a prié pour moi !

Je sentais moi-même ce que l'on éprouve en présence d'un miracle. Je relève Alphonse, je le guide, je le porte, pour ainsi dire, hors de l'église et je lui demande où il veut aller.
— Conduisez-moi où vous voudrez. Après ce que j'ai vu, j'obéis.
Je le presse de s'expliquer, son émotion est trop forte. Il tire de sa poitrine la Médaille Miraculeuse, qu'il couvre de baisers et de larmes. Je le ramène chez lui. » T. de Bussières, *Relation,* 30 janvier 1842, n° 12, p. 13.

« *Monsieur de Bussières, ayant réglé le convoi, chercha vainement son compagnon au lieu où il l'avait laissé. Enfin, il le découvrit dans la chapelle de l'Ange Gardien, à genoux et le visage baigné de larmes. Monsieur de Bussières s'agenouilla à côté de lui et* ce ne fut que quelques instants après qu'il se résolut à le frapper sur l'épaule et à le questionner. *Monsieur Ratisbonne, plusieurs fois interrogé, se retourne enfin et dit :*
— Il faut que ce Monsieur ait bien prié pour moi !
Il parlait de Monsieur de la Ferronnays. » *L'Ami de la Religion,* 12 février 1842, n° 20.

« *Le Baron ne tarda pas à retourner, au bout de dix à vingt minutes. Il le cherchait par ci par là et le vit à genoux devant la chapelle de l'Ange Gardien,* tout replié sur lui-même. *Il le secoue doucement deux ou trois fois. Enfin Alphonse tourne vers lui un visage mouillé de larmes et, les mains jointes, laisse éclater ces paroles et d'autres encore :*
— Oh ! comme ce Monsieur a prié pour moi ! Que Dieu est bon !
Il tire sa Médaille de la Vierge, la baise tendrement. Il exalte l'avantage d'être dans la vraie foi, jouit de son sort, demande un prêtre avec grande instance. Il soupire après le baptême et est tout de suite conduit à la maison du Gesù. » *Journal de Rome,* 15 février 1842, n° 24.

« *Je ne trouvai plus Monsieur Ratisbonne où je l'avais laissé. En regardant, je le vis* à genoux, la tête appuyée à la balustrade de la chapelle de Saint Michel-Archange et de Saint Raphaël, dans une attitude de profonde concentration (concentramento). *A cette vue je me sentis pris d'un religieux frisson et d'une très vive émotion et je me dis en moi-même : Il est arrivé un miracle !* Je m'approchai de lui, tâchai de le secouer plusieurs fois mais il ne bougeait pas de sa position, *jusqu'à ce que, levant le visage inondé de larmes, il dit :*
— Oh ! comme ce Monsieur a prié pour moi ! ou, car je ne me rappelle vraiment pas l'expression, Il a dû prier pour moi !
Je compris aussitôt qu'il s'agissait du défunt Monsieur le Comte de la Ferronnays. Ainsi, soutenu par moi et presque porté, il monta dans ma voiture *et moi avec lui. J'ordonnai au cocher d'aller à l'Hôtel Serny* (Locanda Serny) *où il était logé. Cependant Ratisbonne continuait de pleurer abondamment* (dirottamente) *et il disait, en mots entrecoupés* (con voci interrote) :
— Que je suis heureux ! Quelle plénitude de grâce et de bonheur c'est pour moi ! Que Dieu est bon ! Combien sont malheureux ceux qui ne savent pas [...]. *Il tira de sa poitrine la Médaille Miraculeuse, l'embrassait en la baignant de chaudes larmes et, en même temps, il m'étreignait la main, appuyait sa tête sur mon épaule et donnait cent signes de suprême émotion.* » T. de Bussières, in *Procès,* 17 février 1842, n° 25, p. 71.

« *En rentrant dans l'église, je n'aperçois d'abord pas Ratisbonne, puis je le découvre bientôt agenouillé devant la chapelle de l'Ange Saint Michel. Je m'approche de lui, je le pousse trois ou quatre fois* avant qu'il s'aperçoive de ma présence. *Enfin il tourne vers moi un visage baigné de larmes, joint les mains et me dit, avec une expression impossible à rendre :*
— Oh ! comme ce Monsieur a prié pour moi !
J'étais moi-même stupéfait d'étonnement. Je sentais ce qu'on éprouve en présence d'un miracle. Je relève Ratisbonne. Je le guide, je le porte, pour ainsi dire, hors de l'église, je lui demande ce qu'il a, où il veut aller.
— Conduisez-moi où vous voudrez, s'écrie-t-il. Après ce que j'ai vu, j'obéis.
Je le presse de s'expliquer. Il ne le peut pas. Son émotion est trop forte. Il tire de son sein la Médaille Miraculeuse, qu'il couvre de baisers et de larmes. Je le ramène chez lui. » T. de Bussières, *L'enfant de Marie,* 17 février 1842, n° 26, p. 28-29.

« *Lorsque Monsieur de Bussières revint, il me trouva à genoux, la tête appuyée à la balustrade de la chapelle où apparut la Très Sainte Vierge, tout baigné de larmes. Je ne sais expliquer comment étant tombé à genoux de l'autre côté de la nef, malgré les préparatifs funèbres qui empêchaient l'accès direct à la chapelle, je suis venu près de la balustrade de celle-ci. J'ajoute que le sentiment qui accompagnait mes larmes était de gratitude envers Marie la Très Sainte et de compassion envers ma famille, envers les hérétiques et les pécheurs. Monsieur de Bussières me souleva de presque tout mon poids tant était grande ma prostration. Je lui dis alors en pleurant :*
— Ah ! que ce Monsieur a prié pour moi !
Je parlais du défunt Monsieur de la Ferronnays. Il m'interrogea plusieurs fois mais je ne pouvais répondre par commotion et abattement. Ensuite, me soutenant de ses bras, il m'a conduit de l'église à sa voiture et m'a aidé à y monter. » Alphonse, in *Procès,* 19 février 1842, n° 30, p. 87-88, qui court-circuite la passage à l'Hôtel Serny.

« *Peu après, passant de nouveau dans l'église, je le revis* [il parle de Bussières] *devant la chapelle sus-dite de Saint Michel, parlant à un autre individu, que je voyais agenouillé devant la balustrade.* » Paul Bertucci, in *Procès,* 1er mars 1842, n° 37, p. 110.

« *Monsieur de Bussières, le trouvant plongé dans un profond recueillement, l'avait secoué à plusieurs reprises et, à la fin, en se levant, Ratisbonne avait proféré ces paroles :*
— Il faut que ce Monsieur ait beaucoup prié pour moi, en référence au défunt Monsieur le Comte de la Ferronnays, qui, ainsi qu'il m'a été dit, avait l'habitude de fréquenter cette chapelle. Ils sortirent ensuite de l'église. La commotion et les larmes continuaient en la personne de Ratisbonne (durando nella persona di Ratisbonne). *Tout ce récit fut approuvé par Ratisbonne présent.* » J. Rozaven, in *Procès,* 2 mars 1842, n° 38, p. 114.

T. Walsh, *Le Comte de la Ferronnays,* 20 mars 1842, n° 50, p. 66-68, est une simple citation de la lettre de Théodore de Bussières à Théodore Ratisbonne, ci-dessus n° 5.

« *Monsieur de Bussières revient, après une absence d'une douzaine de minutes. Il ne retrouve plus son jeune compagnon* [...] *et il le cherche. Mais quel fut son étonnement en le découvrant du côté gauche de l'église ! Il l'aperçoit prosterné* [...]. *C'était dans la chapelle de l'Ange Saint Michel.* » [J. M. Aladel] *Récit,* mars 1842, n° 52, p. 408.

« *La joie la plus ardente éclata au fond de mon âme. Je ne pus pas parler. Je ne voulus rien révéler. Je sentais en moi quelque chose de solennel et de sacré qui me fit demander un prêtre. On m'y conduisit, et ce n'est qu'après avoir reçu l'ordre positif que je parlai, selon qu'il m'était possible, à genoux et le cœur tremblant. Mes premiers mots furent des paroles de reconnaissance pour Monsieur de la Ferronnays et pour l'Archiconfrérie de N.D. des Victoires.* » Alphonse à Dufriche-Desgenettes, 12 avril 1842, n° 59, p. 85.

Synthèse

Découverte d'Alphonse

Retour de ses démarches au réfectoire des Pères Minimes, Théodore cherche en vain Alphonse (n° 4, 20, 50, 52), ne l'aperçoit pas (n° 5, 12, 26), le croit parti (n° 4).
Enfin il l'aperçoit devant l'autel (n° 4, 30) qui n'était pas encore appelé « *l'autel de la Vierge* », mais de « *l'Ange Gardien* » (n° 5, 12, 20, 24), ou encore : des Archanges saint Michel (n° 25, 26, 37, 52) et Raphaël (n° 25) : chapelle située « *du côté gauche de l'église* » (n° 52).
Alphonse est à genoux (n° 4, 5, 12, 20, 24, 25, 26, 30), prosterné (n° 52), immobile (n° 4), tout replié sur lui-même (n° 24), la tête appuyée contre la balustrade (n° 25, 30), « *les yeux fixes* », croit pouvoir préciser le n° 4 : le plus ancien témoignage, mais d'une rédaction souvent approximative.

Prise de contact

« *Je le pousse trois ou quatre fois* » (n° 5, 12, 26 ; plusieurs fois : n° 25, 38). « *Je le frappe sur l'épaule* » (n° 20), croit pouvoir ajouter *L' Ami de la Religion.* « *Je le*

secoue doucement deux ou trois fois », dit approximativement le n° 24 ; « *Je tâchai de le secouer plusieurs fois* », dit T. de Bussières (n° 25) ; ce n'est qu'à la *3e* ou *4e* poussée qu'il « *s'aperçoit de ma présence* », précise Bussières au n° 26.
Alphonse tourne vers Théodore un visage baigné de larmes (n° 5, 12, 20, 24, 25, 26, 30, 38).

Premières paroles

Enfin Alphonse prend la parole pour dire ces mots énigmatiques, mais qui rejoignent la pensée de son interlocuteur, toute emplie d'Auguste de la Ferronnays, dont il est venu préparer les funérailles :
— Oh ! comme ce Monsieur a prié pour moi ! (n° 4, 5, 12, 20, 24, 25, 26, 30, 38, 59).
On peut se demander si Théodore n'anticipe pas ces paroles, vu leur importance, car les premiers mots d'Alphonse sont confus, entrecoupés, noyés de larmes. Tout bien pesé, Théodore a sans doute raison de situer ces paroles à l'église, mais un peu plus tard, au moment où il passe devant le catafalque pour sortir.

Il paraît douteux qu'Alphonse ait ajouté dès ce moment : « *Ah, Monsieur, qu'elle était belle !* », élément apparemment rédactionnel de Louis Esbelin (n° 4), qui anticipe pareillement en lui faisant dire dès cet instant : « Je veux le baptême » (n° 4, 20, 24, 50 ; et Gœrres : 1843, n° 28). C'est plus probablement à l'Hôtel Serny qu'il formulera pour la première fois cette demande (ci-dessous note 12) ; en tous cas, il la réitérera avec insistance chez le P. de Villefort (ci-dessous note 13).
A-t-il demandé dès ce moment un prêtre (n° 24, 59), un confesseur (n° 30) ?
— Après ce que j'ai vu, j'obéis, déclare-t-il (n° 26, 30).
— Conduisez-moi chez un confesseur : à lui je le dirai à genoux, avec sa permission (Alphonse, n° 30).
Théodore reste flottant sur ce point. Et cette demande, si elle avait été faite dans l'église, les aurait dirigés aussitôt vers le Gesù. Elle ne vint qu'à l'hôtel Serny (note suivante), et détermina aussitôt leur départ vers la maison généralice des Jésuites.

A l'église, Alphonse est encore en larmes. Ses paroles sont hachées, « *entrecoupées* », « *il ne peut s'expliquer* » (n° 26). « *Je ne pouvais répondre par commotion et abattement* », dit-il au Procès canonique (n° 30). D'où ce temps de repos à l'hôtel qu'interrompra vite la demande d'Alphonse : voir un prêtre ; avant quoi il ne dira rien.

De l'église à la voiture

C'est « *soutenu et presque porté* » (n° 12, 25, 26) que Théodore le « *conduit hors de l'église* » (n° 12, 30, 38). C'est « *en me soutenant* » qu' « *il m'a conduit de l'église à sa voiture et m'a aidé à y monter* », confirme Alphonse, au Procès (n° 30). Bussières ordonne « *au cocher d'aller à l'Hôtel Serny* » (n° 25), « *chez* » Alphonse (n° 5, 12, 26).

La médaille

Selon les n° 5, 12, 24, 25, 26, c'est à l'église qu'Alphonse tire pour la première fois la médaille de sa chemise et « *la couvre de baisers et de larmes* » (« *Il la baise tendrement* » : n° 24). Mais le n° 25 est sans doute plus exact en situant pendant le trajet ce geste, qu'Alphonse renouvellera chez le P. de Villefort (n° 34).

Sentiments d'Alphonse

Que cache le silence d'Alphonse ? Une immense gratitude envers Marie avec compassion pour les pécheurs (n° 30) ; une « joie ardente » (n° 59). Cette plénitude qui redimensionne tout son être le rend incapable de s'exprimer.

12. A L'HÔTEL SERNY

« *Je relève Alphonse, qui sort de sa poitrine la Médaille Miraculeuse, la couvre de baisers et de larmes. Je le ramène chez lui. Les seuls mots que je tire de lui sont :*
— Ah, que je suis heureux. Que Dieu est bon, quelle plénitude de grâce et de bonheur. Combien ceux qui ne savent pas sont malheureux !

Enfin, lorsque cette délirante émotion s'est un peu calmée, avec un visage radieux, je dirais presque transfiguré, il me demande de le mener chez un confesseur. » T. de Bussières à T. Ratisbonne, 22 janvier 1842, n° 5.

« *Je relève Alphonse, je le guide, je le porte, pour ainsi dire, hors de l'église, je lui demande où il veut aller :*
— Conduisez-moi où vous voudrez. Après ce que j'ai vu, j'obéis.
Je le presse de s'expliquer. Son émotion est trop forte. Il tire de sa poitrine la Médaille Miraculeuse, qu'il couvre de baisers et de larmes.
Je le ramène chez lui *et les seuls mots que j'en puis tirer sont ceux-ci :*
— Ah, que je suis heureux ! Que Dieu est bon ! Quelle plénitude de grâce et de bonheur ! Que ceux qui ne savent pas sont à plaindre !
Puis il fondait en larmes, en pensant aux hérétiques et aux mécréants. Enfin il me demanda s'il n'est pas fou.
— Mais non, s'écrie-t-il, je suis dans mon bon sens. Mon Dieu ! Mon Dieu ! Tout le monde sait que je ne suis pas fou. » T. de Bussières, *Relation*, 30 janvier 1842, n° 12, p. 13-14.

« *Soutenu et presque porté par moi, il monta dans ma voiture, et moi avec lui ; je donnai ordre au cocher de se rendre à l'hôtel Serny où se trouvait son logement. Ratisbonne continuait à pleurer abondamment, disant d'une voix entrecoupée :*
— Combien *je suis heureux — Quelle* abondance *de grâce et de bonheur* c'est pour moi ! *Que Dieu est bon ! Et* combien sont malheureux *ceux qui ne savent pas* [...].
Il tira de son cou la Médaille Miraculeuse, la baisa et rebaisa en l'inondant de ses larmes brûlantes. En même temps il me serrait la main, appuyait sa tête sur mon épaule et donnait tous les signes d'une violente commotion.
Nous arrivâmes à l'Hôtel Serny. Dès que nous fûmes entrés, craignant qu'il ne fût suffoqué par ses larmes, je lui ôtai sa cravate *et j'entrouvris sa chemise sur sa poitrine pour lui donner un peu d'air. Lorsqu'il eut repris un peu de calme, il me serra dans ses bras, en disant, le visage illuminé et, pour ainsi dire, transfiguré :*
— Conduisez-moi à un confesseur. Quand pourrai-je recevoir le baptême, sans lequel je ne puis plus vivre ? Qu'ils furent heureux, ces martyrs que j'ai vus sur les murs de Saint Etienne-le-Rond ! Je lui demandai ce qu'il avait vu et il me déclara ne pouvoir s'expliquer sur ce point sinon à un prêtre et à genoux. » T. de Bussières, in *Procès*, 17 février 1842, n° 25, p. 71.

« *Je le ramène chez lui et, malgré mes instances, je ne pus obtenir de lui que des exclamations entrecoupées de sanglots :*
— Ah, que je suis heureux ! Que Dieu est bon ! Quelle plénitude de grâce et de bonheur ! Que ceux qui ne savent pas sont à plaindre.
Puis il fond en larmes en pensant aux hérétiques et aux mécréants. Enfin il se demande s'il n'est pas fou...
Mais non, s'écrie-t-il, je suis dans mon bon sens. Mon Dieu ! Mon Dieu ! Je ne suis pas fou ! Tout le monde sait bien que je ne suis pas fou. » T. de Bussières, *L'Enfant de Marie*, 17 février 1842, n° 26, p. 29-30.

« *Lorsque, me soutenant de ses bras, il m'eut conduit hors de l'église et aidé à monter en voiture, il me demanda où je voulais aller.*
— Menez-moi où vous voulez, lui répondis-je ; après ce que j'ai vu, j'obéis.
— Mais qu'avez-vous vu ? me dit-il.
— Je ne puis vous le dire. Conduisez-moi à un confesseur et je lui dirai à genoux, s'il me le permet. » Alphonse, in *Procès*, 19 février 1842, n° 30, p. 88.

« *Je le ramène à son logement.* » T. de Bussières, cité par T. Walsh, *Le Comte de la Ferronnays*, 20 mars 1842, n° 50, p. 59.

« *Mais Monsieur de Bussières le voit dans un tel état d'agitation qu'il trouve à propos, avant tout, de le* ramener chez lui *afin de lui donner le temps de se calmer et de reprendre ses sens.* » Guido Goerres, *Conversion*, 1843, n° 28, p. 194.

Synthèse

Jusqu'à la sortie de l'église, Alphonse n'a toujours pas dit ce qu'il avait vu, comme l'indiquent diversement les n° 12, 25, 26. Voyant son état de violente commotion (n° 25), Théodore décide de le ramener à son domicile tout proche (n° 5, 12, 25, 26, 50 ; 1843, n° 28) : l'Hôtel Serny (n° 25).
— Je relève Alphonse, je le guide, je le porte, pour ainsi dire, hors de l'église, dit clairement T. de Bussières (n° 12).
— Soutenu et presque porté par moi, il monta dans ma voiture, moi avec lui, dit-il pareillement au n° 25. Alphonse confirme cette aide au n° 30. Il est difficile de situer les premiers propos d'Alphonse, que beaucoup de textes situent de manière floue, anticipent ou déplacent, car ils font l'impasse sur le passage à l'Hôtel Serny (n° 30).
« *Je donnai ordre au cocher de se rendre à l'hôtel Serny, continue Théodore* » (n° 25).
Dans la voiture, Alphonse, toujours bouleversé d'émotion, fond en larmes (n° 5, 12, 25, 26) et embrasse son ami (n° 12, 26) :
— Oh, que je suis heureux ! Que Dieu est bon ! Combien ceux qui ne savent pas sont malheureux ! (n° 5, 12, 25, 26 : le n° 25, le seul qui parle du trajet en voiture, y situe cette parole, sans doute avec raison contre les n° 5, 12 et 26 qui les situe à l'hôtel Serny, tout proche).
« *Dès que nous fûmes arrivés, craignant qu'il ne fut suffoqué par les larmes, je lui ôtai sa cravate et j'entrouvris sa chemise sur sa poitrine, pour lui donner un peu d'air* » (n° 25).
Il n'en tire encore que peu de mots (n° 5, 12), d'une voix entrecoupée (n° 25, 26).
Il demande s'il n'est pas fou (n° 5, 12, 25, 26). Il sort « *de sa poitrine la Médaille Miraculeuse et la couvre de baisers et de larmes* » (n° 5, 12, 25).
Les textes peu circonstanciés anticipent ces paroles d'Alphonse qui ne se situent pas à l'église, et peu probablement dans la voiture où ils ne restent que quelques instants, mais bien à l'hôtel, lorsque la délirante émotion s'est un peu calmée et que le visage bouleversé et larmoyant d'Alphonse devient « *radieux et presque transfiguré* » (n° 5).
C'est alors que se situe sa demande d'aller chez un prêtre (n° 5, 25, 30). Cette demande pressante abrège le séjour à l'hôtel (environ 5 minutes, autour de 13 h 15), et détermine un départ rapide pour le Gesù, toujours dans la voiture conduite par le cocher (n° 25).
Préalablement à la série des notes suivantes, qui ont dû débrouiller une grande complexité, la note ci-après paraît utile pour s'orienter selon la struture des témoignages.

Structures des témoignages du 20 janvier : 13 h 30 à 22 heures

Pour l'après-midi du 20 janvier, nous disposons d'assez nombreux témoignages, mais fragmentaires (et les morceaux sont parfois difficiles à recoller).
1. Pour la première visite au Gesù, à 1 heure et demie (notes 13 et 14), Alphonse, le P. de Villefort (n° 34), puis le Général des Jésuites (note 14, n° 46), et enfin le Baron de Bock (n° 40), recoupent et complètent le témoignage de Théodore de Bussières. (n° 4 : qui dépend de lui, 5, 12, 25, 26)
2. Pour la visite aux basiliques (note 15), on dispose de plusieurs témoignages de Théodore de Bussières (n° 12, 25, 26) et d'Alphonse lui-même (n° 30).
3. Pour la première visite de Théodore aux la Ferronnays (note 17), qui se situe évidemment après, nous bénéficions du recoupement des récits de Théodore (n° 12, 26) avec celui de Madame de la Ferronnays (n° 10).
4. Pour le retour de Théodore à l'hôtel Serny (note 18), nous n'avons que le triple témoignage de Théodore (n° 12, 26, 31) : mal articulé chronologiquement, et rien d'Alphonse.
5. Pour la 2e visite au Gesù, à l'heure de l'Ave Maria (note 19), les Pères de Villefort (n° 34) et Rozaven (n° 38) recoupent Théodore de Bussières (n° 12).
6. Pour la première cérémonie des funérailles à Saint André (note 20), à 19 heures, nous disposons des précieux recoupements du sacristain Paul Bertucci (n° 37) et de Walsh (n° 50), qui comblent les lacunes déroutantes du récit de Théodore de Bussières (n° 31).

Ces recoupements permettent de situer la visite express, pendant un grand « *demi quart d'heure* » (n° 50), de Théodore chez les la Ferronnays. Apprenant là que sa femme l'attend, il part en hâte chez lui avec sa voiture et revient de même. Il arrive pour la fin de la levée du corps, et part pour l'église Sant'Andrea avec l'abbé Gerbet, seul avec lui pour cette cérémonie. Ils arrivent à l'église juste avant le corps (note 20).
7. Pour la veillée d'Alphonse (note 21), le sacristain (n° 37) et le Curé (n° 39) l'ont observé objectivement, sans savoir qui il était et se recoupent avec cohérence.
8. Pour la soirée de Théodore, après l'absoute à Sant'Andrea (notes 21-22), les témoignages du Baron de Bock (n° 40-41) et de Gustave de Bussières (n° 33) recoupent fort bien celui de Théodore (n° 31).
9. De même pour leur retour à Sant'Andrea (note 23), et le retour d'Alphonse à son hôtel, en voiture, malgré la très faible distance (n° 41).

13. VISITE AU GESÙ

« *Bussières, stupéfait, le presse de questions et n'en obtient que des mots entrecoupés et des larmes ; il le conduit sur-le-champ au Gesù, et là, devant le Général, le juif, un peu remis, raconte ce qu'il a vu.* » Louis Esbelin à la Marquise de Mun, 21 janvier 1842, n° 4.

« *Je le menai au P. de Villefort, qui lui ordonne de parler.* » T. de Bussières à T. Ratisbonne, 22 janvier 1842, n° 5.

« *Aussitôt, je le mène au P. de Villefort, au Gesù, qui lui ordonne de s'expliquer.* » T. de Bussières, *Relation,* 30 janvier 1842, n° 12, p. 14.

« *Monsieur de Bussières le conduisit au Gesù, le présenta au P. de Villefort, et l'on sut ce qui lui était arrivé.* » *L'Ami de la Religion,* 12 février 1842, n° 20.

« *Il soupire après le baptême et est tout de suite conduit à la maison du Gesù. Là, en présence du P. de Villefort et de son ami, avec de tendres et fortes expressions du cœur, il commence à dire :*
— *Resté seul dans l'église, tout à coup l'édifice disparut à mes yeux* [Ici vient le récit déjà cité ci-dessus notes 4-6]. *J'ai tout compris.* » *Diaro di Roma,* 15 février 1842, n° 24 : traduction.

« *Je le conduisis au Gesù et fis appeler le P. Villefort, devant lequel il dit ces paroles* (le seguenti parole) :
— *Je l'ai vue, je l'ai vue. J'étais depuis peu dans l'église quand, à l'improviste, je me sentis pressé* (compreso) *par un trouble que je ne pouvais exprimer. Je levai les yeux, et voici que toute l'église était couverte et obscurcie comme par un voile ; une seule chapelle avait, pour ainsi dire, concentré en elle toute la lumière, et au milieu de cette irradiation, apparut, debout sur l'autel de la même chapelle, grande, brillante, vivante, pleine de majesté et de douceur, la Vierge Marie telle qu'elle se trouvait sur ma médaille. Elle me fit signe de la main de m'agenouiller. Une force irrésistible me poussa vers elle. Il me sembla qu'elle me dit : « Cela suffit »* (basta così). *Elle n'articula pas une parole, mais je compris tout ; il ajouta* [selon Villefort, après le départ de Bussières ?] *que toute la nuit précédente il n'avait pu dormir, voyant toujours une route, au terme de laquelle se tenait* (stava) *une croix grande et d'une forme particulière et sans le crucifix : il faisait de grands efforts pour dissiper cette imagination, sans le pouvoir. Je ne me rappelle pas si ce dernier récit de la croix eut lieu dans la première visite faite au Gesù ou dans une autre dont je parlerai plus loin* (in appresso) ». T. de Bussières, in *Procès,* 17 février 1842, n° 25, p. 71.

« *Je le conduis aussitôt au Gesù, près du P. de Villefort, qui l'engage à s'expliquer. Alors Ratisbonne tire sa médaille, l'embrasse, nous la montre et s'écrie :*
— *JE L'AI VUE, JE L'AI VUE ! ! !*
et son émotion le domine encore. Mais bientôt, plus calme, il peut s'exprimer. Voici ses propres paroles :
— *J'étais depuis un instant dans l'église lorsque tout à coup je me suis senti saisi d'un*

trouble inexprimable. » La suite du témoignage est citée ci-dessus aux notes 3-6 : T. de Bussières, *L'enfant de Marie,* 17 février 1842, n° 26, p. 30.

« *Il m'a conduit au Gesù, chez le P. de Villefort, de la Compagnie de Jésus, auquel, en présence du même Monsieur Théodore de Bussières, je racontai l'événement. Nous allâmes ensuite visiter les autres Pères de la même Compagnie : le Père Général* [voir note suivante] *et le P. Rozaven* [ci-dessous, note 19 : Visite du soir]. *Je demandai au P. de Villefort la permission de passer la nuit en prière* (in orazione) *près du corps du défunt La Ferronnays, dans l'église de Sant'Andrea delle Fratte où eut lieu l'apparition, mais, en me voyant abattu, le dit Père* [de Villefort] *me permit de rester seulement jusqu'à dix heures du soir (heure astronomique).* » Alphonse, in *Procès,* 19 février 1842, n° 30, p. 88.

« *A la fin de notre récréation religieuse, c'est-à-dire 1 heure et demie après midi, je m'entends appeler à la porterie. J'y descends et je trouve Monsieur le Baron Théodore de Bussières et Monsieur Ratisbonne qui étaient arrivés depuis quelques minutes* [ils ont donc dû arriver vers 13h 25 et attendre la fin de la récréation]. *Aussitôt qu'il me vit, Monsieur de Bussières accourut en me disant d'une voix tremblante :*
— *Il est converti, il a vu la Madone !*
Entrés ensemble au salon, nous dîmes tous les trois une prière : un Pater *et un* Ave *en action de grâces.*
Puis nous nous sommes assis et Monsieur le Baron de Bussières invita Monsieur Ratisbonne à me raconter ce qui lui était advenu. Il avait peine à parler, comme un homme dépassé (sopraffatto) *par une multitude de sentiments très chauds* (affetti caldissimi). *Il me dit à plusieurs reprises, puisque son discours était interrompu par des larmes et par les mouvements sensibles des mêmes sentiments* (affetti) :
— *Je suis entré dans l'église de Sant' Andrea delle Fratte et, peu après, j'ai vu comme un voile devant mes yeux, je ne voyais rien. A l'instant m'est apparue la Madone qui, de la main, me faisait un signe qui signifiait : « C'est bien »* (va bene). *Pendant qu'il disait ces choses, tirant* (cavando di dosso) *la Médaille Miraculeuse de l'Immaculée, il me dit :*
— *Je l'ai vue, je l'ai vue, telle qu'elle est* [sur la médaille]. *Monsieur le Baron de Bussières me laissa seul avec Monsieur Ratisbonne qui, continuant à parler, me dit :*
— *Quelle grâce. Il y a une heure je blasphémais encore Dieu. Et voici qu'il me traite avec tant de bonté ! Quelles grandes pénitences j'aurai à faire pour tant de péchés !* » P. de Villefort, in *Procès,* 24 février 1842, n° 34, p. 98. Villefort raconte ensuite, « *par association d'idées* », comment Alphonse confie la vision de la croix noire qui a troublé son sommeil de la nuit précédente. Mais l'ensemble des recoupements situe cette confidence à la visite du soir au même Père de Villefort, « *à l'heure de l'Ave Maria* ».

« *Sur sa demande réitérée, je me hâte de le conduire au P. de Villefort.* » T. de Bussières, cité par T. Walsh, *Le Comte de la Ferronnays,* 20 mars 1842, n° 50, p. 69-70.

Synthèse

Sur sa demande de ne parler qu'en présence d'un prêtre (note précédente), T. de Bussières conduit Alphonse au Gesù (n° 4, 12, 20, 24, 25, 26, 30), situé à environ un kilomètre (5 minutes en voiture). Ils y arrivent vers 13 h 25 (n° 34). « *Je le menai au P. de Villefort,* » dit constamment Théodore (n° 5, 12, 20, 24, 25, 26, 30, 50).
« *Quelques minutes* » après leur arrivée (n° 34), « *à la fin de notre récréation religieuse, c'est-à-dire 1 heure et demie de l'après-midi, je m'entends appeler à la porterie. J'y descends et je trouve les deux visiteurs arrivés depuis quelques minutes* » (n° 34). Aussitôt qu'il me vit, Monsieur de Bussières « *courut à ma rencontre* » en me disant d'une voix tremblante :
— Il est converti, il a vu la Madone ! (n° 34).
Alphonse ne lui a pas encore dit cela explicitement, mais Théodore interprète ses gestes : il embrasse ardemment la médaille et déclare : « *après ce que j'ai VU, j'obéis* » (n° 30 ; cité note 12).

Ils entrent alors ensemble au salon. Ils disent tout d'abord « *un* Pater *et un* Ave *en action de grâces* » (n° 34), puis, le P. de Villefort ordonne à Alphonse de parler (n° 5) et de s'expliquer (n° 12, 26). T. de Bussières, qui a mesuré la difficulté d'Alphonse à s'exprimer insiste, de son côté, pour lui demander de « *raconter* » (n° 34). Mais il n'obtient tout d'abord que des mots entrecoupés de larmes (n° 4, 34, 46). L'émotion domine encore Alphonse (n° 26, 34). Il a peine à parler, du fait de sa commotion, que manifeste aussi l'état de ses vêtements, dégrafés par Théodore à l'hôtel Serny (ci-dessus, note 12; et ci-dessous, note 14, n° 46).
Enfin, Alphonse domine son émotion et commence à parler :
— « J'étais depuis peu dans l'église Sant'Andrea delle Fratte et, peu après, j'ai vu comme un voile devant mes yeux. Je ne voyais rien. A l'instant m'est apparue la Madone qui, de la main, me faisait un signe, qui signifiait : *C'est bien (Va bene)* ».
Cependant, il tirait la médaille » de son vêtement, en disant :
— Je l'ai vue, je l'ai vue, telle qu'elle est sur la Médaille. (n° 34; cf. 25 et 26, qui donnent des versions complémentaires).
A ce moment, le Baron de Bussières se retire (n° 34). Alphonse, seul avec le Père, continue à parler :
— Quelle grâce ! il y a une heure je blasphémais encore Dieu. Et voici qu'il me traite avec tant de bonté. J'aurai grande pénitence à faire pour tant de péchés (n° 34, p. 99).
Quoi que puisse suggérer l'association du père de Villefort, qui bloque les 2 visites du 20 janvier après-midi en un seul récit, ce n'est pas à la première (celle d'une heure et demie), mais à la seconde (celle de 18 heures : ci-dessous, note 19), qu'Alphonse lui confie la vision de la croix noire qui a troublé son sommeil la nuit précédente.
Le P. Rozaven n'étant pas dans la maison (n° 34), on conduit Alphonse chez le Général (n° 46 et note suivante). Alphonse ne rencontrera le P.Rozaven que plus tard, lors d'une visite ultérieure du même jour, à l'heure de l'Ave Maria (ci-dessous note 19).

14. VISITE AU PÈRE GÉNÉRAL

« *Bussières* [...] *le conduit sur le champ au Gesù, et là, devant le Général, le juif, un peu remis, raconte ce qu'il a vu.* » L. Esbelin à la Marquise de Mun, 21 janvier 1842, n° 4.

« *Il m'a conduit au Gesù chez le P. de Villefort* [...], *puis j'allai visiter d'autres Pères de la même Compagnie : le Père Général* [vers 14 heures], *et le P. Rozaven* » à l'heure de l'Ave Maria. Alphonse, in *Procès,* 19 février 1842, n° 30, p. 88.

« *Le P. Rozaven ne se trouvant pas à la maison, Monsieur de Bussières conduisit* [Alphonse] *chez le Père Général, puis le mena visiter quelques églises.* » P. de Villefort, 24 février 1842, n° 34, p. 99.

« *Le 20* [janvier] *vers 1 heure et demie de l'après-midi* (verso l'una ora e mezza circa pomeridiana), *je me rendis à la maison du Gesù pour faire une commission qui m'avait été donnée pour le Père Général. Arrivé à son appartement* (alle camre del medesimo), *il me fut annoncé que Monsieur de Bussières s'y trouvait avec l'Hébreu* [Ratisbonne], *pour parler au dit Père Général. Je ne voulus point entrer par convenance, pour ne pas interrompre leur conversation, mais, à peine arrivé, un compagnon laïc du Père Général me demanda si j'avais entendu parler du miracle advenu* (accaduto). *Je répondis ne point le savoir, et il me raconta quelque chose au sujet du prodige advenu : la vision qu'avait eue Ratisbonne. Ce laïc avait été informé, si je ne me trompe, par le P. de Villefort, qui avait été le premier à le savoir de la bouche du même Ratisbonne. Une fois fini l'échange entre le Père Général, de Bussières et Ratisbonne, Monsieur de Bussières sortit et m'adressa ces paroles :*
— Attendez, je dois vous parler.
Alors je m'acquittai de ma commission pour le Père Général et Monsieur de Bussières me présenta son ami Monsieur Ratisbonne en me disant :
— Tout est fini. Un grand miracle a eu lieu, il s'est fait catholique.

Je vis ainsi Monsieur Ratisbonne tout ému (commosso), *tremblant et pâle de visage, et Monsieur de Bussières ajouta avec grande émotion :*
— Venez ce soir à la maison de Madame la Princesse Borghese, et là je vous raconterai tout. » E. de Bock, in *Procès,* 4 mars 1842, n° 40, p. 122.

« *Le 20* [janvier], *vers 2 heures après midi, me trouvant dans mon appartement* (mie camere), *Monsieur de Bussières se présenta à moi. il semblait hors de lui* (in un contegno come fuori di se) *et, en peu de mots, il m'avisa que Monsieur Ratisbonne s'était alors vraiment* (poprio) *converti, grâce à une vision qu'il avait eue de la Bienheureuse Vierge dans l'église de Sant'Andrea delle Fratte où, l'ayant trouvé en route, il l'avait conduit et l'avait fait attendre, jusqu'à ce qu'il ait accompli sa mission près des religieux.* [Il s'agissait des] *funérailles du défunt Monsieur de la Ferronnays, dont le corps devait être transporté, le même soir, dans la dite église. Monsieur de Bussières introduisit ensuite dans ma chambre Monsieur Ratisbonne. Je l'invitai à s'asseoir. Je le voyais pour la première fois. Je perçus en lui une extraordinaire commotion, qui se manifestait aussi dans l'état de ses vêtements. Il tenait au dehors* [teneva fuori : *c'est-à-dire par-dessus ses vêtements] la Médaille de France, qu'il avait suspendue au cou. Pour ma part, sans montrer d'enthousiasme, je fixai mon attention sur sa personne, et j'entendis alors les quelques paroles* (poche parole) *qu'il dit, de manière entrecoupée : elles exprimaient admiration et action de grâces pour tant de miséricorde reçue de Dieu. Entre autres expressions, j'ai noté qu'il a dit :*
— Il y a une demi-heure, je blasphémais la religion du Christ, et maintenant ...
Il ajouta ensuite :
— Maintenant je comprends pourquoi, la nuit passée, de quelque côté que je me tournasse, je voyais la Croix, quoique je fasse tout pour en distraire mon esprit.
Et se tournant vers Monsieur de Bussières, il ajouta :
— Voyez, de cela je ne me suis souvenu qu'en ce moment.
Cette visite dura peu, parce que Ratisbonne déclara sentir un besoin intérieur de se retirer pour prier. Secondant cette impulsion, nous nous levâmes et, au moment de nous séparer, je crus bon de lui dire (bene di dirgli) *qu'en cette plénitude de consolation il préparât son âme au temps où viendrait de la désolation* (della desolazione) *car, quand cela viendrait* (come venuto questo), *il devrait se rappeler de la consolation passée.* [Il fallait] *qu'il se préparât à souffrir la Croix. C'est le propre de tout chrétien, et je lui lus une partie du chapitre 2 de l'Ecclésiastique :* « Fili accede, etc. ». *Cette lecture lui fit une impression profonde et, quelques jours après, il m'en parla* [...] *et me demanda de lui en donner une copie.* » J. Roothaan, in *Procès,* 9 mars 1842, n° 46, p. 131-132.

Synthèse

Théodore de Bussières (qui vient de constater l'absence du père Rozaven), retrouve Alphonse, à la sortie de chez le P. de Villefort. Il l'accompagne chez le Père Général, qui donne l'unique récit de la conversation (n° 46) : l'émotion d'Alphonse, ses vêtements en désordre, la médaille par-dessus, son bref récit entrecoupé, débordant de reconnaissance. Ratisbonne s'étonne : « *Il y a une demi-heure je blasphémais, et maintenant...* ».
Le souvenir de la croix qui l'avait obsédé la nuit précédente, lui revient alors pour la première fois. Il comprend le sens de cette vision (n° 46). Le Général l'invite à être prêt à la souffrance qui est le propre du chrétien, et lui donne à lire le texte de l'Ecclésiastique « *Fili accede* » (Sir.2, 1) Ici, Alphonse ressent le besoin de se retirer pour prier. On le libère. La visite a été courte. (n° 46)
Pendant cette visite, arrive le Baron de Bock, venu porter une commission au Père Général (n° 40). Il situe son arrivée vers 1 heure et demie (n° 40). Mais le général situe mieux la visite d'Alphonse vers « *2 heures* » (n° 46), car la visite au père de Villefort, commencée quelques secondes après 1 h et demie, n'a guère pu durer moins d'une demi-heure. On annonce au Baron que Bussières et Ratisbonne sont déjà chez le Général. Par discrétion, il ne cherche pas à s'introduire. Tandis qu'il attend, un « compagnon laïc » : sans doute un frère au service du Général, lui annonce l'apparition.
A la sortie de chez le père Roothaan, Bussières avertit Bock : « *Je dois vous parler* ».

mais ce dernier veut d'abord s'acquitter de la commission qui motive sa venue. A la sortie, Théodore lui annonce « *le miracle* » et lui donne rendez-vous chez le Prince Borghese, ce soir, après l'absoute du Comte de la Ferronnays qui aura lieu à 19 heures, à l'église Sant'Andrea delle fratte. La maison du Prince Borghese était le lieu de rencontre du groupe de prière.

15. VISITE À SAINTE MARIE MAJEURE ET À SAINT PIERRE DE ROME

« *Nous sortîmes du Gesù, je le conduis d'abord à la chère basilique de la Vierge, sainte Marie-Majeure, puis à saint Pierre. Impossible de rendre ses transports de joie lorsqu'il fut dans ces églises.*
— Ah ! me disait-il, en me pressant les mains, je comprends maintenant l'amour des catholiques pour leurs églises et la piété qui les porte à les orner, à les embellir. Comme on est bien ici ! on voudrait n'en jamais sortir. Ce n'est presque plus la terre.
La présence réelle de la Divinité auprès de l'autel du Saint Sacrement l'écrasait au point qu'il fut obligé de s'éloigner, étant au moment de perdre connaissance, tant il lui semblait horrible d'être en face du Dieu Vivant sans être baptisé. » T. de Bussières, 30 janvier 1842, n° 12, p. 15.

Après avoir raconté la visite à Villefort, Théodore enchaîne :
« *Nous allâmes ensuite visiter l'église de sainte Marie-Majeure et de saint Pierre et, durant ces visites, il me dit :*
— Que les catholiques ont raison d'aimer et d'orner leurs églises ; comme on est bien ici. Je ne voudrais plus en sortir, il me semble n'être plus sur terre !
En priant (nell'atto di orare) *devant le T. Saint Sacrement, il faillit s'évanouir* (fu vicino a svenire) *et dit :*
— Quelle horrible chose est-ce de se tenir, non baptisé, en présence du Dieu Vivant !
Ensuite il alla chercher refuge dans la chapelle de la Vierge en disant que là il n'avait pas peur puisqu'il se trouvait sous la protection d'une immense miséricorde.
Il pria devant le sépulcre des saints Apôtres Pierre et Paul et, comme je lui rappelais la conversion de saint Paul, il en fut extrêmement ému (sommamente commmosso) *et versa d'abondantes larmes.* » T. de Bussières, in *Procès*, 17 février 1842, n° 25, p. 72.
C'est la fin de cette déposition du 17 février. Théodore la reprendra sans transition au numéro suivant en racontant comment il va retrouver Alphonse. Il y a solution de continuité entre les deux dépositions. Cela laisse ignorer quand, comment et pourquoi il l'a quitté.

« *En quittant le père de Villefort, nous allâmes rendre grâces à Dieu, d'abord à sainte Marie-Majeure, la chère basilique de la Sainte Vierge, puis à saint Pierre.*
Impossible de rendre les transports de Ratisbonne lorsqu'il se trouva dans ces églises.
— Ah, me disait-il en me pressant les mains, je comprends maintenant l'amour des catholiques pour leurs églises et la piété qui les porte à les orner, à les embellir ! ... Comme on est bien ici ! On voudrait n'en jamais sortir ! ... Ce n'est plus la terre, c'est presque le ciel.
Auprès de l'autel du T. Saint Sacrement, la présence réelle de la Divinité l'écrasait à tel point qu'il allait perdre connaissance s'il ne se fût éloigné aussitôt ; tant il lui paraissait horrible d'être en présence du Dieu Vivant avec la tache originelle. Il alla se réfugier dans la chapelle de la Sainte Vierge.
— Ici, me dit-il, je ne puis avoir peur ; je sens que je suis protégé par une miséricorde immense.
Il pria avec la plus grande ferveur auprès du tombeau des saints Apôtres. L'histoire de la conversion de saint Paul, que je lui racontai, lui fit encore verser d'abondantes larmes. » T. de Bussières, 17 février 1842, n° 26, p. 33-34.
Il enchaîne, sans précisions, avec la seconde visite au Père de Villefort et la consultation sur la veillée (voir ci-après, note 19). Il situe, lors de cette seconde visite, la confidence sur la croix de la nuit précédente, puis sa visite à la famille la Ferronnays pour leur confier l'apparition, et son retour chez Alphonse.
« *En sortant du Gesù avec Monsieur de Bussières, j'allai visiter l'église de saint Pierre et*

celle d'Aracoeli; je ne me souviens pas si nous en visitâmes d'autres. » Alphonse, in *Procès,* 19 février 1842, n° 30.
On peut craindre qu'il mélange : il ne se souvient plus de la visite à sainte Marie-Majeure et ajoute la visite à l'Aracoeli. Lui-même a déclaré dans le même témoignage : « *La commotion où j'étais en ce jour ne me permet pas de me rappeler précisément des temps et des lieux de tout ce qui advint.* » Ib., p. 89.

« *Le Père Rozaven ne se trouvant point à la maison, Monsieur de Bussières* [revenant peut-être de chez madame de la Ferronnays] *le conduisit chez le Père Général* [Roothaan], *puis le mena visiter quelques églises et le reconduisit chez moi peu avant l'Ave Maria* (poco prima dell'Ave Maria : *c'est sans doute l'heure de l'Angelus, 18 heures, quoique cela paraisse un peu tard*). » P. de Villefort, in *Procès,* 24 février 1842, n° 34, p. 99.

« *Dès le jour même, il veut aller à Sainte Marie-Majeure, payer le doux tribu de la reconnaissance à Celle qui venait de descendre du Ciel pour lui apporter la foi et tous les biens qui l'accompagnent; de là, il se rend encore dans la Basilique de Saint Pierre pour protester de sa nouvelle croyance.* » [J. M. Aladel], *Récit,* mars 1842, n° 52.

Synthèse

Au sortir du Gesù (n° 12) après la visite à Villefort (n° 25, 26), Monsieur de Bussières (n° 30) conduit Alphonse dans quelques églises (n° 4) : la Basilique de la Vierge, Sainte Marie-Majeure, puis Saint Pierre (n° 12, 25, 26, 30, 52), et aussi l'Aracoeli, selon Alphonse (n° 30).
C'est « *pour rendre grâces à Dieu* » (n° 26, 52) et « *protester de sa nouvelle croyance* » (n° 52). « *Impossible de rendre les transports de joie* » d'Alphonse, note Théodore (n° 12, 26). Il dit « *en me pressant les mains* » :
— Je comprends l'amour des catholiques pour leurs églises (n° 12, 26), qu'ils « *ont raison d'aimer et d'orner* » (n° 12, 25, 26). « *Comme on est bien ici !* » (n° 12, 25, 26). « *On voudrait n'en jamais sortir, ce n'est presque plus la terre* » (n° 12, 25, 26). « *C'est presque le Ciel* » (n° 26 : à Saint Pierre de Rome, où la Vierge a une chapelle et non l'autel majeur). Dans la chapelle du Saint Sacrement, « *la présence réelle de la divinité* [...] *l'écrasait* » (n° 12, 26), au point qu'il fut obligé de s'éloigner (n° 12, 26), se sentant « *au moment de perdre connaissance* » (n° 12, 25, 26 : s'évanouir), « *tant il lui semblait horrible d'être en présence du Dieu Vivant sans être baptisé* » (n° 12, 25, 26). Il alla chercher refuge dans la chapelle de la Madone (n° 25, 26). « *Là, il n'avait pas peur, puisqu'il se trouvait sous la protection d'une immense miséricorde* » (n° 25, 26). A Saint Pierre de Rome également, il prie devant le sépulcre des saints Apôtres (n° 25, 26), avec la plus grande ferveur (n° 26), il est « *suprêmement ému* » par le récit de la conversion de saint Paul (n° 25), soudaine et lumineuse comme la sienne : il « *versa d'abondantes larmes* » (n° 25, 26). Il est ému du lien puissant et posthume qui le lie à Monsieur de la Ferronnays (n° 12).
Selon Alphonse (n° 30), ils auraient visité ensuite l'Aracœli. Ils ont pu y être guidés par le souvenir de la première émotion religieuse d'Alphonse qui avait tant frappé Théodore. Mais le témoignage est vague : il oublie Sainte Marie-Majeure et ne donne aucune précision.
Le retour n'est pas mentionné, mais il est clair que Théodore a reconduit Alphonse « *chez lui* » (n° 31) où il doit le retrouver au plus vite (ci-dessous : note 18), après sa visite aux la Ferronnays (ci-dessous, note 17).

16. SUR LE REPOS D'ALPHONSE À L'HOTEL SERNY, voir ci-dessous, note 18.

17. VISITE DE BUSSIÈRES AUX LA FERRONNAYS

Témoignage de la veuve

« *Quand la seconde nuit vint* [celle du 19 au 20], *j'aurais voulu veiller et prier sans bouger; mais quelquefois, la fatigue l'emportait, et je me rejetais sur un fauteuil. J'eus*

pour compagnon de veille pendant cette nuit-là le P. Geramb, qui vint à 11 heures du soir et ne s'en alla qu'à 8 heures du matin. A 6 heures [du matin] *on était encore venu me chercher pour me forcer à me reposer un instant chez Eugénie. J'en revins au bout d'une heure* [donc à 7 heures]*; puis, moins que jamais, je voulus m'absenter de cette chambre, car je sentais que l'heure allait venir où tout allait m'être enlevé* [l'enlèvement du corps, transporté à Sant'Andrea delle Fratte dans l'après-midi du 20, à la tombée de la nuit]. *Exprimer cette agonie est impossible! Je ne pouvais que répéter que je l'unissais à celle de Notre Seigneur, à celle de la Sainte Vierge au pied de la Croix. Et c'est alors, ma chère enfant, que Dieu m'envoya cette consolation d'un ordre si supérieur, si divin, qu'un instant mes souffrances furent comme suspendues.*
Pendant que j'étais prosternée près de ce cercueil, je me sens tirée par le bras et l'abbé Gerbet, très agité, me dit :
— Voici Bussières, qui voudrait vous dire une chose qui vous fera plaisir, et où Monsieur de la Ferronnays se trouve intéressé. [suit le récit de la visite consolante après quoi elle enchaîne :]
Juge de l'espèce de résurrection qui s'opéra alors dans mon cœur. Le soleil y reparut un instant; ce qui ne m'empêcha pas ensuite de retomber bien bas. Cependant, cette consolation a conservé un effet bien réel. Je n'en suis pas moins seule. Tout n'est pas moins fini pour moi sur la terre. Mais il est heureux. Je puis presque n'en pas douter. Comme me l'a dit l'abbé Dupanloup :
— Il est mort au milieu d'un acte d'amour parfait qui l'a amené à l'instant dans le sein de Dieu.
Cette pensée a soutenu mon accablement. Ce jeune juif ne cessait de me répéter [me disait Théodore de Bussières] *:*
— N'est-ce pas étrange que de se sentir en relation posthume et si intime avec un homme qu'on n'a jamais vu?
Pénétrée de ce que je venais d'entendre, je m'oubliais un peu moi-même [durant un nouveau temps de prière] *pour ne penser qu'à la gloire céleste de celui pour lequel j'avais tant et trop désiré celle de la terre, puis mon agonie recommença.* » Albertine de la Ferronnays, 23 janvier 1842, n° 10, in P. Craven, *Récit d'une sœur,* p. 311-312.

Témoignage de Théodore

« *Cependant* [après les visites aux basiliques], *j'éprouvais la plus vive impatience de revoir la famille de la Ferronnays. Je devais lui porter la plus puissante des consolations au moment où elle allait être obligée de se séparer des restes de celui qu'elle pleurait. Je me rendis dans la rue de l'*Angelo Custode. *En une seconde, j'ai monté l'escalier. J'entre dans la chambre mortuaire, en un état d'émotion, je dirais presque de joie, impossible à rendre. Madame de la Ferronnays, ses filles* [Comtesse de Mun, Olga et Albertine], *son gendre, Madame de Gontaut, Monsieur l'abbé Gerbet, étaient réunis auprès du cercueil. Je les appelle. Ils me suivent tous dans la pièce voisine. Je leur raconte ce qui vient de se passer. C'étaient des nouvelles du ciel que je leur apportais. Les larmes de douleur se changent en larmes de reconnaissance. Ces pauvres affligés sont assez soutenus maintenant pour porter avec la force de vrais chrétiens le plus pénible des sacrifices, le complément de ce que la mort impose, le dernier adieu à la dépouille de celui qu'on a aimé. Après être resté quelques instants auprès de la famille de la Ferronnays j'allai, retrouver le fils que le Ciel venait de me donner.* » T. de Bussières, 30 janvier 1842, n° 12, p. 16-17.

Pour le second témoignage de T. de Bussières (n° 26, ci-après), nous mettons *en italique* les mots identiques au précédent : la moitié seulement, car il ne se copie pas, il reprend le schéma oral du récit fait maintes fois. « *Cependant j'éprouvais la plus vive impatience de revoir la famille la Ferronnays.* J'avais de si douces *consolations* à leur porter, dans le *moment* même où on *allait* enlever à leur douleur les *restes* vénérés *de celui qu'*ils *pleuraient. J'entre dans la chambre mortuaire,* dans *un état* d'agitation, *j'ai presque* dit *de joie,* qui fixe soudain l'attention de tous et fait comprendre que j'ai quelque chose de bien important à dire.
Tous me *suivent dans la* chambre *voisine,* et je *raconte* à la hâte *ce qui vient de se passer.* C'étaient *des nouvelles du ciel que je leur apportais. Les larmes de la douleur se*

changent un moment *en larmes de reconnaissance. Ces pauvres* cœurs *affligés* peuvent maintenant supporter avec toute la résignation des *vrais chrétiens le plus* cruel *des sacrifices,* le *dernier de ce que la mort impose, le dernier adieu à la dépouille de celui qu'on a aimé.*
Mais j'étais pressé de *retrouver le fils que le ciel venait de me donner.* » T.de Bussières, *L'enfant de Marie,* 17 février 1842, n° 26, p. 35.

Synthèse

Dans la journée qui suit la seconde nuit de veille auprès du corps de son mari, Madame de la Ferronnays, prosternée près du cercueil, se sent tirée « *par le bras* » ; c'est l'abbé Gerbet, qui lui annonce la visite de Bussières, porteur d'une bonne nouvelle : Albertine de la Ferronnays trouve Théodore « *hors de lui* » (n° 10 : expression qui coïncide avec celle du Général des Jésuites, n° 46). Après la visite des basiliques, vers 17 h 30, Théodore s'est enfin rendu chez ses amis de la Ferronnays, poussé « *par la plus vive impatience* » (n° 12, 26). C'est en hâte qu'il vient leur apporter cette consolation, malgré le souci de ne pas abandonner Alphonse :
« *En une seconde, j'ai monté l'escalier* », précise-t-il (n° 12). « *J'entre dans la chambre mortuaire dans un état d'émotion* » (n° 12), d'agitation (n° 12), « *je dirai presque de joie* » (n° 12, 26). Cette entrée émue et précipitée « fixe l'attention de tous » (n° 26). Théodore les réunit instantanément « *dans la pièce voisine* » (n° 12, 26) et raconte « *à la hâte* » l'apparition, qu'ils reçoivent comme une « *nouvelle du ciel* » (n° 12, 26), et Madame de la Ferronnays le reçoit comme une « *résurrection* » (n° 10). Elle entrevoit le bonheur de son mari, qui a tant prié pour cela avant sa mort (n° 10). « *Les larmes de douleur se changent en larmes de reconnaissance* » (n° 12, 26). Théodore n'est « *resté* » que « *quelques instants* » (n° 12). Il est « *pressé* » (n° 26). Il se hâte d' « *aller retrouver* » Alphonse, selon sa promesse. (n° 12, 26 et 31 : note suivante).

18. THÉODORE DE BUSSIÈRES CHEZ ALPHONSE À L'HOTEL SERNY

« *Après être resté quelques instants auprès de la famille de la Ferronnays, j'allai retrouver le fils que le ciel venait de me donner. Il m'avait prié de ne pas le laisser seul. Il lui fallait un cœur ami pour y épancher les puissantes émotions de cette journée.*
Je lui demandai encore quelques détails [...]. *Il ne savait lui-même comment il avait passé du côté droit de l'église à la chapelle qui est à gauche, et dont il était séparé par les préparatifs de l'enterrement. Tout à coup, il s'était trouvé à genoux, prosterné auprès de cette chapelle. Trois fois il avait essayé de relever les yeux sur la Mère des miséricordes, et trois fois, le saisissement et le respect l'avaient forcé à les baisser de nouveau.*
— Oh ! mon Dieu, s'écriait-il, moi qui une demi-heure auparavant blasphémais encore ! Moi qui éprouvais une haine si violente contre la religion catholique ! Mais tous ceux qui me connaissent savent qu'humainement j'avais les plus fortes raisons pour rester Juif, je suis fiancé, on doit donc me croire ! On sait que je ne suis point fou, que je ne l'ai jamais été. » T. de Bussières, 30 janvier 1842, n° 12, p. 17.

Dans le texte en italique qui va suivre : nouvelle rédaction de T. de Bussières (n° 26), nous avons souligné en romain les expressions *différentes*, qui ne manquent pas d'intérêt.
Après *la visite* à « *la famille la Ferronnays* [...], j'étais pressé de *retrouver le fils que le ciel venait de me donner. Il m'avait prié de ne* pas *le laisser seul. Il lui fallait un ami pour épancher* dans *son cœur les* profondes *émotions de cette journée.*
Je lui demandai de nouveaux *détails* [...]. *Il ne* pouvait *expliquer lui-même comment il était passé du côté droit de l'église à la chapelle qui est à gauche, et dont il était séparé par les préparatifs du service funèbre. Il s'était tout à coup trouvé à genoux et prosterné auprès de cette chapelle.* Au premier moment, il avait pu apercevoir la Reine du ciel, dans toute la splendeur de sa beauté sans tache ; mais ses regards n'avaient pu soutenir l'éclat de cette lumière divine. Trois fois il avait essayé de contempler encore la Mère des miséricordes ; trois fois ses inutiles efforts ne lui avaient permis de lever les yeux que jusqu'à ces mains bénies, d'où s'échappaient, en gerbes lumineuses, un torrent de grâces.

— O mon Dieu! s'écriait-il, moi qui, une demi-heure auparavant, blasphémais encore! Moi qui éprouvais une haine si violente contre la religion catholique! ... Mais tous ceux qui me connaissent savent bien qu'humainement, j'avais les plus fortes raisons pour rester juif... Ma famille est juive, *ma fiancée* est juive, mon oncle est juif... En me faisant catholique je romps avec tous les intérêts et les espérances de la terre, *et* pourtant *je ne suis pas fou,* on le sait bien que je ne suis pas fou, *que je ne l'ai jamais été! On doit donc me croire.* » T. de Bussières, *L'enfant de Marie,* 17 février 1842, n° 26, p. 36-37.

« *Selon les instances* (premure) *que m'avaient faites Monsieur Ratisbonne d'aller vite le retrouver, vu qu'il sentait en ce jour un urgent besoin de compagnie, je me rendis chez lui* (mi condussi da lui). *Alors il me raconta comment, dans l'acte de l'apparition, il avait trois fois essayé de lever le regard vers le visage de la Vierge, mais que la révérence l'avait obligé autant de fois à l'abaisser, mais qu'il l'avait fixé sur ses mains, et qu'à leur vue, il avait compris pourquoi, dans la Médaille Miraculeuse, elles étaient figurées* (effigiate) *avec tant de rayons* (raggi) *lumineux, qui en rayonnent* (raggiano). *Je laissai Monsieur Ratisbonne et allai chez les la Ferronnays.* »
(Suit la seconde visite aux la Ferronnays, qu'on trouvera ci-dessous, note 20). T. de Bussières, in *Procès,* 21 février 1842, n° 31, p. 72-73.

Synthèse

Après la visite aux la Ferronnays (n° 12, 26), « *j'allai retrouver* » Alphonse (n° 12, 26, 31) « *selon ses instances* » (n° 31). « *Il m'avait prié de ne point le laisser seul* » (n° 12, 26). Il avait besoin d'un ami (n° 12, 26) pour épancher (n° 12, 26) les puissantes (n° 12) et profondes (n° 26) émotions (n° 12, 26) qui venaient de le saisir. Il sentait « *un urgent besoin de compagnie* » (n° 31). Au n° 31, Théodore dit avoir trouvé Alphonse « *chez lui* », sans doute en revenant de chez les la Ferronnays, mais le récit improvisé de son après-midi frénétique est loin d'être une reconstitution complète de ses allées et venues. Nous n'avons pu l'établir que par une confrontation minutieuse avec les autres témoignages.
C'est durant cette rencontre à l'hôtel Serny, qu'Alphonse lui donne les précisions suivantes : il n'a pu lever les yeux jusqu'au visage, ils sont retombés sur les mains. Ces trois témoignages nous renseignent avec précision sur cette conversation. Les variantes de Bussières méritent attention. Les numéros 12 et 26 invitent à penser que les 3 tentatives pour lever les yeux jusqu'au visage de Notre Dame ont été vaines. Là où le n° 26 précise qu' « *au premier moment* », il l'aurait vue intégralement nous paraît une interprétation (ci-dessus, note 5).

19. TROISIÈME VISITE AU GESÙ, À L'HEURE DE L'AVE MARIA

Au retour des basiliques, Alphonse « *s'étonnait du lien puissant et posthume* » suivant son expression, qui existait entre lui et Monsieur de la Ferronnays ; il voulait passer la nuit auprès de ses restes, il sentait que la reconnaissance lui en faisait un devoir ; le P. de Villefort, le voyant fatigué, le lui défendit, et lui recommanda de se retirer à 10 heures du soir. Alphonse nous avoua alors que déjà, dans la nuit précédente, il n'avait pu dormir et qu'il avait vu constamment devant lui une grande croix sans crucifix et d'une forme particulière.
— J'ai fait, dit-il, d'incroyables efforts pour chasser cette image, sans pouvoir y parvenir.
Quelques heures après, voyant par hasard et pour la première fois le revers de la Médaille Miraculeuse, il y reconnut sa croix.
« *Cependant, j'éprouvais la plus vive impatience de revoir la famille de la Ferronnays* », confie T. de Bussières, 30 janvier 1842, n° 12, p. 16.

Il raconte ensuite sa visite aux la Ferronnays : ci-dessus note 17.

Alphonse « *s'étonnait du lien puissant et posthume* », pour conserver son expression, qui l'unissait à Monsieur de la Ferronnays ; il voudrait passer la nuit auprès de son

cercueil. « *La reconnaissance, disait-il, lui en faisait un devoir. Mais le P.de Villefort, le voyant fatigué, combat prudemment ce pieux désir et lui conseille de ne pas veiller plus tard que 10 heures. Ratisbonne nous avoua alors que la nuit précédente il n'avait pu dormir, qu'il avait eu constamment devant lui une grande croix, d'une forme particulière et sans Christ :*
— J'ai fait, dit-il, d'incroyables efforts pour chasser cette image, sans jamais pouvoir y parvenir.
Quelques heures après, voyant par hasard le revers de la Médaille Miraculeuse, il a reconnu sa croix ! Cependant j'éprouvais la plus vive impatience de revoir la famille de la Ferronnays. » dit T. de Bussières, 17 février 1842, n° 26, p. 34-35.

Le Père de Villefort bloque en un seul récit les deux visites de l'après-midi (13 h 30 et 18 h). Selon le témoignage de Théodore, il est clair que ce qui suit se rapporte à la visite du soir :
« *Alors il expliqua que, durant la nuit précédente, il n'avait pu dormir, parce qu'il voyait sans cesse* (continuamente) *devant les yeux, de quelque côté qu'il se tournât, une croix noire. Après m'avoir manifesté la décision de se faire chrétien, il me dit :*
— Je prévois que j'aurai beaucoup à souffrir, mais je suis prêt à souffrir toutes les tortures et je les mérite assez, car j'ai beaucoup péché. » P. de Villefort, 24 février 1842, n° 34, p. 99.
C'est seulement après cette anticipation que le P. de Villefort raconte le reste de la visite du soir (vers 18 heures) : « *après la visite chez le Père Général, Monsieur de Bussières l'emmena visiter quelques églises, et le ramena chez moi, peu avant l'Ave Maria.* (Poco prima dell'Ave Maria). *Monsieur Ratisbonne me manifesta* (manifestò) *qu'il se sentait poussé intérieurement à passer toute la nuit en prière près du corps de Monsieur le Comte de la Ferronnays, exposé dans l'église Sant'Andrea delle Fratte, me disant :*
— Cet homme a trop fait pour moi; il est bien juste que je lui prouve ma reconnaissance. Il me répéta alors plusieurs fois ce qu'il m'avait dit déjà la première fois que je le vis après le miracle :
— J'ai besoin de prier; après une telle grâce, il faut beaucoup prier. Comme trois ou quatre jours auparavant il avait craché un peu de sang et n'avait point dormi (dormito niente) *la nuit précédente, je lui fis observer que l'église étant très froide, et la nuit longue, il ne serait pas prudent qu'il restât seul si longtemps en prière; sur son insistance, on convint* (fù concluso) *que Monsieur le Baron de Bussières demanderait au Curé la permission que Monsieur Ratisbonne pût rester dans l'église jusqu'à 5 heures italiennes de la nuit (22 heures). Dans une de ses deux visites* [celle de une heure et demie ou celle de la soirée], *Monsieur Ratisbonne me demanda s'il pouvait parler de cette vision à ceux qui l'interrogeraient. Les jours suivants il vint toujours chez moi* (venne sempre de me). » P.de Villefort, 24 février 1842, n° 34, p. 99-100.

« *Je ne vis plus Monsieur Ratisbonne jusqu'au 20 janvier dernier* (20 di Gennai prossimo passato). *En ce même jour, cependant, vers le soir, Monsieur le Baron de Bussières me présenta de nouveau Ratisbonne. Je perçus aussitôt une joie sur le visage, dans le comportement de Bussières, ainsi qu'une commotion en l'autre (*nell'altro = *Alphonse). C'est alors que Monsieur de Bussières, en présence de Ratisbonne, me raconta ce qui était arrivé en ce jour même dans l'église de Sant'Andrea delle Fratte, où ils étaient allés ensemble, me semble-t-il, après midi, à seule fin d'ordonner ce qui était nécessaire pour les funérailles du Comte de la Ferronnays* [il donne ici le récit de l'apparition]. *Tout ce récit fut approuvé par Ratisbonne présent. Après quoi je consignai dans les mains de Monsieur Ratisbonne un livre d'instruction : Œuvres de Lhomond, et je l'adressai au P.de Villefort pour être instruit.* » J.Rozaven, in *Procès,* 2 mars 1842, n° 38, p. 114.

Synthèse

L'heure et l'enchaînement

Peu avant l'heure de l'Ave Maria (n° 34), vers le soir (n° 38), donc un peu avant 18 heures, Théodore et Alphonse reviennent au Gesù (n° 12, 26, 34), après la visite des basiliques (n° 12, 26, 30, 34 : ci-dessus note 15) et la visite de Théodore aux la Ferronnays (ci-dessus note 17), pendant laquelle Alphonse se reposait à l'hôtel Serny. Théodore est venu l'y reprendre (note 18). Cet ordre est clair, quoique les silences de Théodore de Bussières gênent cette reconstitution. C'est donc la seconde visite de cet après-midi (n° 12, 26, 34).

Chez le P. de Villefort

Ils vont en premier chez le P. de Villefort. Alphonse évoque tout d'abord ses « *liens posthumes* » avec la Ferronnays, et son désir de le veiller toute la nuit à Sant'Andrea (n° 12, 26, 34). Le P. de Villefort, mesurant son état de commotion, est réticent sur ce projet. De surcroît, la conversation amène Alphonse à confier son insomnie de la veille : l'obsession de la croix sans crucifix (n° 12, 26, 36 ; cf. ci-dessus chapitre 6, note 3). Le père de Villefort ne peut que verser ce nouveau fait au dossier de sa fatigue. Mais, sur l'insistance d'Alphonse, il lui permet de veiller seulement jusqu'à 5 heures italiennes (n° 34), c'est à dire 22 heures. Le sacristain Bertucci dit 6 heures de la nuit : soit minuit (n° 37, p. 110) ; de même le curé G. Mantineo : « *fino alla mezza notte* » (n° 39, p. 117). Mais c'est par confusion : le départ d'Alphonse a été retardé de quelques minutes par les conversations de l'église. Le sacristain a trouvé le temps long (voir ci-dessous note 23). Sa version a pu influencer son curé.
A cette visite de la soirée, (moins probablement à la précédente), Alphonse demande au Père de Villefort s'il peut parler de l'apparition (n° 34).

Chez le P. Rozaven

Il visite ensuite le P. Rozaven, rentré au Gesù d'où il était absent à 14 heures (n° 38). Théodore lui raconte l'apparition. Alphonse confirme (n° 38). Le P. Rozaven lui a-t-il remis avant l'apparition (n° 46), ou après, le « *livre des instructions* » de Lhomond ? Les témoignages divergent sur ce détail. Le père Rozaven conclut en adressant Alphonse au père de Villefort pour son instruction (n° 38).

20. Le retour à Sant'Andrea et l'absoute

Comment reconstituer ?

La mise en place des témoignages fragmentaires est difficile pour cette note comme pour les précédentes. Les étapes sont les suivantes (après la visite des basiliques, la conduite d'Alphonse à l'hôtel Serny, la visite aux la Ferronnays et la visite de 18 heures au Gesù) :
1. Conduite d'Alphonse à Sant'Andrea
2. Visite éclair de Bussières chez les la Ferronnays et chez Madame Coming, puis, de nouveau, chez les la Ferronnays, d'où il revient avec l'abbé Gerbet pour l'absoute.
3. Veillée d'Alphonse à l'issue de l'absoute (note 21) ; et, pendant ce temps, soirée frénétique de Théodore de 7 h et demie (Bock, n° 41) à 10 heures (fin de la veillée d'Alphonse : note 22)
4. Retour à Sant'Andrea et conversations diverses avec Alphonse. (note 23).
5. Retour à l'hôtel Serny (note 24).

Mais, à trop fragmenter les témoignages selon ce découpage, on risquait de gêner les possibilités très ténues de reconstitution et vérification, étant donné les divergences et chevauchements de certains témoignages. Le témoignage le plus riche : celui de Bussières au Procès (n° 36), donne quantité de détails et aurait pu rendre la tâche aisée. Mais ce témoignage, le seul qui suive l'enchaînement de cet après-midi (dont Alphonse ne dit rien au-delà des visites au Gesù), reste fragmentaire et coupé de plusieurs omissions. Vivant et spontané, il a été enregistré en italien, avec les handicaps conjugués de l'improvisation orale, de la notation et de la traduction. On ne s'étonnera donc pas de plusieurs omissions qui obscurcissent l'enchaînement chronologique. Théodore omet notamment :
- la visite au Gesù à 18 heures,
- la conduite d'Alphonse à Sant'Andrea qui dut suivre la visite au Gesù mais sur laquelle tous les témoignages font l'impasse,

• la cérémonie de Sant'Andrea, (omise par tous les témoignages de Bussières, mais attestée par les dépositions de plusieurs tiers : Bertucci : n° 37 et Walsh : n° 50) Les recoupements ont permis de situer les éléments fragmentaires et dispersés à leur place, avec une quasi certitude que nous soumettons à la vérification des lecteurs. Qu'ils prennent garde que nous n'avons pas explicité toutes les raisons de cette reconstitution qu'il eût été fastidieux et accablant de détailler.

Les documents

Albertine de la Ferronnays

« *Je sentais, en voyant le jour baisser, que le moment allait venir où tout me serait ôté. On m'avait dit que, si je voulais aller à une des tribunes de l'église, on m'y conduirait, mais je ne savais pas si j'en aurais le force et si on me le permettrait. Je baisai le drap qui le recouvrait, et cette douleur est sans parole et sans nom !*

Enfin, l'abbé Gerbet vint se mettre à genoux près de moi et baisa aussi ce cercueil, puis il me dit :

— Allez à la tribune de l'église.

Je n'espérais plus qu'on le voulût. Je me levai et je partis ; j'assistai à l'office des morts, — des morts ! et pour qui ! — Oh ! mon Dieu, je le vis apporter ! Quand on m'emmena, je me prosternai en passant près de lui, puis je remontai en voiture, et toutes ces choses, dont la seule pensée pouvait me tuer, me firent à peine pleurer. » Albertine de la Ferronnays, 23 janvier 1842, n° 10, in P. Craven, *Récit d'une sœur,* p. 311-312

T. de Bussières

Théodore, qui avait arrêté sa première déposition du Procès (n° 25), à la fin de la visite aux basiliques, reprend le fil dans sa deuxième déposition, 4 jours plus tard (n° 31). Il commence ex abrupto lorsqu'il retrouve Alphonse. Il ne précise pas où, mais c'est évidemment à l'hôtel Serny où il l'a conduit se reposer (note 18). Après cela, sans prévenir, il omet la visite de 18 heures au Gesù (ci-dessus note 19) et la conduite d'Alphonse à Sant'Andrea, peu après 18 h 30. Il commence en disant : « *Je laissai Ratisbonne* ». Ce nouveau départ qui pourrait sembler laisser Alphonse à l'hôtel Serny, le laisse, en fait à Sant'Andrea, dans l'attente de la première cérémonie des funérailles. Il continue : « *Je laissai Monsieur Ratisbonne pour aller chez les la Ferronnays.* [la seconde visite qui sera brève]. *Là, Madame la Comtesse de Mun, fille du défunt la Ferronnays, me dit d'aller aussitôt voir mon épouse. Survint le Prince Aldobrandini, à qui je fis un bref récit de la conversion advenue, sur laquelle il avait déjà été informé par la famille de la Ferronnays* [ce détail confirme que la première visite aux la Ferronnays : note 17, est antérieure à cette visite express]. *Je retournai* [alors] *chez moi, mais n'y trouvai pas mon épouse. Je descendis dans l'appartement de Madame Coming, qui habite avec moi dans le même bâtiment* (nel medesimo edefizio), *et je l'avisai* (feci cenno) *de l'événement* (dellaccaduto). *De là* [je retournai chez les la Ferronnays] *et de là à l'église Saint André delle Fratte* [où il a assisté à l'office et à l'absoute et confirmé au sacristain qu'Alphonse restait veiller, selon Walsh n° 50. Avant de quitter l'église] *je laissai* (lasciai) *Monsieur Ratisbonne en lui disant qu'à 10 heures astronomiques je retournerai* (sarei tornato : *nuance subtile du subjonctif italien*) *pour le prendre !* T. de Bussières, in *Procès,* 21 février 1842, n° 31, p. 72-73.

Le sacristain Bertucci

« *Le soir du même jour* [20 janvier], *après la déposition du corps de Monsieur de la Ferronnays dans la même église, et après la cérémonie de l'absoute qui a lieu pour la levée du corps, Monsieur le Prince Borghese s'approcha de moi, avant la fermeture de l'église, avec un autre monsieur qui portait une longue barbe, et ils me dirent (en m'indiquant un jeune homme agenouillé devant la balustrade de la chapelle de saint Michel) :*

— Ce jeune homme restera dans l'église jusqu'à 6 ou 7 heures de la nuit; ne l'empêchez pas d'y rester jusqu'à cette heure. Après quoi ces deux messieurs partirent. » Paolo Bertucci, 1 mars 1842, n° 37, p. 110.

Walsh

« *Le cercueil de Monsieur de la Ferronnays avait été transporté, dans la soirée du 20, à l'église de sa paroisse* [Sant'Andrea delle Fratte]. *Je m'informai s'il était d'usage à Rome d'accompagner le corps depuis la maison mortuaire jusque là. On me répondit que non, mais que les personnes qui voudraient rendre un pieux hommage à Monsieur de la Ferronnays pourraient se trouver à l'église à l'heure indiquée pour l'y recevoir. J'y arrivai une demi-heure à l'avance ; il faisait déjà* presque nuit. *L'église, fort sombre, n'était éclairée que par les cierges de quelques moines, qui allaient et venaient d'un air indifférent, attendant l'arrivée du convoi funèbre. En m'agenouillant dans un confessionnal, près de la place réservée au catafalque, je distinguai, dans l'ombre, à deux pas de moi, un jeune homme, prosterné contre la balustrade d'une des chapelles latérales* [...]. *Au bout de quelques minutes, j'aperçus Monsieur de Bussières* [...]. *Il se dirigeait vers nous, accompagné du sacristain, qui portait un cierge à la lueur duquel je pus voir distinctement la noble et intéressante figure et la tournure élégante du jeune inconnnu. Monsieur de Bussières lui adressa à voix basse quelques paroles que je n'entendis pas, puis dit au sacristain, dans un italien d'étranger dont je ne perdis pas un mot :*

— Voici un monsieur qui veut rester en prière auprès du corps jusqu'à 10 heures. Quand vous fermerez l'église, vous l'y laisserez, et à 10 heures précises, je reviendrai le chercher. Dites-moi seulement à quelle porte je dois frapper, et soyez là pour m'ouvrir.

Après ces paroles, Monsieur de Bussières s'éloigna. Le jeune homme reprit sa première position et me parut bientôt aussi absorbé dans ses méditations que je l'avais vu auparavant.

Un demi-quart d'heure après, je vis revenir Monsieur de Bussières, amenant avec lui Monsieur l'abbé Gerbet. Celui-ci tenait également à la main un cierge, ce qui me permit de ne rien perdre de ce qui se passa. Son compagnon lui présenta l'inconnu dont je n'entendis pas le nom, puis il dit à celui-ci :

— C'est Monsieur Gerbet, l'ami et le confesseur du Comte de la Ferronnays. Aussitôt Monsieur Gerbet serra avec effusion la main que lui tendait le jeune homme, qui s'inclina plein d'émotion, tandis que la physionomie du digne prêtre rayonnait de bienveillance et d'une joie céleste. Ces messieurs partis, l'étranger se remit à genoux, et je ne m'en occupai plus. Le corps fut transporté dans l'église, et après quelques versets psalmodiés par les moines, chacun se retira. » T.Walsh, 20 mars 1842, n° 50, p. 39-43

Synthèse

Alphonse à Sant'Andrea

Après sa visite au Gesù, commencée « *peu avant l'heure de l'Ave Maria* » (n° 34), terminée vers 18 h 30, Théodore conduit Alphonse à Sant'Andrea pour l'office et l'absoute fixée semble-t-il à 19 heures (tous les recoupements convergent dans ce sens). Alphonse veillera ensuite jusqu'à 22 heures (ci-dessus note 21).

En arrivant, Théodore va chercher le sacristain et l'en avertit (n° 50). Walsh est arrivé « *une demi-heure* » avant le cercueil (n° 50). Alphonse y est déjà, agenouillé contre la balustrade de la chapelle de l'apparition. Walsh, qui ignore encore son identité, se trouve placé à deux pas de lui, sur le marchepied d'un confessionnal qui lui facilite l'agenouillement. Il l'entrevoit, dans l'ombre, puis mieux, lorsque le sacristain, amené par Théodore, l'éclaire de son cierge. Théodore demande alors « *en italien d'étranger* » qu'on laisse Alphonse veiller (n° 50, p. 41-42).

2e visite de Bussières aux la Ferronnays

Théodore de Bussières part ensuite chez les la Ferronnays, sans doute pour assister à la levée du corps, discrètement, car il n'était pas « *d'usage à Rome d'accompagner le corps depuis la maison mortuaire* » (n° 50, p. 39). Il avait sans doute l'intention d'assister Madame de la Ferronnays durant la levée du corps et de retourner à l'église avec la famille. « *Mais là, Madame la Comtesse de Mun, fille du défunt* », lui dit que sa femme le demande d'urgence (n° 31). Il s'y dirigeait lorsque « *le Prince Aldobrandini étant survenu* », il lui fait, entre deux portes, un bref récit de la conversion : en quelques mots seulement.

Théodore chez lui

Il part en hâte (sa voiture l'attendait sans doute avec le cocher : n° 25), et il arrive ainsi chez lui en 2 ou 3 minutes.

Théodore chez Madame Coming

« *N'y trouvant pas ma femme,* » dit-il, « *je* descendis *dans l'appartement de Madame Coming qui habite dans le même édifice que moi* », sans doute au rez-de-chaussée, et lui annonce la nouvelle en peu de mots (car tout cela se passe en hâte, vu la proximité de l'absoute).

3e visite de Bussières aux la Ferronnays

Théodore de Bussières retourne ensuite chez les la Ferrronnays (3e visite de l'après-midi), toujours en hâte avec son cocher et sa voiture. Entre temps, l'abbé Gerbet a autorisé Madame de la Ferronnays à venir à l'absoute (n° 10). Elle en est heureuse, car c'était son désir, mais elle s'éloigne avec déchirement du corps qu'elle a veillé jour et nuit depuis la mort, et qui va quitter la maison. Elle baise le cercueil et monte dans sa voiture pour se rendre à l'église Sant'Andrea, située à quelques pas de sa maison, via dell'Angelo Custode. Vu cette proximité, la voiture (qu'elle mentionne seulement pour le retour : « *je RE-MONTAI en voiture* »), semble n'avoir été utilisée que pour le decorum et le protocole, s'agissant de l'épouse d'un Comte ancien Ministre. Elle prend place dans la « *tribune de l'église* », préparée selon la demande de T. de Bussières (n° 10).

Retour de Bussières à Sant'Andrea

Théodore de Bussières, qui est reparti après avoir amené Alphonse à Sant'Andrea, revient « un demi-quart d'heure après », note Walsh (n° 50), mais si vite qu'il ait été, je penserai plutôt à un bon quart d'heure. Retour de la visite-express chez lui et chez Madame Coming, il est repassé chez les la Ferronnays pour la levée du corps (3e visite), puisque Walsh (n° 50) l'a vu revenir à Sant'Andrea avec l'abbé Gerbet qui était resté pour veiller au bon ordre de cette cérémonie privée. Selon l'usage romain, le cercueil n'est pas accompagné. C'est ainsi que Walsh voit Théodore et l'abbé Gerbet arriver ensemble (n° 50). Ils ont devancé de quelques instants l'entrée du corps (mentionnée par les n° 39, 41, 50 : « *le corps fut apporté dans l'église* »). L'abbé Gerbet « *serre avec effusion la main que lui tendait le jeune homme* [= Alphonse : Walsh qui l'a bien observé ignore toujours son nom et son identité] ». Alphonse « *s'inclina plein d'émotion, tandis que la physionomie du digne prêtre rayonnait de bienveillance et d'une joie céleste* » : car Gerbet, lui, savait.
Il faisait « *presque nuit* » quand Walsh est arrivé une demi-heure à l'avance (n° 50). Il n'a pu voir Alphonse qu'à la lueur d'un cierge (ib.)

Le service funèbre

A 7 heures, semble-t-il, les Minimes chantent « *l'office des Morts* », selon Madame de la Ferronnays (n° 10), mais selon Walsh, cet office était réduit à quelques versets psalmodiés (n° 50). Puis, c'est l'absoute, atteste le sacristain (n° 37).
Après quoi, Madame de la Ferronnays sort : « *On m'emmena, je me prosternai en passant près de lui* [devant son cercueil] *et je remontai en voiture* » (n° 10). Toute l'assistance sort de même (n° 50).
Avant de partir, le Prince Borghese confirme au sacristain Paolo Bertucci que « *le jeune homme* [= Alphonse] *est autorisé à rester à l'église jusqu'à 6 heures de la nuit* » (n° 37). Le sacristain Bertucci hésite : « *6 ou 7 heures* » *(7 heures situerait la fin de la veillée à 24 heures)* ». Mais l'ensemble des témoignages s'accorde sur « *5 heures italiennes* » (même le n° 37), c'est à dire « *10 heures du soir* ». (n° 26, 30, 40), soit 22 heures « *astronomiques* ». Sur l'écart de Villefort (5 heures) et de Mantineo (minuit : n° 37), voir ci-dessus note 19.

21. LA VEILLÉE D'ALPHONSE

« *Le jeune homme, ainsi que je m'en suis aperçu, est demeuré à genoux depuis le moment de son entrée jusque vers 6 heures de la nuit. Je vis qu'il pleurait et tenait un livre à la main. Craignant que la lueur de la lampe voisine, que j'avais fortement baissée, ne fût trop faible pour qu'il pût lire, j'allumai une bougie que je lui apportai. Je le vis encore à 2 ou 3 reprises se lever de la balustrade, son livre ouvert à la main, et s'approcher du corps. Chaque fois il y resta debout.* » Paolo Bertucci, 1 mars 1842, n° 37, p. 110.

« *Dans la nuit du 20 janvier dernier, je me rendis dans notre église afin de m'assurer que tout était en ordre pour les funérailles de Monsieur le Comte de la Ferronnays dont le corps venait d'y être déposé peu d'heures auparavant. J'aperçus un jeune homme, assis près de la chapelle de Saint Michel, et comme j'avais été prévenu par le Baron Théodore de Bussières ou par le Prince Borghese que cette nuit-là quelqu'un viendrait veiller jusqu'à minuit* [en fait 22 heures] *dans l'église, je crus devoir lui demander s'il était une des personnes désignées pour veiller cette nuit-là ; il me répondit que oui et je le laissai tranquille. Je vis alors que ce jeune homme avait une belle figure quoiqu'un peu pâle, et qu'il portait une longue barbe.* » Joseph Mantineo, 3 mars 1842, n° 39, p. 117.

Synthèse

Alphonse reste grâce à la permission spéciale obtenue par Théodore de Bussières (ci-dessus note 20).
Le sacristain Bertucci raconte la veillée d'Alphonse : il pleurait, « *et tenait un livre à la main* ». Bertucci lui porte une bougie pour lui faciliter la lecture. A 2 ou 3 reprises, Alphonse quitte la balustrade (lieu de l'apparition), livre à la main, il s'approche du corps, et chaque fois, reste debout. (n° 37)
Au cours de la veillée, « *peu d'heures* » après l'arrivée du corps, soit vers 21 heures, le curé Mantineo vient inspecter l'église et s'assure que ceux qui sont là sont bien ceux qui sont autorisés à veiller. Il le demande personnellement à Alphonse qui « *répond que oui* ». Il a observé « *la belle figure... un peu pâle* », et « *la longue barbe* » d'Alphonse (n° 39).

22. FRÉNÉTIQUE SOIRÉE DE THÉODORE DE BUSSIÈRES APRÈS L'ABSOUTE

« *Je passai à la maison* [du Prince] *Borghese* [proche des la Ferronnays]. *J'y pris en hâte un peu de nourriture et, tout en mangeant, je faisais le récit du prodige et du changement advenu chez Monsieur Ratisbonne en présence de Madame la Princesse Borghese, de ses trois fils, de la Princesse Aldobrandini et de Monsieur Esbelin, précepteur de Monsieur le Duc Salviati, et du Baron de Bock.*
Je retournai chez moi, avec Messieurs le Prince Borghese et le Baron de Bock. Je n'y trouvai pas mon épouse parce qu'elle était descendue dans l'appartement d'en-dessous, chez Madame Coming.
J'y allai [donc] *avec les deux compagnons signalés. Là se trouvaient Madame Coming, mon épouse et une de mes filles, Maria-Georgina, mon père le Vicomte Paul-Athanase, ma mère Federica Baronne Frank, mon frère Gustave, son épouse : Jeanne Baronne Turckheim (les trois dernières personnes nommées sont protestantes). Ma mère me demanda comment allait la famille la Ferronnays. Je répondis :*
— Très bien.
Ils s'étonnèrent de ma réponse.
— Vous en saurez la raison, ajoutai-je, si vous m'écoutez.
Alors, je leur fis le récit complet de l'événement et j'observai la stupéfaction (sballordimento : *abasourdissement) et la pâleur du visage des protestants, spécialement de mon frère et de son épouse, qui connaissaient bien Ratisbonne et les sentiments qu'il leur avait manifestés encore ce matin même. Je m'en allai ensuite en compagnie de Messieurs le Prince Borghese, le Baron de Bock et de mon frère protestant à Sant'Andrea pour y reprendre Monsieur Ratisbonne resté là en oraison.* » T. de Bussières, in *Procès*, 21 février 1842, n° 31, p. 73-74.

« *Au Gesù, vers 13 h 30, Monsieur de Bussières m'avait dit :*
— *Venez ce soir chez Madame la Princesse Borghese et là je vous raconterai tout.*
J'y allai, selon cet avis, vers 7 heures et demie, heure française, et Monsieur le Baron Théodore de Bussières raconta, en présence de Madame la Princesse Borghese et de ses fils, toutes les circonstances du prodigieux événement comme elles sont rapportées dans la relation qui a été établie , que j'ai copiée [...]. *Alors Monsieur le Baron Théodore de Bussières invita Monsieur le Prince D.Marco Antonio Borghese et moi* [à venir] *chez Madame Coming.*
Nous y allâmes, ce même soir, vers 8 heures et demie astronomiques [heure française] *et nous trouvâmes cette dame en compagnie de la mère, du frère et du beau-frère* [il semblerait s'agir plutôt de la belle-sœur], *et si je ne me trompe du père de Monsieur Théodore de Bussières. J'écoutai de nouveau tout le récit* (il fatto) *tel qu'il est* [raconté] *dans la relation susdite : c'est à dire les circonstances du miracle. Ce discours fit grande impression sur toutes les personnes présentes, spécialement sur Monsieur Gustave de Bussières, protestant, comme sa mère, et Monsieur Gustave s'exprima en ces termes :*
— *Si cela est vrai, comme vous le dites, c'est un miracle : j'ai parlé avec lui, ici à Rome, il y a peu, et il était bien loin de faire ce pas. Je voudrais le voir ce soir même.*
Monsieur Théodore répondit :
— *Non, ce soir n'en faisons pas tant* (facciamone a meno), *car il pourrait se troubler.*
Alors, en croyant que la famille ne connaissait pas la langue allemande, je m'adressai en allemand à Monsieur Théodore en lui disant :
— *Laissez-moi le voir ce soir, afin qu'on ne soupçonne pas que nous avions séduit artificieusement* (con arti) *ou préparé Monsieur Ratisbonne.*
Ma réflexion plut à Monsieur le Baron Théodore mais déplut, m'a t-on dit après, à l'épouse de Monsieur Théodore. Elle déplut, veux-je dire (dico) *à la mère de celui-ci* » E. de Bock, in *Procès,* 4 mars 1842, n° 40, p. 123.

Synthèse

Vers 7 heures et demie (Bock, n° 40), Théodore a repris, en hâte, sa tournée frénétique, dont il mentionne les étapes suivantes :
Il va d'abord casa Borghese, où il a donné rendez-vous à Bock, après la visite au Général des Jésuites (vers 14 h 15 : note 14), pour le soir après la cérémonie : donc « *à 19 h 30* » (n° 40). Il prend quelque nourriture et raconte tout en mangeant (n° 31) devant :

- la Princesse Borghese et ses trois fils,
- la Princesse Aldobrandini,
- Monsieur Esbelin,
- et le Baron de Bock, arrivé ponctuellement à l'heure fixée.

De là, Théodore va chez lui, avec le Prince Borghese et le Baron de Bock. N'y trouvant pas son épouse, il descend dans l'appartement d'en-dessous : celui de Madame Coming, avec les deux mêmes compagnons. Il y retrouve, avec Madame Coming, son épouse, « *sa fille Maria-Georgina, son père, le Vicomte Paul Athanase, sa mère Frederique Baronne Frank, et son frère Gustave avec son épouse Jeanne Baronne Turckeim : ces trois derniers protestants.* » Il fait de nouveau le récit, qui suscite une grande et diverse émotion. Il note la pâleur des protestants; Bock, l'intérêt fasciné de Gustave de Bussières pour ce changement à vue. Gustave demande à vérifier en interrogeant Alphonse le soir même. Théodore l'en dissuade si près d'une telle commotion. Le Baron de Bock insiste, en allemand : il faut vérifier son témoignage dès ce soir, « *afin qu'on ne nous soupçonne pas de l'avoir séduit artificieusement* ». Cette réflexion, « *bien accueillie par Théodore, déplut à sa mère qui comprenait l'allemand* » (n° 40).
10 heures approchent. Théodore et Gustave de Bussières quittent alors le salon, avec le Prince Borghese et le Baron de Bock, pour retrouver Alphonse à Sant'Andrea.

23. RETOUR À SANT'ANDREA

Après la soirée chez Madame Coming, « *je m'en allai en compagnie de Messieurs le Prince Borghese, du Baron de Bock et de mon frère protestant, à Sant'Andrea delle*

fratte, pour y reprendre Monsieur Ratisbonne qui était resté là en oraison. Aussitôt arrivés, je présentai à Monsieur le Prince et à Monsieur le Baron de Bock le converti, Monsieur Ratisbonne, et celui-ci raconta ce qui lui était advenu en ce même jour.
Mon frère en fut suprêmement ému (sommamente commosso). *Il me demanda pour lui et pour son épouse une médaille miraculeuse et, soit à cause du récit de la prodigieuse conversion, soit à cause des forts arguments que le converti lui apporta, il se montra convaincu* (persuaso) *de la religion catholique. Ensuite je reconduisis Monsieur Ratisbonne.* » T. de Bussières, in *Procès,* 21 février 1842, n° 31, p. 74.

« *Au soir du 20 janvier* », après la conversation de 21 h 30 chez Madame Coming, « *j'allai à Sant'Andrea delle Fratte avec ce même frère Théodore* [de Bussières], *et j'y trouvai Monsieur Ratisbonne. Je lui demandai ce qui lui était arrivé. Il me répondit qu'il était trop ému pour pouvoir me le raconter, mais qu'il était résolu d'embrasser la religion catholique. En comparant ce que j'avais vu et entendu le matin* [ci-dessus, chapitre 6, note 5] *avec ce qu'il me dit ce soir, et son émotion profonde, je le trouvai complètement changé et je ne pus douter de la vérité d'une apparition extraordinaire* » Gustave de Bussières, in *Procès,* 22 février 1842, n° 33, p. 93-94.

« *Vers 6 heures de la nuit* [= minuit], *les deux messieurs déjà cités revinrent en voiture et emmenèrent avec eux le dit jeune homme, et je les vis s'embrasser avant de sortir de l'église. Je me souviens encore qu'ils se promenèrent dans l'église avant de la quitter et s'entretinrent ensemble durant un quart d'heure environ.* » Paolo Bertucci, in *Procès,* 1er mars 1842, n° 37, p. 110.

« *Nous sommes ensuite partis de chez Madame Coming, vers 10 heures, les deux de Bussières, Monsieur le Prince Borghese et moi, et nous portâmes* [nos pas] *à l'église Sant'Andrea delle Fratte. Arrivés là, nous avons trouvé exposé le corps de Monsieur de la Ferronnays, et Monsieur Ratisbonne à la balustrade de la chapelle Saint Michel Archange.* » E. de Bock, in *Procès,* 4 mars 1842, n° 40, p. 124.

« *Ratisbonne était très ému et tremblait. Je le pris à part et lui demandai quelques déclarations sur le fait* (proposito) *de la vision* [...]. *Il me dit que, pendant qu'il se trouvait à genoux devant la balustrade de la chapelle de Saint Michel, sans savoir lui-même comment il y avait été et s'y était prosterné, il avait vu devant lui une vive lumière [etc... ci-dessus note 5].*
Je ne me souviens pas si ce fut avant ou après ce court entretien que je vis Monsieur Ratisbonne s'entretenir en particulier avec Monsieur Gustave de Bussières, pendant 10 minutes environ. Nous quittâmes tous l'église et nous conduisîmes Monsieur Ratisbonne à l'hôtel Serny, où il était descendu. Pendant que nous étions dans la voiture, Monsieur Gustave dit expressément :
— C'est un vrai miracle. Je ne peux le mettre en doute.
Et ici je me rappelle avoir omis qu'après l'entretien indiqué avec Monsieur Ratisbonne, pendant qu'il était encore à l'église, Monsieur le Baron Théodore donna une médaille à son frère Gustave et celui-ci la reçut en promettant de la porter (di portar la indosso). E. de Bock, in *Procès,* 5 mars 1842, n° 41, p. 124.

Synthèse

Le trajet et l'heure

Peu après 21 h 30 (Gustave, n° 33), peu avant 5 heures de la nuit, c'est à dire 22 heures (n° 26, 30, 40), Théodore de Bussières et le Prince Borghese reviennent en voiture, avec Gustave de Bussières (n° 33) et le Baron de Bock (n° 40, 41 et ci-dessus notes 19 et 20), de la place Nicosia à Sant'Andrea (n° 37).
Ils arrivent à l'église vers 22 heures. Les trois visiteurs du soir trouvent Alphonse à la même place : près de la balustrade de la chapelle de l'apparition. Théodore de Bussières le présente au Prince Borghese et au Baron de Bock.

Les conversations

Selon Théodore de Bussières, Alphonse leur ferait même son récit (n° 31), mais les autres témoignages ne le confirment pas.

Le Baron de Bock, selon le souci qu'il a exprimé chez Madame Coming, prend Alphonse « *à part* » et obtient de lui un récit (n° 41).
C'est sans doute après que Gustave de Bussières s'approche d'Alphonse et le questionne à son tour : « *Il me répondit qu'il était trop ému pour pouvoir me le raconter, mais qu'il était résolu d'embrasser la religion catholique* » note-t-il (n° 33). On comprend que Ratisbonne ait répugné à faire un nouveau récit, après les deux conversations précédentes. Gustave reste profondément ému de ce changement (n° 33). Il demande une médaille à Théodore pour lui et sa femme. (n° 31 et 41).

Le départ

C'est après ces deux conversations particulières que le sacristain Paolo Bertucci a observé le va et vient avec Alphonse des « *deux messieurs* » qui ont accaparé son attention : le Prince Borghese et Théodore de Bussières qu'il connaît. Il les voit « *s'embrasser avant de sortir de l'église* ». (n° 37). Il lui tardait de fermer et de rentrer chez lui. De là, sans doute, la version d'une veillée jusqu'à minuit, qu'il avance (n° 37, p. 110), ainsi que le curé Mantineo (n° 39, p. 116).

24. RETOUR EN VOITURE A L'HÔTEL SERNY

Nous renvoyons au texte de la note précédente : après ces conversations à l'église Sant'Andrea, Théodore « *reconduit* » Alphonse à son domicile : l'hôtel Serny, tout proche (n° 31). « *Dans la voiture* » Gustave de Bussières dit :
— « *C'est un vrai miracle, je ne peux le mettre en doute* » (n° 41).

25. APHONSE RECONNAÎT LA CROIX SUR LE REVERS DE LA MÉDAILLE (le soir)

« *Quelques heures après* [la dernière visite du 20 janvier au P. de Villefort], *voyant par hasard pour la première fois le revers de la médaille miraculeuse, il a reconnu sa croix* » T. de Bussières à T. Ratisbonne, 22 janvier 1842, n° 5.

« *Quelques heures après, voyant par hasard et pour la première fois, le revers de la médaille miraculeuse, il y a reconnu sa croix.* » T. de Bussières, *Relation,* 30 janvier 1842, n° 12.

« *Quelques heures après, voyant par hasard le revers de la médaille miraculeuse, il a reconnu sa croix.* » T. de Bussières, *L'enfant de Marie,* 17 février 1842, n° 26 p. 35.

« *Retourné le soir chez moi, je repensai à la croix que j'avais vue la nuit précédente, et cherchant la raison d'une telle image* (immaginazione) *que je ne considérais plus comme vaine apparence ainsi que je l'avais fait le matin* [de ce 20 janvier], *je tirai la médaille hors* [de mes vêtements] *pour l'embrasser et je reconnus, sur son revers, la croix de même forme mais non de la même grandeur en laquelle elle m'était apparue.* » Alphonse, in *Procès,* 19 février 1842, n° 30, p. 89.

n° 50, Walsh, simple écho de Bussières.

n° 52, le Lazariste : autre écho de Bussières.

Synthèse

Tous ces témoignages, ceux de Bussières (n° 5, 12, 26, ainsi que 50 et 52 qui en sont l'écho) situent la découverte de la croix sur le verso de la médaille au soir des visites du 20 janvier au P. de Villefort et aux basiliques (TOUS les témoignages).
Difficulté apparente, Alphonse (n° 30) situe cette découverte après sa première visite aux la Ferronnays qui eut lieu le 21 janvier (chapitre 8, note 3). Mais cela tient au fait que, par confusion, il situe cette visite dans la soirée du 20 janvier. L'erreur chronologique concerne sa visite aux la Ferronnays, et non la découverte de la croix de la médaille qu'il situe bien le jour de l'apparition, après la visite au Gesù et la promenade à Saint Pierre, chez lui : donc le 20, puisqu'il logeait chez T. de Bussières au soir du 21.

8

LA PREMIÈRE SEMAINE D'UN HOMME NOUVEAU
21-28 janvier 1842

1. Alphonse a Flore Ratisbonne, sa fiancée, 21 janvier 1842, n° 3

Voir recueil des lettres en fin de volume p. 172-185 des épreuves.

2. Sépulture du Comte de La Ferronnays

« *Le service a eu lieu à 10 heures et demie à Saint André. Tout ce qu'il y a de Français à Rome se trouvait là. Monsieur de* [Latour] *Maubourg* [Ambassadeur de France] *a eu la bonne idée d'y venir ostensiblement. Notre jeune néophyte y était aussi. C'est un jeune homme d'une figure très distinguée; sa figure a conservé la trace des émotions qu'il a dû éprouver. Madame de la Ferronnays était présente dans une tribune. Tout en elle me confond; elle disait hier soir qu'elle était si heureuse de savoir son mari dans le Ciel que, si le Bon Dieu voulait le lui rendre, elle le conjurerait de le garder.* » L. Esbelin à la Marquise de Mun, 21 janvier 1842, n° 4.

« *Le lendemain* [de l'apparition], *ce même Comte* [Walsh], *assistant aux funérailles de Monsieur de la Ferronnays, dit que Monsieur Ratisbonne se distinguait parmi tous les autres par son recueillement.* » P. de Villefort, in *Procès,* 25 février 1842, n° 35, p. 104.

« *Le lendemain* [de l'apparition], *aux obsèques du Comte de la Ferronnays, je l'ai revu, aussi recueilli et plus ému qu'aucun d'entre nous, s'agenouiller à l'élévation et adorer, ainsi que l'eût pu faire le plus fervent catholique.* » T. Walsh, *Le Comte de la Ferronnays,* 20 mars 1842, n° 50, p. VII.

« *Le service avait été annoncé pour le lendemain* [21 janvier]. *Je m'y trouvais placé justement à côté de mon inconnu de la veille. Il était en grand deuil, ce qui me confirma dans ma première supposition, d'autant plus que je remarquais en lui le même recueillement et la même émotion; de plus, sa pâleur était extrême. Après le service, toutefois, je fus frappé d'une circonstance qu'il me fut impossible d'expliquer; j'observai que ni le gendre de Monsieur de la Ferronnays, ni aucun des amis de la famille, sauf Monsieur de Bussières, ne lui parla et n'eut l'air de le connaître. Sorti de l'église pour me rendre chez la Comtesse de G[ontaut], je trouvai à la porte* [p. 44] *Monsieur l'abbé Gerbet qui m'arrête, me saisit par le bras et me dit, avec une expression de bonheur inexprimable :*
— Vous savez ce qui vient d'arriver?... Le miracle?
— Non, je ne sais rien.
— La conversion de ce juif?
A ces mots, je pensai : ce sera sans doute quelque pauvre diable du ghetto, *qui aura voulu spéculer ainsi sur la réputation de sainteté de Monsieur de la Ferronnays et les pieux regrets de la famille.*

— Et de quel juif ? demandai-je froidement.
— Du jeune Ratisbonne, frère de l'abbé Théodore.
En entendant ce nom, je devins attentif ; ayant habité Strasbourg, je connaissais la position de cette famille et la considération dont elle jouissait. J'étais lié, en outre, avec l'abbé Ratisbonne et, dans le premier moment, je présumai que son exemple, ses conseils, ses prières surtout, avaient pu influer naturellement [p. 45] *sur cette détermination de son frère. Monsieur Gerbet poursuivit son récit avec un accent de conviction qui m'ébranla et le termina en disant :*
— Monsieur Ratisbonne était au service. Ne l'avez-vous pas vu ?
Ces mots furent pour moi un trait de lumière. Le nouveau converti n'était autre que le mystérieux étranger qui m'avait tant frappé. Je pressentis la possibilité d'un miracle ; mais, néanmoins, je me promis de prendre d'exacts renseignements [...] *et de ne pas admettre légèrement et sur parole un fait de cette importance. » Ib. p. 43-45.*

« *Le corps de Monsieur de la Ferronnays est resté à Rome, je crois qu'on ferait bien de l'y laisser ; c'est là sa place. » Alphonse à T. de Bussières, 3 juin 1842, n° 78.*

« *La Ferronnays fù spolto nel sottosuolo della capella dell'Aparizione. Sulla tomba fù posta una lapide oggi murata nell'ambulacro della chiesa con questo epitafio : Hic est positus Petrus M. Augustus de la Ferronnays, Comes. Natus Macloviopolis Armoricorum prid. non. Dec. MDCCLXXVII, Romae, vita est defectus XIII Kal. Febr. Ann. Christi MDCCCXLII. Quarto post die inlatus huc est. Qua die hic ibidem, Alphonsus Ratisbonne, Sectae Judaicae erroribus cognitis Iesum Christum est professus. Et te mortalem esse MEMORARE.* »
Traduction :
« *La Ferronnays fut enseveli dans le sous-sol de la Chapelle de l'Apparition. Sur la tombe fut placée une pierre aujourd'hui insérée dans le mur de l'ambulacre de l'église avec cette épitaphe :*
Ici repose Pierre M. Auguste de la Ferronnays, Comte, né à Saint Malo le 4 décembre 1777. Sa vie prit fin le 17 janvier 1842. Quatre jours après, il a été enseveli ici. Ce jour-là, ici-même, Alphonse Ratisbonne, reconnaissant les erreurs de sa religion juive, a professé Jésus-Christ. SOUVIENS-TOI que tu es mortel ! »
Cette dernière phrase, adressée au lecteur de l'épitaphe, se termine par le mot « *MEMORARE* » : celui de la prière par laquelle Alphonse fut converti. Epitaphe du Comte de la Ferronnays dans l'église Sant'Andrea delle Fratte, 1842, n° 124.
Cette plaque n'était pas celle de la sépulture. Une autre plaque funéraire, sans doute plus ancienne, celle de l'ensevelissement, est conservée à Sant'Andrea. Elle porte seulement le mot MEMORARE surmonté par l'effigie du revers de la médaille : la croix ; et surmontant les initiales : A. de la F[erronnays]. Cette épitaphe est sans doute la plus ancienne. A la différence de l'autre, elle ne détourne pas de son sens le mot Memorare.
Les deux plaques de marbre sont conservées aujourd'hui dans la pièce magasin, attenante à l'église, qui relie l'église (côté épitre) à la sacristie.

« *Mon père repose à Rome, dans l'église Sant'Andrea delle Fratte, sous l'autel même devant lequel Alphonse Ratisbonne fut miraculeusement converti* ». Pauline Craven, *Récit d'une sœur,* 1852, 23e éd., 1870, p. 347, note 1.

Synthèse

Le 21 janvier (n° 50), à 10 heures et demie (n° 4), à Sant'Andrea delle Fratte (n° 4 ; cf. Walsh, n° 50, p. 39), « *tout ce qu'il y a de Français à Rome* » se trouve là notamment M. de Latour-Maubourg, Ambassadeur de France. « *Madame de la Ferronnays est présente* », transfigurée par la foi. (n° 4). Alphonse aussi. T. Walsh, venu aussi aux obsèques (n° 50), observe son émotion et sa ferveur. Il l'a déjà vu le 20 janvier au soir (chapitre précédent, note 20). Comme Esbelin, il admire sa « *figure distinguée* » (n° 35). L'émotion du jeune homme lui fait penser qu'il est un parent de Monsieur de la Ferronnays (n° 50, p. 43). Sa pâleur est extrême (n° 50, p. 43). C'est à la sortie que l'abbé Gerbet lui raconte la conversion et lui permet d'identifier le jeune homme en deuil (p. 44). L'église de Sant'Andrea conserve l'épitaphe du Comte de la Ferronnays

(1842, n° 124) enterré dans la chapelle de l'Apparition, « *sous l'autel même* » (P. Craven 1852).

3. VISITE D'ALPHONSE A LA FAMILLE DE LA FERRONNAYS : 21 JANVIER APRÈS-MIDI

Alphonse « *a pour Monsieur de la Ferronnays une vénération, une affection posthume, comme il le dit lui-même, qui lui causent une profonde émotion, qui est pour la famille le gage assuré de la béatitude de celui qu'elle pleurait avant-hier et qu'elle invoque aujourd'hui* ». T. de Bussières (qui a conduit Alphonse chez les La Ferronnays le 21) à T. Ratisbonne, 22 janvier 1842, n° 5, p. 13.

« *Ce jeune juif ne cessait de répéter :*
— *N'est-ce pas étrange de se sentir ainsi en relation posthume et si intime avec un homme qu'on n'a jamais vu, dont on savait à peine le nom?* » Albertine de la Ferronnays, la veuve, à sa fille Pauline, 23 janvier 1842, n° 10, in Pauline Craven, *Récit d'une sœur,* 1852, éd. 1870, p. 311.

« *Le vendredi 21, je menai Alphonse chez Madame de la Ferronnays. Il pressa la main à tous les membres de la famille avec la plus vive émotion et, lorsque l'abbé Gerbet l'engagea à faire le récit de ce qui s'était passé, il dit avec une agitation impossible à rendre :*
— *Oh! croyez-moi, croyez à mes paroles.*
Il était trop saisi pour être capable de parler longtemps de suite, et répéta encore que c'était aux prières de Monsieur de la Ferronnays qu'il devait sa conversion.
Je ramenai ensuite Alphonse chez le P. de Villefort. » T. de Bussières, *Relation,* 30 janvier 1842, n° 12, p. 19.

« *Je voulus conduire Ratisbonne dans la famille La Ferronnays.*
L'événement le plus important de sa vie était tellement uni avec le malheur qui les accablait tous que c'était un devoir pour lui d'adoucir l'amertume de leurs larmes en leur redisant lui-même par quels liens d'éternelle reconnaissance le Ciel avait voulu l'enchaîner à l'âme du juste. Il était trop ému pour parler avec quelque suite, il serrait avec une agitation impossible à rendre ces mains qu'on lui tendait, comme à un frère, à un enfant chéri.
— *Oh!, croyez-moi, croyez à mes paroles, répétait-il quand on le pressait de questions. C'est aux prières de Monsieur de la Ferronnays que je dois ma conversion* ». T. de Bussières, *L'enfant de Marie,* 17 février 1842, n° 26, p. 39-40.

« *Monsieur de Bussières me conduisit à la maison La Ferronnays où, en étant prié, je racontai tout ce qui m'était arrivé; à ce récit, leur douleur se changea en allégresse* ». Alphonse, in *Procès,* 19 février 1842, n° 30, p. 89.

« *Le lendemain, vendredi 21, je conduisis Monsieur Ratisbonne dans la maison La Ferronnays; il serra la main de tous les membres de cette famille. Quand Monsieur Gerbet le pria de faire le récit de ce qui lui était arrivé, il répondit, avec une agitation impossible à décrire :*
— *Oh, croyez-en mes paroles!*
Il était trop ému pour être capable de parler longuement de suite. Il répéta une autre fois qu'il devait sa conversion aux prières de Monsieur de la Ferronnays ». T. de Bussières, in *Procès,* 21 février 1842, n° 31, p. 74.

« *Le lendemain même du miracle* [21 janvier], *Monsieur Ratisbonne s'était rendu, accompagné de Monsieur de Bussières, auprès de la famille de la Ferronnays; cette entrevue fut on ne peut plus touchante. Il leur serra la main à tous avec une vive émotion, en disant à Madame de la Ferronnays et à ses enfants :*
— *Vous êtes presque ma mère! Vous êtes pour moi comme des frères et des sœurs.*
Dans le récit qu'il avait à leur faire, il débuta par ces mots prononcés avec un accent qui partait de l'âme :
— *Ah! croyez-moi! Croyez bien à tout ce que je vais vous dire. Je suis de bonne foi!*

Sa voix était émue, entrecoupée, la violence des sentiments [p. 102] *divers dont il était agité l'empêchait de parler longtemps de suite. Il répéta à plusieurs reprises que c'était aux prières du Comte de la Ferronnays qu'il était redevable de sa conversion et dit qu'il en avait conçu pour lui une affection et une reconnaissance posthumes que rien ne pourrait jamais altérer.*
— J'espère, ajouta-t-il, avec une énergie calme, que Dieu m'enverra les plus cruelles épreuves afin que je puisse lui rendre gloire et témoigner que je suis de bonne foi.
Ce besoin de mettre à couvert de tout soupçon sa parfaite sincérité, ainsi que la spontanéité morale de ses actes, m'a semblé être ce à quoi il revenait le plus souvent et ce qu'il exprimait le plus fortement dans ses conversations, de même que dans sa lettre [du 22] *à son frère l'abbé* [...] *Il paraissait surtout craindre qu'on ne cherchât à le faire passer* [p. 103] *pour un imposteur ou un fou*
— J'ai traité moi-même de fou mon frère Théodore lorsqu'il se fit chrétien et prêtre ! [disait-il].
Mais cette crainte n'avait pas sa source dans une considération personnelle, elle dérivait uniquement de sa profonde reconnaissance pour l'immensité du bienfait qu'il a reçu de Dieu, dont il se montre jaloux de placer en cette occasion la gloire et la toute-puissance au-dessus de toute atteinte ; c'est dans le seul intérêt de Dieu, et non dans le sien, qu'il ne veut pas qu'on puisse révoquer en doute sa sincérité, non plus que le caractère miraculeux de sa conversion ». T. Walsh, *Le Comte de la Ferronnays,* 20 mars 1842, n° 50, p. 101-103.

Synthèse

Le vendredi 21 janvier (n° 12, 31 et non le 20 selon la confusion du n° 30), Alphonse est conduit par T.de Bussières chez les la Ferronnays (n° 12, 26, 30, 31, 50). Il est pénétré de « *vénération et d'affection posthume* » (n° 5, 10, 50) pour le défunt. « *Ce sont ses propres expressions* », précise le n° 5. Il presse les mains de tous les membres de la famille (n° 12, 26, 31, 50), avec une vive émotion (n° 12, 50). L'abbé Gerbet l'engage à faire le récit de l'apparition (n° 12, 31). Il répond, « *avec une agitation impossible à rendre* » (n° 12, 31) et « *un accent qui partait de l'âme* » (n° 50).
— Croyez-moi, croyez à mes paroles, implore-t-il (n° 12, 26, 31, 50).
— Je suis de bonne foi (n° 50).
Il continue de craindre qu'on le prenne pour un imposteur ou un fou (n° 50). Il insiste de crainte qu'un doute sur sa « *sincérité* » puisse obscurcir « *le seul intérêt de Dieu* » (n° 50). Il est « *trop ému* » (n° 26, 31), « *trop saisi pour parler longtemps de suite* » (n° 12, 50). Sa voix est émue, entrecoupée (n° 50). Je dois ma conversion aux prières de Monsieur de la Ferronnays, atteste-t-il (n° 12, 26, 31, 50). Il ne sait comment exprimer ses « *liens d'éternelle reconnaissance* » (n° 26).

Conscient de leur « *malheur* », il veut « *adoucir l'amertume de leurs larmes* » (n° 26) par son action de grâce. Il se sent lié avec eux d'un lien familial :
— Vous êtes presque ma mère. Vous êtes pour moi comme des frères et des sœurs (n° 50).
« *Leur douleur se changea en allégresse* », constate Alphonse lui même (n° 30).

4. RENCONTRES ULTÉRIEURES AVEC PAULINE CRAVEN

« *J'ai eu le bonheur de voir Monsieur et Madame Craven. Cette dernière m'a rempli de joie et d'enthousiasme* [...]. *Je suis sorti de chez cette excellente dame le cœur dilaté de l'amour de Dieu ; et vraiment, quand on connaît toute cette famille, il n'est besoin que de se souvenir des vertus et de la piété qui y règnent pour devenir tout brûlant de foi* ». Alphonse à T. de Bussières, 3 juin 1842, n° 78.

« *C'était un dimanche et le jour de la Fête-Dieu. J'allai pour la Messe et la procession à la maison-mère des Sœurs de la Charité, rue du Bac. Là, je vis pour la première fois Alphonse Ratisbonne, qui arrivait de Rome, et les paroles que nous échangeâmes ensemble dans le jardin du couvent me causèrent le premier mouvement de joie et de résignation parfaite que j'eusse ressenti depuis les malheurs qui m'avaient frappée. Il*

était encore en habit laïque, mais il allait le quitter sous peu et entrer dans la Compagnie de Jésus. Je lui demandai pourquoi, tout en se faisant prêtre, il ne demeurait pas avec son frère. Il me répondit qu'après la grâce que Dieu lui avait faite, il ne croyait pas pouvoir lui donner " moins que tout ". Cette réponse me frappa et me toucha. Il me dit ensuite qu'il n'y avait pas sur terre de lien aussi fort que celui par lequel il se sentait attaché à mon père.
— Je lui dois plus que la vie, dit-il, et je me sens plus son enfant que vous-même.
Ces mots, l'accent qui les accompagna et le récit fait par lui-même [...] *me rendirent le courage dont j'avais besoin plus que jamais, car, le lendemain de cette rencontre, je partais avec mon mari pour Boury et nous allions y attendre ma mère qui y arrivait de Rome le jour suivant.* » Pauline Craven, *Récit d'une sœur,* 1852, éd. 1870, T. 2, p. 330.

« *Alphonse (ou le P. Marie) Ratisbonne arrive en ce moment de la Terre Sainte. Il y avait six ans que je ne l'avais vu, et peut-être ne l'aurais-je pas reconnu, à cause de la longue barbe qu'il porte maintenant, comme tous les prêtres qui viennent du Levant. Mais ses yeux ont toujours cette même expression frappante du premier moment de sa conversion.*
Nous avons causé longuement de tout ce qui s'est passé depuis notre dernière entrevue [de 1850]. *Il faisait alors partie de la Compagnie de Jésus, qu'il a quittée depuis. Il m'a parlé de cette résolution et de ce qui l'a causée, d'une manière simple* [...], *disant qu'il ressentirait toujours les heureux effets du temps qu'il avait passé dans cette forte école* [...]*; mais qu'ensuite le désir de se consacrer à la conversion des Juifs n'avait pas cessé de le poursuivre* [...]. *Il arrive en ce moment de Jérusalem, et le récit de ses émotions dans la Ville Sainte ne ressemble guère à ce que peuvent en dire les voyageurs, même les plus pieux !... Il n'est point éloquent, il s'exprime lentement et très simplement; il a l'air indifférent à ses propres paroles; mais il communique cependant facilement la profonde conviction dont il est pénétré; son accent, son regard, son silence même témoignent* that there is that within which passeth show *et que ce n'est pas sur la foi seulement qu'est fondée son espérance, mais sur un souvenir positif et tout-puissant, toujours présent à sa mémoire.* [Il projette] *l'acquisition du lieu où se trouvait le Prétoire.* » Pauline Craven, Notes du 21 septembre 1856, éditées in P. Craven, éd. 1870, t. 2, p. 429-430.

« *Avant de se diriger vers Saint Acheul* [chez les Jésuites, le 20 juin 1842], *Alphonse Ratisbonne vit Madame Craven, fille de Monsieur de la Ferronnays, dont les traits lui rappelaient ceux de Madame de Mun* [née Eugénie de la Ferronnays]. *Sa présence seule le remplit de joie et d'enthousiasme* ». Léonce de La Rallaye, 1898, p. 111.

« *Le jour de la Fête-Dieu, elle* [Pauline Craven] *rencontra Alphonse Ratisbonne* ». M. Savigny-Vesco, *Une fresque romantique : les La Ferronnays,* 1957, p. 275.

Synthèse

Alphonse a donc rencontré Pauline Craven trois fois :
1° à la Fête-Dieu, 26 mai 1842, dans les jardins de la rue du Bac, puis chez Pauline (1842, n° 78; 1898, n° 5; P. Craven, p. 330).
2° en 1850, au temps où il appartenait à la Compagnie de Jésus (Ib., P. Craven, p. 430).
3° le 21 septembre 1856, à Paris (Ib., p. 429-430).

5. VISITE D'ALPHONSE AU P. DE VILLEFORT (21 JANVIER)

« *Je ramenai ensuite* [après la visite aux La Ferronnays] *Alphonse chez le P. de Villefort. Tandis qu'il s'y trouvait, entra le Général Chlapowsky, qui déjà avait entendu parler du miracle :*
— Monsieur, dit-il à Ratisbonne, vous avez-donc vu, et *dites-moi comment était l'image de la Sainte Vierge?*
— L'image? Monsieur, s'écria aussitôt Alphonse, l'image! Mais je l'ai vue en réalité,

en personne, comme je vous vois là. » T. de Bussières, *Relation,* 30 janvier 1842, n° 12, p. 19.

« *J'étais avec Ratisbonne* [le 21 janvier] *chez le P. de Villefort lorsque le Général Chlapowski pénétra jusqu'à nous.*
— *Monsieur, vous avez donc vu l'image de la Sainte Vierge ? Et dites-moi comment...*
— *L'image ! Monsieur, interrompit Ratisbonne, l'image ! Mais je l'ai vue elle-même, en réalité, en personne, comme je vous vois là* ». T. de Bussières, *L'enfant de Marie,* 17 février 1842, n° 26, p. 39.

« *On voit combien il tient pour lui-même à cette faveur toute spéciale. Quelqu'un lui ayant dit :*
— *Vous avez donc vu l'image de la Vierge ?*
— *L'image ! Monsieur, s'écria avec feu Monsieur Ratisbonne, l'image ! Mais je l'ai vue elle-même, réellement, en personne, comme je vous vois là* ». T. Walsh, *Le Comte de la Ferronnays,* 20 mars 1842, n° 50, p. 93.

« *Dès le lendemain, Monsieur le Général Chlapowski parvint à pénétrer dans la maison de Monsieur de Bussières et, abordant le nouveau converti :*
— *Vous avez donc vu l'image de la Sainte Vierge, lui dit-il, dites-moi comment ?...* » [J. M. Aladel], *Récit,* mars 1842, n° 52, p. 418. Il se trompe en situant la rencontre chez T. de Bussières.

Qui est le Général Chlapowski ? 1788-1879

Desydery Chlapowski, né le 23 mai 1788 dans le grand duché de Poznan, marié à Antoinette Grudzinska, belle-sœur du grand duc Constantin, s'enrôla dans l'armée française lors de sa première expédition et devint officier d'ordonnance de Napoléon. Lieutenant-colonel et Baron d'Empire, il participe aux batailles de l'Empereur : de Ratisbonne et Wagram, Znaïm en Autriche. En 1812, « *à la bataille de Krasnoï, il commanda sous les yeux mêmes de l'Empereur les escadrons de service. En 1813, il se distingua encore au combat de Reichenbach* ». Mais voyant l'apparente indifférence de Napoléon pour le sort de sa patrie, il se retire alors à Paris. Après la chute de l'Empire, il retourne sur ses terres en Pologne et se reconvertit dans l'agriculture. Après la révolution du 29 novembre 1830, au début de l'année 1831, il part pour Varsovie, reçoit le commandement d'une brigade de cavalerie à la tête de laquelle il remporte quelques succès. Les Lituaniens le reçoivent comme un libérateur. Mais, après la bataille d'Ostrolenka, le général Gielgud, de grade supérieur, survint avec de nouvelles troupes et prit le commandement suprême. Ecœuré de son incapacité et de ses insuccès, Chlapowski le quitta comme il avait quitté Napoléon et conduisit son armée en Prusse, alla se faire pardonner par le roi à Berlin, puis se retira sur ses terres. Il meurt à Turwia le 27 mars 1879. Il a laissé des mémoires sur la grande armée et un livre sur *Les événements militaires en Pologne et en Lituanie,* Paris 1831.
Bibliographie : Nouvelle Biographie générale, t. 9/10, p. 339-340.
Biographie des contemporains, Paris, t. 1, p. 963.
Grand Larousse encyclopédique, Paris 1960, t. 3, (non paginé).

Synthèse

Après la visite aux la Ferronnays (n° 12, 26 : voir ci-dessus note 3), T. de Bussières emmène Alphonse chez le P. de Villefort (n° 12, 26). Survient le Général polonais Chlapowski, que les témoins orthographient chacun à leur façon : Chlap*am*ski (n° 12), Chlapo*u*ski (n° 26), ou Chl*a*b*o*uski (n° 52) :
— Comment était l'image de la Vierge ? demande-t-il (n° 12, 26, 50, 52, avec variantes insignifiantes).
— L'image ? !... Mais je l'ai vue elle-même, en réalité, en personne, comme je vous vois là (n° 12, 26, 50 ; 52 : qui place à tort la visite du Général chez Bussières).

6. LA NOUVELLE SE RÉPAND A ROME

« *Rome entière crie au miracle ; déjà un grand nombre d'esprits sont frappés et tout fait pressentir que cette miraculeuse conversion en amènera beaucoup d'autres* ». T. de Bussières à T. Ratisbonne, 22 janvier 1842, n° 5.

« *On s'occupe beaucoup à Rome de la conversion miraculeuse de Monsieur Alphonse Ratisbonne, israélite de Strasbourg* ». *L'Ami de la Religion* (Strasbourg), 12 février 1842, n° 20.

« *Toute la ville de Rome est déjà remplie du cri de la subite conversion du jeune israélite français, Monsieur Alphonse Ratisbonne* ». *Diario di Roma,* 15 février 1842, n° 24.

« *La nouvelle de cet éclatant prodige commençait à circuler dans Rome. On courait de l'un à l'autre ; on s'interrogeait, on racontait, on consignait les détails incomplets que l'on avait obtenus. On avait beau se tenir en garde pour ne rien accepter légèrement, le doute devenait bientôt impossible en présence de faits si évidents, si incontestables. On rendait grâces à Dieu [...]. Chacun voulait voir et entretenir ce jeune homme trois fois heureux pour qui la Mère de la grâce divine était descendue du Ciel* ». T. de Bussières, *L'enfant de Marie,* 17 février 1842, n° 26, p. 38.

« *Généralement parlant, je puis dire que la conversion a produit une vive impression sur tous ceux qui l'ont apprise* ». J. Rozaven in *Procès,* 2 mars 1842, n° 38, p. 115.

« *J'allai aussitôt* [le 21] *aux informations chez la Comtesse de G*[ontaut], *point de réunion de la société française. On ne s'y entretenait que du miracle. Chacun rapportait ce qu'il en savait. Quant au fait lui-même et aux détails, les récits concordaient* ». T. Walsh, *Le Comte de la Ferronnays,* 20 mars 1842, n° 50, p. 45-46.

« *Dès le lendemain, le bruit du merveilleux changement se répandait dans Rome.* » [J. M. Aladel], *Récit,* mars 1842, n° 52.

« *J'ignorais, ainsi que mes confrères, ce qui s'était passé dans notre propre église. Nous ne l'avons appris que* deux jours après, *par de pieux laïques, non avec précision mais avec inexactitude. Toutefois, je me suis informé depuis.* » J. Mantineo, Prieur des Minimes de Saint André, 14 avril 1842, n° 62.

Synthèse

« *Rome entière crie au miracle* » (n° 5, 50) de cette conversion (n° 5, 20, 24, 38) miraculeuse (n° 5, 20). La nouvelle circule (n° 5, 20, 24, 26, 52). « *On s'interroge* » (n° 26). Chacun rapporte ce qu'il en sait de manière concordante (n° 50). L'événement a produit une vive impression (n° 38). La rumeur semble unanime et sans soupçon (n° 5, 20, 24, 26, etc.). « *Chacun veut voir et entendre le jeune homme* » (n° 26).
Le paradoxe, c'est que le Prieur des Minimes de Saint André, Giuseppe Mantineo, et ses « *confrères* » ignorent encore ce qui s'est passé. « *Nous ne l'avons appris que deux jours après* » (n° 62).

7. ALPHONSE VIENT HABITER CHEZ T. DE BUSSIÈRES (21 JANVIER AU SOIR)

« *Il est ici auprès de moi, cet enfant d'adoption que Dieu m'a envoyé.* » T. de Bussières à T. Ratisbonne, 22 janvier 1842, n° 5.

« *J'ai vu ce matin* [22 janvier] *Monsieur Ratisbonne. J'ai recueilli de sa bouche divers détails. Il m'est impossible de vous dire à quel point il donne une vive idée de la conversion de Saint Paul.* » P. Gerbet à Pauline Craven, 23 janvier 1842, n° 9, in P. Craven, *Récit d'une sœur,* 1852, éd. 1870, p. 314.

« *Depuis le moment de la miraculeuse conversion, Alphonse a passé ses journées chez moi.* Il y a écrit ses lettres à sa famille. *Il en a montré certains passages à tous ceux qui voulaient les voir, afin qu'on pût juger des faits. Ces lettres brûlantes de foi et de charité, abondantes en arguments d'une force irrésistible, ont fait comprendre aussi à tous ceux qui les ont lues ce qu'il perd, ce qu'il avait à ménager et les motifs qui le poussaient à ne point changer de religion.* » T. de Bussières, *Relation,* 30 janvier 1842, n° 12, p. 18.

« *C'est chez moi que le nouveau converti passa le peu de jours qui s'écoulèrent jusqu'à la retraite par laquelle il devait se préparer au baptême. Il me communiqua quelques passages des lettres qu'il écrivait à sa fiancée, à son oncle, à tous les membres de sa famille, afin que je pusse pénétrer jusqu'au fond de son âme. Dans nos causeries intimes, il revenait sans cesse sur les preuves évidentes qui devaient convaincre les plus incrédules de la miraculeuse intervention du Ciel dans sa conversion et de sa propre sincérité* ». T. de Bussières, *L'enfant de Marie,* 17 février 1842, n° 26, p. 40-41.

« *La grâce de Dieu* [...] *fut beaucoup aidée* [molto aiutata] *par les relations continuelles qu'il avait avec Monsieur Théodore de Bussières, dans la famille duquel il passa tout le temps jusqu'aux trois jours qu'il passa en cette maison, en retraite avant le saint Baptême.* » P. de Villefort, in *Procès,* 25 février 1842, n° 35, p. 106.

« *Le samedi 22* [surlendemain du miracle], *je me rendis chez Monsieur de Bussières, où je trouvai Monsieur Ratisbonne, auquel il me présenta comme une connaissance de l'abbé Théodore. Je saluai avec cordialité ce nouveau frère, et nous commençâmes à causer de son étonnante conversion. Il voulut bien entrer avec moi dans toutes les explications que je pus désirer, répondre à mes questions nombreuses et mettre sous mes yeux la lettre qu'il venait d'écrire à son frère l'abbé, et dont il me permit de prendre copie. Il me rapporta de mémoire plusieurs passages de celle qu'il avait adressée à son oncle de Strasbourg pour l'informer de sa conversion. Monsieur de Bussières, de son côté, ne se montra pas moins obligeant, ni moins communicatif; il eut la bonté de me lire la relation circonstanciée qu'il venait de terminer pour son ami l'abbé Ratisbonne et m'autorisa à la copier. Alors, pour moi, la lumière se fit. Dès ce moment, je vis clair dans cette miraculeuse histoire et il ne resta plus dans mon esprit aucune hésitation.* » T. Walsh, *Le Comte de la Ferronnays,* 20 mars 1842, n° 50, p. 47-48.

« *Monsieur le Baron de Bussières eut la consolation de loger chez lui le nouveau fils que le Ciel lui avait donné. Il y demeura jusqu'au moment de la retraite qui précéda son baptême.* » [J. M. Aladel], *Récit,* mars 1842, n° 52.

Synthèse

Très vite, Théodore a pris Alphonse chez lui (n° 5 : 22 janvier; 12, 26, 35). « *Depuis le moment de la conversion* », dit Théodore (n° 12) : ce n'est pas tout à fait exact car, le 20 au soir, lui et ses amis l'ont reconduit à l'Hôtel Serny (chap. 7, note 24). Mais le transfert est fait dès le 22 janvier (n° 5, 50). Alphonse « *passe ses journées chez* » lui (n° 12; cf. 5 et 26). C'est là qu'il passe « *le peu de jours qui s'écoulèrent jusqu'à sa retraite* » de baptême, c'est-à-dire jusqu'au 28 (n° 26, 35). C'est là que le trouve, dès le 22 l'abbé Gerbet (il ne précise pas l'endroit : n° 9; et reste frappé par l'analogie de sa conversion avec celle de Saint Paul). T. Walsh (n° 50) le rencontre également chez Bussières. Là, il le questionne longuement, lit la lettre qu'il vient d'écrire à son frère Théodore et en prend copie (n° 50). Alphonse lui cite de mémoire celle qu'il a « *adressée* » le même jour « *à son oncle* » (n° 50), car c'est chez Théodore qu'il a écrit les lettres de ce jour (n° 12). Il revient « *sans cesse sur les preuves évidentes* » du caractère surnaturel de sa conversion (n° 26). Ce 22 janvier, Théodore de Bussières vient « *de terminer la relation circonstanciée* » de l'événement et autorise Walsh à en prendre copie (n° 50).

8. Gustave de Bussières tente de se convertir...

« *Qu'on garde un absolu silence sur la probabilité, ou plutôt la presque certitude, de la conversion de mon frère et de sa femme* [...]. *Je demande que mon frère et sa femme ne soient pas nommés et qu'on se borne à dire " deux personnes ".* » T. de Bussières à T. Ratisbonne, 22 janvier 1842, n° 5.

« *Priez Dieu pour qu'il accorde aussi la grâce de la conversion des miens qui, après avoir été au point de céder à l'appel de la grâce, ont reculé de nouveau.* » T. de Bussières à T. Ratisbonne (en P.S.), 4 février 1842, n°15.

« *Monsieur de Bussières recommande à nos prières sa mère et son frère et sa belle-sœur qui, malgré le miracle dont ils ont été témoins émus, résistent toujours.* » J. Roothaan à X. de Ravignan, 7 février 1842, n° 16.

« *Monsieur Gustave de Bussières* [...] *croit* [la conversion] *également miraculeuse et fut sur le point de se faire catholique, mais il en a été dissuadé par son pasteur.* » Alphonse, in *Procès*, 19 février 1842, n° 30, p. 92.

« *Mon émotion fut profonde et, comme* [Alphonse] *me disait être assurément en possession de la vérité et qu'il n'y a pas deux vérités contraires, et que j'étais dans l'erreur, ce qui produisit en moi une forte inquiétude, en laquelle je disais, en priant Dieu, que si j'étais dans l'erreur, Il m'illuminât. De plus, à la demande de mon frère, je pratiquai divers actes du culte catholique : j'écoutai la Messe, assistai à la bénédiction, pris la Médaille de l'Immaculée, etc. mais je ne me décidai pas pour autant à me faire catholique et ne trouvai le calme qu'en me résolvant à rester protestant.*
Monsieur Ratisbonne m'invitait à me faire catholique à cause du réconfort [conforto] *que la religion catholique procure dans les misères de cette vie. Je lui répondis que moi aussi j'avais éprouvé de nombreuses et graves épreuves et que j'avais trouvé le réconfort dans le protestantisme. Et lui :*
— Les consolations proviennent en vous des vérités catholiques que vous, protestants, retenez, et non de ce que vous rejetez. » G. de Bussières, in *Procès*, 22 février 1842, n° 33, p. 95.

« *Ce même Monsieur Gustave de Bussières fut si frappé du changement opéré en Monsieur Ratisbonne, avec lequel il parla le jour même à cinq heures de la nuit italiennes* [10 heures du soir], *qu'il se décida avec son épouse à se faire catholique, au point qu'ils écrivirent en France pour annoncer leur conversion et chargèrent leur frère, Monsieur Théodore de Bussières, de le communiquer à leur mère, qui se trouvait à Rome.*
Monsieur Théodore de Bussières le fit le dimanche 23 janvier. Je le vis quand il sortait du colloque avec sa mère et il m'annonça que Monsieur Gustave et son épouse seraient venus se confesser au Gesù le jour suivant mais ils en furent détournés par les ministres et par l'institutrice de leur fille. » P. de Villefort, in *Procès*, 25 février 1842, n° 35, p. 104.
Alphonse trouvait « *des raisonnements capables de fermer la bouche à Monsieur Gustave de Bussières le soir même où il eut l'apparition* [visione]. » Ib., p. 107.

« *Le Baron Théodore donna une médaille à son frère Gustave et celui-ci la reçut, promettant de la porter sur lui.* » E. de Bock, in *Procès*, 5 mars 1842, n° 41.

« *Le frère du Baron Théodore de Bussières : Monsieur Gustave de Bussières, protestant piétiste, vint me trouver, si je ne me trompe, le second jour après la conversion de Ratisbonne* [22 janvier] *et me déclara, sans y être nullement provoqué, avec conviction et une émotion profonde, qu'on ne pouvait nier que cette conversion fût un véritable miracle : miracle, ajoutait-il, tel qu'on n'en a jamais vu dans la religion que je professe. Et il semblait fortement incliné à embrasser une religion ainsi confirmée par un miracle évident, dont il était lui-même témoin oculaire.* » J. Roothaan, in *Procès*, 18 mars 1842, n° 49, p. 136-137.

« *Une chose me tourmente cependant pour Gustave, c'est qu'il a repoussé la grâce, lui et sa femme étaient catholiques pendant quelques heures, puis, une nuit a passé par là-dessus, les motifs humains que je connais bien ont été habilement suscités par le démon, et il a résisté au Saint-Esprit.* » Alphonse à T. de Bussières, 3 mars 1843, n° 14.

« *Une intéressante rencontre m'était ménagée à la gare de Strasbourg par la divine bonté. C'était mon vieil ami Gustave de Bussières, mon ancien ami de pension, cet ardent protestant qui, en janvier 1842* » m'avait rencontré à Rome. Alphonse aux Sœurs de Jérusalem, 27 septembre 1866, n° 429.

Conversion d'Athanase de Bussières :

« *J'ai obtenu aussi une grande grâce, dont il faut que je vous parle également pour vous associer à tous mes bonheurs. J'avais demandé instamment, pendant une demi-nuit que j'ai passée en présence du Saint Sacrement, le retour de mon père à la pratique religieuse, négligée depuis plus de quarante ans ; dès le jour suivant, il s'est rendu à ma prière et, mardi prochain, j'ai l'immense bonheur de recevoir la sainte communion avec lui, ma femme et ma fille.* » T. de Bussières à T. Ratisbonne, 22 janvier 1842, n° 5.

« *Le père* [de T. de Bussières], *non-pratiquant depuis de longues années, s'est rendu à la grâce.* » J. Roothaan à X. de Ravignan, 7 février 1842, n° 16.

Synthèse

Gustave de Bussières, qui était venu la veille au soir, avec son frère Théodore, chercher Alphonse à Saint André et avait pu s'entretenir avec lui (chapitre 7, note 20), est convaincu du caractère miraculeux de la conversion (n° 30, 49). Le contraste avec les convictions d'Alphonse le matin (Ib.), la soudaineté du changement et les arguments de son ami l'ont convaincu (n° 35). « *Monsieur Ratisbonne m'invitait à me faire catholique* » (n° 33). Il y était décidé ainsi que sa femme, assure P. de Villefort (n° 35). T. de Bussières demande discrétion là-dessus, le 22 janvier (n° 5). Ce même jour, Gustave avait visité J. Roothaan au Gesù et lui avait spontanément déclaré que la « *conversion* » d'Alphonse était un « *véritable miracle, tel qu'on n'en a jamais vu dans la religion que je professe* » (n° 49). Gustave et sa femme « *écrivent en France pour annoncer leur conversion et chargent Théodore de le communiquer à leur mère* » : opération délicate, car elle était ardemment protestante et avait mal accepté la conversion de Théodore. Il s'acquitte de cette mission le dimanche 23 janvier (n° 35). Il avait annoncé au P. de Villefort que Gustave et sa femme viendraient tous deux se confesser le 24 (n° 35). Mais dès le dimanche 23, semble-t-il, le pasteur de leur secte (n° 30, 35) et l'institutrice de leur fille (n° 35), de même conviction, les en dissuadent efficacement, précisent Alphonse (1843, n° 14) et Villefort (n° 35). La confession prévue n'aura donc pas lieu. Gustave « *recule à nouveau* », constate Théodore de Bussières (n° 15). « *Il résiste* », confirme J. Roothaan le 7 février (n° 16). « *J'avais essayé de " pratiquer "* » et « *pris la médaille* », précise Gustave, mais « *je ne trouvai le calme qu'en me décidant à rester protestant* ». (n° 33).Tout en témoignant de la sincérité et de l'éclat de la conversion d'Alphonse, il rejette son argument que « *le réconfort ne se trouve que dans la vérité catholique* » (n° 33). Théodore lui avait donné, le 20 janvier au soir, sur sa demande, peu après 22 heures, à Sant'Andrea delle Fratte (ch. 7, note 23), la Médaille qu'il avait promis de porter (n° 41) et porta (n° 33). « *Lui et sa femme* » furent « *catholiques pendant quelques heures* », estime Alphonse (1843, n° 14). T. de Bussières l'a recommandé aux prières de N. D. des Victoires, ainsi que sa belle-sœur et sa mère (n° 16). Théodore (n° 15, 16) et Alphonse (1843, n° 14) se sont inquiétés de ce revirement comme d'une résistance à l'Esprit. Par contre, Paul-Athanase de Bussières, père de Théodore et de Gustave, est revenu aussitôt à la prière, après 40 ans d'éloignement, et Théodore annonce qu'ils communieront ensemble le mardi 25 janvier (22 janvier 1842, n° 5).

9. LA VEILLÉE DU 22 JANVIER AU SOIR A SAINT MARCEL

« *Le samedi suivant, 22 janvier, ayant reçu mon billet de convocation pour veiller, avec mes compagnons, devant le T. S. Sacrement, de 4 à 8 heures italiennes* [8 heures du soir à minuit] *dans l'église de Saint Marcel, je dis alors à Monsieur le Baron Théodore de Bussières que nous aurions pu appliquer l'oraison de cette nuit en remerciement du grand bienfait reçu par Monsieur Ratisbonne. Monsieur de Bussières montra le désir d'amener avec lui Monsieur Ratisbonne, et je m'en montrai très content* [l'italien dit curieusement : contento di farlo, sans doute parce qu'il aurait voulu " amener " Alphonse dans sa propre voiture, et que Théodore l'a " fait "]. *Il vint de fait avec nous et nous donna grande édification car, durant l'espace de ces quatre heures, il se tint à genoux avec un très grand recueillement et, quand vint la demi-heure qui, selon le règlement, est laissée à la prière privée de chacun, il me demanda où était la chapelle de la Vierge ; et quand je l'eus conduit à l'autel de l'Addolorata, il y resta à genoux pendant presque toute la demi-heure.* » E. de Bock, in *Procès*, 5 mars 1842, n° 41, p. 125.

10. LA SOIRÉE DU 23 JANVIER

« *Le soir du dimanche suivant* [23 janvier] *nous nous réunîmes chez Madame Coming, où arrivèrent Monsieur Ratisbonne et Monsieur Edmond Humann, fils du Ministre actuel des Finances à Paris, puis la mère, la femme, la belle-sœur et* [Gustave], *le frère de Monsieur Théodore de Bussières. Ce fut alors que Monsieur Ratisbonne fit lire à toutes les personnes présentes qui le désiraient une lettre adressée à sa fiancée, Mlle Flore Ratisbonne, résidant à Strasbourg, et une autre à son oncle Ratisbonne, riche banquier de cette ville. Cette lettre-là était encore inachevée* [elle est pourtant datée du 22]*; le Baron Théodore de Bussières me la remit plus tard, terminée. Non seulement je les ai lues, mais j'ai copié la première de ces lettres* [à Flore], *et j'ai fait copier l'autre afin de la communiquer à S. E. le Cardinal Patrizi : copie que Monsieur Ratisbonne a signée de sa main comme conforme à l'original* [il cite longuement ces lettres]. *Monsieur Gustave* [de Bussières] *lui-même lut ces deux lettres, qui ne provoquèrent aucune objection de sa part.* » E. de Bock in *Procès*, 5 mars 1842, n° 41, p. 125-127.

« *Le jour suivant* [23 janvier], *je revins chez Monsieur de Bussières prendre copie de sa lettre à l'abbé. Monsieur Ratisbonne écrivait à la même table et nous nous interrompions fréquemment, moi pour lui demander, lui pour me donner des explications.* » T. Walsh, *Le Comte de la Ferronnays,* 20 mars 1842, n° 50, p. 48.

Synthèse

Le dimanche 23 au soir, réunion chez Madame Coming (n° 41), qui habite la même maison que les Bussières, à l'étage au-dessous (n° 31, p. 73, cité chapitre 7, note 20). Y arrivent Alphonse et Monsieur Edmond Humann, ainsi que la famille de Théodore : sa mère, sa femme, son frère Gustave et sa belle-sœur. Théodore lit les deux lettres qu'Alphonse a écrites à Flore et à son oncle : cette dernière inachevée. Bock prend copie de la première et fera copier l'autre pour la communiquer au Cardinal Patrizi, Vicaire du Pape à Rome, après l'avoir fait certifier conforme par Alphonse lui-même (n° 41). Walsh, qui avait demandé, la veille, à prendre copie de la lettre d'Alphonse à son frère Théodore, « *revient* » ce jour-là pour le faire (n° 50), chez Théodore de Bussières où Alphonse loge désormais (n° 52), depuis le 21 (ci-dessus, note 7).

11. LA SOIRÉE DU 24 JANVIER

T. de Bussières, 30 janvier 1842, n° 12, p. 19 : cité dans le texte et le commentaire d'Alphonse, lettre à Desgenettes, n° 59, p. 67.

12. PREMIÈRES RÉACTIONS DE LA FAMILLE RATISBONNE

« *Comme tu as dû être heureux ! Un frère de sauvé et une victoire de plus pour N. D. des Victoires. Tout cela me dit que ma conversion ne sera pas un fait isolé ; on ne peut pas disconvenir qu'il se fait en ce moment un retour vers la religion : retour que l'on attribue en grande partie aux prières de l'Archiconfrérie.* [...] *Je t'en prie, mon cher Théodore, profite des circonstances où nous nous trouvons pour éclairer notre excellente famille. Ecris à Strasbourg, écris. Je te recommande surtout ma pauvre petite F*[lore], *son père, notre sœur E*[lisa], *enfin tous, tous.* [...] *Je pense bien souvent à mes chères sœurs, et réellement je ne puis concevoir comment des femmes si bonnes, si aimantes, peuvent vivre ainsi au jour le jour sans s'occuper un instant de la vie de l'homme.*[...] *Elles seraient si heureuses de pouvoir prier !* [...] *A Dieu seul est réservé le pouvoir de faire des conversions subites, instantanées. Ce que ne peuvent obtenir les plus éloquents sermons, les plus pressantes supplications, Dieu l'obtient d'un geste. Résisteront-ils deux fois à Dieu ? Et à quoi, grand Dieu, tiennent-ils ? Ce n'est pas à la religion de leurs Pères, comme on est convenu de dire, c'est au gâteau de leurs Pères plutôt, car c'est le seul principe de religion qui reste encore debout* ». Alphonse à son frère Théodore, 4 février 1842, n° 15.

« *Si je n'étais catholique de cœur et d'âme, vos lettres m'auraient donné la mort ou fait perdre la raison.* » Alphonse à son oncle Louis, 15 février 1842, n° 22.

« *J'ai reçu* [...] *des lettres fulminantes de ma famille juive, dans lesquelles je suis appelé assassin de ma fiancée, de son père, de mon oncle et de toutes les personnes qui me sont les plus chères. Cela aurait suffi pour me faire mourir de douleur sans l'aide de la foi dans laquelle ils ne m'ont point fait vaciller. Je pars* (parto), *en conséquence de telles lettres, et je vais à l'encontre de tous les reproches de ma famille, avec l'espérance au cœur de les convertir* ». Alphonse, in *Procès*, 19 février 1842, n° 30, p. 92.
N.B. Il comptait rester jusqu'en juin (lettre à Eugène Simon, 1er juin, n° 76) mais « *part* » avant la fin février, à cause des lettres de sa famille qui exige son retour immédiat.

« *Je sais seulement qu'il a reçu de sa famille des lettres foudroyantes, qu'il était qualifié d'assassin de ceux qui lui étaient les plus chers.* » G. de Bussières, in *Procès,* 22 février 1842, n° 33, p. 96.

« *Il a reçu de son oncle et des autres membres de sa famille des lettres pleines de paroles insidieuses* (piene d'insidie) *pour ébranler sa constance. L'oncle avait déjà expédié un frère de Marie Ratisbonne, afin qu'à Rome il fasse tout pour empêcher le baptême. Arrivé à Marseille, ce frère envoya un courrier* (fascio) *par vapeur et, parmi ces lettres, il y en avait une qui contenait une menace indirecte. En la lisant devant moi, Monsieur Ratisbonne se mit à genoux pour prier la Madone. Il resta principalement frappé par le soupçon que c'était pour faire quelqu'autre mariage qu'il avait changé de religion et autres mauvaises intentions qu'on lui supposait. Mais, le jour suivant, ayant fait la sainte communion, il se sentit une ardeur nouvelle et, dès le jour où il avait reçu cette lettre, il répondit à son oncle d'une manière qui a été admirée par tous ceux auxquels elle a été communiquée.* » P. de Villefort, in *Procès*, 25 février 1842, n° 35, p. 107-108.

« *Ratisbonne a reçu de sa famille beaucoup de lettres très dures dont la lecture fut cause de beaucoup de larmes qu'il répandit sur l'obstinée cécité des siens.* » T. de Bussières, in *Procès*, 26 février 1842, n° 36, p. 78.

« *Nonobstant qu'il ait reçu des lettres très pressantes de sa famille qui abhorrait* (destevano) *le pas qu'il avait fait, il a pourtant répondu de manière à persuader quiconque qu'il était bien content d'être devenu chrétien et ferme dans la profession de notre sainte religion.* » J. Rozaven, in *Procès*, 2 mars 1842, n° 38, p. 115.

« *Je sais qu'on n'a pas remis à* [Flore] *les lettres que je lui ai adressées, ni celles d'Alphonse. Mais ma sœur m'a écrit pour me supplier d'employer toute mon influence sur Alphonse afin de le déterminer à venir à Strasbourg. Cette démarche ne semblerait pas s'accorder avec les procédés dont a parlé Votre Grandeur, car le désir de voir Alphonse annoncerait au contraire quelque intention de pousser au mariage* [...]. *On m'écrit de Rome que mon frère se propose de venir incessamment à Paris pour s'entendre avec moi sur la conduite à tenir vis-à-vis de la famille.* » T. Ratisbonne à Mgr Raess, 5 mars 1842, n° 43.

« *On m'a dit qu'à Strasbourg la consternation est grande en Israël. L'évêque de Strasbourg écrit à mon frère et lui dit qu'on lui a assuré que Monsieur et Madame Lipmann étaient dans de bonnes dispositions, ainsi que Flore, dont le nom devient célèbre et connu dans toute la chrétienté. Monseigneur ajoute qu'il donnerait tout son sang pour la conversion de notre famille, et il nous engage, Théodore et moi, à venir à Strasbourg. Il pense que nous y ferions beaucoup de bien. Je crois que ce serait précipité.* [...]
Ma sœur est jalouse aussitôt que je ne dîne pas chez elle ; elle est inquiète quand elle ne me voit pas arriver aux heures ordinaires ; je tiens ma famille en respect avec la menace

de la Trappe suspendue sur ma tête… On emploie tous les moyens pour m'en dissuader et m'empêcher d'entrer dans les Ordres. Mon oncle me propose de m'établir à Paris; ma sœur, Madame Beyfus, m'engage à entrer dans la diplomatie (sérieusement); un autre m'engage à voyager; un quatrième est allé jusque chez mon frère Théodore pour qu'il emploie son influence pour me détourner d'entrer à la Trappe.[…]
Mon oncle, du reste, m'a répondu, courrier par courrier pour m'envoyer son pardon et l'assurance de son amitié; il me dit que tout est si extraordinaire dans cette affaire, que même de m'écrire ainsi qu'il le fait est aussi extraordinaire; il me supplie, ce pauvre et excellent oncle, de ne pas le rendre plus malheureux. Mon frère beau-père [Adolphe Ratisbonne, père de Flore] *m'écrit quelques mots pour me déclarer que tout est rompu. Le lendemain, ma fiancée m'écrit également pour me faire la même déclaration.*
Je ne conçois pas non plus […] *que les lettres de ma famille* ne me soient pas arrivées *et renvoyées, car je sais que beaucoup de personnes m'ont écrit lors de ma conversion et que* je n'ai pas reçu leurs lettres. *Ce sont des procédés que je ne puis taxer comme ils méritent de l'être; ce n'est pas catholique,* c'est indigne, *c'est ignoble, c'est dégoûtant, cela me révolte; on devrait avoir, ce me semble, plus d'égards pour ma conduite franche et loyale.* » Alphonse à T. de Bussières, 10 mars 1842, n° 47.

« *Pardonnez à ma sœur, à mes parents, tout ce qu'ils ont pu dire contre vous dans un premier moment d'étourdissement.* » Alphonse à Octavie de Bussières, épouse de Théodore, 10 mars 1842, n° 48.

« *Je sais qu'étant encore à Rome, il a reçu de ses parents israélites une première réponse remplie d'amers reproches, parmi lesquels on l'accusait* (rimproverara) *de se rendre cause, par sa démarche* (questo suo passo), *de la mort de sa fiancée et je me rappelle qu'après il me dit :*
— J'espère que le Seigneur voudra me pardonner les larmes que ces lettres, par un sentiment naturel, m'ont arrachées.
Par ailleurs, ni les lettres en question, ni ce sentiment d'émotion naturelle n'altérèrent le moins du monde sa fermeté ni son bonheur de s'être fait catholique. » J. Roothaan, in *Procès,* 18 mars 1842, n° 49, p. 136.

« *J'ai le consolant espoir, me répétait-il, que le miracle éclatant de la miséricorde de Dieu n'a pas été fait pour moi seul. Si, comme je l'espère, ma fiancée suit mon exemple, ce sera le plus heureux jour de ma vie que celui où notre union sera consacrée devant l'autel de Jésus-Christ.* » T. Walsh, *Le Comte de la Ferronnays,* 20 mars 1842, n° 50, p. 98.

« *Je me serais empressé de déférer à votre avis qui m'appelle à Strasbourg, si les lettres que je reçois ne me commandaient de retarder ce voyage; les esprits sont encore trop irrités; je crois qu'il faut* [laisser] *au temps et à la réflexion le soin d'opérer une heureuse réaction que tout me fait espérer.* » Alphonse à Mgr Raess, 21 mars 1842, n° 51.

« *Les lettres de ma famille me rendent toute ma liberté.* » Alphonse à Desgenettes, 12 avril 1842, n° 59, p. 93.

« *On* […] *a signifié* [à Alphonse] *que sa présence à Strasbourg serait vue avec déplaisir et qu'il ne pourrait plus être question de mariage.* » T. Ratisbonne à Mgr Raess, 18 avril 1842, n° 63.

« *Je vous sais gré de la modération que vous avez mise dans votre lettre, je n'y suis point habitué de la part de mes anciens amis et coreligionnaires; la plupart d'entre eux, au lieu de réfléchir sérieusement sur le fait de ma subite conversion, ont trouvé plus commode de l'expliquer d'une manière injurieuse et de croire à tout, excepté à la simple vérité* ». Alphonse à Eugène Simon, un ami de Strasbourg, 1er juin 1842, n° 76.

« *Je leur ai d'ailleurs offert* [aux membres de sa famille], *à plusieurs reprises d'aller à Strasbourg* […]. *Ils n'ont pas voulu me voir et m'ont signifié que* jamais *ils ne consentiraient au mariage avec ma fiancée.* » Alphonse à Mgr Raess, 2 juin 1842, n° 77.

N.B. La lettre d'Henry Ratisbonne, qui avait été mandé à Rome pour lui parler et avait préféré lui écrire, n'a pas été conservée. Alphonse semble ne pas l'avoir reçue puisqu'il se plaint qu'on ait détourné les lettres de sa famille et d'autres.

« *La famille est dans les rapports les plus affectueux avec moi.* » Alphonse à son frère Théodore, 24 août 1842, n° 106.

« *Mes relations avec ma famille demeurent dans les termes les plus affectueux et la gaieté que je fais régner dans toutes mes lettres leur a prouvé que je jouissais d'un bonheur ineffable ; un de mes frères de Strasbourg qui a vu, il y a peu de jours, mon frère l'abbé Théodore à Paris, lui dit en parlant de moi :*
— Nous voyons, à n'en pouvoir douter, qu'Alphonse est très heureux ; c'est tout ce que nous demandons et ainsi nous n'avons pas de reproches à lui faire, sinon la dépense fort inutile d'une chapelle à Paris [rue Plumet], *où il y a tant d'églises.*
J'ai plus que jamais la ferme confiance qu'une grande partie de ma famille recevra un jour, avec la grâce de Dieu, le baptême dans cette même chapelle, si exécrée aujourd'hui. » Alphonse à J. Roothaan, 20 janvier 1843, n° 4.

« *Avez-vous entendu parler de la conversion d'une dame juive très distinguée de Turin et de son entrée dans un cloître ? Si vous en avez quelques détails, dites-le moi, je vous prie. Il y a aussi, dans le Tyrol, une conversion remarquable d'un jeune médecin Juif, de Vienne. C'est le frère d'un autre Juif converti depuis deux ans, qui a pris la soutane et qui est à Juilly chez les Bautinistes ; de tous côtés, j'entends parler de Juifs qui se convertissent et cette semaine, l'Archevêque de Toulouse baptisera un Juif polonais ! Décidément, mon cher de Bussières, les temps approchent, et déjà Notre-Seigneur se montre sur une croix au-dessus de l'empire chinois. Les prophéties s'accomplissent au milieu de l'aveuglement des nations ; le dénouement approche* [...]. *Votre grand ouvrage sur le protestantisme paraîtra-t-il bientôt ? Vous aurez sans doute poussé vous-même à la roue pendant votre voyage à Paris. J'espère que cet ouvrage convertira votre mère et vos frères et que leurs conversions ouvriront les yeux à ma pauvre famille.* » Alphonse à Théodore de Bussières, 31 janvier 1843, n° 6.

« *Cette conversion* [...] *avait éveillé, tant à Paris qu'à Strasbourg, des émotions bien différentes, parmi les proches du néophyte, car, dit un auteur allemand déjà cité* (Guido Göerres, Le Comte de la Ferronnays et M. A. Ratisbonne), *le zèle qu'Alphonse avait jusque là montré contre tout ce qui était chrétien, était devenu, pour la famille, une sorte de compensation à la perte faite en la personne de son frère Théodore ; et l'on comptait bien qu'il ne suivrait jamais son exemple. On conçoit, en conséquence, la stupéfaction et la douleur de tous à la nouvelle d'un changement qui renversait tant d'espérances.* ». Mère Benedicta, *Vie de Théodore Ratisbonne,* 1903, p. 232.

« *Au commencement de mars, Alphonse reçut, de Strasbourg, une lettre qui demandait son retour immédiat à Paris, dernière épreuve avant d'obtenir de sa famile une solution définitive* [...]. *Désireux de se concerter d'abord avec son frère, il ne voulut pas différer de revenir en France.* » Mère Benedicta, *Vie*, 1903, 1, p. 245.

Synthèse

Lettres de Strasbourg

Alphonse a reçu de sa famille des lettres pénibles : « *Si je n'étais catholique de cœur et d'âme, vos lettres m'auraient donné la mort ou fait perdre la raison* », écrit-il à son oncle dès le 15 février 1842 ; il qualifie ces lettres de « *fulminantes* » (n° 30). G. de Bussières les qualifie de « *foudroyantes* » (n° 33), « *insidieuses* » (n° 35), « *très dures* » (n° 36) et pleines « *d'amers reproches* » (n° 49) ; l'une d'elles contient « *une menace indirecte* » (n° 35). Il est traité d'assassin de sa famille (n° 30, 33). Ces lettres lui firent verser « *beaucoup de larmes* » (n° 36) elles étaient « *très pressantes* » et détestaient le pas qu'il avait fait (n° 38). Les formules employées sont sans doute excessives, et les contacts ne sont nullement rompus c'est plutôt une négociation. L'oncle Louis envoie aussitôt un de ses frères à Rome pour empêcher le baptême : le soupçonnant de vouloir faire un autre mariage (n° 35). Ensuite, pour le détourner de la Trappe (n° 47), sa famille demande son retour immédiat à Paris (*Vie*, 1, p. 245), où on lui suggère de s'établir, d'entrer dans la diplomatie, pour voyager (n° 47). Une de ses sœurs demande à son frère Théodore « *de le déterminer à venir à Strasbourg* » (n° 43). Mais il y renonce, sentant que les esprits y « *sont encore trop irrités* » (n° 51). Le 10 mars 1842, Alphonse parle des « *bonnes dispositions* » de sa sœur Pauline : Madame Lipmann, ainsi que de Flore... qui rompt cependant (n° 47 et note-clé sur Flore, chapitre 12, note 4). Les relations avec sa « *famille demeurent dans les termes les plus affectueux* » (n° 106 et 1843, n° 4).

Quelques jours plus tard (10 mars), il s'indigne « *que les lettres de ma famille ne me soient pas arrivées et renvoyées, car je sais que beaucoup de personnes m'ont écrit lors de ma conversion, et que je n'ai pas reçu leurs lettres* [...]. *Ce n'est pas catholique, c'est indigne* », écrit-il. Ces lettres auraient donc été détournées du côté catholique. On voit mal par qui ni comment : Ce serait après, en tout cas, son départ de Rome. Si une partie de ses anciens coreligionnaires contestent sa bonne foi, du moins Eugène Simon, un ami de Strasbourg, fait-il exception (n° 76). A cette date, l'oncle Louis lui a envoyé une lettre d'amitié et de pardon (n° 47). Finalement les lettres de rupture venues de sa famille lui rendent toute liberté (n° 59) mais le dissuadent d'aller à Strasbourg (n° 51, 63, 77).
Malheureusement les premières lettres « *foudroyantes* », dont parlent les numéros 30 et 33, n'ont pas été conservées, sans doute du fait d'Alphonse, puisqu'il témoigne avoir reçu ces premières lettres.

Espoirs et reproches de deux frères

Par contre, Alphonse s'épanche avec son frère prêtre, qu'il avait tant combattu (n° 15). Il désire et espère le même cheminement pour sa famille (n° 15) et pour « *sa nation* » (n° 34) (?) « *Le miracle éclatant de la miséricorde de Dieu n'a pas été fait pour moi seul* », dit-il selon Walsh (n° 50). « *J'ai plus que jamais la ferme confiance qu'une grande partie de ma famille recevra un jour le baptême* », espère-t-il encore en 1843 (n° 4 et 6). Mais aucun de ses frères et sœurs ne le suivra : seulement quelques-uns de ses neveux et petits-neveux, notamment Edmond, frère aîné de Flore et plusieurs enfants d'Héléna, de Louis et d'Elisa.

Théodore reproche à certains membres de sa famille, ce qu'Alphonse (n° 47) reproche à certains catholiques : un détournement de lettres : « *Je sais qu'on n'a pas remis à* [Flore] *les lettres que je lui ai adressées ni celles d'Alphonse.* » T. Ratisbonne, n° 43.

13. JUGEMENT SÉVÈRE DU CONVERTI SUR LE JUDAÏSME ET SUR SA FAMILLE

« *J'engage Flore à ne pas faire violence à sa conscience* [...]. *Qu'elle se mette en dehors de toute influence; je ne lui demande que de la bonne foi et je suis sûr que, non seulement elle abjurera sa religion (qui est de manger du gâteau le samedi), mais encore qu'elle deviendra fervente catholique* [...]. *En admettant même que la religion catholique ne soit pas celle de nos aïeux et que ce soit la religion juive, qui disparaît de jour en jour et sur laquelle pèse une fatalité incompréhensible et sans exemple dans l'histoire, j'aime encore mieux être chrétien, bon catholique, que de voir ma famille, mes frères et sœurs, leurs enfants, vivre sans aucun sentiment religieux.* [...] *Cela ne peut pas durer. Vous en sentirez le besoin tôt ou tard. Mais, alors, que ferez-vous? Deviendrez-vous Juifs? Non, c'est impossible car vous ririez de votre ridicule.* » Alphonse à Eliza, 27 janvier 1842, n° 11.

« *A quoi grand Dieu, tiennent-ils? Ce n'est pas à la religion de leurs pères, comme on est convenu de dire; c'est au gâteau de leurs pères, car c'est là le seul principe de religion qui reste encore debout.* » Alphonse à son frère Théodore, 4 février 1842, n° 15.

« *Je ne renie point la foi d'Abraham, de Moïse, je ne renie point les prophéties de nos prophètes : Isaïe, Malachie etc. Je ne renie point David ou Salomon, mais je renie Judas.* » Alphonse à son oncle, 15 février 1842, n° 22.

Synthèse

Alphonse parle selon l'évidence de la lumière personnelle qui a changé toute sa vie, tout en gardant une délicatesse inspirée par l'amour des siens, qui n'a pas diminué, mais s'est transformé dans le désir de les convertir.De là, ses critiques où l'on discerne les moments suivants :
1. Le thème dominant et le plus fréquent, c'est son expérience d'une sécularisation assez radicale (analogue à celle de beaucoup de chrétiens d'aujourd'hui, après plongeon dans la modernité). Dieu n'a plus sa place chez eux, quoique reste (ce qui persiste plus rarement chez les chrétiens) l'attache à quelques rites tenaces : le gâteau du Shabbat dont il parle par deux fois (n° 11 et 15) et un enracinement profond, le sens d'un lien avec Dieu. Il insiste sur le vide de ce ritualisme, sans en saisir les racines profondes. Si plus tard, il se réfère au jeûne de Kippur, pratiqué par certains membres de sa famille, on s'étonne qu'il ne se réfère jamais au repas pascal.
2. Il garde une adhésion ferme à Abraham, Moïse et aux prophètes (n° 22). Mais il pense qu'en rester là est un inachèvement. Il le qualifie de ridicule (n° 11)... dans le sentiment que le judaïsme non accompli en Jésus-Christ serait révolu et caduc voire ridicule. Est-ce une réaction de converti qui tend à brûler ce qu'il adorait ? Est-ce son extrémisme ? Ou tout simplement l'influence de la mentalité chrétienne ambiante ? Il est très loin des sentiments de mon maître en exégèse : André Robert P.S.S. qui s'exclamait parfois durant ses cours d'Ecriture Sainte, en commentant les prophètes : « *C'est plus beau que le Nouveau Testament.* »
On n'a pas conservé les lettres où les membres de sa famille lui répondent sur les deux points incriminés. Ils semblent avoir combattu sa trahison plutôt que ses raisons. Pas plus qu'Alphonse, ils ne semblent avoir connu un judaïsme sérieux et fervent, sinon par le souvenir lointain des grand-mères et de la génération précédente.
Dans les lettres conservées, de part et d'autre, rien ne blesse la courtoisie, le respect et l'amour mutuel. Les liens familiaux, forts et enracinés, ont maintenu des relations fondamentalement bonnes, mais différenciées selon chacun.

14. LETTRES ET RÉACTIONS D'ALPHONSE AUX MISES EN DOUTE DE SES MOTIFS

« *De deux choses l'une, nous disait-il, ou je suis de bonne foi, ou je suis un imposteur. Si je suis de bonne foi, on doit me croire, sinon, outre les graves et nombreux motifs que j'avais de rester dans ma religion, je débute dans celle que j'embrasse par un horrible mensonge; je risque d'entraîner d'autres personnes dans ma conversion, ainsi non seulement je perds mon âme, mais je deviens responsable de celles qui imiteraient mon exemple.* » Il explique ensuite combien il s'acharna contre la conversion de son frère. T. de Bussières, *Relation,* 30 janvier 1842, n° 12, p. 18.

« *Lorsque Monsieur Ratisbonne apprit à Monsieur Humann qu'il se faisait catholique, celui-ci se contenta de répondre d'un air ironique :*
— Ah ! je t'en fais mon compliment !
Son ami insista et développa les motifs de cette détermination subite et si inattendue. A quoi Monsieur Humann répliqua :
— Je vous crois devenu fou !
Ce ne fut que plus tard que ses propres réflexions et la fermeté persévérante et froide du nouveau converti le convainquirent qu'il jouissait bien de toute sa raison. ». T. Walsh, *Le Comte de la Ferronnays,* 20 mars 1842, n° 50, p. 100.

« *Il paraissait craindre surtout qu'on ne cherchât à le faire passer pour un* imposteur *ou pour un* fou ; *mais cette crainte n'avait point sa source dans une mesquine considération personnelle ; elle dérivait uniquement de sa profonde reconnaissance pour l'immensité du bienfait qu'il a reçu de Dieu, dont il se montre jaloux, etc.* » Ib, p. 102-103 : texte cité plus haut, note 3.

Synthèse

Alphonse qui mesure l'insolite incroyable de sa conversion a craint d'être pris pour un imposteur (n° 12, 50) ou pour un fou (n° 50 ; chapitre 7, note 12, et ailleurs).

« *On doit me croire* » (n° 12, 50), précisait-il, parce que j'avais de graves et nombreux motifs de rester dans ma religion (n° 12), et il les détaille (ci-dessus chapitre 7, note 18). *Et à quoi bon « débute*[rais-je] *par un horrible mensonge* » (n° 12), bon tout juste pour « *perdre mon âme* ? » (n° 12). Tout est dans l'intérêt de Dieu (n° 50).

15. LA CONVERSION D'ALPHONSE COMME RETOURNEMENT

« *Je suis entré dans cette église aussi juif, je te le jure, que je pouvais l'être à Strasbourg, durant tout le cours de ma vie, et peut-être plus encore ; et cinq minutes après, j'en sortais chrétien et catholique ardent, prêt à renoncer avec joie à toutes choses en ce monde.* » Alphonse à Louis Ratisbonne, 22 janvier 1842, n° 7.

« *J'ai été, me disait-il, retourné en un instant.* » Abbé Philippe Gerbet à Pauline Craven, 22 janvier 1842, in P. Craven, *Récit d'une sœur*, 1852 éd. 1870, 2, p. 314, n° 9.

« *Ce qui est remarquable, c'est que, depuis le moment où il a cru au catholicisme, son caractère a changé. J'ai été en pension avec lui mais, depuis assez longtemps, je l'avais perdu de vue. Je l'ai retrouvé, il y a quelques jours, au spectacle, la pente de son esprit ne me plut pas et il était sans cesse riant et ricanant. Il me parut froid et pédant. Depuis sa conversion, il est tout différent, et c'est un changement qui s'est opéré d'une minute à l'autre.* » Paroles d'Edmond Humann rapportées par T. de Bussières, *Relation*, 30 janvier 1842, n° 12, p. 21.

« *Mon ministère auprès de lui durant ce temps [janvier-février 1842] me mit encore plus à même de constater l'abondance de grâces que Dieu lui accordait. Je ne trouvais alors, et je ne trouve encore aujourd'hui d'expression plus propre à faire comprendre l'abondance de la grâce dans son cœur, que Dieu avait créé en lui un* cœur nouveau. » P. de Villefort, in *Procès*, 24 février 1842, n° 34, p. 100.

« *La transformation soudaine, complète, sans gradation, sans transition préparatoire, du juif hostile et persécuteur en catholique fervent, animé d'une foi inébranlable, d'une charité ardente et dévouée...* » T. Walsh, (qui a des relents antisémites), *Le Comte de la Ferronnays,* 20 mars 1842, n° 50, p. 71.

« *A dater du moment de sa conversion, il a été tout différent : c'est un changement complet qui s'est opéré d'une minute à l'autre.* » Ib. p. 100.

« *On me demande comment j'ai appris ces vérités puisqu'il est avéré que jamais je n'ouvris un livre de religion* [...]. *Je ne saurais le dire. Tout ce que je sais, c'est qu'en entrant à l'église, j'ignorais tout et qu'en sortant je voyais clair. Je ne puis expliquer ce changement que par la comparaison d'un homme qu'on réveillerait subitement d'un profond sommeil ; ou bien par l'analogie d'un aveugle-né qui tout à coup verrait le jour* [...]. *Tout se passait au-dedans de moi, et ces impressions* [...] *n'avaient pas seulement ému mon âme, mais elles l'avaient comme retournée et dirigée dans un autre sens, vers un autre but et dans une nouvelle vie.* » Alphonse à Desgenettes, 12 avril 1842, n° 59, p. 87-88.

« *Je ne vois de merveilleux que le changement subit opéré dans ce jeune homme.* » Théodore Ratisbonne à Mgr Raess, 18 avril 1842, n° 63.

Les *Annales de l'Archiconfrérie du Très Saint et Immaculé Cœur de Marie,* n° 1, avril 1842, n° 65, ne sont qu'une citation implicite du n° 59.

Synthèse

Cette métamorphose de « *juif* » en « *chrétien et catholique ardent* » (n° 7) est décrite comme un changement (n° 12, 50, 59, 63), une « *transformation complète* » (n° 50), par la création d' « *un cœur nouveau* » (n° 34) ; un retournement (n° 9, 59, 65), un changement de direction (n° 59, 65). Tous les textes insistent sur le caractère rapide de cette conversion (« *5 minutes* » : n° 7 ; « *d'une minute à l'autre* » : n° 12, 50), instantanée (n° 9), « *subite* » (n° 63), soudaine, sans gradation (n° 50). C'est un changement « *complet* » (n° 50), « *une nouvelle vie* » (n° 59).

16. UNE VIE NOUVELLE QU'IL VOUDRAIT FAIRE PARTAGER

« *Dieu a vu que j'avais une grande sincérité dans le cœur et, après m'avoir fait envisager le néant des choses humaines, il a permis qu'un ange gardien vienne me prendre par la main pour me faire connaître le vrai bonheur et c'est à dire la vérité que tu partageras.* » Alphonse à Flore, 21 janvier 1842, n° 3.

« *L'atmosphère pure et pieuse qui règnera dans notre intérieur, formant constraste avec ce qui se passe dans les relations intimes des autres membres de notre famille, devra nécessairement les attirer tous à suivre notre exemple, je n'en ai pas le moindre doute* [...]. *Le salut de votre âme, celui de beaucoup d'autres, doit en résulter après le mien* [...]. *Je vous en conjure, ne vous laissez pas emporter par le torrent de l'impiété dans laquelle vous végétez depuis si longtemps.* » Alphonse à son oncle Louis, 22 janvier 1842, n° 7.

« *Vous ne pouvez pas continuer à vivre ainsi comme des animaux, en ne songeant qu'à votre conservation terrestre* [...]. *Les enfants élevés sans religion... qui se mettent à douter de l'existence de Dieu, les enfants deviennent facilement des malfaiteurs et déshonorent leurs parents* [...]. *En conscience, Eliza, ne sens-tu pas en toutes choses un vide horrible, un effrayant néant, dont tu ne te rends pas compte ? Combien tu trouverais de soulagement à avoir de la religion, à prier lorsque tu songes qu'il faudra inévitablement que tu te sépares* [...] *de tous ceux que tu adores aujourd'hui comme des dieux parce que tu n'adores pas Dieu. Ah ! si tu connaissais les jouissances et les joies indicibles de la prière recueillie, à genoux, les mains jointes, les prières pour ceux que nous avons perdus et pour lesquels vous ne priez jamais* maintenant, *la prière pour ceux que nous aimons ; si tu connaissais ce bonheur, tu deviendrais catholique ; personne ne peut, mieux que toi, s'instruire sur tous ces points. Théodore, que j'ai tant fait souffrir, te le démontrera aussi clairement que le jour à midi. Crois-tu que deux frères s'uniraient pour perdre des sœurs chéries, s'ils n'étaient pas sûrs de leur donner le bonheur dans ce monde et le salut dans l'autre ? Quand on est persuadé de la vérité, aucune considération humaine ne doit plus arrêter et, chacun répondant de ses actions devant Dieu, tu ne trouverais certes pas en Max un opposant. Et quel bonheur pour toi si un jour tu peux le ramener toi-même ! Et quelle éducation religieuse donnez-vous à Maxime ? Chez les juifs les femmes ne sont rien. En jetant un coup d'œil rapide sur l'avenir de la famille, crois-tu que la religion ne consolerait et ne sauverait pas Ernestine ? Crois-tu que Pauline n'en aurait pas besoin ? Et Henry Worms, Adolphe Ratisbonne, et tous ces enfants qui grandissent sans religion ? Quel avenir leur est réservé ?* » Alphonse à Eliza, 27 janvier 1842, n° 11.

« *Je pense bien souvent à mes chères sœurs et, réellement, je ne puis concevoir aujourd'hui comment ces femmes si bonnes, si aimantes, peuvent vivre ainsi au jour le jour, sans s'occuper un instant de la fin de l'homme.* » Alphonse à son frère Théodore, 4 février 1842, n° 15.

« *Et ma famille, ma fiancée, mes pauvres sœurs !!! Oh ! déchirante anxiété ! C'est à vous que je pensais, ô vous que j'aime ! C'est à vous que je donnais mes premières prières ! Ne lèverez-vous pas les yeux vers le Sauveur du monde ?* » Alphonse à Desgenettes, 12 avril 1842, n° 59, p. 86-87.

« *Si le catholicisme est, comme tu le dis, la religion des âmes affligées, tu devrais être mille fois plus catholique que moi* [...]. *Je donnerais mille fois ma vie pour te savoir de la religion des consolés et des heureux.* » Alphonse à Flore, 29 juin 1868, n° 266.

Synthèse

La « *vie nouvelle* », le « *cœur nouveau* » (note précédente), qui est maintenant son lot, Alphonse l'éprouve comme « *le vrai bonheur* » (n° 3 ; cf. 1868 n° 266), « *la vérité* » (à Flore, n° 3), un « *exemple* » (n° 7) de soi contagieux. S'il oppose, en un contraste brutal la vie des siens comme une vie terrestre, « *animale* » (n° 11), il reconnaît du moins que ses sœurs sont « *des femmes bonnes, aimantes* » (n° 15). Il critique la sécularisation matérialiste (n° 11), non le judaïsme traditionnel que sa famille ne pratiquait guère (voir ci-dessus, note 13). Par amour pour les siens, il en éprouve une « *déchirante anxiété* » (n° 59). Il perçoit leur bonheur naturel de vivre comme un malheur, à l'image de l'inquiétude qui était la sienne avant sa conversion (1868, n° 266). Il voudrait les amener « *de l'impiété* » (n° 7) à la « *religion* » chrétienne (n° 11 ; 1868, n° 266) qui leur ferait percevoir la vraie « *fin de l'homme* » (n° 15) et le « *Sauveur du monde* » (n° 59), pour leur consolation (1868, n° 266) et plénitude (cf. n° 3, 11, 59) ; il donnerait « *mille fois* » sa « *vie* » pour cela (1868, n° 266).

17. Que devient Flore Ratisbonne, la fiancée d'Alphonse ?

« *Rome, toujours Rome, tu vas être jalouse, ma chère Flore, mais rassure-toi et n'oublie jamais que Dieu aurait seul le pouvoir de me faire renoncer à ton amour.* » Alphonse à Flore, 21 janvier 1842, n° 3.

« *Toute ma famille sait à quel point j'aime ma fiancée, si digne d'être aimée. Mais si Flore n'a pas la force de me suivre, il me faut renoncer à elle. Mais si Flore m'échappe, je suis résolu à finir ma vie dans un des cloîtres de l'ordre le plus sévère.* » Alphonse à son frère Théodore, 22 janvier 1842, n° 6.

« *Celle à qui il appartient de décider cette question, c'est Flore, ma chère fiancée, ce qui doit lui prouver, ainsi qu'à tous ceux qui chercheraient à voir en cet événement un acte injurieux pour elle, que je l'aime de cet amour sincère dont je l'ai toujours aimée, et que je l'aimerai toujours. De deux choses l'une : ou bien Flore croira à la vérité de ce que je lui dirai ; ou elle refusera d'y ajouter foi. Si elle y croit, elle suivra nécessairement mon exemple, elle deviendra catholique* [...]. *Ou bien Flore ne croira pas à la vérité de ma parole, et elle renoncera facilement à un homme qui ferait usage de semblables impostures et se rendrait indigne d'elle. Mais, en ce cas, je lui donnerai à mon tour un solennel démenti pour obéir à la voix de Dieu : je renoncerai au monde et je passerai ma vie dans un des cloîtres les plus austères du christianisme* [...]. *Donc : ou bien Flore, pour convertir notre famille par notre exemple, ou bien le cloître, pour offrir à Dieu, jusqu'au dernier instant de ma vie, de ferventes prières pour votre conversion à tous.* » Alphonse à Louis Ratisbonne, 22 janvier 1842, n° 7.

« *Mon intention n'est pas d'entrer dans les ordres. Je ne m'y déciderai que si mon mariage avec Flore devient impossible, et il devient impossible si elle ne se fait pas catholique* [...]. *J'engage Flore à ne pas faire violence à sa conscience, mais de chercher à avoir des instructions. Si ma conversion subite, contre tous mes intérêts et avantages de ce monde, contre tous mes précédents et mon caractère, a frappé son esprit de manière à lui donner au moins des doutes et le désir de connaître la vérité, qu'elle se mette en dehors de toute influence. Je ne lui demande que de la bonne foi, et je suis sûr que, non seulement elle abjurera sa religion (qui est de manger du gâteau le samedi), mais encore qu'elle deviendra fervente catholique.* » Alphonse à Eliza, 27 janvier 1842, n° 11.

« *Au moment où Monsieur Ratisbonne avait quitté Strasbourg, son mariage était arrêté avec une jeune israélite. Il lui a écrit qu'il persistait dans son projet, et qu'il tiendrait ses engagements si elle consentait à se faire catholique. Si elle ne se détermine pas, il veut se retirer dans un monastère,* après avoir fait le pèlerinage de Jérusalem *et prié au tombeau du Sauveur.* » *L'Ami de la Religion,* 12 février 1842, n° 20.

« *Comment supposer que j'ai pu* [...] *méditer un acte qui peut compromettre mon mariage si désiré avec cette Flore que j'aime plus que je ne puis le dire* [...]. *Je demande à genoux, et avec instance, la prompte conclusion de mon mariage avec ma chère Flore. Mais si Flore me renie, ma décision est prise : je consacrerai toute ma vie à prier pour elle, pour vous, et à m'immoler au fond d'un cloître austère. Après cela, prétendez-vous encore que je n'aime plus Flore ?* » Alphonse à Louis Ratisbonne, 15 février 1842, n° 22.

« *La lettre de Flore que tu me communiques ne fait que me confirmer dans ma bonne opinion sur cette excellente et aimable petite amie ; si cela ne dépendait que d'elle, je n'aurais aucun doute sur sa conversion, mais ce n'est qu'une faible enfant, qui sera facilement détournée, circonvenue. Oh! ma Très Sainte Vierge, veillez sur elle!* » Alphonse à Théodore, 15 février 1842, n° 23.

« *Monsieur Ratisbonne fit lire* [...] *une lettre adressée* [...] *à son oncle* [...]. *Il assurait* [...] *qu'il aimait sa fiancée plus, peut-être, qu'auparavant et demandait sa main avec de vives instances, mais qu'il voulait contracter ce mariage en présence de Jésus-Christ et avec assurance que toute sa famille suivrait son exemple. Et que dans le cas où son oncle mettrait obstacle à l'accomplissement de ces desseins, il prendrait le parti de se retirer dans un des monastères les plus austères pour implorer de Dieu la conversion de toute sa famille.* » E. de Bock, in *Procès*, 5 mars 1842, n° 41, p. 126.

« *Tu ne veux m'épouser que si je deviens catholique; alors, Alphonse, il faut renoncer à moi, car c'est une chose qui n'arrivera jamais* [...]. *Tout a changé maintenant, l'Alphonse d'autrefois a disparu. Je ne puis plus suivre l'Alphonse d'aujourd'hui. Si ces paroles viennent à te surprendre, songe que mon souvenir ne t'a pas arrêté quand tu décidas l'acte le plus important de ta vie, et que c'est donc toi qui, le premier, as brisé notre union et rompu les plus saintes promesses. Alphonse, tu m'as fait beaucoup de mal, je l'oublie; tu as navré le cœur de mon père et je l'oublie aussi!... Désormais, je te regarde et je t'aime comme un frère. Sois heureux! Une juive sait pardonner.* » Flore à Alphonse, 6 mars 1842, n° 44.

Mon frère beau-père [le père de Flore, qui est le frère aîné d'Alphonse : Adolphe] *m'écrit quelques mots pour me déclarer que tout est rompu. Le lendemain, ma fiancée m'écrit également pour me faire la même déclaration, mais d'un style qui n'est pas le sien* [...]. *Oh, mon Dieu, veillez sur cette malheureuse enfant, et vous tous, mes chers amis, priez pour elle; c'est d'elle maintenant que dépend tout ce qui va arriver.* » Alphonse à T. de Bussières, 10 mars 1842, n° 47.

« *J'ai, de plus, entendu de sa bouche, que, tout en désirant la conversion des siens, et très spécialement de sa fiancée, il semblait redouter cependant en quelque sorte que la conversion de cette dernière ne lui fût un obstacle pour répondre à la vocation qu'il sentait de se consacrer à Dieu.* » Jean Roothaan, in *Procès*, 18 mars 1842, n° 49, p. 136.

« *Si, il y a quinze jours, on m'eût dit qu'il me fallait renoncer à ma fiancée, je n'aurais pu supporter l'idée d'une pareille séparation, et je me serais tué de désespoir; et aujourd'hui, si ce sacrifice était imposé par ma nouvelle croyance, je l'accomplirais sans murmure, en bénissant Dieu et en lui disant :* Que votre volonté soit faite. *Toute ma vie, je prierais pour la conversion de celle qui m'est si chère ou pour que, du moins, nous puissions nous rencontrer dans un monde meilleur.* » T. Walsh, *Le Comte de la Ferronnays,* 20 mars 1842, n° 50, p. 91-92.

« *L'amour de mon Dieu avait tellement pris la place de tout autre amour que ma fiancée elle-même m'apparaissait sous un autre point de vue. Je l'aimais comme on aimerait un objet que Dieu tient entre ses mains, comme un don précieux qui fait aimer encore davantage le donateur.* » Alphonse à Desgenettes, 12 avril 1842, n° 59, p. 88.

« *Je crois que le sacrifice total de ma vie au service de Notre-Seigneur Jésus-Christ sera plus utile et plus salutaire à ma famille que toutes mes sollicitations pour les convertir* [...]. *Ils n'ont pas voulu me voir et m'ont signifié que jamais ils ne consentiraient au mariage avec ma fiancée. C'est Dieu, sans doute, qui a rompu ces engagements pour m'en faire contracter d'autres avec le ciel.* » Alphonse à Mgr Raess, 2 juin 1842, n° 77.

« *Je lui demandai pourquoi, tout en se faisant prêtre, il ne demeurait pas avec son frère. Il me répondit qu'après la grâce que Dieu lui avait faite, il ne croyait pas pouvoir lui donner moins que tout.* » P. Craven, *Récit d'une sœur,* 1852, éd. 1870, 2, p. 330.

« *Je donnerais mille fois ma vie pour te savoir de la religion des consolés et des heureux.* » Alphonse à Flore, 29 juin 1868, n° 266.

Synthèse

Alphonse converti garde son amour pour Flore et il y insiste : « *J'aime ma fiancée...* (n° 6), *je l'aime de cet amour sincère dont je l'ai toujours aimée et l'aimerai toujours* » (n° 7). Il ne renonce pas au « *mariage si désiré avec cette Flore que j'aime plus que je ne puis le dire* [...] *je demande à genoux et avec insistance la prompte conclusion de mon mariage avec ma chère Flore* » (n° 22).
Il y met cependant une condition : « *ou bien Flore [...] deviendra catholique [...], ou bien elle renoncera facilement à un homme qui* [...] *se rendrait indigne d'elle* » (n° 7, 11, 20, 41) ; en ce cas, il se retirera dans « *le plus sévère* » des « *cloîtres* » (n° 6, 7, 20, 22, 41), « *après avoir fait le pèlerinage de Jérusalem* » (selon le n° 2O), *où il priera* « *pour la conversion de toute sa famille* » (n° 41).
Il respecte la liberté de Flore : il l'engage « *à ne pas faire violence à sa conscience* », mais à s'instruire (n° 11). Le 15 février, il craint qu'elle ne soit influencée, « *détournée, circonvenue* » (n° 23). Pour sa part, selon le Père Roothaan, « *il semblait redouter* » que sa conversion ne lui fût un obstacle pour répondre à la vocation [...] de se consacrer à Dieu (n° 49). Selon T. Walsh, Alphonse se serait « *tué de désespoir* » si sa fiancée l'avait quitté avant sa conversion, mais il accepte maintenant ce « *sacrifice en bénissant Dieu* » (n° 50). Il est soucieux de ne pas donner moins que tout (réflexion de la Fête-Dieu 1842 rapportée par P. Craven, 1852, 2, p. 330). L'amour sur lequel il voulait fonder un foyer demeure, mais il est à la fois relativisé, conditionné, dépassé, par le plus grand amour, l'amour absolu qui commande maintenant toute sa vie (n° 59). « *Le sacrifice total de ma vie* [...] *sera plus utile et plus salutaire à ma famille que toutes mes sollicitations pour les convertir* », écrit-il à Mgr Raess (n° 77). Il continue à souhaiter la conversion de Flore (1868, n° 266) qu'il n'obtiendra pas. C'est le 6 mars 1842 que Flore lui répond : si tu me veux « *catholique* [...], *il faut renoncer à moi, car c'est une chose qui n'arrivera jamais...* etc. (n° 44). Le 10 mars, le père de Flore confirme la rupture (n° 47).
Sur cette rupture et ce que devient Flore voir ci-dessous chapitre 12.

18. LETTRE À ELIZA, 27 JANVIER 1842, N° 11, éditée ci-dessous dans le corpus des lettres à la fin du présent volume p. 177-178 (n° 4)

9

LE BAPTÊME
31 janvier 1842

1. Désir d'un baptême sans délai

Le 20 janvier, une fois ramené « *chez lui* », et « *son émotion un peu calmée, Alphonse* [...] *veut savoir quand il pourra recevoir le sacrement de baptême, sans lequel il ne peut plus vivre;* [il] *soupire après le bonheur des martyrs.* » T. de Bussières à T.Ratisbonne, 22 janvier 1842, n° 5.

« *Lorsque cette délirante* émotion *commença à se* calmer, Alphonse, *avec un visage radieux, je dirais presque transfiguré,* [...] veut savoir quand il pourra recevoir le baptême sans lequel il ne saurait plus vivre, [il] soupire après le bonheur des martyrs » T. de Bussières, 30 janvier 1842, n° 12. Ce texte est un écho du précédent. Nous indiquons en romain les termes qu'il a littéralement repris.

— « *Je crois, dit-il, je suis chrétien de cœur et je demande le baptême.* » L'Ami de la religion, 12 février 1842, n° 20, qui situe cette parole trop tôt : dans l'église, aussitôt après la conversion.

« *Il soupire après le baptême.* » Diario di Roma, 15 février 1842, n° 24.

« *A peine rentré à l'hôtel Serny* [...], *s'étant un peu calmé* (calmato aliquanto), *il me serra dans ses bras en disant :*
— *Quand pourrai-je recevoir le baptême, sans lequel je ne puis vivre ?*
« *Qu'ils furent heureux ces martyrs que j'ai vus sur les murs de Saint Etienne-le-Rond.* » T. de Bussières, in *Procès,* 17 février 1842, n° 25, p. 71.

« *Pendant la visite du même après-midi aux basiliques, Alphonse dit :*
— *Quelle horrible chose de se trouver en présence du Dieu Vivant sans être baptisé ! Puis il alla se réfugier dans la chapelle de la Madone.* » Ib. , p. 72.
« *Je le ramène chez lui et, malgré mes instances, je ne puis obtenir de lui que des exclamations entrecoupées de sanglots.* [...] *Lorsque cette délirante émotion commence à se calmer, Ratisbonne* [...] *veut savoir quand il pourra recevoir le baptême sans lequel il ne saurait plus vivre.* » T. de Bussières, 17 février 1842, n° 26, p. 30.
« *Lors de la visite du même après-midi aux basiliques* [...], *il lui paraissait horrible d'être en présence du Dieu vivant avec la tache originelle* ». Ib. , p. 33.

« *Me trouvant devant le Saint-Sacrement dans une des églises que nous visitâmes, je dis à Monsieur de Bussières que c'était horrible de se trouver en présence du Dieu Vivant sans avoir reçu le baptême* [...]. *Il est certain que très peu après l'apparition, j'ai demandé le saint baptême et, me rappelant les martyrs que j'avais vus représentés dans l'église de St Etienne-le-Rond, je désirais aussi le baptême de sang.* » Alphonse, in *Procès,* 19 février 1842, n° 30, p. 89.
« *Le P. de Villefort me jugea suffisamment instruit le 31 janvier, et ainsi fut satisfait*

dans un même jour [le 31 janvier] *mon ardent désir de recevoir le baptême et les autres sacrements qui le suivirent.* » Ib. , p. 90.

« *Il a dit aussitôt après sa conversion :*
— *Je ne puis plus vivre sans le baptême.* » T. de Bussières, in *Procès,* 21 février 1842, n° 31, p. 75.

« *La pensée de recevoir le Saint Baptême le remplissait de joie; et, ayant lu avec lui, durant les jours de retraite, les prières du rituel du baptême des adultes, il trouva un goût singulier en ces paroles :* Quemadmodum desiderat cervus ad fontes aquarum, ita desiderat anima mea ad te, Deus *et il se plaisait à les répéter souvent.* » P. de Villefort, in *Procès,* 24 février 1842, n° 34, p. 100.

« *Il se passe en moi quelque chose d'extraordinaire. Je veux être catholique et baptisé le plus tôt possible.* » T. Walsh, Le Comte de la Ferronnays, 20 mars 1842, n° 50, p. 69, qui situe à tort cette réponse d'Alphonse dans l'église. Le désir du baptême revient plus loin p. 96-97 (la crainte devant le Saint Sacrement) et 116 : « *Recevoir le baptême dans le plus bref délai possible.* »

« *Je me sentais prêt à tout, y compris le martyre* ». Alphonse à Desgenettes, 12 avril 1842, n° 59, p. 89.

« *Ramené chez lui* » à l'hôtel Serny par Théodore, Alphonse « *reprend ses sens* » et commence à pouvoir « *proférer des paroles entrecoupées :* »
— « *Ah, que je suis heureux! De quel abîme je suis tiré* [...]. *Il ne me serait plus possible de vivre sans le baptême. Je suis chrétien et combien je m'estimerais heureux si, pour éprouver ma foi, on me coupait en morceaux,* [...] *comme ces martyrs dont hier encore je me raillais! Le baptême! Qu'on me donne le baptême!* » G. Gœrres, Conversion et baptême de Monsieur Alphonse Ratisbonne 1843, n° 28, p. 195.

Synthèse

Le désir

Alphonse se sent devenu « *chrétien de cœur* » (n° 20), il croit, il aspire au baptême avec « *joie* » (n° 34). C'est une souffrance intolérable pour lui d'en être privé : il est « *horrible* » (n° 25, 26, 30) d'être en présence du Dieu Vivant (n° 25, 30) avec la tache originelle (n° 26). Il ne saurait plus vivre ainsi (n° 5, 24, 25, 26, 31 ; 1843, n° 28).

Quand Alphonse l'exprime-t-il?

Les moins bien informés anticipent la demande du baptême dès l'église Sant'Andrea delle Fratte (n° 20, 24 ; 50, p. 69). Mais Théodore de Bussières, seul témoin oculaire de cette phase, précise aux n° 5, 12, 25, 26, qu'Alphonse lui fit cette demande seulement au retour chez lui, à l'Hôtel Serny, (n° 25, 26 ; 1843, n° 28), une fois son émotion calmée (ib.).
Alphonse renouvelle sa demande au P. de Villefort, le premier prêtre à qui Théodore le conduit (n° 34), puis au Général des Jésuites, demeurant dans la même maison : celle qu'avait fondée saint Ignace (Walsh, n° 50, p. 116). Il exprime ce même désir en visitant les églises, où il souffrait d'être en présence de Dieu sans avoir le baptême (n° 25, 26, 30). Le surlendemain, lors de sa participation à la veillée du Saint-Sacrement, il se retira spontanément dans une chapelle de la Vierge pour rassurer son âme (n° 25).
L'ardeur de son désir n'acceptait pas de délai (n° 59, cité dans le texte et note suivante). Il donnait un argument biblique : le baptême immédiat des juifs dont il est seul à parler, comme si cet argument n'avait pas été entendu par les autres témoins (n° 59). Ceux qui acceptent un baptême sans délai semblent avoir été surtout sensibles à la soudaineté, à la radicalité de la grâce reçue, et aux antennes de sa foi qui devançait l'enseignement du dogme. (voir note suivante).
Alphonse n'avait pas seulement le désir du baptême d'eau, mais celui du baptême de sang : le martyre (n° 5, 25, 30, 59 ; 1843, n° 28). Il y est prêt (n° 59). Il le désire

(n° 30). Il dit avoir exprimé ce désir peu après l'apparition (n° 30 ; cf. Gœrres, 1843, n° 28), et pour la première fois à l'hôtel Serny (n° 25).

2. Pourquoi et comment Alphonse obtient un baptême rapide

« *J'étais très disposé à recevoir les lumières de l'instruction catholique* [...], *étant données ces dispositions, instructions et industries, le R. P. Villefort me trouva suffisamment instruit le sus-dit 31 janvier.* » Alphonse, in *Procès,* 19 février 1842, n° 30, p. 90.

« *Le matin du sus-dit 31 janvier ayant été fixé par l'Eminentissime et Révérendissime Monsieur le Cardinal-Vicaire pour le baptême solennel, Monsieur Ratisbonne entra en retraite* (si ritiro). » P. de Villefort, in Procès, 24 février 1842, n° 34, p. 100.

— « *Comment, en si peu de temps* [Alphonse] *put-il s'instruire et se préparer à recevoir, non seulement le baptême, mais encore les autres sacrements ?*
— *Il faut confesser* (confessare) *qu'il y eut une aide singulière de Dieu et de la Bienheureuse Vierge Marie. Les réponses qu'il me faisait, comme ses questions, indiquaient qu'il comprenait bien mieux les choses que ne le font communément ceux qui reçoivent la première communion à 12 ou 13 ans. Je puis ajouter qu'il répondit bien à cette grâce de Dieu par l'ardeur* (impegno) *qu'il mit à s'instruire et fut beaucoup aidé par les relations continuelles qu'il avait avec Monsieur Théodore de Bussières, dans la famille duquel il passa tout son temps jusqu'aux trois jours qu'il passa dans cette sainte maison en retraite avant son baptême.* » P. de Villefort, in *Procès,* 25 février 1842, n° 35, p. 105-106.

« *Sa foi effective* [...] *fut très vive et très efficace, pour lui faire entendre, pénétrer et retenir tout ce qui lui était proposé, au point qu'en très peu de jours il fut plus que suffisamment instruit.* » J. Roothaan, in *Procès,* 18 mars 1842, n° 49, p. 134-135. (Voir le contexte ci-dessous note 4).

« *Grâce à ses favorables dispositions particulières, à la situation tout exceptionnelle de Monsieur Ratisbonne, et qu'on peut regarder comme les conséquences naturelles du miracle, peu de temps avait suffi pour amener le nouveau converti au point d'instruction nécessaire pour le baptême et la réception des deux autres sacrements qui devaient lui être administrés le même jour* [...]. *Aussi ce fut sans étonnement qu'on apprit que le nouveau converti, après avoir été examiné par S. E. Mgr le Cardinal Mezzofanti, Maître des Catéchumènes, s'était vu dispensé de passer par la filière des formalités préliminaires. Le baptême fut, en conséquence, fixé au lundi 31 janvier par S. E. Mgr le Cardinal Patrizi, Vicaire Apostolique, qui devait officier à cette occasion.* » T. Walsh, Le Comte de la Ferronnays, 20 mars 1842, n° 50, p. 120-121.

« *Je sollicitais vivement le baptême. On voulut le retarder :*
— *Mais quoi ! m'écriai-je, les juifs qui entendirent la prédication des Apôtres furent immédiatement baptisés, et vous voulez m'ajourner, après que j'ai entendu la Reine des Apôtres !*
Mes émotions, mes désirs véhéments, mes supplications touchèrent les hommes charitables qui m'avaient recueilli, et l'on me fit la promesse à jamais bienheureuse du baptême ! » Alphonse à Desgenettes, 12 avril 1842, n° 59, p. 89.

Synthèse

Pourquoi Alphonse s'est-il vu « *dispensé de passer par la filière des formalités préliminaires* » (n° 50), et baptisé sans délai, onze jours après l'apparition, le lundi 31 janvier (n° 30, 34, 50) ? Son ardent désir (note précédente) joua sans doute un rôle déterminant. Il l'appuyait par un argument biblique irrécusable : « *Les juifs qui entendirent la* [première] *prédication des Apôtres furent immédiatement baptisés* » (n° 59, p. 89). Mais cet argument d'Alphonse ne reparaît pas dans les motivations des responsables. Ce qu'ils mettent en avant pour expliquer l'abréviation des délais, c'est la merveilleuse (n° 30) rapidité (n° 49, 50) et la qualité pénétrante (n° 30, 35, 49) avec laquelle il acquit les connaissances nécessaires (n° 50). Ils furent touchés par son zèle, son engagement profond (*impegno* : n° 35), et sa compréhension supérieure à celle d'un premier communiant « *de 12 à 13 ans* », que manifestaient ses questions et ses réponses (n° 35). Le P. Roothaan l'explique en partie par sa culture, dans un lycée où les religions étaient mêlées : ce qui a pu lui donner une certaine connaissance matérielle du catholicisme (ci-dessous, n° 49, cité note 3). A cela s'ajoutent les conversations de Théodore de Bussières, depuis le 15 janvier (n° 35). Le P. de Villefort voit dans cette assimilation exceptionnelle l'effet d' « *une aide singulière de Dieu et de la Bienheureuse Vierge Marie* » (n° 35), dont Alphonse disait lui-même : « *Elle ne m'a rien dit mais j'ai tout compris* » (ci-dessus, chapitre 7, note 6). Ainsi avait-il reçu un sens de la foi (cf. n° 59) et une lumière intérieure qui devançaient en quelque sorte l'instruction (ci-dessous, notes 3 et 4).

3. L'instruction d'Alphonse

« Question : — *Si, quand et par qui avez-vous été instruit dans la vérité de la religion catholique ?*
Réponse : — *Après l'apparition, je fus instruit succinctement du baptême et de la religion par le R. P. Villefort, de la Compagnie de Jésus. Je lus encore un petit catéchisme, j'ai fait* [ensuite : après le baptême] *mes Exercices Spirituels pendant huit jours dans la vénérable maison du Gesù. Quant à la Sainte Eucharistie, j'eus un très clair sentiment (mais non point vision) de la présence réelle de Jésus-Christ en ce même sacrement et, lorsque je le reçus, j'eus besoin de l'aide du bras d'autrui pour retourner de l'autel à ma place.*
Question : — *Comment, en si peu de temps, avez-vous pu vous instruire et vous préparer à recevoir le Saint Baptême, mais encore les autres sacrements, et qui décida le jour où vous pouviez vous approcher des Saints Sacrements ?*
Réponse : — *Je m'occupai en ces quelques jours avec grand empressement de mon instruction en y travaillant tout le jour. Je fus enseigné par le P. de Villefort, par Monsieur Théodore de Bussières et par la lecture dont je viens de parler.* » Alphonse, in *Procès*, 19 février 1842, n° 30, p. 90.

« *Durant les jours qui suivirent* [l'apparition], *il vint toujours chez moi pour écouter l'explication de la* Petite Doctrine *de Bellarmin, qu'il étudiait en particulier avec grand zèle. Il lisait aussi la* Doctrine *de Lhomond. Lorsque fut fixée par l'Eminentissime et Révérendissime Monsieur le Cardinal-Vicaire la matinée du 31 janvier pour le baptême solennel, Monsieur Ratisbonne se retira, les trois jours précédents, en cette vénérable maison pour s'y préparer.* » P. de Villefort, in *Procès*, 24 février 1842, n° 34, p. 100.

« *Quelques jours après la conversion, Monsieur Ratisbonne entra dans la maison des Jésuites pour y travailler à s'instruire, sous la direction du P. de Villefort.* » T. Walsh, *Le Comte de la Ferronnays*, 20 mars 1842, n° 50, p. 119.

« *Tous les soirs, pendant ma retraite, le vénérable Supérieur Général des Jésuites venait lui-même jusqu'à moi et versait dans mon âme un baume du ciel. Il me disait quelques mots, et ces mots semblaient s'ouvrir et grandir en moi à mesure que je les écoutais et ils me remplissaient de joie, de lumière et de vie. Ce prêtre, si humble et à la fois si puissant, aurait pu ne point me parler, car sa seule vue produisait en moi l'effet de la parole ; son souvenir, aujourd'hui encore, suffit pour me rappeler la présence de Dieu et allumer la plus vive reconnaissance.* » Alphonse à Desgenettes, 12 février 1842, n° 59, p. 90.

Synthèse

Alphonse fut instruit par le P. de Villefort (n° 30, 34, 50) et par son parrain T. de Bussières (n° 30 ; cf. 59). La base de cet enseignement était la liturgie même du baptême (selon J. Roothaan, n° 49, p. 135, cité ci-dessous note 4) et deux livres de catéchèse ; il étudie personnellement :
1 La *Petite Doctrine* de Bellarmin, qu'il appelle « *Petit catéchisme* » n° 30. Il est édité

sous le titre *Catéchisme et ample déclaration de la doctrine chrétienne composé de l'ordonnance de NSP le pape Clément VIII,* Doury, 1619, Bibl. Nationale D 25521 et 8 autres éditions au XVIIe siècle. Il l'étudiait personnellement (n° 34) ; le P. de Villefort la lui expliquait.
2 La *Doctrine* de Lhomond (n° 34), qu'il avait reçue du P. Rozaven (ci-dessus chapitre 3, note 8).
Il étudiait avec grand zèle (*zelo*), témoigne le P. de Villefort (n° 34). Cette étude approfondit son sens très vif de l'Eucharistie manifesté par ses visites aux églises dans l'après-midi du 20 janvier (ci-dessus chapitre 7, note 15 et présent chapitre note 1). J'avais, dit-il, un « *très clair sentiment (mais non point vision) de la présence réelle de Jésus-Christ* » (n° 30).
Tous les soirs, le P. Roothaan, Général des Jésuites, « *venait lui-même* », et Alphonse en garda une impression profonde (n° 59).

4. LUMIÈRE D'UNE PRESCIENCE

« *Jamais il ne s'était occupé de la religion catholique et il émerveillait tous ceux qui l'interrogeaient, à tel point qu'on jugea à propos de ne pas retarder son baptême.* » *L'Ami de la Religion*, 12 février 1842, n° 20.

« *J'étais très disposé à recevoir les lumières de l'instruction catholique et à entendre la vérité depuis l'apparition, tout autant qu'avant celle-ci mon esprit était fermé et obstiné contre la lumière de cette vérité. Il m'arrivait quelquefois, quand j'entendais expliquer quelque dogme de la religion catholique, que je tombais à genoux par respect* (riverenza). *Vu de telles dispositions, instructions et industries, le R. P. Villefort me trouva suffisamment instruit le 31 janvier, et ainsi fut satisfait, dans le même jour, ma très vive impatience de recevoir le Saint Baptême et les autres sacrements qui le suivirent.* » Alphonse in *Procès*, 19 février 1842, n° 30, p. 90.

« *Le rôle* (l'ufficio) *que j'eus, durant ce temps* [les trois jours de retraite], *de l'assister me mit encore plus en mesure de connaître l'abondance des grâces octroyées par Dieu et je ne trouvais point, comme je ne trouve point encore, d'expression plus apte à faire connaître l'action de la grâce en son cœur, sinon de dire que Dieu lui avait créé un cœur nouveau.* [Il cite ici, pour illustrer ces merveilleuses dispositions, la réflexion d'Alphonse lors de la visite du Cardinal Mezzofanti citée plus loin note 7.] *L'idée de recevoir le Saint Baptême le remplissait de joie, et ayant lu avec lui, durant les jours de retraite, les prières du Rituel pour le Baptême des Adultes, il trouva un goût singulier en ces paroles :* Quemadmodum desiderat cervus ad fontes aquarum, ita desiderat anima mea ad te, Deus *et il se plaisait à les répéter souvent.* » P. de Villefort, in *Procès*, 24 février 1842, n° 34, p. 100.

Question : — Comment, en si peu de temps, a-t-il pu s'instruire pour devenir capable de recevoir le Saint Baptême et les autres sacrements ?
Réponse : — « *Je considère cette instruction comme le plus grand miracle* (il più gran miracolo) *puisque les très nombreux entretiens entre moi et lui ont été tellement pleins de l'esprit de Dieu et de la vérité catholique* [qu'ils] *n'auraient pu en faire ni de plus juste ni de plus pleine et* [mieux] *raisonnée.* » E. de Bock, in *Procès*, 5 mars 1842, n° 41, p. 128.

Question : — Comment, en si peu de temps, put-il se préparer à recevoir, non seulement le baptême, mais encore les autres sacrements ?
Réponse : — « *Je me suis aperçu que Monsieur Ratisbonne était un homme instruit, car, ayant fréquenté les écoles en compagnie de chrétiens de diverses confessions* (communione), *il a pu connaître matériellement et historiquement beaucoup de choses concernant notre foi catholique ; quant à la foi effective* (quanto all'effetto di credere), *cela fut après sa conversion. Cet effet* (il quale effetto) *parut en lui très vif et très efficace, pour lui faire entendre, pénétrer et retenir tout ce qui lui était proposé, au point qu'en très peu de jours il fut plus que suffisamment instruit. Depuis lors, je me rappelle avoir entendu du P. de Villefort que la principale instruction durant les jours de retraite*

précédant le baptême concernait l'ordre même (la funzione stessa) *des cérémonies, et [...] leur sens. Aussi reçut-il les Saints Sacrements avec dévotion et ferveur.* » J. Roothaan, in *Procès*, 18 mars 1842, nº 49, p. 134-135.

« *On me demande comment j'ai appris ces vérités, puisqu'il est avéré que jamais je n'ouvris un livre de religion, jamais je ne lus une page de la Bible, et que le dogme du péché originel, totalement oublié ou nié par les juifs de nos jours, n'avait jamais occupé un instant ma pensée; je doute même en avoir connu le nom. Comment donc suis-je arrivé à cette connaissance? Je ne saurais le dire. Tout ce que je sais, c'est qu'en entrant à l'église, j'ignorais tout; qu'en sortant je voyais clair. Je ne puis expliquer ce changement que par la comparaison d'un homme qu'on réveillerait subitement d'un profond sommeil, ou bien par l'analogie d'un aveugle-né qui, tout à coup, verrait le jour : il voit mais il ne peut définir la lumière qui l'éclaire et au sein de laquelle il contemple les objets de son admiration. Si on ne peut expliquer la lumière physique, comment pourrait-on expliquer la lumière qui, au fond, n'est que la vérité elle-même? Je crois rester dans le vrai en disant que je n'avais nulle science de la lettre, mais que j'entrevoyais le sens et l'esprit des dogmes. Je sentais ces choses plus que je ne les voyais, et je les sentais par les effets inexprimables qu'elles produisirent en moi. Tout se passait au-dedans de moi, et ces impressions, mille fois plus rapides que la pensée, mille fois plus profondes que la réflexion, n'avaient pas seulement ému mon âme, mais elles l'avaient comme retournée et dirigée dans un autre sens, vers un autre but et dans une nouvelle vie* [...].
Quoi qu'il en soit de ce langage inexact et incomplet, [...] *je me trouvais en quelque sorte comme un être nu, comme une table rase ... Le monde n'était plus rien pour moi : les préventions contre le christianisme n'existaient plus* [...], *l'amour de mon Dieu avait tellement pris la place de tout autre amour que ma fiancée elle-même m'apparaissait sous un nouveau point de vue* [...], *comme un don précieux qui fait aimer encore davantage le donateur* », c'est-à-dire Dieu. Alphonse à Desgenettes, 12 avril 1842, nº 59, p. 87-88.

Synthèse

L'étonnante rapidité avec laquelle Alphonse a assimilé la foi chrétienne a motivé la question posée au procès.
Ceux qui l'ont instruit ou côtoyé témoignent de cette extraordinaire rapidité (nº 34, 41, 49). Ils y voient un miracle (nº 41) : la création d' « *un cœur nouveau* » (nº 34). « *En entrant à l'église, j'ignorais tout; en sortant, je voyais clair* » (nº 59). Il insiste sur son ignorance totale d'avant (nº 59).
Seul, le P. Roothaan dit, en sens contraire, qu'une certaine connaissance matérielle a pu lui être donnée dans le climat inter-religieux du lycée qu'il avait fréquenté, mais il ne méconnaît pas l'étonnant « *effet* » de grâce qui, après l'apparition, lui a fait « *entendre, pénétrer et retenir tout ce qui lui était proposé* » (nº 49).
Quant à Alphonse lui-même (nº 30 et 59), il analyse fort bien l'étonnant phénomène de la lumière reçue. Il n'a pas reçu la science infuse, mais un nouveau sens des vérités de foi qui le fait « *très disposé à recevoir les lumières de l'instruction* » (nº 30). Dieu lui a fait acquérir, non point la « *science de la lettre* » mais « *le sens et l'esprit* », qui développe en lui « *une nouvelle vie* » (nº 59).

5. DATE DU BAPTÊME

« *Demain, 31 janvier,* [Alphonse] *sera baptisé et confirmé dans l'église du Gesù. Il aura également le bonheur de recevoir le Corps de Notre-Seigneur, et portera désormais le nom de Marie.* » T. de Bussières, *Relation*, 30 janvier 1842, nº 12, p. 21.

« *La cérémonie sacrée eut lieu au jour mentionné du 31 janvier, dans l'église du Gesù.* » *Diario di Roma*, 5 février 1842, nº 24.

« *Le matin du 31 janvier fut fixé par l'Eminentissime* [...] *Cardinal Vicaire, comme jour du baptême solennel.* » Villefort, in *Procès*, 24 février 1842, nº 34, p. 100.

« *Le 31 janvier arriva enfin* [...] *: mon baptême, ma confirmation et ma première communion.* » Alphonse à Desgenettes, 12 avril 1842, n° 59, p. 91-92.

« *Monsieur Alphonse Ratisbonne a fait son abjuration publique le 31 janvier dans l'église du Gesù, entre les mains du Cardinal Patrizzi.* » Anonyme, *Baptême de Marie-Alphonse Ratisbonne*, 2 février 1842, n° 60, p. 43.

C'est par erreur que ce n° 60 du 2 février primitivement daté du 12 avril avait reçu ce n° au lieu de 14 bis. Sa vraie date ayant été identifiée en dernière heure, nous lui gardons le n° 60 pour éviter de plus grands inconvénients.

« *Hier je me suis rendu à l'église du Gesù, pour y prier à l'autel de St Ignace, où j'ai reçu les premiers sacrements. A la sacristie* [...] *je me suis fait inscrire pour dire la Messe du 31 janvier, 36ᵉ anniversaire de mon baptême.* » Alphonse à Mère Rose, 29 janvier 1878, n° 43.

« *Anniversaire triplement sacramentel* [baptême, confirmation, communion] *et trente-six fois béni.* » Alphonse à Mère Marie-Laure, Rome, 31 janvier 1878, n° 47.

Synthèse

Alphonse fut dispensé des attentes et « *filières* » habituelles (n° 50 cité ci-dessus, note 2) mais non du rite d'abjuration, alors de rigueur (n° 27), disparu après le Concile Vatican II, car l'adhésion au Nouveau Testament ne requiert pas l'abjuration de l'Ancien, ni la foi au Christ le rejet de la Loi que Jésus n'est pas venu « *abolir mais accomplir* » (Mt 5, 17).
Le baptême, fixé au 31 janvier (n° 12, 24) par les Cardinaux Mezzofanti (Maître du Catéchuménat) et Patrizi (Vicaire de Rome), fut célébré par ce dernier (n° 34, 59, p. 91, et passim). Cette date resta vivante pour Alphonse, qui la rappelle notamment lors de son second et dernier voyage à Rome, en 1878 (n° 43 et 47).

6. La retraite du 28 au 30 janvier

« *Alphonse est entré en retraite 8 jours après sa conversion.* » T. de Bussières, *Relation*, 30 janvier 1842, n° 12, p. 21.

« *Je passe mes journées au couvent des Jésuites. J'y loge, je m'y suis préparé dans la retraite et sous la direction de l'excellent P. de Villefort, mon confesseur, à recevoir le baptême, la confirmation et la communion.* » Alphonse à son frère Théodore, 4 février 1842, n° 15.

« *Monsieur Ratisbonne se retira, les trois jours précédant* [son baptême : les 28, 29, 30] *dans cette vénérable maison* [du Gesù] *pour s'y préparer.* » P. de Villefort, in *Procès*, 24 février 1842, n° 34, p. 100.

« *Il demanda à demeurer* (tratternersi) *ici dans la maison* [du Gesù] *durant les trois jours, avant de recevoir le Saint Baptême et, ensuite, il demanda à y rester et à faire les Saints Exercices* [de St Ignace] *pendant huit jours. L'une et l'autre demande fut satisfaite, nonobstant les joies du Carnaval* [...] *et un des motifs de sa retraite fut de se soustraire à beaucoup d'invitations.* » J. Roothaan, in *Procès*, 9 mars 1842, n° 46, p. 133.

« *J'étais entré au couvent des Pères Jésuites pour vivre dans la retraite, sous la direction du P. de Villefort, qui nourrissait mon âme de tout ce que la Parole divine a de plus suave et de plus onctueux.* » Alphonse à Desgenettes, 12 avril 1842, n° 59, p. 90.

Synthèse

« *Huit jours après sa conversion* » (n° 12), Alphonse se retira pendant trois jours (n° 34, 46) au couvent des Jésuites (n° 15, 34, 46, 59) : « *J'y loge* », précise-t-il au n° 15. Il refuse le feu qu'on veut allumer dans sa chambre glaciale (tradition orale). Il se prépare « *sous la direction du P. de Villefort* » (n° 15 et 59 ; cf.34). Cette retraite sera prolongée par les huit jours d'*Exercices Spirituels* qu'Alphonse fera, dans la même maison, pour plus de recueillement et d'approfondissement durant le temps du Carnaval (n° 46 : ci-dessous, chapitre 10, note 3).

7. Le Cardinal Mezzofanti

« *L'Eminentissime et Révérendissime Monsieur le Cardinal Mezzofanti, ayant daigné le visiter, la veille de son baptême, lui fit, pendant une demi-heure, une familière et très dévote instruction* (ragionamento) *en langue française, que Monsieur Ratisbonne interrompait de temps en temps par quelques réflexions. Alors que Son Eminence lui recommandait l'humilité, Monsieur Ratisbonne dit :*
— Tous les mystères de Notre-Seigneur Jésus-Christ indiquent l'humilité. » P. de Villefort, in *Procès,* 24 février 1842, n° 34, p. 10.

« *S.E. Mgr le Cardinal Mezzofanti était placé dans une tribune pour assister au baptême. Dans la matinée il avait lui-même, avec une bonté paternelle, instruit Monsieur Ratisbonne de tout ce qui était relatif au cérémonial.* » T. Walsh, *Le Comte de la Ferronnays,* 20 mars 1842, n° 50, p. 123.

« *J'aurais trop à vous dire si je m'abandonnais à vous rendre mes impressions, si je redisais ce que j'ai vu, entendu et ressenti ..., si je rappelais surtout la charité qui m'a été prodiguée. Je nommerai seulement ici l'Eminentissime Cardinal Mezzofanti ... Le Seigneur a doté cet illustre personnage du don des langues, comme une réponse accordée à un cœur qui se fait tout à tous.* » Alphonse à Desgenettes, 12 avril 1842, n° 59, p. 92.

Synthèse

« *La veille de son baptême* », le Cardinal Mezzofanti vient instruire Alphonse. Le P. de Villefort est le seul à rapporter cette instruction dialogante (n° 34). T. Walsh semble indiquer qu'il serait revenu le lendemain dans la matinée pour une nouvelle instruction. Est-ce la même ? (n° 50). Probablement. Mais il est difficile de trancher. Alphonse a gardé un souvenir ému de son « *don des langues* » et de sa « *charité* » (n° 59). Le Cardinal vient assister au baptême : une tribune lui avait été réservée (n° 50).

8. Le lieu : le Gesù et non l'Aracoeli ni Sant'Andrea

« *La cérémonie sacrée eut lieu au jour déjà mentionné du 31 janvier, dans l'église du Gesù, par les mains de S. Em. Monsieur le Cardinal Patrizi, Vicaire de Sa Sainteté.* » *Diario di Roma,* 15 février 1842, n° 13, notre n° 24.

« *Contrairement à l'ancien usage, en vertu duquel le baptême des israélites avait toujours lieu à l'église d'Aracoeli, Mgr le Cardinal-Vicaire avait désigné comme plus convenable la belle église du Gesú, citée entre toutes celles de Rome pour le bon ordre, le recueillement et la dignité avec lesquels s'y accomplissent les cérémonies de notre culte.* » T. Walsh, *Le Comte de la Ferronnays,* 20 mars 1842, n° 50, p. 122.

« *Ce n'a pas été dans l'église où il avait reçu la miraculeuse faveur et où sa conversion avait eu lieu qu'il a été baptisé [...]. Je vous prie, mon Père, de faire connaître tout cela à votre frère et de tâcher de savoir par lui-même pourquoi il n'a pas reçu le baptême dans ma dite église, où sa conversion s'était miraculeusement accomplie ; pourquoi je n'ai pu obtenir un entretien avec lui, pourquoi enfin il ne m'a pas été permis de le voir et de le connaître. Je vous demande de me dire cela par lettre et avec précision* » etc. Frère Gaspard Montenevo Pentis, Prieur des Minimes de Sant'Andrea delle Fratte, 14 avril 1842, n° 62.

Synthèse

Le baptême n'eut lieu ni à l'Aracoeli (où se faisaient les baptêmes de Juifs, qui avaient tant horrifié Alphonse), ni à Sant'Andrea : ce que le Prieur des Minimes regretta (n° 62). Le Cardinal Vicaire avait choisi lui-même le Gesù : haut lieu liturgique réputé (n° 50), église de ceux qui avaient guidé Alphonse.

9. CONVOCATION ET ABSENCE DES GRENADIERS

« *Le Recteur de l'église demanda les grenadiers afin de veiller au bon ordre, car on pensait qu'une foule énorme viendrait. Mais, par suite d'un malentendu, les grenadiers ne vinrent pas.* » *Diario de l'Eglise du Gesù,* n° 2044, 31 janvier 1842, notre n° 14.

10. ARRIVÉE D'ALPHONSE ET DÉBUT DES CÉRÉMONIES

« *La cérémonie eut lieu à 9 heures du matin. Les clercs du Collège Germanique chantèrent. Le clergé entra processionnellement en chantant les psaumes prescrits. Le néophyte entra par une porte latérale.* » *Diario della chiesa del Gesù,* 31 janvier 1842, n° 14.

« *Vers 8 heures et demie, Monsieur Ratisbonne, vêtu de la blanche tunique des catéchumènes, a été amené par le R.P. de Villefort, qui l'avait préparé, et Monsieur le Baron Théodore de Bussières, son parrain, à la chapelle de Saint André, située près de la grande porte de l'église. Objet de la curiosité de tous pendant plus d'une demi-heure d'attente, il supportait avec une résignation angélique les regards indiscrets, se soumettant humblement à une épreuve bien méritoire.* » Anonyme, *Un frère de plus,* 17 février 1842, n° 27, p. 51.

« *Le jour tant désiré de son baptême étant arrivé, il fut conduit dans la chapelle de Saint André au fond de l'église du Gesù, étant déjà revêtu de la robe blanche.* » P. de Villefort, in *Procès,* 24 février 1842, n° 34, p. 10.

« *Vêtu d'une longue robe de soie blanche, le jeune catéchumène, conformément à la belle liturgie des premiers siècles, attendait au bas de l'église, en dehors d'une barrière qui le séparait du lieu saint.* » Anonyme, *Baptême de M. Alphonse Ratisbonne,* 2 février 1842, catalogué n° 60, p. 41.

Synthèse

Le P. de Villefort et Théodore de Bussières (n° 27) amènent Alphonse (n° 27, 34), « *vers 8 heures et demie* » (n° 27), dans la chapelle Saint André (n° 27), « *située au fond de l'église* » (n° 34), près de la grande porte d'entrée (n° 27). Selon le *Diario* du Gesù, Alphonse entra par une porte latérale (n° 14). C'est possible, mais il faut situer cette entrée une demi-heure avant le Cardinal et non pas après, comme semblerait l'indiquer ce *Diario.* Alphonse est vêtu de « *la blanche tunique* » (n° 27) ou robe (n° 34, 60) de soie blanche (n° 60) des catéchumènes (n° 27, 60 ; voir note suivante). Le catéchumène était séparé de l'église (où le Cardinal va l'introduire officiellement) par une barrière (n° 60).

11. LA ROBE DE BAPTÊME

Sur cette tunique ou robe de soie blanche, voir la note précédente. Selon l'usage, le prêtre remet le vêtement blanc au catéchumène après son baptême en signe de la pureté reçue. Pour quelle raison d'usage ou de commodité, Alphonse arriva-t-il, revêtu de la robe blanche, selon tous les témoins, qui en ont été frappés (n° 27, 34, 60).

Cette robe de baptême, le parrain, Théodore de Bussières, l'avait gardée en souvenir. A son décès, son épouse la légua aux Sœurs de Sion, qui la conservent toujours au couvent d'Eïn Karem, lieu de ses dernières années et de sa mort, avec d'autres souvenirs.

12. Le chapelet d'Alphonse

« *Par moments, il serrait avec ferveur le chapelet qu'il tenait à la main. Il regardait la médaille qui y était attachée, comme pour puiser dans le souvenir et la protection de Celle qui l'avait sauvé, de la force pour toutes les fatigues, du courage pour toutes les épreuves.* » Anonyme, *Un frère de plus,* 17 février 1842, n° 27, p. 52.

« *Dans la matinée, notre Père est venu à la communauté pour nous distribuer les chapelets que nous devons porter* [...]. *Le chapelet de la Supérieure* [Sophie Stouhlen] *est une relique précieuse pour la maison, car il vient du P. Marie, qui l'a constamment porté sur lui depuis le jour de son baptême jusqu'à son entrée dans la Compagnie de Jésus* [...]. *Le P. Marie avait remis ce chapelet à notre bon Père [Théodore], et celui-ci s'en est détaché en faveur de l'œuvre de Sion.* » *Journal de N.-D. de Sion,* 22 avril 1848, n° 10.

Synthèse

Ce chapelet avait été donné à Alphonse au matin de son baptême, semble-t-il (1848, n° 10). Une Médaille miraculeuse y était attachée, et il la regardait (1842, n° 27). En entrant chez les Jésuites, le P.Marie laissa ce chapelet au P. Théodore, qui le donna à la première Supérieure de Sion, Sœur Sophie Stouhlen, à la première prise d'habit après la fondation de N.D.de Sion : le chapelet faisait partie de l'habit des sœurs (1848, n° 10).

13. Affluence, ordre et recueillement

« *Longtemps avant l'heure fixée, l'église du* Jésus, *désignée par le Cardinal-Vicaire pour cette cérémonie, était remplie d'une foule pieuse* [et aussi de] *quelques* [...] *curieux. Mais une piété communicative dominait toute l'assemblée.* [...] *De sages précautions avaient été prises pour assurer l'ordre* [...]. *Tout l'espace qui s'étend entre l'autel de Saint Ignace et celui de Saint François-Xavier était disposé de manière à ce que les nombreux assistants pussent facilement se placer ; et quoiqu'il n'y eût point de sièges réservés, l'empressement des curieux avait été, cette fois, devancé par le zèle des dames ferventes qui protégeaient, pour ainsi dire, l'autel de leur pieux recueillement et de leurs saintes prières.* » Anonyme, *Un frère de plus,* 17 février 1842, n° 27, p. 50-51.

« *Une enceinte spacieuse avait été réservée autour de l'autel, où le Cardinal officiant devait administrer successivement au nouveau converti le baptême, la confirmation et la communion. Cette enceinte fut, de bonne heure, occupée par l'élite de la société romaine, tandis que le reste de l'église fut envahi, plus tard, par une foule compacte de Romains de la classe moyenne et de la classe inférieure. On n'eut à se plaindre d'aucun désordre, d'aucune manifestation de curiosité inconvenante* [...]. *Cette multitude* [...] *avait compris avec un merveilleux instinct tout ce qu'il y avait de grand et d'attachant dans cette solennité.* » T. Walsh, *Le Comte de la Ferronnays,* 20 mars 1842, n° 50.

Synthèse

« *Une enceinte spacieuse* » (n° 50) avait été réservée autour de l'autel pour célébrer le sacrement. Elle occupait « *tout l'espace qui s'étend entre l'autel de saint Ignace et celui de saint François Xavier* » (n° 27). « *L'élite de la société romaine* » et étrangère, arrivée de bonne heure, y fut admise. Plus tard, la foule compacte du tout-venant des Romains occupa le reste de l'église (n° 50). L'ordre et la ferveur l'emportèrent sur la curiosité (n° 27 et 50).

14. La cérémonie liturgique du baptême qui inclut la confirmation

« *La cérémonie eut lieu à 9 heures du matin. Les clercs du Collège Germanique chantèrent. Le clergé entra processionnellement en chantant les psaumes prescrits.* » *Diario du Gesù,* n° 2044, 31 janvier 1842, n° 14.

« *Le Cardinal-Vicaire Patrizi a officié* ». Alphonse à son frère Théodore, 4 février 1842, n° 15.

« *A 9 heures, S.E. le Cardinal Patrice* [sic pour Patrizi], *Vicaire de Sa Sainteté, après s'être revêtu à l'autel de Saint Ignace de ses habits pontificaux, a commencé les prières prescrites par le rituel pour le baptême des adultes. Ce sont d'abord des psaumes de David, dans lesquels une foule de passages semblaient écrits tout exprès, et pour exprimer les sentiments du catéchumène, et pour raconter par quelle voie le Seigneur l'avait appelé à la lumière.* [...p. 53...] Quare tristis es?... Fuerunt mihi lacrymae meae panes die ac nocte [Pourquoi es-tu triste, mon âme? Mes larmes furent mon pain jour et nuit : Ps. 41,4, p. 54].
« *Ces prières terminées, S.Em. le Cardinal-Vicaire, précédé du clergé, s'est dirigé processionnellement vers le fond de* [p. 55] *l'église. Alors le R.P. de Villefort et Monsieur le Baron de Bussières ont amené devant lui le jeune israélite.*
— *Que demandez-vous à l'Eglise de Dieu?*
— *La foi* [...]
Déjà le Pontife a soufflé trois fois sur son visage pour mettre en fuite l'esprit malin. Il l'a marqué du signe du chrétien : du signe révéré de la Croix sur le front, sur les yeux, sur les oreilles, sur [p. 56] *la poitrine et sur les épaules, afin d'enseigner au nouveau chrétien qu'il doit consacrer au Christ sa pensée et son cœur, qu'il doit porter avec amour le joug de la Croix. Enfin, il lui fait goûter le sel de la sagesse et il récite sur lui les prières de l'exorcisme. Le jeune néophyte est prosterné sur le parvis du temple; une dernière marque de soumission, une épreuve inattendue lui est demandée :*
— *Baisez la terre, lui dit-on.*
Et aussitôt [...], *il baise la terre* [... p. 57].
Le Pontife lui fait prendre en main le bord de son étole, en signe d'adoption et pour lui enseigner que, dans la famille catholique, les enfants ne marchent qu'appuyés humblement sur leur père; c'est ainsi qu'il ramène, comme en triomphe, à l'autel de Saint Ignace, cette brebis chérie qu'il vient d'arracher à Satan. [...] *Son visage, remarquable par un heureux mélange de fermeté et de douceur, sa longue barbe, sa démarche, son costume, tout en lui reportait la pensée aux temps de la primitive Eglise. On eût dit un de ces chrétiens des catacombes qui espéraient le martyre!* [p. 58].
De bonnes femmes romaines, qui m'étouffaient pour mieux le voir [...] *s'écriaient* [...] :
— Ah, quanto sei caro! [Que tu nous es cher].
— Ah, beato lui [Qu'il est heureux].
Et elles baisaient leur chapelet comme pour remercier de cette belle fête la Madone, cause de notre joie [...]. *Elles se disaient [en montrant Bussières] :*
— *C'est un Français. C'est celui qui a donné la médaille à l'israélite, qui lui a demandé de prier la Bienheureuse Vierge.*
— Ma che buon Signore! Che Dio lo benedica! [...].
Cependant, devant le Pontife du Seigneur, qui se tient debout près de l'autel, le catéchumène s'est agenouillé pour recevoir l'eau sainte du baptême. On [p. 59] lui demande son nom.
— *Marie, répond-il avec un élan de reconnaissance et d'amour* [...].
— *Que demandez-vous?*
— *Le baptême.*
— *Renoncez-vous à Satan?*
— *J'y renonce.*
— *Et à toutes ses pompes?*
— *J'y renonce.*
— *Et à toutes ses œuvres?*
— *J'y renonce* [...].
— *Croyez-vous en Dieu, le Père tout-puissant, créateur du ciel et de la terre?*
— *J'y crois.*
— *Croyez-vous en Jésus-Christ, son Fils unique, Notre-Seigneur, qui est né et qui a souffert?*
— *J'y crois;*

— Croyez-vous au Saint-Esprit, à la sainte Eglise catholique, à la communion des saints, à la rémission des péchés, à la résurrection de la chair et à la vie éternelle?
— J'y crois.
Le ton, l'accent, la conviction intime [... p. 60...] *produisent sur tous ceux qui ont le bonheur de l'entendre une impression qui vibre encore aujourd'hui* [...].
— Que demandez-vous? [réitère le cardinal]
— Le baptême.
— Vous voulez être baptisé?
— Je le veux.
Enfin l'eau sainte [...] *a coulé sur ce front humblement baissé. Marie Ratisbonne se relève chrétien* [...]. *Il tient à la main le cierge béni* [...]. *L'imposition des mains et l'onction du Saint-Chrême lui donnent une grâce nouvelle, en confirmant la plénitude de celle qu'il a déjà reçue.* » Anonyme, *Un frère de plus*, 17 février 1842, n° 27, p. 52-60.

« *Le Vicaire-Apostolique, Mgr le Cardinal Patrizi, dans ses riches ornements pontificaux, la mitre en tête et la crosse à la main, se rendit processionnellement, précédé de la croix et suivi d'un nombreux clergé, à la porte de l'église pour y recevoir le nouveau converti et procéder aux exorcismes. Il en revint bientôt, ayant à ses côtés Monsieur Ratisbonne, revêtu de la longue robe blanche des catéchumènes et accompagné de son parrain, le Baron de Bussières* [...]. *Selon le rite consacré, il avait la main droite posée sur l'épaule du nouveau chrétien qu'il venait présenter à l'Eglise et pour lequel il se portait garant. Sa figure recueillie, d'un caractère grave et mâle, contrastait avec les traits plus jeunes, plus délicats, avec l'expression plus douce et plus émue encore du néophyte; ils étaient trop profondément absorbés pour songer à eux-mêmes, et à cette foule curieusement avide, dont les yeux étaient fixés sur eux. Tant que dura la cérémonie, ils furent constamment l'objet de l'intérêt le plus sympathique et de l'attention la plus vive, sans que néanmoins la parfaite simplicité de leur maintien et de leur attitude pleine de ferveur se démentit un seul instant.* [...] *Chacune des personnes présentes partageait* [...] *l'émotion profonde dont on les voyait pénétrés. Mgr le cardinal-vicaire officia avec une dignité et une onction ramarquables.* [...] *Lorsque Monsieur Ratisbonne, ayant à ses côtés M. de Bussières et le P. de Villefort, s'avança pour recevoir le baptême qu'il avait si ardemment désiré, ses genoux se dérobèrent sous lui, et il fût tombé sur les marches de l'autel si ces messieurs ne l'eussent soutenu* ». T. Walsh, *Le Comte de la Ferronnays*, 20 mars 1842, n° 50, p. 122-126.

« *Monsieur Ratisbonne, revêtu de la blanche tunique des catéchumènes, parut vers 8 heures et demie, accompagné du P. de Villefort, qui avait eu la consolante mission de le préparer au beau jour, et de Monsieur le Baron de Bussières, son parrain* [...]. *S.E. le Cardinal-Vicaire de Sa Sainteté devait recevoir la profession de foi de Monsieur Ratisbonne. Il parut à 9 heures, revêtu des ornements pontificaux, et commença les prières prescrites pour le baptême des adultes.* » [J. M. Aladel], *Récit de la conversion*, mars 1842, n° 52.

« *Un intérêt indéfinissable* [...] *m'attirait vers* [le catéchumène, qui attendait derrière la barrière à l'entrée de l'église]. *Je me suis placé le plus près de lui qu'il m'a été possible, plutôt pour recueillir dans l'expression de sa figure les expressions de son âme que pour suivre les détails de la touchante cérémonie* [...].
Le Cardinal, après avoir fait sa prière à l'autel et s'y être revêtu des habits pontificaux, s'est avancé processionnellement vers le catéchumène à l'entrée de la grande nef. Là ont commencé les cérémonies des exorcismes [... puis le] *dialogue :*
— Que demandez-vous?
— Le baptême.
— Que voulez-vous encore?
— La vie.
— Renoncez-vous à Satan?
— J'y renonce.
— Croyez-vous en Jésus-Christ?
— J'y crois. [...]

Au calme presque impassible de ce visage dont la pâleur naturelle laissait à peine entrevoir [p. 45] *une légère altération* [...], *on ne sentait plus que la grandeur de* [...] *Dieu* [...]. *Un soupir d'ineffable bonheur s'est échappé de sa poitrine, un sourire a passé comme un éclair de céleste béatitude sur ses lèvres lorsqu'il a relevé sa tête encore toute mouillée par les eaux du baptême.* [...] *Alors, toutes les barrières de l'Eglise se sont abaissées* [...]. *Au milieu des bénédictions d'une multitude immense qui remplissait la nef et qui s'ouvrait comme un flot respectueux sur son passage, le jeune néophyte a été conduit à l'autel. Il y a reçu d'abord des mains du Cardinal le sacrement de confirmation. A mesure que les dons du Saint Esprit descendaient avec les bénédictions du Pontife sur sa tête, il me paraissait affaissé sous le poids de tant de grâces : il me semblait, aux mouvements de sa poitrine, que le bonheur arrivait à flots trop pressés* [p. 46] *dans son âme.* » Anonyme, *Baptême de Marie-Ratisbonne,* 2 février 1842, n° 60, p. 44-45.

Synthèse

Le cardinal Patrizi fait son entrée dans l'église à 9 heures du matin. Il se rend à l'autel, y revêt les habits pontificaux (n° 27). La chorale du collège germanique chante les psaumes de David prévus par le rituel (n° 14, 27, 60).
Puis le Cardinal s'avance processionnellement avec crosse et mitre vers le catéchumène (n° 27, 52, 60). Selon le n° 27, p. 55, il pose alors la question :
— « *Que demandez-vous à l'Eglise de Dieu ?*
— *La foi* ».
Puis il souffle trois fois sur le visage (n° 27, p. 55 : premier rite d'exorcisme), puis il marque le catéchumène « de la croix sur le front, sur les yeux, sur les oreilles, sur la poitrine et sur les épaules », car « *il doit porter avec amour le joug de la croix* » (n° 27, p. 56), il lui « *fait goûter le sel* » (ib.), puis ce sont les rites d'exorcisme (n° 27, p. 56 et 60, p. 44).
Le néophyte est « *prosterné sur le parvis* ». L'évêque lui commande :
— « *Baisez la terre* » (n° 27, p. 56).
Il lui tend « *son étole* » et ils « *marchent* » ensemble à l'autel de saint Ignace (n° 27, p. 57). Les « *bonnes femmes romaines* » s'exclament sur son passage (n° 27, p. 58).
Dans l'enceinte réservée aux baptêmes se déroule l'ultime dialogue.
L'évêque lui demande son nom :
— *Marie, répond-il avec élan* » (n° 27, p. 59).
Puis :
— « *Que demandez-vous ?*
— *Le baptême* » et la suite (n° 27, p. 59 et 60, p. 44). Le dialogue est plus long selon le n° 27 où la profession de foi est trinitaire (p. 59). Selon lui, le Cardinal réitérerait la question concernant la demande du baptême (p. 60). L'eau sainte coule (ib., et n° 60, p. 45). Il reçoit le cierge (ib.). Enfin c'est « *l'imposition des mains et l'onction du Saint Chrême* » (ib.). Le n° 60 semble indiquer une nouvelle procession de l'enceinte du baptême à l'autel dont l'itinéraire et le moment exact ne sont pas précisés.

L'attitude d'Alphonse reflétait un profond recueillement (n° 27, p. 57). « *Un soupir* » et « *un sourire manifestent alors son ineffable bonheur* » (n° 60).

15. LE NOM DE MARIE

« *Maria Ratisbonne, Hebreus de Argentine Gallicana civitate* [= Strasbourg] *ann. 28, qui antea vocabatur Alphonse Ratisbonne, etc.* » Acte de baptême, signé du Recteur des Catéchumènes, Hieronymus Marucchi. Traduction : « *Marie Ratisbonne, Hébreu de la ville de Strasbourg, en France, âgé de 28 ans, qui s'appelait antérieurement Alphonse Ratisbonne.* »
Acte de baptême d'Alphonse, registre de l'Église du Gesù, 31 janvier 1842, n° 13.

« *Là fut administré le baptême et le sacrement de confirmation.* [...] *Le* [...] *jeune Ratisbonne* [...] *voulut prendre le nom très doux de sa divine bienfaitrice : Marie.* » *Diario di Roma,* 15 février 1842, n° 24.

« *Cependant, devant le Pontife du Seigneur, qui se tient debout près de l'autel, le catéchumène s'est agenouillé pour recevoir l'eau sainte du baptême. On lui demande son nom :*
— *Marie, répond-il avec un élan de reconnaissance et d'amour.* » Anonyme, *Un frère de plus,* 17 février 1842, n° 27, p. 58.

« *On lui demande son nom :*
— *Marie, s'écria-t-il il alors avec un élan de tendre reconnaissance* ». [J. M.Aladel] (Echo du précédent ?), *Récit de la conversion,* mars 1842, n° 52.

« *Si je ne devais vous raconter que le fait de ma conversion, un seul mot suffirait* [...] : *Marie.* » Alphonse à Desgenettes, 12 avril 1842, n° 59, p. 51.

« *Le jour de mon baptême, je n'ai pris qu'un seul nom, celui de Marie.* » Alphonse à Mère Marie Laurence, 10 août 1880, n° 192.

« *Quand je serai très mal,* [...] *dites-moi seulement : Marie.* » Annales de N. D. de Sion, juin 1884, n° 29, p. 19 ; n° 283.

Synthèse

Pour son baptême, Tobie Ratisbonne (ci-dessus, chapitre 8, note 11), couramment appelé Alphonse (l'intégration faisait éviter les particularités juives), avait choisi personnellement le seul nom de Marie (n° 24, 27, 52), qui résume toute son aventure spirituelle (n° 59 ; cf.1880, n° 192) et son espérance à l'heure de la mort (1884, n° 283).

16. L'EAU DU BAPTÊME

« *Enfin, l'eau sainte* [...] *a coulé sur ce front humblement baissé.* » Anonymne, *Un frère de plus,* 17 février 1842, n° 27, p. 60.

« *Un soupir d'ineffable bonheur s'est échappé de sa poitrine, un sourire a passé comme un éclair de céleste béatitude sur ses lèvres lorsqu'il a relevé sa tête encore toute mouillée par les eaux du baptême.* » Anonyme, *Baptême de M. A. Ratisbonne,* 2 février 1842, n° 60, p. 45.

17. VISION DE THÉODORE DE BUSSIÈRES

[En se rappelant les faits surnaturels de cette époque, Monsieur le Baron de Bussières disait au Père Marie] :
— « *Au moment de votre baptême, j'ai vu, des yeux de l'âme, le Saint Esprit descendu sur votre tête ; je l'ai vu plus certainement que si c'eût été des yeux du corps.* » *Notice biographique du P. Marie,* in *Annales de Sion,* n° 29, juin 1884, p. 6 ; n° 283.

18. PROCESSION(S) ET CONFIRMATION

Chacune des deux relations du baptême parle d'une procession, mais la situe différemment.
Selon le n° 27, du 17 février voir note 14, Alphonse est emmené processionnellement, en tenant l' « *étole* » du « *Pontife* », depuis le Parvis (entrée) après les rites du sel et du baisement de terre, avant la demande du baptême.
Selon le n° 60, cité ci-dessus note 14, une procession a lieu après le baptême, jusqu'à l'autel où Alphonse reçoit le sacrement de Confirmation : Imposition des mains et onction du Saint Chrême.
Mais les deux témoins font aboutir la procession à l'autel (n° 27, p. 57, et n° 60, p. 45).
Il y a donc erreur quelque part. La solution qui harmoniserait tout, c'est qu'il y aurait eu deux processions :
— La première, de l'entrée au lieu où était la cuve baptismale.
— La deuxième, de là jusqu'à l'autel.

Mais il reste difficile de trancher d'autant qu'il y a d'autres menues divergences : Selon le n° 27 il y a deux questions successives : la première sur la foi, à l'entrée de l'église (p. 55), et la seconde à l'autel, concernant le baptême (p. 59). Le n° 60 ne relate qu'un seul questionnaire, concernant le baptême (p. 44, avant la procession, p. 45).
Le n° 27 du 17 février semble être le plus précis en même temps que le plus ancien.

19. LE BANDEAU DE LA CONFIRMATION

SUR LA CONFIRMATION, incorporée à la cérémonie d'initiation (Baptême, Confirmation, Communion), voir ci-dessus note 14.
« *On lui posa sur le front un bandeau de soie blanche, noué derrière la tête, pour préserver les onctions saintes ; alors on eût cru voir un néophyte de la primitive Eglise. Cette robe blanche, ce bandeau de même couleur, symboles de l'innocence et de la candeur baptismales, complétaient l'illusion sans prêter en rien à la raillerie.* » T. Walsh, *Le Comte de la Ferronnays,* 20 mars 1842, n° 50, p. 126.
Ce ruban a été donné par la Comtesse de Leusse, née Marie de Bussières, aux Sœurs de Sion. Il est conservé à Issy-les-Moulineaux, dans la « *Chambre des Souvenirs* ».

20. L'HOMÉLIE DE L'ABBÉ DUPANLOUP, FUTUR ÉVÊQUE D'ORLÉANS

« *Monseigneur Dupanloup fit l'homélie. C'était la première fois qu'il prêchait à Rome.* » *Diario du Gesù,* n° 2044, p. 106, 31 janvier 1842, notre n° 14.

« *L'abbé Dupanloup m'a adressé une exhortation dont l'éloquence et la chaleur ont fait verser bien des larmes.* » Alphonse à son frère Théodore, 4 février 1842, n° 15.

« *Monsieur l'abbé Dupanloup, par des raisonnements éclairés, célébrait les louanges de la Vierge en son converti.* » *Diario di Roma,* 15 février 1842, n° 24.

« *C'est alors que Monsieur l'abbé Dupanloup a bien voulu adresser à l'assemblée quelques-unes de ces paroles que son cœur sait toujours trouver quand il s'agit de louer Marie et de célébrer la bonté du Seigneur. Nous reproduisons ici des fragments, hélas bien incomplets et bien affaiblis, de cette fervente improvisation,* [qu'il a faite] *en évitant, comme un fils soumis, toute expression qui aurait semblé prévenir la décision régulière de la seule autorité compétente en matière de miracle* [p. 61-64] :
— *O vous, sur qui tous les regards se reposent ici en ce moment avec un attendrissement inexprimable* [...], *racontez-nous vous-même quelles étaient vos pensées et vos voies* [...], *car enfin qui êtes-vous ? Que demandez-vous à ce sanctuaire ? Quel est ce regard et ces hommages que vous semblez y apporter ? Quelle est cette robe blanche dont je vous vois revêtu ?* [p. 65] *Dites-nous d'où vous veniez..., où vous alliez ? Quelle force a tout à coup changé vos voies ?... Et, comme Abraham, votre aïeul, dont vous êtes aujourd'hui le bienheureux fils, marchant devant vous, comme lui, à la voix du Seigneur,* [...] *les yeux encore fermés, vous vous êtes trouvé tout à coup dans la Cité Sainte...* [...] *L'œuvre du Seigneur n'était pas encore faite : mais c'est à vous à nous dire comment le soleil de la vérité et de la justice s'est levé dans votre âme ; quelle fut sa brillante aurore..., pourquoi vous goûtez comme nous, mieux que nous peut-être, la bonne parole... Dites-nous, nous avons le droit de le savoir ! pourquoi vous entrez dans nos biens comme dans votre héritage ? Qui vous a introduit parmi nous ?* [...p. 66].
Oh, ici je dirai tout ! car je sais quelle joie je donnerai à votre cœur en racontant, avec vos misères, les célestes miséricordes [...].
Vous n'aimiez pas la vérité, mais la vérité vous aimait. Aux efforts du zèle le plus ardent et le plus pur, vous ne saviez opposer qu'un sourire dédaigneux, un silence nonchalant, une réponse subtile, des exigences hautaines, et quelquefois des plaisanteries blasphématoires. O Dieu patient ! O Dieu qui nous aimez malgré nos misères ! Votre miséricorde a parfois une profondeur, une sublimité [...] *et des délicatesses infinies. Tout à coup, un bruit se répand dans la sainte cité, tous les cœurs chrétiens en sont*

consolés : celui qui blasphémait hier [...], *le voilà qui évangélise* [p. 67]. *La grâce est répandue d'En-Haut sur ses lèvres, il ne sort plus de sa bouche que bénédictions et douceurs* [...]. *On dirait que l'onction céleste lui a enseigné toutes choses. D'où lui sont venus ces yeux illuminés du cœur, ce cœur éclairé d'En-Haut, qui voit tout,* qui a tout compris !

[Il évoque ici sans le nommer le Comte de la Ferronnays et ses dernières paroles :] *J'aime à redire cette douce parole que nous recueillions naguère sur les lèvres bénies de celui dont le souvenir est désormais ineffaçable dans nos cœurs ; nous le pleurions, il y a quelques jours ; aujourd'hui nous le regrettons encore ; mais nous ne le pleurons plus. « Oui, vous êtes bon et les enfants des hommes ont bien fait de vous appeler le Bon Dieu. »*

[Ces mots étaient ceux du Comte de la Ferronnays. Dupanloup évoque ensuite la cause plus immédiate de cette conversion dans une prosopopée adressée à Dieu même p. 68]

Quand vous ne venez pas par vous-même, vous envoyez vos anges ... Que dis-je ! Vous envoyez vos anges ! ... O Dieu ! dirai-je tout ici ? Je dois commander la réserve à ma bouche [Le procès canonique destiné à vérifier le miracle n'est pas encore ouvert], *mais quelle est celle-ci ?* Quae est ista ? *Je ne puis le dire, et cependant je ne puis le taire. Marie, je vous salue, vous êtes pleine de grâce,* Ave gratia plena ; *et de la plénitude de votre cœur maternel, vous aimez à la répandre sur nous* [p. 69, Dupanloup continue par des litanies commentées :]

Mel in lingua, Ros in herba, Pulchra ut luna, Aurora consurgens, Stella matutina : *c'est vous qui précédez dans les cœurs le lever du Soleil de Justice ... A votre nom, O Marie ! le ciel se réjouit, la terre tressaille d'allégresse* [p. 70], *l'enfer frémit d'un impuissant courroux* [p. 71]. *J'ai vu des vieillards, après 60, 80 années d'une vie sans foi, sans vertu, se soulever sur la couche de leur douleur, se souvenir, à votre nom, du Dieu qui avait béni leur première enfance, et vous apparaissiez à leur dernier regard comme un signe de sécurité et de paix pour la vie éternelle. O Marie, qui êtes-vous donc ?* Quae est ista ? *Vous êtes la Mère de notre Sauveur* [...], *vous êtes notre sœur,* soror nostra es [...]. *Fille d'Adam, vous n'avez point partagé notre funeste héritage* [p. 72...].

Notre frère bien-aimé — et je suis heureux de vous donner le premier ce nom — voilà sous quels favorables auspices vous entrez dans cette Jérusalem [p.73] nouvelle qui est le tabernacle du Seigneur dans l'Eglise du Dieu Vivant [...]

Vous avez tout compris, *dites-vous, mais laissez-moi vous demander : avez-vous compris le mystère de la Croix ?... Prenez garde : c'est le fond du christianisme.*

Je ne vous parle pas seulement de cette croix bénite que vous adorez avec amour parce qu'elle met sous vos yeux Jésus crucifié [...]. *Il n'est pas question en ce moment de la croix qu'il vous est doux d'adorer, mais de la croix qu'il vous faudra* [p. 74] *bientôt subir :* Ecce cruces, jam non adorandae sed subeundae [Voici des croix qu'il ne s'agit plus d'adorer mais de subir]. *Voilà ce qu'il faut comprendre si vous êtes chrétien, et ce que votre baptême a dû vous révéler* [...]. *Vous avez été introduit dans le christianisme par Marie, et la Croix* [la croix de l'insomnie dans la nuit du 19 au 20 janvier]. *C'est une admirable entrée* [... p. 75...].

Voyez Rome ! où vous venez de naître à l'Evangile : toujours combattre et toujours triompher, voilà son partage ici-bas ! [...]. *C'est au centre même de l'unité catholique, c'est au pied de la chaire principale* [...], *que l'Eglise a répandu sur votre front l'onde bienfaisante de la régénération céleste* [...]. *Que dis-je ? C'est Pierre lui-même, le Moïse de la Loi nouvelle, dignement représenté par le Premier Vicaire de son auguste successeur, qui a frappé pour vous le mystérieux rocher, la pierre immobile :* Petra erat Christus [p. 76], *d'où jaillissent ces eaux qui remontent jusqu'à la vie éternelle. C'est dans les flammes même de l'Esprit-Saint que vous avez été baptisé* [...], *c'est aujourd'hui votre Pentecôte* [...], *c'est aujourd'hui votre Pâque, et Jésus-Christ doit bientôt vous nourrir de sa chair sacrée et de son précieux sang* [...]. *Votre foi, votre attendrissement, les larmes qui tombent de vos yeux, préviennent ici toutes mes paroles. Ne craignez pas que je vienne en ce moment par de longs et insipides discours vous démontrer une vérité que vous êtes trop heureux de croire. Je ne vous dirai qu'une chose, que vous sentez comme moi, c'est que Jésus-Christ est trop notre Dieu et notre*

ami pour nourrir nos âmes d'une vaine figure et tromper notre amour par une fausse présence [...]. *La sainte et divine Eucharistie fut toujours la nourriture et la force des martyrs ..., voilà ce que l'antiquité chrétienne a cru* [...].
Mais c'est assez, je retarde trop votre bonheur. En ce moment le Ciel vous contemple avec amour, la terre vous bénit [...], *et celui même qui a paru mourir à nos yeux et dont le cœur est vivant dans la main du Seigneur* [: le Comte de la Ferronnays... p. 78] *ne vous* [a] *pas manqué. Le moment solennel est donc venu ! Abraham, Isaac, Israël, les Patriarches et les Prophètes vous encouragent du haut des cieux et Moïse vous bénit* [...]. *Enfin, c'est Marie qui vous reçoit et qui vous protège !* [...] Souvenez-vous, O très pieuse Vierge Marie, qu'on n'a jamais ouï dire qu'aucun de ceux qui ont eu recours à vous et imploré votre assistance ait été abandonné [...]. Souvenez-vous *de ce jeune homme, car il est votre enfant et la douce et glorieuse conquête de votre amour* [...]. Souvenez-vous *de ces têtes si chères pour lesquelles il vous offre en ce jour les premières prières de son cœur catholique; rendez-les lui dans le temps, rendez-les lui dans l'éternité* [...].
Et puisque je suis étranger, ou plutôt non, il n'y a point d'étrangers à Rome, tout catholique est romain [... p. 80], *souvenez-vous de la France* [...], *faites reluire sur l'Eglise de France la beauté des anciens jours* [...]. Anonyme, Un frère de plus, *17 février 1842, n° 27, p. 61-80.*

« *Veuillez dire* [à Monsieur Dupanloup] *que je n'oublierai jamais le bonheur qu'il m'a causé dans cette journée de tant de bonheur. Je n'oublierai jamais, ni la bonté qu'il a eue de vouloir m'adresser une allocution si remarquable, ni les conseils et les avertissements qu'elle renfermait.* » Alphonse à T. de Bussières, 10 mars 1842, n° 47.

« *Jusqu'ici, le discours adressé aux néophytes et aux fidèles avait toujours été prononcé en italien; mais Mgr Patrizi avait dit qu'il regardait comme une cruauté de saluer le nouveau frère à son entrée dans le sein de l'Eglise en une langue qu'il n'aurait pu entendre, il avait déclaré que ce ne serait qu'à défaut d'un prêtre français, disposé à monter en chaire, qu'il se résoudrait à prendre la parole en italien. Monsieur l'abbé Dupanloup justifia pleinement le choix qu'on avait fait de lui dans cette occasion, et répondit à tout ce qu'on était en droit d'attendre.* » T. Walsh, Le Comte de la Ferronnays, 20 mars 1842, n° 50, p. 127-128.

« *Il y a plus de 21 ans, Mgr* [Dupanloup] *parlait à Rome, à l'occasion de mon baptême et de ma première communion dans l'église du Gesù.* » Alphonse à la Baronne de Barante, mars 1863, n° 63.

Synthèse

Le Cardinal Patrizi a tenu à ce que le sermon soit prononcé en français (n° 50, p. 128) : la langue d'Alphonse. Mais, parmi les « *étrangers* » (n° 27, p. 79) de la haute société romaine qui remplissent l'enceinte, « *la glorieuse popularité de notre langue forme, comme la foi, une sorte de lieu* » : privilège qui est passé à la langue anglaise devenue langue officielle au traité de Versailles où participaient les États-Unis. L'abbé Dupanloup se trouvait heureusement à Rome, où son talent était déjà connu. Ainsi fut-il préféré à Gerbet. « *C'était la première fois qu'il prêchait à Rome* » (n° 14). Il le fit avec une « *éloquence* » et une « *chaleur* » émouvantes (n° 15). Mais ce sermon était nourri d'une juste perception du mystère du peuple élu, de références fondamentales à la Bible et d'une connaissance précise de l'itinéraire d'Alphonse. Dupanloup sut concilier avec prudence l'action de grâce, l'évocation de Marie et la réserve nécessaire pour ne pas devancer ou « *prévenir la décision régulière de l'autorité compétente* » (n° 27, p. 61) que fera le procès canonique du miracle. Le prédicateur part de la présence d'Alphonse, de la question que pose sa démarche. Il évoque la grâce reçue, et Marie qui en est la source. L'action de grâce ne lui fait pas oublier les croix qui attendent Alphonse, comme Jésus-Christ et Marie elle-même (n° 27, p. 73-74). Il se réfère aussi à Rome : lieu de l'apparition, et termine par l'évocation du *Souvenez-vous* qui fut à l'origine de la conversion.
Alphonse boit littéralement ce discours enflammé, mais éclairé et profond. Il en a

gardé un reconnaissant souvenir (n° 47; 1863, n° 63). Cette homélie émouvante provoqua beaucoup de larmes (n° 15).

21. LA MESSE COMMENCE

« *Le T.S. Sacrifice de la Messe a terminé la cérémonie. En voyant avec quelle ferveur priait le nouveau catholique, avec quel recueillement l'assemblée tout entière s'unissait à ses prières, il était impossible de ne pas se sentir tout pénétré de foi* [...]. *Au moment solennel de la sainte communion* [...], *notre cher frère Marie Ratisbonne était* [...] *anéanti par le sentiment intime de la présence divine.* » Anonyme, *Un frère de plus,* 17 février 1842, n° 27, p. 81.

« *La Messe commença, et la presque totalité des assistants l'entendit avec une pieuse ferveur. Le reste, avec le respect convenable.* » T. Walsh, *Le Comte de la Ferronnays,* 20 mars 1842, n° 50, p. 131.

« *Le T.S. Sacrifice suivit* [...] *et termina l'imposante cérémonie.* » [J. M. Aladel], *Récit de la conversion,* mars 1842, n° 52.

« *Enfin le sacrifice de la Messe a commencé ! Mes yeux n'ont jamais pu se détacher de Monsieur Ratisbonne, anéanti dans son bonheur et dans la ferveur de sa prière. Je croyais lire dans son âme l'impression toujours croissante des sanglants souvenirs du Calvaire.* » Anonyme, *Baptême de M. A. Ratisbonne,* 2 février 1842, n° 60, p. 46.

Synthèse

La messe (n° 27, 50, 52, 60) suit la prédication et termine la cérémonie (n° 52). Les yeux restent attachés sur Alphonse (n° 27, 60). « *Anéanti* » (n° 27, 60) « *par le sentiment intime de la présence divine* » (n° 27, p. 81) et par le « *bonheur* » (n° 60, p. 46). Le « recueillement » (n° 27), la ferveur, le respect (n° 50) sont grands.

22. MONSEIGNEUR SENESTRAY ASSISTE LE CARDINAL-VICAIRE

« *Mgr Senestray, Evêque de* Ratisbonne, *a rempli l'office de diacre, il y a vingt-cinq ans, à la cérémonie de mon baptême.* » Alphonse, in *Annales de Terre Sainte,* n° 44, p. 10, juin 1888, notre n° 3.

23. LA COMMUNION

« *Son parrain dut, par force, l'aider à se soulever, tant il était accablé par la présence de son Seigneur et par l'abondance des grâces célestes dont faisaient foi les larmes qui jaillissaient sans cesse de ses yeux.* » Diario di Roma, 15 février 1842, n° 24.

« *Au moment solennel de la Sainte Communion* [...], *notre cher frère Marie Ratisbonne était tellement anéanti par le sentiment intime de la présence divine qu'il a fallu le soutenir pour approcher de la Table Sainte ; et ce n'est* [p. 82] *qu'avec le secours du P. de Villefort et de son parrain qu'il a pu se relever après avoir reçu le Pain des Anges. Un torrent de larmes inondait son visage ; il succombait sous le poids de toutes les émotions et des grâces ineffables dont le Seigneur le comblait* [...]. *Un bon nombre de personnes ferventes avaient voulu donner au jeune chrétien une preuve toute particulière de charité fraternelle en s'approchant à sa suite de la Table Sainte.* » Anonyme, *Un frère de plus,* 17 février 1842, n° 27, p. 81-82.

« *Quant à la T.S. Eucharistie, j'eus un très clair sentiment (mais non une vision :* non già visione) *de la présence réelle de Jésus-Christ et, tandis que je la recevais, j'eus besoin de l'aide du bras d'autrui pour retourner de l'autel à ma place.* » Alphonse, in *Procès,* 19 février 1842, n° 30, p. 90.

« *Tous ceux qui ont assisté à la cérémonie sont restés émus par la piété, le recueillement, la sainte joie que respirait toute la personne* [d'Alphonse]. *Après la Sainte Communion, son parrain, le Baron Théodore de Bussières, fut obligé de l'aider à se relever.* « P. de Villefort, in *Procès,* 24 février 1842, n° 34, p. 101.

« *La communion fut* [...] *le point culminant* [...]. *Prêt à recevoir pour la première fois son Sauveur, dont il avait senti si vivement la présence dans le Saint-Sacrement aussitôt après sa conversion, Monsieur Ratisbonne, succombant sous cette abondance de grâces dont il était accablé et sous la puissance d'impressions trop multipliées, trop poignantes pour la faiblesse de notre nature* [...], *s'affaissa sur lui-même et se sentit défaillir. Soulevé par Monsieur de Bussières, il reprit ses sens et retrouva assez de forces pour accomplir cet acte, le plus auguste de notre religion* [... p. 132...], *se prosterna la tête dans ses deux mains et appuyé sur son siège* [p. 133] *longtemps il resta comme anéanti* [... p. 135...]. *Monsieur Ratisbonne s'était présenté à la communion accompagné de son parrain qui communiait à ses côtés et qui, là encore, se portait caution pour lui. Un grand nombre de fidèles prirent place après eux à la Table Sainte pour confirmer leur nouveau frère et rendre témoignage en rompant avec lui le pain eucharistique (Si les deux Pères Jésuites français avaient seulement songé à s'entendre avec leurs confrères anglais et irlandais, le nombre des communions eût été plus que doublé). Cette manifestation inusitée, imposante par le nombre et le profond recueillement* [...], *contribua puissamment* [...] *à la solennité* [...]. » T. Walsh, *Le Comte de la Ferronnays,* 20 mars 1842, n° 50, p. 131 à 135.

« *Notre nouveau chrétien, accablé sous le poids de tant de faveurs, eut besoin d'être soutenu pour s'approcher de la Table Sainte* [...]. *Anéanti par le sentiment de son bonheur, un torrent de larmes inondait son visage, et il fallut encore le relever pour le ramener à sa place.*
... *Une foule de pieux chrétiens voulut prendre part à ce divin banquet* [...] *avec le nouveau frère.* » [J. M. Aladel], *Récit,* mars 1842, n° 52, p. 439, qui reproduit le sermon de Dupanloup d'après le n° 27 : voir ci-dessus note 20.

« *Je ne rapporterai point les choses qui regardent mon baptême, ma confirmation et ma première communion : grâces ineffables.* » Alphonse à Desgenettes, 12 avril 1842, n° 59, p. 91-92.

« *Comment vous représenter le moment solennel où le Cardinal, d'une main tremblante d'émotion, a déposé la sainte hostie sur ses lèvres ? Cette dernière grâce a fait déborder ce vase d'élection ; lui, jusque là si calme dans sa ferveur* [...], *toujours maître de ses émotions, il n'a pu tenir au sentiment inconnu de cette félicité nouvelle, il a éclaté tout à coup en sanglots, et il a presque fallu le reporter défaillant de l'autel à sa place.* [...] *De nobles jeunes femmes, des jeunes filles, des jeunes gens, des hommes dont les noms* [...] *ont de l'éclat dans leur patrie, se sont avancés vers la table sainte à la suite du néophyte* [...]. *Le peuple lui-même, touché de ce spectacle, unisssait à ce pieux cortège de prières et de bénédictions des vœux hautement exprimés par des mots d'une douceur et d'un charme naïfs que je ne saurais faire passer de la langue italienne dans notre langue.* » *Baptême de M. A. Ratisbonne,* 2 février 1842, n° 60, p. 46-48.

« *Une femme portugaise* [...] *s'est trouvée mal au moment du baptême d'Alphonse ; cette femme, très pieuse, déclare qu'au moment où ce néophyte reçut la communion, elle a vu un ange descendre sur lui et lui poser une couronne sur la tête.* » T. Ratisbonne à Louise Weywada, 22 juin 1842, n° 93.

Synthèse

Alphonse s'approche de la table sainte, accompagné de son parrain, Théodore, qui va communier avec lui (n° 50) Il faut le soutenir, à l'approche de la table sainte, (n° 27), comme d'ailleurs au moment du baptême (n° 50, p. 126). Son parrain dut l'aider « *à se relever* » (n° 27, 34, 52 ; « *à se soulever* », dit le n° 24). « *J'eus besoin de l'aide du bras d'autrui pour retourner de l'autel à ma place* », confirme Alphonse (n° 30). « *Il s'affaissa sur lui-même et se sentit défaillir* » (n° 50 ; cf. n° 60).
Les n° 24, 27, 52, 60 mentionnent ses larmes.
De retour à sa place, Alphonse « *se prosterna, la tête dans ses deux mains et, appuyé sur son siège, longtemps il resta comme anéanti* (n° 50, p. 132-133).

Déjà, pour recevoir le baptême, « *il fût tombé, si ces Messieurs ne l'avaient soutenu* » (n° 50, p. 126).
Les n° 24, 27, 52, 60 mentionnent ses larmes. Les communiants furent exceptionnellement nombreux (n° 27, 50, 52, 60). Ce fut le « *point culminant* » de la cérémonie (n° 50, p. 131). Une portugaise qui s'était déjà trouvée mal au moment du baptême d'Alphonse [...] a vu un ange descendre sur lui et lui poser une couronne sur la tête [...] au moment où ce néophyte reçut la communion, selon Théodore Ratisbonne, 22 juin 1842, n° 93 : A-t-elle été inspirée par les anges en vol de la voûte du Gesù ?

24. SENTIMENTS D'ALPHONSE

Voir note précédente : n° 24, 27 ; 34, p. 101 ; 60, p. 46.

Synthèse

« *Il succombait sous la joie de toutes les émotions et des grâces* » (n° 27, 60). Les textes parlent abondamment d'émotion (n° 24), piété (n° 24, 34), joie (n° 34), torrents de larmes (n° 27), recueillement (n° 34), bonheur et ferveur (n° 60).

25. TE DEUM ET CLOCHES

« *Le* Te Deum *éclata à la fin.* » *Diario du Gesù,* 31 janvier 1842, n° 2044, p. 106, notre n° 14.

« *Après le* Te Deum, *le Cardinal a ramené* » Alphonse au Gesù. Anonyme, *Un frère de plus,* 17 février 1842, n° 27, p. 85.

« *Le chant du* Te Deum, *qui suivit* [...], *mêlé au son de toutes les* cloches, *ne fut pas moins admirable.* » [J. M. Aladel], *Récit de la conversion,* mars 1842, n° 52.

« *Enfin, le* Te Deum *a éclaté, car c'est le seul mot qui puisse rendre l'effet électrique de ce cantique d'actions de grâces mêlé au son de toutes les* cloches *du Gesù.* » Anonyme, *Baptême de M. A. Ratisbonne,* 2 février 1842, n° 60, p. 48.

26. RÉCEPTION

« *Après le Te Deum, le Cardinal a ramené dans la maison du Gesù le nouvel enfant de l'Eglise.* » Anonyme, *Un frère de plus,* 17 février 1842, n° 27, p. 85.

« *Une réception eut lieu après, dans la Farnese : appartement qui fait suite à la sacristie du Gesù.* » *Diario du Gesù,* 31 janvier 1842, n° 2044, notre n° 14.

27. LA TACHE DE CHOCOLAT a été constatée encore sur la robe blanche, conservée à Ein Karem, par sœur Carmelle. Sœur Brigitte-Agnès a vérifié ce constat.

28. ACTION DE GRACES D'ALPHONSE DANS SA CHAMBRE

« *Lorsqu'on le ramena dans la cellule qu'il avait occupée pendant sa retraite, son premier mouvement fut de se précipiter à genoux pour remercier le Sauveur de toutes les grâces dont il était inondé.* » Anonyme, *Un frère de plus,* 17 février 1842, n° 27, p. 85-86.

10

DERNIERS JOURS A ROME
février-7 mars 1842

1. ALPHONSE AU GESÙ APRÈS SON BAPTÊME

Voir ci-dessous, note 3, note-clé.

2. AUDIENCE DU PAPE GRÉGOIRE XVI (3 FÉVRIER 1842)

« *Le Père Général de la Société de Jésus m'a présenté hier avec Théodore de Bussières au Saint-Père. Tu ne peux pas te figurer l'accueil tendre et touchant que j'ai reçu de cet excellent et digne Pasteur des pasteurs! Il ne me semblait pas me trouver devant le premier Pontife du monde, le successeur de Saint Pierre, mais devant un père; il m'embrassait, me caressait, me prenait dans ses bras, me parlait avec une affectuosité si bienveillante! Il m'a fait cadeau d'un crucifix et d'une médaille à son effigie; il m'a promis de m'envoyer encore d'autres médailles. J'avais pris avec moi une centaine de médailles miraculeuses de l'Archiconfrérie et je les fis bénir. C'est une mitraille dont j'espère me servir utilement dans la suite. Enfin le Pape a fini en me disant :*
— Ecrivez à votre frère et dites-lui que j'ai reçu son Histoire de St Bernard *et que je l'ai lue avec un grand plaisir. Je vous recommande de bien prier la Ste Vierge pour votre famille et vos amis; je suis sûr que vous réussirez!*
Il m'a conduit ensuite dans sa chambre à coucher et m'a fait voir, au-dessus de son lit, une gravure représentant la fameuse médaille de notre céleste Vierge-Mère. Voilà le digne Vicaire de Jésus-Christ. La majesté l'entoure mais lui, il est humble, simple, doux, paternel! Que c'est édifiant! Quel exemple! » Alphonse à son frère Théodore, 4 février 1842, n° 15.

« *Je t'ai parlé de ma visite au Pape, de sa réception toute paternelle.* » Alphonse à son frère Théodore, 15 février 1842, n° 23.

« *Monsieur Ratisbonne et Monsieur le Baron Théodore de Bussières furent conduits aux pieds de Sa Sainteté par le R.P. Général de la Compagnie de Jésus. Après avoir fléchi trois fois le genou devant le Vicaire de Jésus-Christ, pour satisfaire à leur profonde vénération encore plus qu'à l'usage, ils ont reçu cette sainte bénédiction que tant de chrétiens fervents viennent solliciter de si loin. Le T.S. Père s'est entretenu avec eux; il les a comblés des témoignages précieux de sa prédilection avec tout l'abandon, toute la tendresse d'un père qui caresse des fils bien-aimés. Il a ordonné qu'on leur fît voir l'intérieur de ses appartements. Que dis-je! Il a fait plus encore : les poussant devant lui avec une douce familiarité, il les a introduits dans sa chambre à coucher. Alors* [...] *il a daigné leur montrer lui-même une image de la Vierge Miraculeuse* [...], *placée auprès de son lit* [...]. *Avant de les congédier* [...], *Sa Sainteté a remis* [*...à Alphonse-Marie*] *un crucifix auquel étaient attachées des indulgences spéciales.* » Anonyme, *Un frère de plus,* 17 février 1842, n° 27.

« *Les deux amis, Monsieur Ratisbonne et Monsieur le Baron de Bussières, furent conduits auprès de Sa Sainteté par le R.P. Général de la Compagnie de Jésus* [ce début et la suite semblent un écho du texte précédent].
Monsieur Ratisbonne ne sait comment exprimer tout ce qu'il éprouva de bonheur et d'admiration à la vue de tant de simplicité, d'humilité et de bonté, dans le digne successeur du Prince des Apôtres.
— Il eut l'excessive bonté, m'a-t-il répété plusieur fois, de nous introduire lui-même dans sa chambre à coucher, et là, près de son lit, il me fit voir un magnifique tableau de ma chère médaille, qu'il révère avec une tendre dévotion. Je m'étais procuré un bon nombre de Médailles Miraculeuses. Sa Sainteté voulut bien me les bénir; c'est la mitraille dont je vais me servir pour conquérir des âmes à Jésus-Christ et à Marie. »
[J. M. Aladel], *Récit de la conversion,* mars 1842, n° 52, p. 440-441 : la suite où l'auteur dit rapporter les propos d'Alphonse, répète littéralement le texte précédent : n° 27.

« *Vous vous rappelez quel était mon désir de voir le Saint-Père : désir ou plutôt curiosité qui m'avait retenu à Rome. Mais j'étais loin de me douter dans quelles circonstances ce désir se réaliserait. C'est en qualité d'enfant nouveau-né de l'Eglise que je fus présenté au Père de tous les fidèles. Il me semble que, dès mon baptême, j'éprouvai pour* [p. 93] *le Souverain Pontife les sentiments de respect et d'amour d'un fils. J'étais donc bien heureux quand on annonça que je serais conduit à cette audience sous les ailes du R.P. Général des Jésuites; mais pourtant je tremblais car je n'avais jamais paru devant les grands du monde et ces grands me paraissaient alors bien petits en comparaison de cette vraie Grandeur. J'avoue que toutes les majestés du monde me paraissaient concentrées sur celui qui possède ici-bas la puissance de Dieu, sur le Pontife qui, par une succession non interrompue, remonte à St Pierre et au Grand-Prêtre Aaron : le successeur de Jésus-Christ lui-même, dont il occupe la chaire inébranlable!*
Je n'oublierai jamais la crainte et les battements de cœur qui m'oppressaient en traversant tant de vastes cours, tant de salles imposantes qui conduisent au sanctuaire du Pontife, mais toutes ces anxiétés tombèrent et firent place à la surprise et à l'étonnement quand je le vis lui-même, si simple, si humble et si paternel! Ce n'était point un monarque mais un père, dont la bonté extrême me traitait comme un enfant bien-aimé. Mon Dieu! en sera-t-il ainsi au dernier jour, quand il faudra paraître devant vous pour rendre compte des grâces reçues? On tremble à la pensée des grandeurs de Dieu et l'on redoute sa justice : mais à la vue de sa miséricorde la confiance renaîtra sans doute et, avec la confiance, un amour et une reconnaissance sans bornes. » Alphonse à Desgenettes, 12 avril 1842, n° 59, p. 92-93.

Synthèse

Alphonse est conduit, du Gesù où il se trouve (note suivante, n° 15), « *auprès de Sa Sainteté* » Grégoire XVI, par le R.P. Roothaan, Général de la Compagnie de Jésus (n° 27,52),avec son parrain Théodore de Bussières (n° 15, 27, 52).
Alphonse est heureux de cette rencontre, mais il « *tremble* » en traversant [...] les vastes cours et [...] salles imposantes : la crainte et les battements de cœur « *m'oppressaient* » (n° 59). Cela continue quand il approche du Pontife en faisant les 3 génuflexions alors en usage (n° 27).La rencontre le comble et le rassure. Cette « *Grandeur* » qui l'impressionnait (n° 59) n'est que tendresse (n° 15, 27, 52) paternelle (n° 59), affection (« *affectuosité* », dit-il au n° 15), simplicité (n° 59), bienveillance (n° 15) touchante (n° 15), familiarité (n° 27,59). Le successeur de St Pierre « *m'embrassait, me caressait, me prenait dans ses bras* » (n° 15; cf.27). Alphonse ne voit plus qu'un « *père* » (n° 15, 23, 27, 59). Il ne tarit pas sur « *l'humilité, la bonté* » (n° 52 et 59) « *du Pontife* » (n° 15, 59). Il a pris avec lui « *une centaine de Médailles Miraculeuses de l'Archiconfrérie* ». Le Pape les bénit (n° 15, 52). Le Pape lui fait cadeau d'un crucifix (n° 15, 27) et d'une médaille à son effigie (n° 15). Il a promis d'en envoyer d'autres (n° 15). — « *Ecrivez à votre frère, lui dit Grégoire XVI, et dites-lui que j'ai reçu son* Histoire de St Bernard *et que je l'ai lue avec grand plaisir. Je vous recommande de bien prier la Ste Vierge...* » (n° 15). Il encourage la confiance

en l'avenir : — Je suis sûr que vous réussirez (n° 15). « *Il m'a conduit ensuite, dans sa chambre à coucher, et m'a fait voir, au-dessus de son lit, une gravure représentant la fameuse médaille* » (n° 15, 27, 52).

3. ALPHONSE APRÈS SON BAPTÊME : SA RETRAITE AU GESÙ DU 4 AU 15 FEVRIER

« *Depuis mon baptême, je reste au couvent* [du Gesù] *pour ne pas trop ternir la blancheur de ma robe dans les boues du Carnaval. Ce soir, je commence une retraite absolue qui durera huit jours.* » Alphonse à Théodore Ratisbonne, 4 février 1842, n° 15.

« *Ce cher néophyte qui s'était préparé à son baptême par un triduum dans notre maison du Gesù a désiré y rester encore quelques jours en retraite.* » J.Roothaan à X.de Ravignan, 7 février 1842, n° 16.

« *Je suis sorti de ma retraite, dans laquelle, pendant huit jours, j'ai employé les journées et les nuits aux plus sérieuses méditations en présence du Dieu Vivant* [...]. *Semaine de divine nourriture* [...]. *Onze jours après ma conversion, j'ai fait une retraite avant et après le baptême.* » Alphonse à son oncle Louis Ratisbonne, 15 février 1842, n° 22.

« *Aujourd'hui* [15 février], *je suis sorti du Couvent du Gesù, où j'étais resté huit jours avec notre très cher ami Théodore de B*[ussières], *nous avons été enchantés de recevoir précisément tes chères lettres pour le jour de notre sortie. Pendant cette retraite, je me suis entièrement livré aux méditations et aux lectures les plus sublimes : les Evangiles, les Actes des Apôtres, l'Imitation, les Psaumes de David, etc. etc. Enfin, on m'a donné le* Discours sur l'Histoire Universelle de Bossuet, *que tu me recommandes. Quoique hors du couvent* [depuis ce jour-même, sans doute pour loger chez Bussières], *je mène une vie retirée. J'y suis bien décidé car, malgré de nombreuses invitations chez les plus grands personnages, je n'irai que chez très peu de monde, surtout chez les La Ferronnays* [...]. *Il serait inconvenant sous tous rapports de me donner maintenant en spectacle* ». Alphonse à son frère Théodore, 15 février 1842, n° 23.

« *Il témoigna le désir de passer dans la retraite les jours de dissipation et de bruit qui approchaient. De quel œil eût-il pu voir les folles joies et les vains plaisirs de la terre ?* » Un frère de plus, 17 février 1842, n° 27, p. 89.

« *Il voulut rester dans cette maison* [du Gesù] *durant quelques jours pour conserver les fruits des sacrements qu'il avait reçus, principalement pour être loin des divertissements carnavalesques. Il sortait souvent avec son parrain* [...] *pour visiter les églises ou quelque personnage auquel il devait cet acte de révérence. Tout le reste du temps, il l'employait en exercices de piété et de sainte lecture. Les visites des personnages considérables qu'il recevait lui pesaient plus qu'elles ne le consolaient. Il commença ensuite, le 5 février courant* (corrente), *avec grande joie, les Exercices Spirituels de St Ignace, qu'il poursuivit pendant huit jours avec mon aide* (sotto la mia assistenza). *C'était chose merveilleuse de voir avec quelle facilité et quelle joie* (contento) *il faisait les méditations et autres actes de piété selon l'horaire qu'on lui présentait. Il fut singulièrement ému par les méditations des fins dernières, des péchés, de la mort, mais principalement de la Passion de N.S. Jésus-Christ, à tel point qu'à la fin du jour où il médita ces mystères douloureux et consolants, il ressentit quelque mouvement de fièvre, fruit de l'état violent dans lequel l'avait ému la considération de ce que sa nation avait fait souffrir à son Sauveur. Le dernier jour de ces Exercices, consacré aux mystères glorieux de Jésus-Christ, je lui donnai à lire, pour l'aider, le fruit de la troisième méditation sur l'Ascension du Seigneur, quelques psaumes qui principalement se réfèrent à ce mystère, entre autres le Psaume 109, qui dit :* Dixit Dominus Domino meo. *Il en resta presque hors de lui et le relut trois ou quatre* [p. 102] *fois* ». P. de Villefort, in *Procès,* 24 février 1842, n° 34, p. 101-102.

« *Le jeune néophyte est entré au Couvent des Jésuites de Rome pour y faire une retraite longue et complète.* » T. de Bussières à Mgr. Raess, 5 mars 1842, n° 43.

« *Plusieurs fois, tant avant qu'après le baptême, j'ai revu Monsieur Ratisbonne et j'ai observé en lui des sentiments vraiment et constamment chrétiens, c'est-à-dire un vrai mépris des choses du monde, richesses et honneurs, ainsi qu'un grand désir de souffrir pour la foi* [...]. *J'observai encore* [p. 133] *en lui un grand goût* (gran gusto) *d'entendre parler des choses de la foi et de la piété chrétienne, comme un désir très ardent de voir se convertir les siens, tant parents que ceux de sa nation juive. Il demanda de demeurer ici à notre maison durant trois jours avant de recevoir le saint baptême, et ensuite il demanda d'y rester et de faire les saints Exercices durant huit jours et il fut satisfait pour l'une et l'autre demandes, n'ayant cure des joies du Carnaval qui revenait alors ; et ce fut un des motifs de sa retraite : le désir de se soustraire à trop d'invitations qui lui étaient offertes par des familles distinguées et pieuses. J'ai noté en Ratisbonne, au cours de ces diverses et nombreuses rencontres, qu'il apprenait tout le catholicisme avec les pratiques annexes de piété et qu'il en manifestait le goût, et en avait une prompte intelligence. Je perçus aussi chez lui un grand désir de s'approcher de la communion.* » J.Roothaan, in *Procès,* 9 mars 1842, n° 46, p. 132-133.

« *Ce qui m'a le plus frappé, dans mes conversations avec Monsieur Ratisbonne* [...], *c'est* [...] *sa détermination résolue* [...], *mais* [...] *froide et calme* [...]. *Son but unique désormais, celui qui exerce sur lui une* [p. 90] *irrésistible attraction, c'est la Croix à laquelle il est venu de si loin, après avoir erré longtemps. Il y va droit* [...], *il sent qu'il a reçu d'en-haut une force qui l'aidera* [...], *dût son cœur saigner de tant de chocs violents et de déchirements douloureux. Il ne redoute pas ces combats ; il les désire au contraire pour corroborer et mettre à l'épreuve sa foi nouvelle, foi jeune et toute pleine d'élan* [...]. *Marie Ratisbonne nous reproduit l'exemple de ce dévouement héroïque des pre* [p. 91] *miers chrétiens courant au-devant des bourreaux* [...]. *Au XIXe siècle, ce ne sont plus les chevalets et les tenailles brûlantes qui l'attendent; mais l'âme a aussi ses tortures, et celles-là il les appelle.* » T. Walsh, *Le Comte de la Ferronnays,* p. 89-90, 20 mars 1842, n° 50, p. 89-91.

[J. M. Aladel], *Récit de la conversion,* mars 1842, n° 52, p. 440, mentionne, sans préciser, cette « *seconde retraite* » de février.

« *Pendant une quinzaine de jours, il* [Alphonse] *fut mon voisin au Gesù, et avant 5 heures du matin,je l'ai rencontré, venant de la tribune de l'église où il avait dû rester je ne sais combien de temps. Il avait un sens absolument extraordinaire de la Présence réelle de Jésus sur l'autel. Dès le premier instant, non seulement il le savait, mais encore il le sentait.* » Father Thomas Glover à Miss Edmondstone, 11 avril 1842, n° 58.

Synthèse

Après le triduum de préparation (n° 16) et le baptême (31 janvier 1842), Alphonse reste au Gesù (n° 15, 16), pour en recueillir les fruits (n° 34), et se préserver des « *dissipations, bruits* » (n° 27) et « *boues du Carnaval* » (n° 15, 27, 34), ainsi que des invitations (n° 23, 46) ; car il jugerait « *inconvenant* » de se donner en « *spectacle* » (n° 28).
La retraite (n° 15, 16, 23, 27) absolue (n° 15) dura 8 jours (n° 15, 22, 23, 34, 46, 52 ; cf. n° 16 : « *quelques jours* »). Arrivé le 4 au soir (n° 15), il commença les *exercices spirituels* le 5 au matin (n° 34) et ne partit que le 15 février (n° 23) : donc après 10 jours pleins. Il faut donc comprendre ces « *8 jours* » au sens large.
Il se levait avant 5 heures du matin, pour prier à la tribune, avec un sens extraordinaire de la présence réelle (n° 58). Dans la journée (du moins dans les derniers jours après la stricte retraite), « *il sortait souvent avec son parrain pour visiter les églises ou quelque personnage auquel il devait cet acte de révérence* ». Il recevait aussi « *les visites de personnages considérables* » qui « *lui pesaient plus qu'elles ne le consolaient* » (n° 34).
« *Il emploie les journées et les nuits aux plus sérieuses méditations et aux lectures : Evangiles, Actes des Apôtres, Imitation, Psaumes de David* » et *Discours sur l'Histoire Universelle,* de Bossuet (n° 23 ; cf. 34). Cette retraite était motivée par « *le désir de se soustraire à trop d'invitations* » (n° 46), de « *conserver le fruit des sacrements reçus* » (n° 15, 34) et de « *s'instruire* » (n° 50). « *Il fut singulièrement ému par la méditation des*

fins dernières, du péché, de la mort, mais principalement de la Passion » (n° 34), au point d'en « *ressentir quelques mouvements de fièvre* » (n° 34).Il éprouve « *une irrésistible attraction* » pour la « *Croix* » (n° 50). Le dernier jour, il termine par les Mystères Glorieux. Il s'extasie alors du Psaume 1O9 (hébreu : 110, verset 1) : *Le Seigneur a dit à mon Seigneur : Assieds-toi à ma droite* (n° 34).
Au terme de la retraite (15 février), il quitte le Gesù (n° 23), sans doute pour retourner chez Bussières, où il avait logé du 22 au 27 janvier (n° 5 et ci-dessus ch. 8, note 7).

4. La nouvelle à Strasbourg

Voir chapitre 8, note 12, note-clé.

5. Relation d'Alphonse à sa famille

Voir note précédente.

6. Théodore reçoit la nouvelle : 6 février 1842

T. Ratisbonne, *Souvenirs* dictés à Mère Bénédicta, *Vie* 1903, p. 230, reproduit in *Mes souvenirs,* 1960, p. 180.

7. La nouvelle et les journaux

« *Cependant la nouvelle de Rome ne tarda pas à s'ébruiter, et déjà les journaux en publiaient les échos. Je devais prêcher le dimanche suivant* [6 février] *à N. D. des Victoires.* »
Ce texte semble dire que les journaux auraient parlé de l'apparition avant le 6 février, mais cela tient à une confusion ou maladresse de rédaction, car il n'y a pas d'article avant le 12 février, ni en France ni à Rome. La prédication émue de Théodore à *Notre Dame des Victoires*, et les échos qui en résultèrent n'ont pas eu d'échos avant cette date.

Les journaux

Nous avions pensé trouver de larges échos dans la presse française. L'enquête considérable n'a donné que des résultats insignifiants. Voici la liste : le premier article de presse, que nous avons utilisé dans les notes, c'est :
• Conversion de M. Alphonse Ratisbonne, in l'*Ami de la religion* (Strasbourg, 12 février 1842, n° 20). C'est une relation assez précise.
• L'*Univers,* 13 février 1842, p. 3, col. 2-3 : *Une conversion* n'est qu'un écho littéral du précédent.
Les articles suivants font écho au baptême : très brièvement.
• *La Presse*, 19 février 1842, p. 2, col.3 : « Un riche commerçant de Strasbourg, Monsieur Alphonse Ratisbonne, a été solennellement baptisé dans l'église de Jésus par le Cardinal Patrici. Le frère du nouveau converti a été baptisé il y a 12 ans » (de Rome, 1er février).
• *La Patrie,* 21 février 1842, p. 3, col. 3 : « Le 31 janvier, dit *la Gazette d'Augsbourg,* un des plus riches négociants israélites de Strasbourg, Monsieur Alphonse Ratisbonne, a été baptisé à Rome dans l'église de Jésus. » La suite est identique à la coupure précédente qui devait être aussi un écho de *la Gazette d'Augsbourg.*
Pour mémoire : A Rome, le *Diario di Roma,* 15 février 1842, n° 13, a publié une relation que nous avons utilisée au long du récit, et qui va inspirer l'article suivant. L'*Univers,* 25 février 1842, p. 2, col. 3, commence en effet (sans titre) : « On lit dans le *Diario* du 15 février : « Dans cette métropole du christianisme », etc...
Ce relevé se passe de synthèse. Ce ne sont que des reprises laconiques. L'apparition de *Sant'Andrea delle Fratte* n'a pas été un succès de presse. Le fait n'a pas été exploité

dans un sens antisémite, ni même triomphaliste : la nouvelle fut donnée brièvement et sans commentaires : cette discrétion semble avoir été cultivée par les deux frères qui cherchaient la réconciliation et non la provocation.

8. Rumeurs dans l'opinion

Voir chapitre 11, note 13 : note clé.

11

PROCÈS A ROME
11 février-1er avril 1842

1. La décision du procès

Pour le moment nous n'avons que le court alinéa qui introduit la première déposition (car les pièces préliminaires n'ont pas été conservées au vicariat de Rome) :
« *A peine divulguée la renommée* (fama) *de la miraculeuse apparition de la T. S. Marie Immaculée et de l'instantanée conversion de l'Hébreu Ratisbonne, l'Eminentissime Seigneur Cardinal Costantino Patrizi, Vicaire-Général du Saint Père Grégoire XVI, pour se rendre compte de la vérité du fait, institua une commission, sous la direction de l'Illustrissime et Révérendissime Seigneur D. Francesco Anivitti, Promoteur Fiscal du Tribunal du Vicariat.* » T. de Bussières, in *Procès*, p. 69.

« *Le Saint-Père avait ordonné à S. E. le Cardinal-vicaire d'instruire le procès de la conversion d'Alphonse-Marie Ratisbonne, afin de pouvoir juger si cette admirable conversion était réellement un miracle.* » Annales de l'Archiconfrérie du Très saint et immaculé cœur de Marie, novembre 1842, n° 3, p. 91, notre n° 118.

Synthèse

Si le procès fut réalisé par le Cardinal Vicaire, l'abbé Dufriche-Desgenettes semble fondé à penser que le Pape le lui demanda (n° 118), mais sans s'engager lui-même, selon l'usage : ne pas découvrir les couronnes en ces matières non dogmatiques, dont le discernement reste conjectural.

2. Dates du procès

« *Demain* [16 février], *par ordre du Saint Père, on commencera une enquête pour constater le miracle. Le Cardinal-Vicaire en est chargé. Elle se fera dans la chapelle de St Ignace, au Couvent du Gesù.* » Alphonse à son frère Théodore Ratisbonne, 15 février 1842, n° 23.
Le procès commença, selon l'usage, par une séance d'ouverture, de pure forme, où furent enregistrés les actes préliminaires (11-15 février). Les dépositions commencèrent le lendemain 17 février et s'achevèrent le 18 mars par la deuxième et dernière déposition de J. Roothaan, n° 49, in *Procès,* p. 134.

Alphonse et Théodore de Bussières furent convoqués une dernière fois pour déposer et certifier des documents écrits (une relation et trois lettres) le 1er avril 1842, in *Procès,* p. 137.

Le décret du cardinal-vicaire, Costantino Patrizi, reconnaissant la validité du procès et du miracle, est daté du 12 juin 1842, in *Procès,* p. 7.

3. Témoins

Les dépositions des neuf témoins sont reproduites dans l'édition italienne du *Procès,* p. 69-138. Dans notre dossier, n° 25-49.

4. Déroulement des séances : lieu, procédure

Comme Alphonse nous l'a appris ci-dessus (note 2), les séances se déroulèrent à la chapelle St Ignace du Gesù.
Les questions allaient généralement des faits aux vérifications, selon les divers aspects signalés dans le texte.

5. Relations des témoins avec Alphonse

En bref :
— Seul Gustave de Bussières connaissait Alphonse « *depuis douze à quinze ans environ... au Collège de Strasbourg* ». Déposition du 22 février 1842, n° 33, p. 93.
— Les pères Jésuites : de Villefort et Rozaven avaient rencontré Alphonse au Gesù à partir du 16 janvier (Villefort plusieurs fois). Le P. J. Roothaan, Général de la Compagnie, ne le rencontra qu'après, mais il était au courant des premières conversations d'Alphonse avec les deux Pères, et c'est lui qui avait conseillé de l'adresser au P. Rozaven.
— Le Baron Edouard de Bock avait participé activement aux prières pour Alphonse demandées par Théodore de Bussières. Il l'entrevit au Gesù quelques minutes après l'apparition, puis le soir à Sant'Andrea.
— Quant au P. Joseph Mantineo, Sacriste, c'est-à-dire responsable de l'église Sant'Andrea delle Fratte, et à Paul Bertucci, le sacristain, ils l'ont simplement entrevu le 20 janvier : Bertucci le vit avant et après : n° 37 ; le père Mantineo, après seulement : n° 39.

6. Le caractère inexplicable (miraculeux) de la conversion

Voir ci-dessous,note 14.

7. Le passé d'Alphonse

est évoqué seulement par les 2 premières dépositions d'Alphonse lui-même, in *Procès,* p. 79 et 84, n° 28 et 29. Le contenu a été évoqué dans notre tome 1.
Au Procès (n° 33), Gustave qui le connaît depuis 12 ou 15 ans au collège, soit un peu avant 1830, témoigne de ses racines juives et de ses « *sentiments déistes* ». Il relève son « *caractère humoristique* » et spirituel. Durant leurs contacts « *3 ou 4 ans* » avant l'apparition (donc 1838-1839), Alphonse gardait ses « *sentiments déistes* », mais quoique toujours enjoué *(gioviale)*, beaucoup plus détaché des légèretés du monde, aimant plutôt les occupations sérieuses *(serie)* : l'adjectif est répété une seconde fois ; « *quant à l'imagination je n'ai trouvé en lui rien d'extraordinaire* ».

8. Santé mentale d'Alphonse : était-il déséquilibré, fanatique ou visionnaire ?

« *Je me suis toujours moqué de toutes les apparitions, refusant même de croire aux miracles de l'Ancien Testament, que je cherchais à expliquer par des causes naturelles.* [...] *Durant mon séjour à Rome, je tournais en dérision les miracles dont mon cicerone me rappelait le souvenir en visitant les différents monuments.* » Alphonse, in *Procès,* 18 février 1842, n° 29, p. 85.

« *Je ne suis point un homme d'imagination, je suis d'un caractère qui tend au positif et à la réalité, et nullement au romantisme.* » Alphonse, in *Procès,* 19 février 1842, n° 30, p. 91.

« *A-t-il été visionnaire ou fou ?*
Je ne l'ai jamais entendu dire et, si cela eût été, mon frère le protestant [Gustave de Bussières], *qui le connaît depuis sa plus tendre jeunesse, n'aurait point été ainsi prévenu en faveur de la religion catholique en présence de son changement, mais il aurait attribué le fait à un effet de l'imagination.* » T. de Bussières, in *Procès*, 21 février 1842, n° 31, p. 76.

« *Je n'ai rien entendu dire de semblable et mes rapports avec lui m'ont persuadé que son jugement est sain et mûr, au-delà de ce que comporte son âge; cette opinion est conforme à celle des personnes qui l'ont fréquenté. S'il eût passé pour visionnaire ou fou, comment son oncle* [...] *l'aurait-il associé à ses opérations financières ?* » P. de Villefort, in *Procès,* 25 février 1842, n° 35, p. 107.

« *Rien de tout cela, et rien absolument qui puisse donner le moindre sujet à soupçonner qu'il y avait en lui illusion ou disposition à aucune supercherie.* »
Après l'apparition, il disait : « *Les miens penseront que je suis devenu fou* », *etc.* J. Roothaan, in *Procès*, 18 mars 1842, n° 49, p. 135.

Synthèse

« *Alphonse n'est pas homme d'imagination* » (n° 30, 31). Il est réaliste et non romantique (n° 30). Il s'est toujours moqué des apparitions et ne croyait pas aux miracles (n° 29). Son jugement est « sain et mûr » (P. de Villefort n° 39). Rien ne permet de soupçonner qu'il y ait eu en lui illusion ou supercherie (n° 49).

9. Motifs humains pour et contre la conversion

« *Loin d'avoir été porté à me convertir par des raisons humaines, toutes s'y opposaient au contraire.* [...] *Quant aux moyens humains, vu la disposition où je me trouvais, ils eussent été absolument impuissants à transformer mon esprit et mon cœur dans l'espace de 3 minutes environ.* » Alphonse, in *Procès,* 19 février 1842, n° 30, p. 91.

« *Le contraire me paraît évident, car je me suis entretenu avec lui peu d'instants avant et après sa conversion.* » T. de Bussières, in *Procès,* 21 février 1842, n° 31, p. 76.

« *Loin de savoir qu'aucune promesse ait été faite à Monsieur Ratisbonne, je sais que tous ses intérêts humains et de puissants motifs l'engageaient à demeurer juif, parmi lesquels le danger de perdre l'héritage colossal de son oncle et l'association à sa banque. Son attachement à sa fiancée juive, qu'il s'exposait à perdre, s'y opposait également.* » T. de Bussières, in *Procès,* 21 février 1842, n° 31, p. 77.

« *Je suis certain que ses intérêts, son affection pour sa fiancée et la question du point d'honneur, étaient extrêmement opposés à sa conversion.* » G. de Bussières, in *Procès,* 22 février 1842, n° 33, p. 95-96.

« *Loin de contribuer à sa conversion, les motifs humains devaient s'y opposer. Par là il renonçait, du moins probablement, à l'héritage de son oncle.* [...] *De plus il s'exposait à ne pouvoir conclure le mariage si désiré avec une de ses nièces.* » P. de Villefort, in *Procès,* 25 février 1842, n° 35, p. 106.

« *Tous les motifs humains* [...] *y étaient entièrement opposés, car par cet acte, il s'exposait à perdre sa fiancée, le riche héritage de son oncle, la participation à sa banque, et à encourir la haine et l'indignation de sa famille et de ses compatriotes.* » J. Rozaven, in *Procès,* 2 mars 1842, n° 38, p. 115.

« *J'ai toujours entendu dire par Monsieur Ratisbonne lui-même que tout motif humain était absolument étranger à son changement de religion.* » J. Roothaan, in *Procès,* 18 mars 1842, n° 49, p. 135.
Dans ses lettres, Alphonse détaille plus précisément combien ses intérêts et ses motivations allaient en sens contraire d'une conversion : lettres à son frère Théodore, 22 janvier 1842, n° 6 (citée ci-dessus, chapitre 7, note 18; cf. ch. 8, note 15) ; à son oncle Louis, 22 janvier, n° 7 et 15 février, n° 22 ; cf. P. de Villefort, 24 février 1842,

n° 34, p. 96 : sur les propos d'Alphonse, à 11 heures le 20 janvier, ci-dessus chapitre 6, note 6.

Synthèse

Toutes les raisons humaines s'opposaient à sa conversion (n° 30, 31, 35, 38, 49) : ses intérêts (n° 31, 33), le risque de perdre sa position d'associé à la banque (n° 31, 38) ainsi que son héritage (n° 31, 35, 38) ; son attachement (à sa fiancée (n° 31, 33, 35, 38) ; le point d'honneur (n° 33) ; « *la haine et l'indignation de sa famille et de ses compatriotes* » (n° 38). Les moyens humains auraient été impuissants à transformer son esprit et son cœur en 3 minutes (n° 30). Tout motif humain est étranger à ce changement (n° 49).

10. INFLUENCES HUMAINES FAVORABLES A LA CONVERSION

« *Mon frère, prêtre catholique, a cherché à me convertir, mais voyant que depuis 10 ans il n'obtenait rien, il cessa de m'en parler.* [...] *Durant mon séjour à Rome, le seul homme qui m'entretint de conversion au catholicisme fut le Baron Théodore de Bussières. Quant à* [...] *Gustave de Bussières, il fit* [...] *de nombreux efforts pour me porter au Protestantisme.* [...] *Cependant je ne reçus aucune instruction proprement dite, et je finis par lui dire que si jamais je changeais de religion, ce serait pour devenir protestant, tout en demeurant fort éloigné de toute idée de conversion, et surtout à la religion catholique.* » Alphonse, in *Procès,* 18 février 1842, n° 29, p. 84.

« *Peut-être son frère, prêtre catholique, qui l'a essayé pendant bien des années, mais sans aucun succès car, dans toute sa famille, Alphonse s'est toujours montré le plus hostile envers ce même frère, précisément à cause de sa conversion au catholicisme*
Le P. de Villefort et le P. Rozaven [...] *ont parlé quelquefois avec Monsieur Ratisbonne, le premier en ma présence, l'autre sans moi* [...], *mais selon son habitude, il répondait :*
— *Je m'en occuperai lorsque je serai à Malte.* » T. de Bussières, in *Procès,* 21 février 1842, n° 31, p. 75.

« *Je sais qu'il a un frère prêtre catholique, mais j'ignore s'il a contribué à sa conversion. Je sais aussi que pendant les 8 jours qui ont précédé sa conversion, mon frère Théodore a essayé de le porter vers le catholicisme.* » G. de Bussières, in *Procès,* 22 février 1842, n° 33, p. 95.

« *J'ai entendu rapporter plusieurs fois par Monsieur Ratisbonne et par le Baron de Bussières que Monsieur Gustave de Bussières, Piétiste, avait cherché à faire embrasser cette secte à Monsieur Ratisbonne et encore le matin même du 20 janvier; à quoi Monsieur Ratisbonne avait répondu qu'il ne changerait jamais de religion, mais que, s'il devait en changer, ce serait pour se faire protestant et non catholique.* » P. de Villefort, in *Procès,* 25 février 1842, n° 35, p. 104.

« *Je tiens de Monsieur Ratisbonne que son frère Théodore Ratisbonne, prêtre catholique, jadis israélite, y avait activement travaillé, d'où il était résulté une division entre eux.* » ib. p. 105.

« *Il est possible que ses relations avec Monsieur Théodore de Bussières, avec le P. Rozaven et avec moi, aient contribué à provoquer en lui quelques luttes intérieures.* » ib. p. 106.

« *Je sais par Monsieur de Bussières et par Ratisbonne lui-même que l'un de ses frères, prêtre converti du Judaïsme depuis quelques années, a cherché plusieurs fois à le convertir tant par ses paroles que par ses lettres, mais que ces tentatives sont demeurées sans effet; que Monsieur de Bussières a travaillé activement dans ce même but durant le court séjour de Monsieur Ratisbonne à Rome et que ses efforts avaient réussi à lui faire porter la médaille miraculeuse française.* » J. Rozaven, in *Procès,* 2 mars 1842, n° 38, p. 114-115.

« *Les moyens employés par Monsieur de Bussières étaient déclarés indiscrets par Ratisbonne lui-même; en conséquence j'exclus de ce fait tout motif ou influence humaine.* » E. de Bock, in *Procès,* 5 mars 1842, n° 41, p. 128.

« *Je crois tenir de Monsieur Ratisbonne lui-même qu'il a un frère lequel, depuis bien des années, est passé du Judaïsme à la religion catholique et est devenu prêtre.* » J. Roothaan, in *Procès,* 9 mars 1842, n° 46, p. 133.

« *Depuis la visite que Monsieur Ratisbonne lui fit chez lui, le Baron Théodore de Bussières s'employa avec la plus constante énergie à obtenir sa conversion.* [...] *Le P. Rozaven fit également quelques tentatives dans ce but dans 1 ou 2 entretiens.* [...]. *J'ai entendu dire par je ne sais qui, mais je crois que c'est par le Baron Théodore de Bussières, que le frère de celui-ci, nommé Gustave, protestant, eut une longue conférence avec Monsieur Ratisbonne,* [...] *dans le but de l'attirer au protestantisme, mais je sais encore qu'il n'en obtint rien sinon une vague promesse que, si jamais il devait se décider à se faire chrétien, ce serait pour embrasser le protestantisme.* » J. Roothaan, in *Procès,* 18 mars 1842, n° 49, p. 134.

Synthèse

Le procès n'a pas oublié de noter les facteurs humains qui pouvaient être favorables à cette conversion : l'influence de son frère, prêtre catholique (n° 29, 31, 33, 35, 38, 46), mais il lui était violemment opposé; les entreprises de Théodore de Bussières (n° 29, 33, 35, 38, 41, 49), mais elles ne l'avaient nullement entamé ; le prosélytisme de Gustave de Bussières (n° 29, 35, 49), mais il ne l'avait pas pris au sérieux; les conversations avec les pères de Villefort (n° 31, 35) et Rozaven (n° 31, 35, 49). Mais tout cela n'avait rencontré qu'indifférence et opposition (n° 31, 35), même là où la politesse d'Alphonse lui inspirait des formules évasives et aimables :
— Je m'en occuperai lorsque je serai à Malte : à Villefort, n° 31.
— Je ne changerai jamais de religion, mais si je devais en changer, ce serait pour me faire protestant et non catholique : à Gustave, n° 35.

11. Y AVAIT-IL DES TRUQUAGES DANS LA CHAPELLE SAINT MICHEL ?

« *La chapelle de saint Michel se trouvait ce jour-là disposée comme de coutume; il n'y avait pas même de cierges sur les chandeliers, et je puis attester avec certitude qu'on n'y a fait usage d'aucun artifice.* » Paul Bertucci, in *Procès,* 1er mars 1842, n° 37, p. 111.

« *Il est certain qu'on n'a usé d'aucun artifice ni système pour une illumination, la dite chapelle était ce jour-là disposée comme de coutume et il eût été difficile à n'importe qui d'y préparer quelque moyen artificiel sans que je m'en fusse aperçu, car je me trouvais alors, plus que jamais, occupé dans l'église à cause des préparatifs de l'enterrement.* » J. Mantineo, in *Procès,* 3 mars 1842, n° 39, p. 118.

« *Rien absolument qui puisse donner le moindre sujet de soupçonner qu'il y ait en lui illusion ou disposition à aucune supercherie.* » J. Roothaan, in *Procès,* 18 mars 1842, n° 49, p. 135.

Synthèse

Les responsables de l'église Sant'Andrea sont catégoriques : la chapelle était disposée comme de coutume (n° 37), il n'y avait pas même de cierges sur les chandeliers (n° 37) : aucun artifice (n° 37, 39) ni supercherie (n° 49), ni système d'illumination (n° 39) ; rien ne permet de soupçonner l'illusion (n° 49).

12. ALPHONSE EST-IL SINCÈRE ?

« *Je crois la conversion pleinement sincère; la vision étant uniquement fondée sur ses paroles, je n'ai nul motif de douter de sa sincérité et de son caractère miraculeux.* » J. Rozaven, in *Procès,* 2 mars 1842, n° 38, p. 116.

13. État de l'opinion

« *Divers ont été les jugements des catholiques et des protestants. Plusieurs protestants ont cru à la réalité de l'apparition ; d'autres, catholiques et protestants, y ont vu un effet de l'imagination, d'autres un artifice créé pour l'illusionner; mais cela s'est dit seulement par lettres de la part de* [gens absents de l'événement] *; quelqu' un ajoutait par lettre que Monsieur Ratisbonne était un bon comédien* (comico). *Il n'a point manqué quelqu'un pour attribuer l'apparition au diable. Quant à moi, je crois que Ratisbonne a vu, non par un effet de l'imagination, mais par vérité objective, quelque chose de surnaturel qui représentait la Vierge.* » G. de Bussières, protestant piétiste, in *Procès,* 22 février 1842, n° 33, p. 96.

« *Je crois que la conversion a été miraculeuse* [...] *et n'a pas été une vision imaginaire, mais il a réellement vu ce qu'il a raconté. Tous ceux avec qui j'ai parlé au sujet de la conversion de Ratisbonne m'ont exprimé le même sentiment, et je peux nommer entre autres notre Révérend Père Général, le Père Rozaven, Monsieur Beneck, vicaire général d'Orléans, Monsieur le Prince D. Marco Antonio Borghese, le Comte de Caroli* [qu'Alphonse avait rencontré à sa première visite au salon des Bussières], *Messieurs les Comtes Paul et Maurice Estrerrares, le Comte Wal*ck *(sic pour Walsh), Monsieur Caza*lis *(sic pour Cazales).* » P. de Villefort, in *Procès,* 25 février 1842, n° 35, p. 108.

« *Quel est le jugement porté sur la vision et la conversion de Monsieur Ratisbonne tant par les catholiques que par les protestants ?*
Réponse. — Tous ceux avec lesquels je me suis entretenu de cet événement l'ont jugé et reconnu miraculeux. » T. de Bussières, in *Procès,* 26 février 1842, n° 36, p. 78.

« *Généralement parlant,* [...] *la conversion a produit une vive impression sur tous ceux qui l'ont apprise. Dans le détail, toutefois, je ne puis rien préciser parce que je n'ai pas eu l'occasion de parler de cette affaire avec des personnes particulières : ni catholiques ni protestantes.* » J. Rozaven, in *Procès,* 2 mars 1842, n° 38, p. 115-116.

« *Tous la tiennent pour un miracle, et tel est aussi mon jugement.* » J. Mantineo, in *Procès,* 3 mars 1842, n° 39, p. 118.

« *Tous les catholiques avec lesquels j'en ai parlé la considèrent comme un miracle. Concernant les protestants, j'ai veillé à n'en point parler, mais je puis répéter que Monsieur Gustave de Bussières, protestant piétiste, m'a dit ouvertement le jour même de la vision :*
— Je ne peux mettre en doute le miracle. » E. de Bock, in *Procès,* 7 mars 1842, n° 45, p. 129.

« *Madame Dupanloup m'a dit que, bien avant qu'il ne fut question de ma conversion, Monseigneur Dupanloup lui avait annoncé des dragées de Rome. Ces bonbons ne sont arrivés que longtemps après et justement pour le jour de mon baptême. Elle les a distribués aux élèves de saint Nicolas et à ses amies, comme en réjouissance de mon abjuration. Vous le voyez, mon cher Théodore, la réjouissance a été générale.* » Alphonse à T. de Bussières, 10 mars 1842, n° 47.

— Quel est le jugement « *tant des catholiques que des protestants sur la conversion de monsieur Ratisbonne ?*
Réponse : — Je l'ai entendu universellement admirer comme tout à fait prodigieuse et pas seulement par les catholiques. Le frère de monsieur le Baron Théodore de Bussières, le protestant piétiste Gustave de Bussières, vint me trouver, si je ne me trompe, le second jour après la conversion de Ratisbonne, et tout convaincu et intimement ému, il me confessa de lui-même, sans être aucunement interrogé, ne pouvoir nier que cette conversion avait été un vrai miracle, disait-il, qu'on ne voit jamais dans la religion par moi professée; et il me semblait fortement poussé à embrasser une religion confirmée par un si évident miracle. » J. Roothaan, in *Procès,* 18 mars 1842, n° 49, p. 136.

Synthèse

Gustave de Bussières mentionne les opinions soupçonneuses de catholiques et protestants qui croient à quelque illusion ou supercherie ou l'attribuent au diable (n° 33). Mais la plupart (n° 35, 38, 39) considèrent la conversion comme surnaturelle (n° 33), miraculeuse (n° 35, 39, 45, 49) et nullement imaginaire (n° 35) : qu'ils soient catholiques (n° 33, 45, 49) ou protestants (n° 33). Les témoins interrogés citent nommément Gustave de Bussières (n° 45, 49), qui avait d'abord songé à se convertir (n° 45, 49 et ci-dessus chapire 8, note 8), mais abandonna ce projet et exprima dès lors ses convictions en termes réservés (n° 33). L'impression fut vive (n° 38) et la réjouissance « *générale* » bien au-delà des « *cercles catholiques* » (n° 49).

14. EST-CE MIRACULEUX ?

« *Je la crois miraculeuse pour les motifs exposés ci-dessus ; beaucoup de personnes à qui je l'ai racontée en ont jugé de même. Monsieur Gustave de Bussières la croit également miraculeuse et fut sur le point de se faire catholique, mais il en a été dissuadé par son Pasteur.* » Alphonse, in *Procès,* 19 février 1842, n° 30, p. 92.

La « *cause ?* [...] *Un miracle de la Très Sainte Vierge qui lui a obtenu de Dieu cette grâce.* » T. de Bussières, in *Procès,* 21 février 1842, n° 31, p. 76.

« *Une conversion aussi prompte et subite doit être miraculeuse, et je crois en outre que l'apparition de la Vierge à Ratisbonne a été véritable et réelle.* » G. de Bussières, in *Procès,* 22 février 1842, n° 33, p. 95.

« *Je crois que la conversion a été miraculeuse* [...], *que la vision n'a point été imaginaire, mais qu'il a vu réellement ce qu'il a rapporté.* » P. de Villefort, in *Procès,* 25 février 1842, n° 35, p. 108.

« *Sans le moindre doute,* [...] *la vision et la conversion* [...] *m'ont paru et me paraissent miraculeuses.* » T. de Bussières, in *Procès,* 26 février 1842, n° 36, p. 78. « *Tous ceux avec lesquels je me suis entretenu de cet événement l'ont jugé et reconnu miraculeux* » (ib.).

« *Je crois la conversion pleinement sincère ; la vision étant uniquement fondée sur ses paroles, je n'ai nul motif de douter de sa sincérité et de son caractère miraculeux.* » J. Rozaven, in *Procès,* 2 mars 1842, n° 38, p. 116.

« *La conversion de Monsieur Ratisbonne est à mes yeux entièrement miraculeuse, je n'en ai jamais douté.* » E. de Bock, in *Procès,* 5 Mars 1842, n° 41, p. 128.

« *Je considère cette instruction [de Ratisbonne] comme le plus grand des miracles.* » ib.

« *Je ne puis mettre en doute la véracité du récit de Monsieur Ratisbonne et la réalité de la vision, de même que je ne saurais douter du vrai miracle de cette conversion.* » J. Roothaan, in *Procès,* 18 mars 1842, n° 49, p. 137.

Synthèse

A la question nettement posée :
— Est-ce un miracle ?
Les témoins répondent tous positivement avec une ferme conviction.

15. FIN DU PROCÈS

La dernière session s'est tenue le 1 avril 1842, pour enregistrer les lettres d'Alphonse, in *Procès,* p. 137-158.

16. PROMULGATION DU DÉCRET PAR LE CARDINAL PATRIZI (12 JUIN 1842)

Cité dans le texte.

17. SUR LA PRESSE, voir le chapitre précédent, note 8.

12

PARIS
5 mars-14 juin 1842

1. Premières impressions parisiennes : la lettre du 10 mars (n° 47)

Alphonse livre spontanément ses premières impressions dans sa longue lettre à son parrain Théodore de Bussières : 10 mars 1842, n° 47.
Cette lettre, imprimée in-extenso, dans notre dossier des terres (ci-dessous, p. 182-185), est la source constante de la première partie de ce chapitre. Alphonse s'y exprime avec une spontanéité rare chez lui, même dans les lettres suivantes à son parrain. Il reste dans une joie transparente, réceptive aux personnes et aux événements. Cela n'exclut pas les vues supérieures aux contrariétés qui ne manquent pas. Sur la date d'arrivée à Paris, voir ci-dessous, note 3.

2. Théodore retrouvé

« *Sur mon entrevue avec mon frère Théodore* [...], *ma première communion reçue des mains de mon frère, notre prière adressée ensemble sur le même prie-Dieu, nous tenant dans les bras l'un de l'autre, notre visite à N.D. des Victoires, etc., etc., il faudra vous contenter d'apprendre tous ces faits grosso modo* » Alphonse à Théodore de Bussières, 10 mars 1842, n° 47.

« *Le P. Marie* [= Alphonse] *nous raconta à cette même occasion* [l'anniversaire de son baptême] *sa première entrevue avec notre bon Père* [= Théodore Ratisbonne] *à son retour de Rome : " Nous sommes restés agenouillés sur le même prie-Dieu plus d'une demi-heure, sans pouvoir dire une seule parole, mais en sanglotant de bonheur et de reconnaissance* " Lettre de la maison de Jérusalem aux autres maisons, 31 janvier 1877, n° 112.

3. Arrivée a paris : 5 mars au soir

« *On m'écrit de Rome que mon frère se propose de venir incessamment à Paris pour s'entendre avec moi sur la conduite à tenir vis-à-vis de la famille. Je pense que nous irons ensemble à Strasbourg.* » Théodore Ratisbonne à Mgr Raess, 5 mars 1842, n° 43.

« *J'ai aussi le bonheur d'entendre d'excellents sermons : j'ai entendu mon frère à Saint Sulpice* [6 mars], *Messieurs Bautain et Bonnechose à Saint Eustache* [7 mars] » Alphonse à T. de Bussières, 10 mars 1842, n° 47.

« *Au commencement de mars, Alphonse reçut de Strasbourg une lettre qui demandait son retour immédiat à Paris, comme dernière épreuve avant d'obtenir de sa famille une solution définitive.* »
Mère Benedicta, *Vie de Théodore Ratisbonne,* 1903, I, p. 245.

Synthèse

Nous n'avons aucune précision, ni sur le départ de Rome, ni sur le voyage, ni même sur la date d'arrivée à Paris, que plusieurs recoupements permettent de cerner :
— le 5 au matin, Théodore l'attend encore (n° 43),
— le 10, Alphonse écrit de Paris (n° 47),
— le dimanche 6 mars, il entend un sermon de son frère à Saint-Sulpice et de Monsieur Bautain le 7, à Saint-Eustache, date attestée par la *Gazette* du dimanche 6 (n° 47).
On peut donc présumer qu'il est arrivé impromptu le 5 au soir par la diligence. Sans doute ne s'est-il rendu au sermon qu'après une bonne nuit et le temps nécessaire pour s'installer à l'hôtel de la rue Bergère, et prendre les contacts qui l'ont orienté vers son frère et le sermon de Saint-Sulpice.

4. Rupture des fiançailles avec Flore... et la suite

Le souci de Flore et du foyer qu'il n'a pas renoncé à fonder sont la première préoccupation d'Alphonse au lendemain de l'apparition. C'est, avons-nous vu, le thème et la motivation même de ses trois premières lettres après l'événement : 21 janvier, à Flore (n° 3) ; 22 janvier à son oncle Louis (n° 7) et 27 janvier, à Elisa (n° 11, ci-dessus chapitre 8, note 18).

« *J'avais formé le projet de ne plus t'écrire... mais les sentiments qui agitent mon cœur sont plus forts* » Flore à Alphonse, 14 février 1842, n° 21 : éditée dans le corpus des lettres dans le présent volume.

La transformation profonde d'Alphonse « *me porte à croire que le projet de mariage n'entre point dans les desseins de Dieu. Il y a sans doute quelque chose de fondé dans les renseignements qu'on a donnés à Votre Grandeur, par rapport à la jeune fiancée ; je sais qu'on n'a pas remis à cette dernière les lettres que je lui ai adressées ni celles d'Alphonse* » Théodore Ratisbonne à Mgr Raess, 5 mars 1842, n° 43.

« *Je n'ai qu'un mot à te dire, Alphonse ; ce mot est pénible et je tremble en l'écrivant ! J'ai tort de trembler, une âme forte doit étouffer dans son cœur toute autre voix que celle du devoir !*
Tu ne veux m'épouser que si je deviens catholique ; alors, Alphonse, il faut renoncer à moi, car c'est une chose qui n'arrivera jamais [...]. *L'Alphonse d'autrefois a disparu, je ne puis plus suivre l'Alphonse d'aujourd'hui* [...]. *Désormais je te regarde et je t'aime comme un frère. Sois heureux ! Une juive sait pardonner.* » Flore à Alphonse, 6 mars 1842, n° 44.

« *Mon frère beau-père* [Adolphe Ratisbonne] *m'écrit quelques mots pour me déclarer que tout est rompu. Le lendemain, ma fiancée m'écrit également pour me faire la même déclaration* [...] *et cette pauvre créature écrit le lendemain à ma sœur* [Ernestine] *qu'elle a beau vouloir m'oublier, ça lui est impossible, parce qu'elle sait que je ne suis pas coupable ; elle me voit continuellement devant elle, et la nuit même, dans ses rêves, elle est tourmentée. Oh ! oui, c'est la grâce qui agit. Priez ! Priez ! Madame Lippmann* [sa sœur Pauline] *m'écrit très amicalement ; elle me dit : “ Aie patience et confiance. Espère ”* » Alphonse à T. de Bussières, 10 mars 1842, n° 47.

« *J'ai retenu de ses paroles que, désirant d'une part la conversion des siens, et particulièrement de sa fiancée, il semblait craindre, d'une certaine manière, que cette dernière, en se convertissant, ne lui fût un empêchement pour suivre la vocation qu'il ressentait de se donner tout à Dieu* » J. Roothaan, in *Procès*, 18 mars 1842, n° 49, p. 136.

« *Il a voulu remplir à l'égard de notre famille tous les procédés que réclamait la délicatesse chrétienne. Mais on lui a signifié que sa présence à Strasbourg serait vue avec déplaisir et qu'il ne pouvait plus être question de mariage. Ce dénouement est peut-être providentiel ; et la prudence nous commandait de laisser écouler un peu de temps avant de prendre un parti* » Théodore Ratisbonne à Mgr Raess, 18 avril 1842, n° 63.

« *Ma famille n'a pas voulu me voir et m'a signifié que jamais ils ne consentiraient au mariage avec ma fiancée. C'est Dieu, sans doute, qui a rompu ces engagements pour m'en faire contracter d'autres avec le ciel.* » Alphonse à Mgr Raess, 2 juin 1842, n° 77.

« *Mon frère, après sa conversion, entrevoyait toujours la possibilité de son mariage; c'est dans ce but qu'il est venu à Paris, tout prêt à aller à Strasbourg si ma famille consentait à faire donner l'instruction chrétienne à la jeune fiancée. Mais mon oncle, aussi bien que nos frères et sœurs, nous déclarèrent que jamais le mariage ne se ferait.* » Théodore à Mgr Raess, 8 juin 1842, n° 83.

« *Madame Flore Singer* [l'ex-fiancée], *au château de Chemin, près Tournan (Seine-et-Marne), m'écrit qu'elle a déchiré par mégarde la note que je lui avais envoyée au sujet de la douane du ménisque et elle me prie de lui en envoyer une nouvelle. Adressez-la lui directement de ma part.* » Alphonse aux Magnan, 24 juin 1864, n° 198.

« *J'attends le télégramme qui doit m'annoncer* [l'arrivée d'un remplaçant], *et alors je m'embarquerai immédiatement* [pour la France, où Ernestine très malade le réclame]. *Ce sera peut-être le 14. Je te prie de le faire savoir à ma chère Flore* » Alphonse à Edmond Ratisbonne, 3 août 1866, n° 334.

« *Invitation de Flore au Chemin.* » Diaire d'Alphonse, 26 septembre 1866, n° 426.

« *A onze heures et demie, je me rends à la gare de Mulhouse, pour aller à Tournan, où la voiture de Flore m'attend pour me conduire au chemin. J'arrive au château à 2 heures et demie* [...] *Flore est plus frêle que jamais.* » Diaire d'Alphonse, 9 octobre 1866, n° 450.

« *Promenade dans le jardin avec Singer* [mari de Flore]. *Deux albums d'images-fleurs : l'un à John Lemoine — l'autre à Flore. Flore me prête le* Récit d'une sœur [le livre de Madame Craven, fille de Monsieur de la Ferronnays] *et je lui laisse les conférences du P. Marie Bernard.* » Diaire d'Alphonse, 10 octobre 1866, n° 451.

« *Je vais chez Ernestine. J'y rencontre Flore.* » Diaire d'Alphonse, 12 octobre 1866, n° 455.

« *Je vais chez Louis* [...]. *Arrivée de Flore et de Hanna chez Louis. Elles me ramènent rue Duguay-Trouin.* » Diaire d'Alphonse, 18 novembre 1866, n° 521.

« *Visite à Alexandre Singer* [mari de Flore]; *il s'est blessé à la jambe.* » Diaire d'Alphonse, 24 novembre 1866, n° 531.

« *Visite de Madame Singer* », c'est-à-dire Flore. Diaire d'Alphonse, 26 novembre 1866, n° 535.

« *A 1 heure et demie, l'équipage de Flore vient me prendre pour aller avec elle à Arcueil.* » Diaire d'Alphonse, 9 décembre 1866, n° 538.

« *Faux-bond de Flore, empêchée par la grippe.* » Diaire d'Alphonse, 5 décembre 1866, n° 551.

« *Monsieur Rolhfs vient me prendre. Nous allons quai Malaquais* », chez Flore. Diaire d'Alphonse, 9 décembre 1866, n° 556.

Dîner chez Flore. » Diaire d'Alphonse, 3 janvier 1867, n° 5.

« *Je dîne chez Flore, où il y a John Lemoine, des* Débats [le journal]. *Après dîner, entretien avec le pauvre et désolée Flore, au sujet du malheureux Edmond* », malheur que nous n'avons pas identifié. Diaire d'Alphonse, 23 avril 1867, n° 182.

« *Soirée quai Malaquais* », donc chez Flore. Diaire d'Alphonse, 2 mai 1867, n° 196.

« *Tu ne redoutes pas les questions sérieuses et ton esprit, grâce à Dieu, a d'autres attraits que les fadaises de rocambole et les immoralités de nos moralistes à la mode* [Alphonse s'explique ensuite sur l'accusation qui lui a été faite de lire des romans chez Ernestine, malade à Baden]. *Je me suis permis de t'envoyer en retour une prière d'une touche sublime et qui me semblait convenir parfaitement à l'état si endolori de ton âme.* » Alphonse à Flore, 29 juin 1868, n° 266.

« *Une jeune femme de cette parenté* [sans doute Flore] *a osé ricaner au sujet des prières publiques que l'Assemblée Nationale a demandées aux évêques, aux pasteurs et aux rabbins. Je lui ai répondu qu'elle n'était qu'une pétroleuse de salon. Priez pour cette malheureuse voltairienne.* » Alphonse aux Sœurs de Marseille, 14 juillet 1871, n° 65. Le contexte et les expressions qu'il emploie donnent à penser qu'il s'agit de Flore.

« *Conformément à vos indications, je vous donne deux lettres : l'une pour mon frère Henry Ratisbonne* [...], *l'autre pour ma nièce Flore Singer.* » Alphonse aux Magnan, 2 octobre 1872, n° 94.

« *Madame Singer a envoyé aux Magnan une caisse de fines gourmandises et de gibier n° 1.* » Alphonse à Mère Rose, 14 novembre 1873, n° 140.

« *Madame Singer* [Flore] *se montre aussi très aimable envers la rue Saint-Basile* [où habitent les Magnan] *en y envoyant assez souvent les plus rares produits des magnifiques et giboyeuses forêts de son mari. Vous prierez toujours pour cette âme.* » Alphonse à Mère Christina, 15 décembre 1873, n° 154.

« *Flore me parle avec enthousiasme du discours que tu as prononcé à Saint-Eugène.* » Alphonse à Théodore, 7 juillet 1874, n° 160. On ignore quel est ce discours et dans quelles circonstances il fut prononcé.

« *Je voudrais bien savoir si ma nièce du quai Malaquais* [Flore], *si mes frères Achille et Henry, si les Fould et Cie vont répondre à vos propositions pour la loterie.* » Alphonse aux Magnan, 15 janvier 1877, n° 6.

« *Je suis bien honteux de la conduite de ma famille à l'occasion de la loterie* [organisée par les Magnan pour les œuvres du P. Marie...]. *Les cinquante billets de Fl*[ore] *S*[inger] *sont eux-mêmes une insignifiante misère. Je me propose bien, à mon arrivée à Paris, de leur faire part de mon mécontentement, et je ne me gênerai pas pour leur dire ma façon de penser.* » Alphonse aux Magnan, 7 février 1877, n° 24.

« *La lettre incluse de la Vicomtesse de Bussières vous montrera que cette grande dame — cette sainte catholique — cette riche moitié de mon cher parrain Théodore de Bussières, n'est guère plus généreuse que la Flore israélite, libre-penseuse.* » Alphonse aux Magnan, 27 mars 1877, n° 46.

« *Pour faire changer le titre de ma rente (vous allez sourire malicieusement) il faudra vous adresser à la gracieuse Madame Alexandre Singer* [Flore], *quai Malaquais, n° 17, à Paris.* » Alphonse aux Magnan, 30 juillet 1877, n° 137.

« *Madame Singer s'est faite quêteuse pour mes enfants de Terre Sainte. Elle m'écrit, de Val St-Germain, qu'elle a obtenu (et envoyé aux Magnan) trois cents francs de Madame Fould et cinq cents de la jeune marquise.* » Alphonse à Mère Rose, 30 août 1877, n° 175.

« *Madame Singer* [Flore] *marie son fils avec une demoiselle Stern le 19.* » Alphonse aux Magnan, 17 novembre 1877, n° 256

Alphonse vient de recevoir une forte somme d'une personne qu'il connaît « *à peine. Cette personne est une amie de Madame Singer, qui lui envoie régulièrement nos Annales.* » Alphonse aux Magnan, 9 février 1879, n° 21.

« *La personne est Madame Rey : un jour qu'il déjeunait à Passy chez Flore Singer et qu'il parlait, comme toujours, de ses orphelines, Madame Singer dit à la fin du repas : — Pourquoi l'oncle Alphonse n'irait-il pas chez Madame Rey ? Elle est très riche et généreuse à ses heures.* » Souvenir de Mère Eléonore, novembre 1911, n° 1.

Le nom de « *Madame Singer* » [Flore] figure dans la liste des personnes de la famille qui peuvent continuer à recevoir les bulletins de Terre Sainte. Lettre d'Alphonse aux Magnan, 17 novembre 1879, n° 274.

« *Donnez-moi des nouvelles de mon confrère Alexandre Singer* », mari de Flore. Alphonse à Mère M. Paul, 14 janvier 1880, n° 20.

« *A chaque retraite, il m'arrive quelque surprise. Cette année, c'était un télégramme de la bonne Berthe, m'apprenant la mort de sa mère* [Elisa, sœur de Flore], *et en même temps une dépêche de Flore m'annonçant le décès de son* [mari] *Alexandre.* » Alphonse à Théodore, 28 janvier 1880, n° 36.

[Marie Ratisbonne, la petite-nièce d'Alphonse, qui entre au noviciat de Sion, où elle deviendra Mère Roma, devait attendre quelques jours encore pour entrer au noviciat] « *par déférence pour sa tante Flore. Il y a eu autrefois un Marie Ratisbonne qui n'a pas attendu pour se donner à Dieu par déférence pour sa nièce Flore.* » Alphonse à Mère M. Paul, 2 avril 1881, n° 65. Marie Ratisbonne était la fille de Louis Ratisbonne, le poète.

« *Malheureuse* Fl[ore]. *La grâce qu'elle repousse tombe en abondance autour d'elle. En haut, en bas, à droite, à gauche : partout la miséricorde de Dieu la presse. Et elle résiste.* » Alphonse à Mère M. Paul, 15 mai 1882, n° 75.

« *Tante Flore m'écrit du Val* [...]. *Elle est inquiète à mon sujet, à cause des événements d'Egypte, et réclame de mes nouvelles.* » Alphonse à Sœur M. Roma, nièce de Flore, 20 août 1882, n° 145.

« *Je vous envoie l'émouvante missive de la Singer* [Flore]. *Il faut avouer que les libres-penseurs entendent singulièrement la liberté des consciences d'autrui, surtout quand il s'agit de l'Eglise catholique.* » Alphonse à Mère M. Paul, 8 février 1883, n° 34.

« *Madame* Fl[ore] *m'écrivait dernièrement :*
— J'envie les personnes qui ont la foi; elles sont bien heureuses!... Et cependant, malgré son aveu désespérant, elle s'efforce de détruire la foi dans les âmes de son entourage. Nous connaissons maintenant à fond l'intolérance et le fanatisme de ceux qui croient être libres-penseurs. » Alphonse à Mère M. Paul, 18 mars 1883, n° 64.

« *La tante Flore m'écrit que notre frère Achille est assez sérieusement indisposé.* » Alphonse à Théodore, 12 novembre 1883, n° 274.

« *Alphonse voudrait une statue de saint Joseph;* « *Si Madame Singer* [Flore] *ou Madame Achille Beyfus* [la belle Hannah] *voulaient me l'offrir pour le Nouvel An, je l'accepterais volontiers.* » Alphonse à Mère Laure, novembre 1883, n° 288.

« *Madame Achille, Madame Singer* [Flore], *Madame Ratisbonne, tout le monde vous réclame.* » Mère M. Paul à Alphonse, 29 janvier 1884, n° 58.

La bague de fiançailles de Flore, offerte par Alphonse : un magnifique saphir taillé en amande et serti de brillants, était en possession de Madame de Ginnibral, petite-fille de Louis Ratisbonne, le poète, morte en 1987. Elle est maintenant chez la fille de Madame de Ginnibral, Madame Jacques Guillon.

« *On attendait le P. Marie chez Madame Singer. Il devait présider le dîner de famille. L'heure passe. Personne. Une des jeunes nièces, avec vivacité, dit :*
— Je vais enlever son couvert, cela le fera venir.
De sa serviette tombe un billet, placé là par la complicité d'un domestique :
— Quand vous m'aurez bien attendu et qu'enfin vous vous mettrez à table, je serai presque arrivé à Marseille. Je n'ai pas eu le courage de vous dire adieu. » Une nièce du P. Marie, citée par Marguerite Aron, *Les Prêtres et les Religieuses de N.D. de Sion,* Grasset, 1936, p. 47, note 1. Jusqu'à la fin de sa vie, Alphonse eut coutume de partir ainsi en se cachant, par une sorte de crainte des adieux.

Synthèse

Alphonse avait soumis graduellement à Flore le dilemne : devenir chrétienne pour l'épouser ou rompre les fiançailles (n° 3, 7 et 11), non sans un certain déchirement personnel entre cette solution humaine, conforme à son amour — et son souci d'être tout à Dieu dans une vie austère (n° 49). Flore, influencée par les siens, coupe les ponts (n° 44). « *Tout est rompu* », confirme le père de Flore (cité par Alphonse, n° 47). Pour la famille, ce mariage avec conversion était absolument inacceptable

(n° 63, 77, 83). Théodore Ratisbonne pensait déjà que le mariage « *n'était point dans les desseins de Dieu* » sur Alphonse (n° 43).
Par la suite, Alphonse restera en bonne relation avec Flore. Il lui écrit (1864, n° 198 ; 1868, n° 226 ; 1871, n° 65 ; 1872, n° 94) et elle lui écrit (1864, n° 198 ; 1871, n° 65 ; 1874, n° 160 ; 1880, n° 36 ; 1882, n° 145 ; 1883, n° 34, 64, 274). Flore lui fait notamment part du mariage de son fils (1877, n° 256), elle envoie des cadeaux aux Magnan en reconnaissance de ce qu'ils font pour Alphonse (1873, n° 140, 154). Alphonse est reçu chez Flore (1866, n° 426, 450, 451, 531, 535, 538, 556 ; 1867, n° 5, 182, 196). Il la rencontre aussi chez d'autres membres de la famille (1866, n° 455, 521. Alphonse se sentait parfaitement à l'aise pour lui demander services (1877, n° 137) ou cadeaux (1883, n° 288). Il va jusqu'à s'étonner, quand sa générosité coutumière ne lui semble pas à la hauteur (1877, n° 6, 24, 46). Pourtant, elle a quêté pour ses orphelines (1877, n° 175 ; 1879, n° 21 ; 1911, n° 1). Elle recevait ses *Bulletins de Terre Sainte* (1879, n° 274). Elle insistera pour qu'il revienne de Terre Sainte, après la mort de Théodore (1884, n° 158).

5. CONTACTS AVEC NOTRE-DAME DES VICTOIRES ET LETTRE A DESGENETTES

« *Interrogé pour savoir à quels motifs et envers qui il se sent redevable de la grâce de sa conversion,* [Alphonse] *répond :*
— *A la Sainte Vierge qui, par son intercession, me l'a obtenue de Dieu. Je crois qu'y ont contribué les prières* [...] *de mon frère prêtre catholique, une des têtes de l'*Archiconfrérie de Notre-Dame des Victoires de Paris, *si occupé à la propagation de la Médaille Miraculeuse.* » Alphonse, in *Procès,* 19 février 1842, n° 30, p. 91.

« *Ma paroisse est, quant à présent, N.D. des Victoires, où je communie avec bonheur. Le Curé, le bon Monsieur Desgenettes, est de cette véritable pâte chrétienne avec laquelle le Bon Dieu a moulé les Villefort...* » Alphonse à T.de Bussières, 10 mars 1842, n° 47.

« *Oh, c'est à vous, Monsieur le Curé* [Desgenettes], *à vous qui avez fondé l'Archiconfrérie pour la conversion des pécheurs, c'est à vous que les pécheurs doivent compte des grâces qu'ils ont obtenues* [...]. *Mes premiers mots* [après l'apparition] *furent des paroles de reconnaissance pour Monsieur de la Ferronnays et pour l'*Archiconfrérie de N.D. des Victoires. » Alphonse à Desgenettes, 12 avril 1842, n° 59, p. 51 et 85.

« *J'ai beaucoup raconté le fait de Saint André* [...] *avec une intensité de souvenir que vous comprenez sans peine* [...]. *J'ai écrit en toute humilité, en toute vérité. Et, depuis ce jour-là, j'ai cru devoir me refuser à moi-même, refuser aux autres, le récit de cette communication mystérieuse à laquelle j'ai dû la lumière. Il s'agit là de matière si sérieuse que la légèreté d'une conversation et les formules mobiles du langage familier n'y sont point à leur place* [...]. *Il en résulterait plus de scandale que de bien.* » Ces mots expriment ce que fut son hésitation à écrire le récit demandé par Desgenettes. L. de La Brière, Récit d'une visite à Sion, in *L'Univers* du 22 mars 1884.

« *C'est* [à Juilly] *que Marie-Alphonse rédigea, sur sa conversion, des détails attendus par la légitime curiosité des fidèles. Cette relation, adressée à Monsieur Dufriche-Desgenettes* [10 avril 1842, n° 59], *est en quelque sorte le sceau qui ferme les lèvres du néophyte et fut sa réponse à toute interrogation subséquente.* » Mère Benedicta, 1903, *Vie de Ratisbonne*, I, p. 249 ; n° 27.

Synthèse

Alphonse se sentait redevable à N.D. des Victoires (n° 30, 59), qui devint sa paroisse à son arrivée à Paris (n° 47). Et c'est pour Monsieur Desgenettes qu'il écrit le récit de sa conversion (n° 59).

6. LOCUTION INTÉRIEURE CHEZ LES SŒURS DE LA PROVIDENCE

« *Mon frère m'a mené chez les Dames de Saint Louis, puis j'ai assisté hier à une instruction qu'il faisait aux enfants de la Providence. Les Sœurs de la Providence sont des anges. Oh, mon Dieu, que tout cela est beau !* » Alphonse à T. de Bussières, 10 mars 1842, n° 47.

« *Un matin* [de mars 1842], *après son action de grâces, Marie-Alphonse avait, comme d'habitude, quitté le petit oratoire où, chaque jour, il servait la Messe à son frère et recevait de sa main la Sainte Communion. Le laissant à quelque fonction de son ministère, il avait voulu, en l'attendant, commencer la relation destinée à Monsieur Desgenettes. A peine est-il assis à sa table qu'une voix distincte se fait entendre à son cœur :*
— Il faut qu'en mémoire du 20 janvier 1842, un sanctuaire dédié à la T. Sainte Vierge s'élève à la Providence.
La plume tombe de ses mains, il essaie en vain de la reprendre ; alors il va rejoindre l'abbé Théodore et lui communique sa pensée.
— Cela répond à mon plus cher désir, dit celui-ci, le prenant dans ses bras, mais je n'osais te le faire connaître. » Mère Benedicta, 1903, *Vie de T. Ratisbonne,* I, p. 283 ; Bulletin des Annales de l'Archiconfrérie, 188 , n° 1.

Synthèse

Le 9 mars, Alphonse assiste à une instruction que son frère « *faisait aux enfants de la Providence* » : l'orphelinat des sœurs de la Charité dont il était l'aumônier (n° 47). Il s'y rend chaque jour, sert « *la messe à son frère et reçoit de sa main la sainte communion* » (Mère Benedicta, *Vie,* 1903, p. 283, n° 27).
Un matin de mars 1842, une locution intérieure lui demande qu' « *un sanctuaire dédié à la Très Sainte Vierge s'élève à la Providence* », ce qui rejoint le projet de Théodore (n° 27).

7. VERS ROME ET JÉRUSALEM ? (JUIN-JUILLET 1842)

« *Il veut se retirer dans un monastère après avoir fait le pèlerinage de Jérusalem et prié au tombeau du Sauveur.* »
L'Ami de la Religion, 12 février 1842, n° 20.

« *Il est à peu près décidé que je partirai pour Rome immédiatement après Pâques ; mon frère est entré dans un couvent où il m'attend. Nous irons ensemble à Jérusalem pour rendre nos actions de grâces sur le tombeau de notre Sauveur.* » Théodore Ratisbonne à Sophie Stouhlen, 21 février 1842, n° 32.

« *Je vais terminer en vous annonçant quelque chose qui vous fera plaisir : j'ai l'intention de retourner à Rome avec mon frère Théodore et l'abbé Desgenettes au commencement de juin. Quel délicieux projet !* » Alphonse à T.de Bussières, 10 mars 1842, n° 47.

Le pèlerinage prévu n'aura pas lieu, Alphonse entrant sans tarder au noviciat des Jésuites. Théodore partira seul.

« *C'est le 13 de ce mois que nous partons. Je vais donc voir Rome.* » Théodore Ratisbonne à T. de Bussières, 3 juin 1842, n° 79.

« *C'est jeudi 16 que nous partons [...] pour Marseille, et à travers la mer jusqu'à Rome.* » T. Ratisbonne à Sophie Stouhlen, 13 juin 1842, n° 85.

« *Tu vas donc voir Rome ! Saint Pierre, Saint André ! ! ! Tu vas embrasser Théodore de Bussières et sa chère famille. Tu vas saluer le R.P. de Villefort et le R.P. Général. Tu vas te prosterner devant le Souverain Pontife ! Oh, que d'émotions ! Que de joies !* » Alphonse à Théodore Ratisbonne, entre 15 et 20 juin 1842, n° 90.

Visite de Théodore au Pape Grégoire XVI
« *Le Souverain Pontife* [qui nous a reçus le dimanche 3 juillet] *prend intérêt à notre sainte Archiconfrérie ; il l'aime et la bénit. Il sait tout le bien qu'elle opère en France et dans tout le monde catholique : il écoutait avec un tendre intérêt les récits que je lui faisais de votre zèle, de votre foi, de votre piété* [la ferveur de l'Archiconfrérie], *les grâces sans nombre* [...], *son visage s'animait de joie* [...]. *Ah ! qu'il aime notre France ! Quelle satisfaction il daigna nous exprimer quand nous lui dîmes que le jour même où nous étions à ses pieds (le dimanche dans l'octave de Saint Pierre) toutes les communions étaient offertes pour sa personne sacrée dans l'Archiconfrérie* [...]. *Avec quelle effusion de cœur il parla à l'abbé Ratisbonne de son heureux frère. Il daigna lui-même nous apprendre que le miracle de sa conversion était vérifié et reconnu authentique ; il voulut bien donner des ordres pour que la sentence en fût rédigée pendant notre séjour à Rome et que copie m'en fût remise pour être publiée dans l'assemblée de l'Archiconfrérie qui suivrait notre retour à Paris* [...]. *Notre audience dura trois-quarts d'heure. Au moment du départ, le Saint-Père eut la bonté de nous recommander de revenir le voir avant de quitter Rome. Dans l'intervalle qui s'écoula entre nos deux audiences, Sa Sainteté daigna donner à l'église de N.D. des Victoires, pour l'Archiconfrérie, un corps saint* [relique]. *Elle a marqué elle-même la place qu'il doit occuper. L'acte de donation et d'authenticité porte cette condition qu'il sera placé dans l'autel du Saint Cœur de Marie. C'est le corps de sainte Aurélie, martyre ; il est accompagné du vase où son sang fut recueilli et d'une pierre tumulaire en marbre blanc qui fermait son tombeau et sur laquelle sont gravés l'image du Bon Pasteur portant ses brebis et ces mots :* Sanctae Aureliae martyris bene merentis. [...] *Le premier des sanctuaires que nous avons visités est la modeste église de Saint André delle Fratte, dans laquelle s'est opérée la conversion miraculeuse* [...]. *J'y ai célébré une fois les Saints Mystères* [...].
Le Saint-Père avait ordonné à S.E. le Cardinal-Vicaire d'instruire le procès de la conversion d'Alphonse Ratisbonne [...]. *L'instruction était terminée ; mais le décret n'était pas encore rendu ; le Saint-Père ordonna de le formuler et de nous en délivrer une copie authentique.* » *Annales de Notre-Dame des Victoires,* n° 3, novembre 1842, p. 86-91 ; n° 118.

« *Que dirai-je maintenant de la mémorable audience que nous a accordée le Pape Grégoire XVI ? Mon cœur battait bien fort à mesure que je traversais les vastes salles qui précèdent le cabinet de travail du Saint Père [suit la description de parcours]. Tout cet attirail imposant disparaît quand la porte s'ouvre et qu'on aperçoit la figure du Vicaire de Jésus-Christ. Alors on se trouve en face, non pas d'un souverain dont la majesté impose un respect mêlé de crainte, mais en face d'un père qui représente la bonté de Dieu* [...]. *Grégoire XVI était un vieillard de taille moyenne qui avait conservé toute la vivacité et les allures du jeune âge. Il abrégea en faveur de Monsieur Desgenettes les trois génuflexions préliminaires car il s'aperçut de l'embarras des mouvements du bon Curé et il avait pitié de lui. Il nous fit asseoir et écouta attentivement l'histoire de l'Archiconfrérie de N.D. des Victoires ; puis il voulut bien prêter encore attention bienveillante aux quelques mots que je lui dis sur l'œuvre des catéchumènes ; et finalement, en voyant que cette œuvre lui inspirait un grand intérêt, je me sentis poussé à lui demander une mission spéciale pour travailler à la conversion des restes d'Israël. Alors le Pape se leva avec solennité ; je me mis à genoux devant lui. Il posa ses deux mains sur ma tête et me bénit avec effusion. J'obtins encore la faveur d'une seconde audience. Je ne l'avais pas demandée. C'est le Cardinal Lambruschini qui me fit savoir qu'on viendrait me prendre le lendemain matin dimanche* [10 juillet] *pour me conduire au Vatican. Au moment de paraître devant le Pape, un prélat me fit mettre à genoux pour me faire prêter serment de garder le silence sur le sujet dont le Pape voulait m'entretenir. J'ai prêté ce serment et j'ai tout gardé dans mon cœur ; par conséquent, je me bornerai à noter ici cet ineffaçable souvenir et n'y ajouterai aucune réflexion.* » Il exprime longuement sa joie, puis raconte sa visite à Sant' Andrea delle Fratte. Théodore Ratisbonne, *Mes Souvenirs,* dictés à Mère Bénédicta en 1883, Ed. Presses Monastiques, 1966, p. 196-198.

Synthèse

En février-mars 1842, divers voyages sont projetés pour Alphonse :
— A Jérusalem (n° 20 et 32) ;
— A Strasbourg où une de ses sœurs suggère à Théodore de le faire venir (n° 43, ci-dessus note 3) mais, finalement, « *on lui a signifié que sa présence à Strasbourg serait vue avec déplaisir* » (Théodore à Mgr Raess, 18 avril 1842, n° 63) et lui-même se rend compte qu'un tel voyage serait prématuré (21 mars 1842, n° 51) ;
— A Rome (n° 32), où il pense « *retourner avec Théodore* » (10 mars 1842, n° 47) ; Finalement, Théodore seul s'y rendra (n° 79, 85, 90, 118 et *Mes Souvenirs,* 1883, p. 196-198).
Le départ de Théodore, prévu le 13 (n° 79), est remis au jeudi 16 (n° 85). Théodore raconte ce voyage dans *Mes Souvenirs,* dictés en 1883, ed. 1966, p. 191-198. Il fit le voyage avec l'abbé Charles-Eléonor Dufriche-Desgenettes par Marseille puis par voie de mer (ib.). Ils sont reçus par le Pape Grégoire XVI le 3 juillet 1842 (ib.). Le Pape parle d'Alphonse avec effusion et leur apprend que le miracle a été officiellement reconnu authentique. L'audience a duré trois quarts d'heure (n° 118).

8. ALPHONSE A JUILLY, DANS LA COMMUNAUTÉ FONDÉE PAR MONSIEUR BAUTAIN

« *Mon frère Marie demeure ici avec moi, et dans peu de jours, nous irons l'installer à Juilly.* » Théodore à Sophie Stouhlen, 4 avril 1842, n° 56.

« *Mon frère Marie est en retraite à Juilly. Il y trouve tant de bonheur et de consolation qu'il la prolonge indéfiniment.* » Théodore à Sophie Stouhlen, 16 mai 1842, n° 71.

« *C'est après avoir passé deux mois chez les excellents amis et frères de Juilly, dans une retraite agréable et pieuse, que j'ai senti la volonté de Notre-Seigneur : cette volonté me pressait si fortement que je n'ai pas cru devoir y résister davantage.* » Alphonse à T. de Bussières, 3 juin 1842, n° 78.

« *Mon frère se décida à passer quelques mois en retraite dans la communauté de Juilly pour connaître la volonté de Dieu et suivre N.S. Jésus-Christ dans la voie qui lui serait manifestée.* » Théodore Ratisbonne à Mgr Raess, 8 juin 1842, n° 83.

Synthèse

Alphonse s'est retiré à Juilly (n° 56, 71, 78, 83) vers le début d'avril 1842 (n° 56, 78). Il a décidé cette retraite pour mieux connaître la volonté de Dieu (n° 78, 83), et c'est au bout de deux mois (n° 78 ; cf. 83 : « *quelques mois* ») qu'il se sent « *pressé fortement* » de hâter son départ pour la Compagnie (n° 78).

9. DÉGOUT DU MONDE ET VIE RELIGIEUSE INTENSE

« *Je dois avouer qu'à Rome même je n'ai pas éprouvé le dégoût pour le monde aussi fort qu'à Paris* [...]. *C'est à Paris seulement que j'ai pu m'apercevoir quelle était la profondeur du gouffre d'où j'ai été retiré.* » Alphonse à T. de Bussières, 10 mars 1842, n° 47.

« *L'intérêt que vous portez à mon frère Marie m'oblige à vous donner quelques détails confidentiels sur son compte* [...]. *Il vit dans la retraite, sous la direction du P. de Ravignan, communie tous les jours, sert la Messe, et ne songe plus qu'à se consacrer entièrement au service de Dieu.* » Théodore à Mgr Raess, 18 avril 1842, n° 63.

« *Tout le Faubourg St Germain voulait le voir et il se laissait mener d'abord comme un petit enfant, quoique dégoûté de voir ainsi le monde : mais, au bout de très peu de temps, il s'en aperçut et se retira.* » P. Libermann à son frère, 6 juillet 1842, n° 99.

10. PROJET D'ENTRER CHEZ LES JÉSUITES

« *Ratisbonne* [...] *me parle souvent* [...] *de sérieux désirs d'entrer dans la Compagnie.* » X. de Ravignan à J. Roothaan, 7 avril 1842, n° 57.

« *Les lettres de ma famille me rendent toute ma liberté ; cette liberté, je la consacre à Dieu et je la lui offre dès à présent, avec ma vie entière, pour servir l'Eglise et mes frères sous la protection de Marie !* » Alphonse à Desgenettes, 12 avril 1842, n° 59, p. 93-94.

« *Selon les apparences, je dois m'attendre à le voir entrer au noviciat des Jésuites.* » Théodore à Mgr Raess, 18 avril 1842, n° 63.

« *Si le Bon Dieu appelle Monsieur Ratisbonne à la Compagnie (ce dont je ne m'étonnerais pas, mais je penserais qu'il ne doit pas trop hâter sa décision), la demande de dispense* [...] *me serait remise.* » Réponse de J. Roothaan à X. de Ravignan, 19 avril 1842, n° 64 : sur la dispense, voir ci-dessous note 18.

« *La Sainte Vierge, qui m'a mis aux pieds de son divin Fils, N.S.Jésus-Christ, semble maintenant me conduire à vous, mon T.R. Père et, malgré le vif sentiment de mon indignité, qui m'a fait lutter contre cette pensée, je me crois appelé à servir Dieu dans la Compagnie dont vous êtes le père et le digne Général.* » Alphonse à J. Roothaan, 31 mai 1842, n° 72.

« *Mon frère se décida à passer quelques mois en retraite dans la communauté de Juilly, pour connaître la volonté de Dieu et suivre N.S.Jésus-Christ dans la voie qui lui serait manifestée. Depuis lors une seule pensée, un seul sentiment dominent mon frère, c'est le désir de tout sacrifier pour servir l'Eglise dans la Compagnie de Jésus.*
Un tel désir qui, depuis trois mois, *se fortifie tous les jours au milieu de toute espèce d'épreuves, un tel désir ne saurait provenir de la chair et du sang, aussi j'ai dû le respecter moi-même comme une vocation supérieure et, quoique par ma position et mon affection, je fusse plus intéressé que personne à garder mon frère auprès de moi, à ménager ma famille et à m'attacher le seul frère que la Providence m'ait donné, malgré de nombreuses et puissantes considérations qui m'eussent autorisé à user de mon influence pour le retenir à Juilly* [...], *ma conscience m'a obligé d'en agir autrement et, après avoir longtemps et beaucoup prié pour mon frère, j'ai senti, comme lui, qu'il fallait, en cette grave circonstance, sacrifier tous les intérêts particuliers pour accomplir les desseins de Dieu.* [...]. *Je dois ajouter que si mon frère a senti quelque influence personnelle dans la détermination qu'il a prise, ce n'est point celle des Jésuites, car il est resté à Juilly, environné de fervents amis [les disciples de Bautain] qui avaient le plus grand désir de le garder au milieu d'eux, et sa confiance tout entière avait été donnée à un frère qui connaît ses plus secrètes pensées. D'un autre côté, si les Jésuites, par une conduite toute providentielle, ont été chargés de sa direction à Rome et à Paris, j'affirme qu'ils ont mis toute la discrétion possible dans leurs rapports avec lui ; loin de l'attirer à eux, ils ont consenti à son séjour à Juilly, ils lui ont représenté toutes les difficultés qu'il aurait à vaincre en entrant dans la Compagnie, ils ne lui ont caché aucune des épreuves qu'il aurait à subir ; et ils ne cèdent en quelque sorte qu'aux vives instances de mon frère en l'admettant à un essai dans l'un de leurs noviciats.* » Théodore à Mgr Raess, 8 juin 1842, n° 83.

« *Marie-Alphonse, pour obéir à l'inspiration du ciel, s'en alla chercher la solitude d'une maison religieuse. C'est dans le silence et l'humilité d'une vie cachée, pendant dix ans et plus, que Dieu voulait préparer son apôtre aux grandes œuvres qu'il avait résolu d'accomplir par lui.* » Annales de Sion, Bulletin n° 29, juin 1884, p. 6, notre n° 283.

Synthèse

Flore ayant signifié la rupture dans sa lettre du 6 mars 1842 (n° 44, ci-dessus note 4), Alphonse décide de consacrer sa « *liberté à Dieu* » (n° 59, 12 avril). Dès le 18, Théodore confie à Mgr Raess son projet d'« *entrer au noviciat des Jésuites* » (n° 63). Alphonse présente sa demande au Père Général, J. Roothaan, le 31 mai 1842 (n° 72). Ce désir s'était concrétisé dès la réponse de Flore : trois mois avant le 8 juin (n° 83), donc le 8 mars. C'est bien une détermination personnelle, déterminée par le rayonnement des Jésuites de Rome (Villefort, Rozaven, Roothaan) et de Paris (Ravignan, son directeur spirituel à Paris), car il était à Juilly, où les Pères de Saint Louis, fondés par Monsieur Bautain, auraient désiré le garder. Et Théodore lui-même confie à Mgr Raess son intérêt « *à garder mon frère auprès de moi* » pour la fondation de Notre-Dame de Sion (n° 83). Cette vocation ne vient donc pas « *de la chair et du sang* » (n° 83) mais d'une « *inspiration du ciel* » (1884, n° 283).

11. LA DISPENSE NÉCESSAIRE POUR ENTRER DANS LA COMPAGNIE DE JÉSUS

« *Si le Bon Dieu appelle Monsieur Ratisbonne à la Compagnie* [...], *la demande de dispense qui, naturellement, doit être présentée au Saint-Père, me serait remise sans doute, je ne résisterais pas. Tout est extraordinaire dans ce jeune homme !* » J. Roothaan au P. de Ravignan, 19 avril 1842, n° 64.

« *Si vous jugez, dans votre sagesse, que cette vocation vienne de Dieu, j'oserais vous supplier de mettre le comble à la charité que vous m'avez témoignée en intercédant auprès du Souverain Pontife pour m'obtenir les dispenses que j'ai demandées, afin que je puisse être admis, le plus tôt possible, dans la famille de St Ignace.* » Alphonse à J. Roothaan, Général, 31 mai 1842, n° 72.

« *Je prie le R. P. Général d'intercéder auprès du Souverain Pontife pour obtenir les dispenses dont il a besoin pour être reçu dans la Compagnie.* » X. de Ravignan à J. Roothaan, 31 mai 1842, n° 73.

« *J'ai écrit au Souverain Pontife afin d'obtenir les dispenses exigées par les Constitutions en ma qualité d'*Ex-*israélite.* » Alphonse à T. de Bussières, 3 juin 1842, n° 78.

« *Mgr l'Internonce s'est chargé de faire parvenir au Saint-Père la demande de dispense pour entrer dans la Compagnie.* » X. de Ravignan à J. Roothaan, 6 juin 1842, n° 81.

Demande de la dispense (traduction) : « *Le jeune Marie-Alphonse Ratisbonne lequel en de très spéciales circonstances, a abjuré le judaïsme et embrassé notre religion catholique, m'a prié de faire parvenir à la Sainteté de Notre-Seigneur la supplique annexe par laquelle il implore* [...] *la dispense* [...] *pour faire partie* [...] *de la Compagnie de Jésus. Ces Pères Jésuites* [...] *sont informés de la demande* [...] *à Votre Sainteté. Je n'ai pas cru devoir me soustraire au désir que cet intéressant jeune homme m'a manifesté. C'est pourquoi je prie Votre Eminence* [...] *de daigner présenter cette supplique sous les yeux du Saint-Père...* » Lettre de Mgr Garibaldi au Cardinal Ostini, Préfet de la Congrégation des Evêques, 7 juin 1842, n° 82.

« *Mgr Garibaldi a dû envoyer ces jours-ci au Saint-Père la lettre par laquelle Marie-Alphonse demande à Sa Sainteté la dispense qui lui est nécessaire.* » Clément Boulanger à J. Roothaan, 10 juin 1842, n° 84.

« *Je vous donne aujourd'hui le nom de frère en Notre-Seigneur, dans le sens plus strict, car c'est depuis hier, jour de St Louis de Gonzague, que j'ai eu connaissance de la dispense accordée par le Saint-Père, qui a bien voulu me remettre toute l'affaire, et qui avait reçu votre supplique avec une vraie satisfaction.* » J. Roothaan à Alphonse, 22 juin 1842, n° 91.

Synthèse

Selon les statuts de la Compagnie, Alphonse, comme juif (« Ex-*israélite* », dit-il au n° 78), devait obtenir une dispense (n° 64, 72, 73, 78, 81, 82, 84, 91) ; problème que le Père Général avait soulevé, dans une perspective favorable, dès le 19 avril (n° 64).

Le 31 mai, Alphonse fait sa demande pour entrer chez les Jésuites et obtenir la dispense nécessaire, dont le P. de Ravignan l'a mis au courant (n° 72) et le P. de Ravignan appuie sa demande (n° 73). Alphonse écrit au Souverain Pontife à cet effet (selon sa lettre à T. de Bussières, 3 juin 1842, n° 78). L'Internonce, Mgr Garibaldi, transmet la demande (n° 81, 82) et la dispense est accordée le 21 juin 1842 (n° 91). Le P J. Roothaan le communique à Alphonse par lettre du 22 juin 1842, n° 91.

12. Invitation

« *Arriva le temps de la Fête-Dieu. Le vénérable Monsieur Desgenettes vint avec son sous-directeur, l'abbé Théodore, pour présider la procession du jeudi, jour liturgique de cette solennité. Le matin, au déjeuner, le bon curé dit au néophyte :*
— Vous devriez prendre part à la procession en revêtant le surplis et la chape.
— Mais la barbe? répliqua Marie-Alphonse.
— Ce n'est pas un empêchement, reprend le curé.
Pourtant, désireux de se mêler aux rangs du clergé sans heurter les usages, Marie-Alphonse monte dans sa chambre. Là, [...] *il fait tomber l'ornement facial auquel il tient beaucoup, reparaît tout joyeux de ce sacrifice.* » Abbé de Humbourg, Trois protégés de la T. Sainte Vierge, in l'*Almanach du Bon Catholique,* probablement 1891, n° 7, p. 82.

13. Alphonse annonce sa vocation

« *Ma place n'est ni à Paris ni à Juilly. Elle est marquée ailleurs; et lorsque j'eus le bonheur de recevoir votre lettre, j'avais déjà écrit au Souverain Pontife au sujet des dispenses de ma vocation* [...]. *Je crois que le sacrifice total de ma vie au service de N. S. Jésus-Christ sera plus utile et salutaire à ma famille que toutes mes sollicitations pour les convertir.* » Alphonse à Mgr Raess, 2 juin 1842, n° 77.

« *Je vais quitter définitivement le monde. Oui, mon cher ami, dans quelques jours je partirai pour St Acheul, près d'Amiens. Il y a là un noviciat de la Compagnie de Jésus* [...]. *Je ne vous ai pas consulté sur ce point, mon bon parrain, parce que je crois qu'en pareil cas, un avis est bien difficile à donner, et plus difficile encore à suivre, s'il ne se trouve pas en accord avec la voix que Dieu fait entendre au fond du cœur. Il est plus convenable, je pense, d'agir avec une entière indépendance* [...]. *Vous en serez content* [...], *ainsi que tous nos amis de Rome, à qui vous pouvez l'annoncer de ma part, si le T. R. P. Général vous dit que l'autorisation me sera accordée.* » Alphonse à T. de Bussières, 3 juin 1842, n° 78.

« *Mes chères petites sœurs, je ne vous oublierai jamais : je vous fais cette promesse à la veille de mon départ et au moment de répondre à la vocation de Dieu qui m'appelle dans la Compagnie de Jésus.* » Alphonse aux enfants de la Providence, 13 juin 1842, n° 86.

Don à la Société de Travail des israélites de Strasbourg : « *Je désire, avant de quitter le monde pour me consacrer tout à Dieu, vous donner une preuve de l'intérêt que je prends à vos travaux* [...].
A cet effet, je vous envoie une somme de deux mille francs que vous voudrez bien accepter de la part d'un ancien collègue qui ne cessera de faire des vœux pour la prospérité de la Société que vous administrez. Tout homme de bien approuvera vos constants efforts pour l'amélioration du sort des Israélites, mais dans ma conviction, la régénération de l'ancien peuple de Dieu ne poura s'opérer d'une manière profonde et complète que lorsqu'ils seront de nouveau entés sur l'arbre de vie. Il m'est évident que la moralisation des Juifs et leur vrai civilisation est impossible en dehors de la foi de nos Pères. [...] *Il faut attirer la bénédiction du Dieu Trois Fois Saint par une humble obéissance à la parole des Livres Sacrés* 14 juin 1842, n° 87.

Synthèse

Alphonse annonce sa décision d'entrer chez les Jésuites à Mgr Raess dès le 2 juin (n° 77), à T. de Bussières le lendemain 3 juin en le priant d'en faire part à tous ses amis de Rome (n° 78). Il en fait part aux petites filles de la Providence le 13 juin 1842 (n° 86), et à la Société de Travail des Israélites de Strasbourg, à laquelle il fait un don à cette occasion le 14 juin 1842, n° 87.

14. PROJET DE VOYAGE À JÉRUSALEM

Voir ci-dessus, note 7.

15. MARCHE ! MARCHE !

« *Le lundi 4 février* [1878], *j'ai dit la dernière Messe à Saint André. Il m'en a coûté de m'arracher à cet autel et à cette église* [...]. *J'aurais bien voulu y mourir. Je l'ai demandé avec instance à Marie mais, de la chapelle d'en face, qui est celle de l'Ecce Homo, j'ai entendu cet ordre impératif :*
— Marche ! Marche !
Et j'ai immédiatement obéi. » Alphonse à Théodore, 8 février 1878, n° 59.
Cette voix qu'il entend en février 1878 n'a aucun rapport direct avec son départ chez les Jésuites en 1842. Elle exprime un élan analogue.
« *Prenant pour texte ce mot qui avait retenti à son oreille dans la chapelle de l'*Ecce Homo, *en face de l'autel de la Madone de St André, le P. Marie nous dit :*
— Ce n'est pas seulement à moi que cette parole a été dite : " Marche, marche ! " Vous l'avez aussi entendue dans votre vie et elle a été pour vous le signe de votre vocation. »
Lettre de la Maison-Mère aux autres maisons de Sion relatant une instruction du P. Marie aux Sœurs de la Maison-Mère, mars 1878, n° 140.

CORPUS DES LETTRES D'ALPHONSE RATISBONNE
21 janvier-10 mars 1842

LE CORPUS DES 7 LETTRES D'ALPHONSE durant le premier trimestre 1842, largement citées et commentées dans ce volume, méritent d'être éditées in-extenso, ainsi que les 2 remarquables lettres de rupture de sa fiancée Flore.

1

21 janvier 1842 (n° 3)
Lettre d'Alphonse à Flore Ratisbonne sa fiancée

Ma bien chère amie,

Tu vas me croire fou ; trois fois je t'annonce mon départ pour la Sicile et Malte, trois fois sans que je puisse me rendre compte de ce qui se passe en moi, trois fois il se fait qu'au moment de partir, c'est Rome qui m'attire, c'est Rome qui me garde. A Naples, je sortais pour retenir ma place au bateau à vapeur en obéissant à une force irrésistible, je change subitement involontairement de direction et c'est au bureau de la diligence de Rome que je cours. A Rome, après un séjour de moins de 2 semaines, je prends ma place, je la paie, pour retourner à Naples et continuer mon voyage ; c'est encore subitement involontairement pour ainsi dire, que sans motifs graves je me décide à rester quelques jours de plus.

Enfin je t'annonçais mon départ définitif pour demain samedi et je viens t'annoncer pour la troisième fois que c'est Rome qui l'emporte... Rome, toujours Rome ; tu vas être jalouse, ma chère Flore, mais rassure-toi et n'oublie jamais que Dieu aurait seul le pouvoir de me faire renoncer à ton amour et lors même que sa Volonté me mettrait à une aussi cruelle épreuve, je bénirais son Nom et je le prierais sans cesse pour toi. Mais pourquoi restes-tu à Rome, ? me diras-tu. C'est juste, ma chère amie ; je vais te le faire comprendre.

J'ai entrepris mon voyage un peu pour ma santé, un peu pour ma distraction beaucoup pour mon plaisir et très peu pour mon instruction. Ma santé, tu le sais n'était pas réellement altérée ; c'était une disposition sombre, une tristesse invincible même au milieu des fêtes et des plaisirs, qui rongeait toute mon existence et jetait une teinte noirâtre sur notre union même. Je sentais en tout et partout, comme tu le sentiras un jour, si déjà ta raison ne te l'a pas encore dévoilé aujourd'hui, un vide dont l'horreur me glaçait.

A l'heure qu'il est, ma bonne amie, ce vide effrayant est comblé ; je suis le plus heureux des hommes et ma santé qui était frêle et délicate en éprouve l'influence la plus bienfaisante. Réjouis-toi avec moi, c'est à Rome que je me suis guéri. Je n'ai jamais eu un goût bien prononcé pour les bals et les cohues niaises que l'on appelle les bonheurs du monde, tu m'as dit toi-même bien souvent que j'y apportais une figure funèbre, au contraire ma bonne amie, tu sais que j'ai toujours manifesté un vif enthousiasme pour les grandes et belles choses, soit dans mon voyage en Suisse devant les imposants spectacles de la nature, soit dans mon voyage en Italie devant les débris de l'histoire du monde. Ce sentiment que tu appelles *Poésie* (pauvre amie, parce que n'ayant point de religion tu es obligée de l'appeler ainsi), ce sentiment c'est à Rome que je puis le satisfaire, Rome le centre de tout ce qui est beau, de tout ce qui est grand, de tout ce qui est éternel. Remercions ensemble la bonté infinie du Ciel. Quant à mon instruction à laquelle je ne songeais pas beaucoup en partant de Strasbourg, je puis te jurer, ma chère Flore, qu'à Rome, sans maîtres, sans livres, j'ai plus appris en quelques jours; je puis même dire en quelques heures que je n'aurais appris pendant ma vie entière si je n'y étais pas venu. Joins tes prières aux miennes, mon amie, pour rendre grâce à Dieu. Tu es étonnée ma Flore, du ton sérieux et religieux de ma lettre. Elle contraste d'une manière surprenante et miraculeuse avec les blasphèmes de tous les genres que j'ai proférés dans mes précédentes, ce qui n'était qu'une conséquence logique de mon irréligion et de l'atmosphère impie au milieu de laquelle je vivais. Eh bien oui, Flore, c'est un miracle dans la véritable acception de ce mot, c'est à un miracle inoui que je dois un changement si subit. C'est par un miracle que le vide a été comblé. C'est par un miracle que je suis aujourd'hui le plus heureux des hommes. Dieu a vu que j'avais une grande sincérité dans le cœur et après m'avoir fait envisager le néant des choses humaines, Il a permis qu'un Ange gardien vienne me prendre visiblement par la main pour me faire connaître le vrai bonheur, c'est-à-dire la vérité que tu partageras.

Encore une fois, ma chère Flore, je ne suis pas fou, car malheureusement nous (je dis nous, car il n'y a pas longtemps encore que j'étais ainsi) nous aimons mieux croire à la folie qu'à une manifestation de la Puissance divine; parce que dans la famille on ne songe jamais à la religion et aussi parce que la religion dans laquelle nous sommes sensés vivre, ne peut mener qu'au ridicule ou à l'impossible.

Je te jure, mon amie, que les dispositions subites dans lesquelles je me trouve ne sont dues qu'à un miracle; je sais bien à quelles plaisanteries je m'expose de la part de ceux qui rient de tout (et j'en étais il y a bien peu de temps) qui rient même de Dieu malgré ses merveilles de tous les jours. Je ne me plaindrai pas de leur incrédulité, mais je les plains de leur ignorance et de leur présomption; je les défie de me prouver ma conversion, autrement que par un miracle, car cette conversion, sans miracle serait elle-même le plus grand miracle. Ce miracle, tu le connaîtras, je ne t'en parlerai pas encore aujourd'hui, non pas que je te crois indigne de le connaître; oh non! je suis bien tranquille sur tes sentiments, mais il faut que tu sois préparée à y avoir foi.

Je t'embrasse; j'embrasse toute ma chère famille. Ecrivez-moi à Rome où je reste jusqu'à nouvel ordre.

2

22 janvier 1842 (n° 6)

Lettre d'Alphonse à son frère Théodore Ratisbonne

Mon très cher frère,

Dieu a voulu que toute ma vie jusqu'à l'instant de ma conversion, ne fût qu'une série d'actes anti-chrétiens; Dieu a voulu que je fusse dans un concours de circonstances telles qu'il est impossible à qui que ce puisse être d'expliquer ma conversion subite autrement que par une force divine, par un miracle.

— Qui t'a persécuté avec le plus d'acharnement? C'est moi.

— Qui s'occupait avec le plus d'activité du sort des pauvres juifs? C'est moi.

— Qui proférait le plus de blasphèmes contre les catholiques et leur esprit de conversionnisme ? C'est moi.
— Qui avait le plus d'indifférence en religion ? C'est moi.
— M'accusera-t-on de lâcheté ? Mais les juifs en France étant égaux à tous les autres citoyens, je puis rejeter ce reproche que personne ne me fera sérieusement.
— Est-ce par ambition ? mais en quoi ? Quelle carrière se ferme donc devant moi si je reste juif ?
— Est-ce par intérêt, ce grand mobile du siècle présent ? ... Mais tu le sais aussi bien que moi, mon intérêt serait plutôt de rester juif.
— Est-ce par affection, par une inclination peut-être secrète ? Mais tu sais, toute ma famille sait à quel point j'aime ma fiancée si digne d'être aimée ; mais si Flore n'a pas la force de me suivre, il me faut renoncer à elle ; mais si Flore m'échappe, je suis résolu à finir ma vie dans un des cloîtres de l'ordre le plus sévère.
— Est-ce par suite de mes lectures ? Mais je n'ai jamais lu aucun livre de religion.
— Est-ce par l'influence de mes amis ? Mais je ne connaissais que des jeunes gens sans foi, sans religion aucune ; je ne connaissais ici que Gustave Renouard de Bussière qui est protestant enragé et qui disait de moi il y a quelques jours seulement : « Il n'y a rien à faire avec Alphonse, c'est un juif encroûté ».
— Est-ce parce que mon esprit est malade, parce que ma raison affaiblie a succombé devant la Majesté de Rome ? Mais voici quinze jours que j'y suis. Ma place était prise pour partir et j'écrivais dans ma dernière lettre à Hanna : « J'ai passé dans la rue des Juifs et leur misère a ranimé ma haine contre les catholiques ; j'aime mieux être parmi les persécutés que parmi les persécuteurs ».
— Mais alors comment expliquer ma conversion ? mon cher frère, je te dirai dans une prochaine lettre toutes les circonstances merveilleuses qui l'ont précédée et j'espère que celles qui la suivront ne seront pas moins merveilleuses. J'ai trouvé hier dans le premier livre religieux que j'aie jamais ouvert depuis que je suis au monde cette phrase : « Une telle persuasion produite sans miracle, serait elle-même le plus grand des miracles que l'on pourrait imaginer ».

A Dieu, mon bienheureux frère ; je t'ai causé bien du chagrin, pardonne à ton frère en Jésus.

Marie-Alphonse

3

22 janvier 1842 (n° 7)
Lettre d'Alphonse à son oncle à Strasbourg

Mon cher oncle,

Afin que tu ne sois pas effrayé du préambule de cette lettre, je commencerai par te dire que l'événement qui en fait l'objet me rend le plus heureux des hommes, ce qui ne veut pas dire heureux comme on l'est ordinairement en ce monde, mais heureux d'une félicité qui sera éternelle.

J'étais à Naples et sur le point de partir pour la Sicile et Malte. Les Rothschild, Halley et Coulmann, Juifs, Catholiques et Protestants me conseillaient de faire d'abord un court séjour à Rome. Je ne voulais pas le faire. Je sors de chez moi pour aller retenir ma place sur le bateau à vapeur et une main invisible me conduit au bureau des diligences pour Rome et sans savoir comment, je me décide à aller à Rome.

Vous avez pu juger d'après mes lettres de quels sentiments j'étais animé à Rome. J'avais à la vérité comme toujours, un certain sens religieux vague, mais j'étais anti-chrétien, anti-catholique et ce n'était qu'une conséquence logique de ma conduite précédente.

Ne suis-je pas de toute la famille celui qui a le plus persécuté Théodore ? Ne suis-je pas un de ceux qui ont travaillé le plus ouvertement à la régénération des Juifs ?
Ma dernière lettre à Hélène, si je m'en rappelle exactement les termes, disait qu'après avoir traversé le quartier des Juifs, j'en étais sorti plus indisposé que jamais contre la charité chrétienne. Enfin j'étais sur le point de quitter Rome, enthousiasmé, il est vrai, des curiosités qu'elle renferme, mais loin de ressentir l'influence de ce qui devait m'arriver. Je devais partir le 17 à 9 heures du matin.

Le 15 au soir, je vais déposer une carte de visite d'adieu (selon ma bonne habitude) chez Gustave Renouard de Bussières et chez ses parents qui m'avaient fait la politesse de m'inviter à diner et de me mener au théâtre. Gustave étant à la chasse, je ne voulus pas me présenter chez eux.

En sortant je pensai que ce serait également bien de laisser une autre carte de visite chez la famille de Théodore de Bussières, ami de notre Théodore, c'était simplement pour faire plaisir à l'abbé que je remplissais ce devoir de convenance. Je voulais remettre ma carte au portier, mais il n'y était pas, je montai dans l'intention de la remettre au domestique. Celui-ci ne parlait qu'italien et ne me comprenant pas, il me fit entrer au salon à ma grande contrariété. Mr Théodore de Bussières s'y trouvait avec sa femme, leurs deux petites et un ami qui partit presque aussitôt. La conversation roulait sur le thème habituel des étrangers.
— Qu'avez-vous vu à Rome ?
Je racontai alors au milieu des sarcasmes et des plus affreux blasphèmes, mes impresssions dans les églises à la vue des cérémonies, etc. J'ajoutai toutefois qu'en entrant dans l'église située sur le Capitole, j'avais éprouvé une sensation profonde et inexprimable, dont le valet de place lui-même s'était aperçu. Je crois avoir mentionné ce détail dans une lettre à ma chère Flore.

A ces mots je vis briller comme un éclair électrique dans les yeux de M. de Bussières, qui est un homme d'une piété vive et profonde ; je l'assurai bien vite qu'une telle impression avait été purement religieuse, mais nullement catholique. On causa encore quelque temps, enfin on entama l'article de l'abbé Ratisbonne et j'exprimai mon indignation contre lui pour sa conduite au sujet du petit Auguste. Ma visite se prolongeait sans que je pus me décider à me lever, j'étais comme cloué sur ma chaise. Puisque vous êtes un esprit si fort, me dit M. Théodore de Bussières, promettez-moi de porter sur vous une Médaille Miraculeuse.
Après avoir beaucoup ri et plaisanté, je lui dis que je la porterais assez volontiers pour lui prouver :
1° que les Juifs ne sont pas aussi obstinés qu'on veut le dire ;
2° que la Médaille Miraculeuse n'est qu'une simple prière. Je la pris donc, me disant en moi-même, comme Hoffmann dans la chanson des remèdes : si cela ne peut me faire de bien, du moins cela ne peut me faire de mal.
— Encouragé par ma docilité M. de Bussières me pria de réciter une prière à la Vierge, prière composée par St Bernard, prière de quelques lignes, prière infaillible.

Ah ! pour le coup, je trouvai cela trop indiscret et j'étais tenté de lui demander à mon tour de réciter une prière hébraïque. Enfin, pour me débarrasser de son importunité je lui promis de réciter chez moi cette prière soir et matin. Je devais partir le lendemain et je me proposais de faire de la médaille et de la prière un épisode amusant de mes notes et souvenirs de voyage.
Ma place était déjà payée, j'en avais la facture et je la conserve. Cependant j'entendis parler d'une magnifique cérémonie à Saint Pierre pour l'anniversaire de l'établissement de la Papauté. Désireux de ne point quitter Rome sans voir ce curieux spectacle tout comme un provincial qui, venant à Paris, tient à voir le roi ou la girafe. Je me décide à rester 8 jours de plus sans pouvoir me rendre raison d'une semblable décision, dont le motif n'était point tel que mon esprit se le figurait.

Ayant assisté à cette cérémonie à St Pierre je fixai de nouveau mon départ au samedi 22, en dépit des instances de mes amis, car je voyais de temps à autre Gustave de Bussières et Edmond Humann. Gustave qui est enragé protestant et qui depuis longtemps cherchait à faire de moi un Lochmayer, et qui disait à sa femme (elle-même me l'a rapporté depuis) : il n'y a rien à attendre d'Alphonse, c'est un Juif encroûté. Gustave lui-même peut attester de quels sentiments peu religieux j'étais animé en face de ce que Rome renferme de plus imposant en fait de religion. Avec Lotzbeck je n'ai jamais causé religion et je ne sais même pas à laquelle il appartient. Quant à Edmond Humann, je ne l'ai vu que deux fois et il déclarera devant Dieu ce dont il fut témoin durant notre dernier entretien.

Le 18, M. Théodore de Bussières réunit chez lui quelques amis et m'invite à y venir ; je ne m'y rends pas. Je le rencontre de nouveau le 19 à la promenade, il m'engage à monter en voiture avec lui et sa femme ; nous visitons ensemble la Basilique de Ste Marie Majeur et la villa Wolkonski. M. de Bussières me dit qu'il augure bien de ma docilité, qu'il est assuré de ma conversion, que Dieu m'enverrait un ange plutôt que de m'abandonner, parce qu'il voyait en moi une grande sincérité. Je ne fis d'autre réponse que des railleries et des blasphèmes.

Alors, c'est-à-dire le soir même, M. Théodore de Bussières perdit un de ses meilleurs amis, un homme qu'il aimait comme un père, M. le Comte de la Ferronnays, ancien Ministre de Charles X. Cet ami mourait à l'âge de 64 ans, presque subitement, après une heure d'agonie, d'une attaque d'apoplexie, mais il était mort saintement, après avoir mené une vie très sainte durant ses dernières années, se préparant chaque jour à comparaître devant le tribunal de Dieu.

M. de Bussières, en qualité d'ami de la maison passait presque tout son temps à consoler cette noble famille en deuil et n'avait certes que peu de loisir pour s'occuper d'un hérétique comme moi qu'il connaissait depuis 3 jours et qui dans 3 jours devait s'éloigner de lui.

Enfin le 20 (quelle date !) voici de quelle manière j'employai mon temps. Avant d'aller plus loin, il faut dire que depuis le 15 au soir, je lisais et relisais cette prière si étrange précisément pour y chercher ce qu'elle renfermait d'extraordinaire. Je la sus bientôt par cœur et je la répètais sans pouvoir m'en défendre, comme on chante machinalement un air de théâtre qui vous poursuit ; Je portais la médaille pour ne pas être trouvé en faute devant M. de Bussières, comme quelqu'un qui joue *au vert* et qui prend bien garde de ne pas se tromper pour ne pas payer l'amende d'un sou.

Je crois que ce fut le 20 que je commençai à écrire à Hélène et que je portai la lettre à la poste. Puis j'allai chez Gustave que je trouvai seul avec sa femme. Nous avons causé et plaisanté sur la cérémonie de St Pierre. Il me dit : Alphonse, je t'engage à aller voir aujourd'hui une curieuse cérémonie ; la bénédiction des animaux.

— Ah ! répondis-je certainement et je demanderai à faire partie de ceux qui seront bénis.

En sortant de chez Gustave, j'entre dans un café et je crie au garçon de me donner ce qu'il voudra parce que je ne viens que pour lire les journaux. Il était midi 1/2 ; par le plus heureux des hasards Edmond Humann se trouvait là et se mit à causer avec moi. Nous parlâmes de politique, de statistiques, de Strasbourg. Nous nous sommes moqués de la pension. Peu de Paris. C'était mon second entretien avec lui ; et il peut témoigner dans quelles dispositions tranquilles, paisibles, naturelles je me trouvais.

Au sortir du café, je rencontre M. Théodore de Bussières en voiture ; il me fait mille amabilités, fait arrêter son équipage, me dit qu'il allait précisément me chercher et que, puisqu'il me rencontrait en chemin, par un si beau temps, il me proposait de faire une promenade avec lui. A la vérité cela me contrariait, j'acceptai cependant. Cette rencontre eut lieu près de la place d'Espagne, où je demeurais. Mais, ajoute M. de Bussières, avant d'aller plus loin, j'ai une commission à faire dans cette église paroissiale à l'extrême de la place, pour un convoi funèbre de ce soir ; voulez-vous m'accompagner ? Et pourquoi pas ? lui dis-je. (L'attente ne pouvait être longue.)

Nous entrâmes à l'église de St André delle Fratte : il était une heure après midi. Cette église est de fort modeste apparence.

— Pour qui sont ces préparatifs funèbres ? demandai-je à M. de Bussières en voyant au milieu de l'église des tentures noires et autres objets de même sorte.

— Pour M. le Comte de Laferronnays, me répondit-il. Attendez-moi ici un instant, je vais donner des ordres pour le convoi funèbre d'aujourd'hui.

Et il entra dans le couvent contigu à l'église, me criant encore de lui accorder un moment de patience.

Je restai seul dans l'église, (depuis 5 ou 6 minutes) lorsque M. de Bussières revint ; il ne me vit pas d'abord, puis il découvrit où j'étais.

Mon cher oncle, durant ces courts instants il s'était passé un évènement extraordinaire, non seulement par lui-même, mais par toutes les circonstances qui l'ont précédé et suivi ; circonstances qui contraignent les plus incrédules, ceux mêmes qui ne connaissent ni ma vie, ni mes affections, ni mes intérêts, ceux enfin qui pourraient douter, qui les contraignent tous, dis-je, à croire et à prier.

Je suis trop ému pour pouvoir te raconter un miracle dont je n'ai été qu'un misérable instrument ; je te copierai un passage de la lettre que M. de Bussières a écrite à l'abbé R[atisbonne]. pour lui faire part de ce fait que Théodore lui-même trouvera inattendu.

Théodore est chargé de le communiquer à Elisa.

Malgré tout ce que cet évènement a d'incroyable tu peux deviner, mon cher oncle, ce qui en est résulté.

Je suis entré dans cette église, aussi juif, je te le jure, que je pouvais l'être à Strasbourg durant tout le cours de ma vie et peut-être plus encore ; et cinq minutes après j'en sortais chrétien et catholique ardent, prêt à renoncer avec joie à toute chose en ce monde.

Que s'était-il donc passé ? Un miracle ? Direz-vous en riant. Riez, riez, mes pauvres amis, mais quand vous aurez assez ri, vous vous mettrez, je crois, à réfléchir, vous chercherez à trouver un motif à une semblable conversion qui serait elle-même le plus grand des miracles, si elle se fut opérée sans miracle. Riez, riez, impies ! Mais pour chacun de vous viendra une heure solennelle, où vous ne rirez plus, où vous penserez sérieusement à ce que je vous dis aujourd'hui.

Je commencerai (afin de te prouver que par cette résolution soudaine, je n'ai fait qu'obéir aveuglément à la Volonté divine), par te déclarer que je n'ai point encore l'intention d'entrer dans les Ordres Sacrés.

Celle à qui il appartient de décider cette question, c'est Flore, ma chère fiancée, ce qui doit lui prouver, ainsi qu'à tous ceux qui chercheraient à voir dans cet évènement un acte injurieux pour elle, que je l'aime de cet amour sincère dont je l'ai toujours aimée, et que je l'aimerai toujours. De deux choses l'une : ou bien Flore croira à la vérité de ce que je lui dirai ; ou elle refusera d'y ajouter foi. Si elle y croit, elle suivra nécessairement mon exemple ; elle deviendra catholique. Notre mariage se fera au pied de l'autel, en présence de Jésus-Christ, et notre maison, notre foyer domestique, notre bonheur, l'éducation morale et religieuse de nos enfants, l'atmosphère pure et pieuse qui règnera dans notre intérieur, formant contraste avec ce qui se passe dans les relations intimes des autres membres de notre famille, devra nécessairement les attirer tous à suivre notre exemple, je n'en ai pas le moindre doute.

Ou bien Flore ne croira pas à la vérité de mes paroles et alors elle renoncera facilement à un homme qui ferait usage de semblables impostures et se rendrait indigne d'elle, mais en ce cas, je lui donnerai à mon tour un solennel démenti pour obéir à la voix de Dieu : je renoncerai au monde et je passerai ma vie dans un des cloîtres les plus austères du Christianisme.

Croirez-vous maintenant que tout cela ne soit qu'une comédie ? Qu'est-ce qu'une religion qui peut obtenir une semblable conversion ? Qu'est-ce qu'une religion capable d'inspirer une foi si résolue, si aveugle ? Je n'en suis pas le seul exemple.

Donc : ou bien Flore pour convertir notre famille par notre exemple, ou bien le cloître pour offrir à Dieu jusqu'au dernier instant de ma vie, de ferventes prières pour votre conversion à tous. Peut-être me croira-t-on fou. Oh ! sans doute on le dira : moi-même je le disais de Théodore dont la conversion n'a rien à faire avec la mienne.

Fou ! On préférera donc croire à la folie !... On doute de Dieu même malgré ses continuelles merveilles, pourrai-je donc me plaindre de rencontrer des incrédules ?

A tout prix il faudra bien se rendre raison d'une conversion si étrange, si inexpliquable. L'ambition, un sentiment de lâcheté en face de mes coreligionnaires juifs, un esprit affaibli par la maladie, un motif d'intérêt, mes affections domestiques, mes relations, mes inclinations, mes lectures, mes antécédents, mon amour, l'amour propre, mes dispositions à la mélancolie, les influences de personnes étrangères. Soit, ceux qui ne me connaissent pas pourront dire cela et bien d'autres choses encore. Mais quelle carrière n'est point fermée par cet acte à mon immense et insatiable ambition comme juif ? Et quelle sera la carrière si engageante ouverte à mon ambition en ce monde en qualité de chrétien ? Qui plus que moi était préoccupé de la régénération des Juifs ? Je l'ai prouvé non point en paroles, mais en actes. La fameuse loterie n'est pas de date si ancienne et le retentissement qu'elle a eu en fait foi. Par qui Théodore a-t-il été persécuté et raillé avec plus d'acharnement ? Ceci soit dit pour mon amour propre. Ma santé physique n'a jamais été meilleure que depuis cette époque et ma tristesse habituelle s'est transformée en cette douce joie dont les catholiques seuls portent l'empreinte sur leur visage ; quant à mes intérêts de fortune le grand moteur des temps actuels, l'argent, le Dieu de notre époque, Satan en personne, vous savez bien vous autres, ce que j'ai pu gagner par ma conversion.

Quant aux affections du cœur, à mon amour pour Flore, qui a pu en douter jamais ? Quel jeune homme a plus que moi vécu de tout temps en famille ? Qui lui a causé moins de soucis ? Où est le fils plus aimé, le neveu préféré, l'oncle plus chéri ?

Quant à mes relations, je ne connaissais que Gustave Renouard, protestant, et puis, par hasard, depuis 4 ou 5 jours, M. Théodore de Bussières, catholique, ne l'ayant vu que dans les circonstances que j'ai rapportées. Quant à mes lectures, je n'ai jamais ouvert un livre de religion, ce qui est un grand tort car peut-être aurai-je reconnu la vérité, grâce au simple raisonnement d'un esprit de bonne foi au lieu de m'exposer à rester jusqu'à la mort plongé dans les ténèbres et dans un aveuglement obstiné.

En somme, mon cher oncle, je défie qui que ce soit de m'expliquer une conversion en opposition avec toutes les affections de ce monde, avec tous les intérêts et avantages de cette vie, avec toutes les influences, sans vouloir admettre une cause surnaturelle ou bien un accès de folie.

Vous admettrez ce dernier cas pour vous éviter la peine de reconnaitre un véritable miracle en cet événement. Mais non, malgré vous, vous serez obligé d'y réfléchir, car il n'est pas possible que moi (si indigne) j'ai été favorisé de telle sorte uniquement pour mon salut personnel. Le salut de votre âme, celui de beaucoup d'autres doit en résulter après le mien. Vous en rirez beaucoup durant le jour, mais la nuit, lorsque vous serez couché et que le sommeil fuira de vos paupières, vous serez contraint d'y penser sérieusement. La nuit, il est des heures où l'on entend de saintes inspirations, suivez les, je vous en conjure et ne vous laissez pas emporter par le torrent de l'impiété dans laquelle vous végétez depuis si longtemps. D'où vient que les catholiques désirent si ardemment la conversion des autres ? C'est parce qu'ils ont le bonheur de connaître la vérité et que leur devoir est de la découvrir aux infortunés qui marchent à leur perte par obstination, par ignorance, ou par indifférence.

Adieu, mon cher oncle. Dans la lettre que j'adresse à Flore et que tu lui remettras, si tu le juges à propos, je prépare son âme, afin que tu puisses lui faire part de ma détermination. Je t'écrirai prochainement pour te donner de nouveaux détails.

Que Flore ne se figure pas que j'attends sa décision par le retour du courrier ; je lui laisse à cet effet tout le temps qu'elle-même jugera nécessaire. Il faut d'abord qu'elle sache ce qui est arrivé et qu'elle soit informée des faits etc...

Signé, Marie A. Ratisbonne

4

27 janvier 1842 (n° 11)
Lettre d'Alphonse à sa sœur Eliza Cerf Beer

Ma Chère Eliza,

Je ne sais si Théodore t'aura annoncé la nouvelle de ma conversion instantanée et s'il a pu le faire avec calme, à cause de la joie qu'il a dû en ressentir ; j'ai su depuis que ton mari était à Strasbourg, tu es donc seule ; je pense que cette nouvelle qui me rend si heureux, n'aura pas fait sur toi, malgré son inexpliquable mystère (aux yeux du monde) un effet qui serait capable de porter atteinte à ta santé. On est occupé à en rédiger tous les détails vraiment incroyables pour ceux qui n'en ont pas été les témoins ; tu en auras eu une description par la lettre que M. de Bussière a adressée à l'Abbé ; mais il y a encore des détails qui rendent la chose plus étonnante.

Mon intention n'est pas d'entrer dans les Ordres ; je ne m'y déciderai que si mon mariage avec Flore devient impossible, et il devient impossible si elle ne se fait pas catholique, car étant ma nièce, il me faut une indulgence du St Père.
J'engage Flore à ne pas faire violence à sa conscience, mais de chercher à avoir des instructions. Si ma conversion subite, contre tous mes intérêts, avantages et espérances de ce monde, contre tous mes précédents et mon caractère, a frappé son esprit de manière à lui donner au moins des doutes et le désir de connaitre la vérité, qu'elle se mette en dehors de toute influence ; je ne lui demande que de la bonne foi et je suis sûr que non seulement elle abjurera sa *religion* (qui est de manger du gâteau le samedi) mais encore qu'elle deviendra fervente catholique.

Avec toi, ma chère Eliza, qui vis au milieu des merveilles et des miracles des hommes, je ne puis parler des merveilles et des miracles de Dieu, Créateur des hommes. A Paris on croit aux premiers et on rit des derniers ; c'est donc sous le rapport de la morale simplement que je te ferai envisager ma conversion et ses conséquences.

Je t'engage en attendant à donner des conseils à Flore ; parle-lui comme tu le jugeras à propos ; je ne veux pas la presser ; si j'avais été marié, elle m'aurait certainement imité aveuglément, comme toi-même tu le ferais si Max un jour reconnaissait qu'on ne peut pas vieillir, voir grandir ses enfants et vivre dans une complète irréligion, sans s'inquièter le moins du monde du salut de nos âmes ; car je suppose que vous y croyez. Et il ne suffit pas de se donner à soi-même l'absolution en disant avec orgueil : Je suis un honnête homme ! Je pense vaguement à Dieu ! Cela ne suffit pas.- Et décidément vous ne pouvez pas continuer à vivre ainsi comme des animaux, en ne songeant qu'à votre conservation terrestre ; tant qu'on a de la fortune, cela peut avoir moins d'inconvénients graves et immédiats ; mais les plus grandes fortunes se perdent, alors les enfants élevés sans religion, comme nos Félix, nos Louis, qui se mettent à douter de l'existence de Dieu, les enfants deviennent facilement des malfaiteurs et déshonorent leurs parents. En admettant même que la religion catholique qui a converti le monde entier, qui donne de la force, de la consolation et de l'espérance ne soit pas celle de nos aîeux et que ce soit la Religion juive, qui disparait de jour en jour et sur laquelle pèse une fatalité *incompréhensible et sans exemple dans l'histoire,* j'aime encore mieux être chrétien, bon catholique, que de voir ma famille, mes frères et sœurs, leurs enfants vivre sans aucun sentiment religieux, sans aucune pratique religieuse ; cela ne peut pas durer. Vous en sentirez le besoin tôt ou tard, mais alors que ferez-vous ? Deviendrez-vous Juifs ? Non, c'est impossible, car vous ririez de votre ridicule.

Tout cela est étrange dans ma bouche ; tout cela m'était à peu près indifférent ; mais depuis la journée du 20 Janvier, *je vois clair,* je comprends toute la profondeur de l'abîme où vous restez plongés bien tranquillement.

En conscience, Eliza, ne sens-tu pas en toute chose un vide horrible, un effrayant néant dont tu ne te rends pas compte ? Combien tu trouverais de soulagement à avoir de la religion, à prier lorsque tu songes qu'il faudra inévitablement que tu te sépares après plus ou moins d'années misérables de tous ceux que tu adores aujourd'hui comme des dieux, parce que tu n'adores pas Dieu. Ah! si tu connaissais les jouissances et les joies indicibles de la prière recueillie, à genoux, les mains jointes, les prières pour ceux que nous avons perdus et pour lesquels vous ne priez jamais *maintenant,* la prière pour ceux que nous aimons; si tu connaissais ce bonheur, tu deviendrais catholique; personne ne peut mieux que toi s'instruire sur tous ces points. Théodore, que j'ai tant fait souffrir, te les démontrera aussi clairement que le jour à midi. Crois-tu que deux frères s'uniraient pour perdre des sœurs chéries, s'ils n'étaient pas sûrs de leur donner le bonheur dans ce monde et le salut dans l'autre ? Quand on est persuadé de la vérité, aucune considération humaine ne doit plus arrêter, et chacun répondant de ses actions devant Dieu, tu ne trouverais certes pas en Max un opposant. Et quel bonheur pour toi, si un jour tu peux le ramener toi-même ? Et quelle éducation religieuse donnez-vous à Maxime ? Chez les Juifs les femmes ne sont rien. En jetant un coup d'œil rapide sur l'avenir de la famille, crois-tu que la religion ne consolerait et ne sauverait pas Ernestine; crois-tu que Pauline n'en aurait pas besoin ? — Et Henry Worms et Adolphe Ratisbonne, et tous ces enfants qui grandissent sans religion ? Quel avenir leur est réservé ? c'est effrayant.

Ma santé est excellente; je me porte délicieusement bien, corps et âme. — Essaie aussi. Eliza, quand l'heure fatale sonne, on se repent; mais il est quelquefois trop tard.

Je t'embrasse de cœur.

Alphonse

5

14 février 1842 (n° 21)

Lettre de Flore Ratisbonne à son fiancé Alphonse

J'avais formé le projet de ne plus t'écrire jusqu'à ce que je reçoive une marque de ton souvenir; mais les sentiments qui agitent mon cœur sont plus forts que ma résolution et me voilà encore en face de toi !... Oh ! Mais que je trace cette lettre avec douleur ! Et comme il me faut d'énergie pour rester en garde contre l'indignation généralement excitée par ta conduite !

Alphonse, que t'ai-je fait pour que, sans remords, tu me fasses souffrir. Tu as voulu que je t'aime, et je t'ai aimé ! Tu me disais que, pour ton bonheur, il fallait que nos deux âmes se comprissent et je cherchais dans ton âme les qualités qui semblaient sympathiser avec les miennes ! Tu m'as répété sans cesse avec l'accent de la franchise que ta vie me serait consacrée et je l'ai cru !... Je ne te demande pas de reconnaissance, mais je te demande si tu n'es plus homme ? Je te demande si tu peux, sans pitié, me laisser pleurer si fort que je n'aurai plus de pleurs à répandre, si tu peux rester insensible au désespoir d'une famille qui t'entoure d'amour ?...

Depuis deux jours, on me dit que tu es baptisé, que tu es catholique ! Je veux le croire parce qu'on me le dit; mais c'est un acte incompréhensible, inexplicable ! Il me jette dans un dédale de pensées dont je ne sors jamais sans me figurer que j'étais la proie d'un rêve ! Comment, Alphonse, tu te serais laissé entraîner par une orgueilleuse faiblesse ! Tu aurais quitté les humbles et les faibles pour passer du côté des superbes et des puissants ! Quoi donc a pu te porter à une décision aussi soudaine, aussi irréfléchie ? N'étais-tu pas heureux dans la religion de tes pères ? Et quoique Juif, l'estime de tous n'était-t-elle pas la récompense d'une noble conduite ?

Ah ! J'en suis convaincue, c'est mon cœur qui parle; Dieu, source de tout amour, ne veut pas qu'on brise les affections terrestres, les affections les plus saintes, les affections que lui-même a créées ! Dieu ne veut pas qu'on rompe les liens de famille, qui sont comme des liens de plus de l'homme à lui !...

C'est pourtant ce que tu as fait, Alphonse ! Mais ce que tu peux réparer ce que tu répareras, je le sens. Car ne te berce pas d'un vain espoir ! Aucun de nous ne veut suivre ton exemple ; nous disons tous d'une voix unanime : « *il ne s'opère d'autre miracle que ceux dont la nature nous offre tous les jours l'aspect et la vraie religion consiste dans la pratique de toutes les vertus* ».

Quoique je n'aie lu aucune de tes lettres depuis qu'il y règne un souffle étranger, je m'attends à ce que tu dédaignes la simplicité de ces sentiments et à recevoir une réponse peu en harmonie avec moi ; je veux m'y attendre et malgré cela, je prie le Ciel de dessiller tes yeux et d'inculquer dans ton cœur les mêmes pensées !

Si mes désirs ne s'exaucent pas, eh bien, je prierai Dieu encore ! — Je le prierai de t'accorder le bonheur dans quelque position que tu te trouves. Oh ! je le prierai de toutes les forces de mon âme !...

Flore

6

15 février 1842 (n° 22)

Lettre d'Alphonse à son oncle Louis Ratisbonne

Mon cher oncle,

Je suis sorti hier de ma retraite dans laquelle, pendant 8 jours, j'ai employé les journées et les nuits aux plus sérieuses méditations en présence du Dieu vivant que j'ai prié pour toi, mon bon et généreux oncle, et pour toute ma famille.

J'ai reçu ce matin des nouvelles de Paris par Elisa, une lettre de Théodore, une lettre de Henri datée de Marseille, celle de M. Aronsohn et la tienne. Si je n'étais catholique de cœur et d'âme, vos lettres m'auraient donné la mort ou fait perdre la raison ; mais en présence de Jésus-Christ après les grâces que j'ai déjà reçues, après cette semaine de divine nourriture, mes forces ne m'ont pas abandonné, et cette force, qui me laisse tout aussi sensible, toujours aussi dévoué à ma famille, aussi sincèrement affectionné à ma fiancée, ne vous ouvre-t-elle pas enfin les yeux ?...

J'ai puisé mes consolations, ma résignation dans la ferveur de mes prières ; j'ai pleuré et je me suis senti consolé... Je souffre cependant, mon bon oncle non point des interprétations injurieuses que l'on veut donner à ma conviction, à ma conversion, non de la boue et des outrages que l'on me lance et que l'on me lancera à la face.. Oh ! non, au contraire j'en suis fier et heureux ; les Juifs n'en ont-ils pas fait autant au Messie Lui-même ? Je m'estime honoré et favorisé de recevoir les mêmes injures que mon divin Maître, qui m'enseigne de quelle manière je dois les supporter. Je souffre, mais de votre douleur, de votre aveuglement, de votre perte, de votre folie, de votre erreur complète !

Et cependant je n'en reconnais que trop les causes, je m'explique facilement tout cela, car j'aurais parlé moi-même comme vous et peut-être avec plus d'amertume, si un fait semblable fût arrivé à l'un de mes frères. Je te jure, mon excellent oncle, au nom de tout ce qu'il y a de plus sacré, que ma conversion n'a d'autre cause qu'un fait miraculeux. Comment expliquer ma venue à Rome au moment de partir pour Malte ? et ceci pourra être attesté par Rothschild, Halley et Coulmann. Comment expliquer ma visite à M. de Bussières, catholique, la veille de mon départ pour Naples, si j'avais prémédité cette comédie !...

Visite due au moins ?

Il y a des témoins des divers cultes qui l'attesteront. C'était le 15, j'étais à Rome depuis le 6, c'est-à-dire depuis 10 jours durant lesquels vous avez pu juger de mes impressions d'après mes lettres. Le 20 à midi j'étais au Café à lire, à causer avec M. Edmond Humann, puis avec le Baron de Lotzbeck, (protestant) ; ils témoigneront dans quelles dispositions je me trouvais alors. Et le même jour, à 1 heure après-midi je demandais à recevoir le Baptême !

Si j'avais voulu jouer un rôle préparé depuis longtemps, j'aurais dit dans mes lettres précédentes, plus ou moins : ne vous occupez pas de moi, ne cherchez pas à interpréter le sens de mes paroles, car vous n'y trouverez rien. Comment supposer que j'aie pu sans un motif grave, sérieux, insurmontable, méditer un acte qui devait en premier lieu jeter la plus profonde désolation au sein de ma famille que j'aime trop tendrement pour que personne en puisse douter ; un acte qui peut compromettre mon mariage si désiré avec cette Flore que j'aime plus que je ne puis le dire ; un acte qui compromet mes intérêts matériels !... Tout mon bien-être, tout mon bonheur terrestre est renversé ; et pourquoi ? pour une religion que je connais à peine, contre laquelle j'ai toujours été irrité !

Je ne puis croire, comme toi, mon bon oncle, que Flore soit si désolée de ma conversion : elle est douée d'un jugement excellent et si la chose lui est exposée comme il convient, elle ne pensera point à s'en troubler ; quant à mon beau-frère, je crois également qu'il ne sera point difficile de lui faire entendre qu'après tout il ne s'agit pas de la mort d'un homme.

Les Oppenheim ont dans leur famille des protestants et des catholiques et ceux-ci sont les meilleurs. Chez les Fould il y a je crois, des protestants et ceux qui ne sont pas protestants ne sont certes pas Juifs, puisque Bénédict ne veut pas être Juif, ni être opposé aux Juifs, ils n'ont qu'à faire comme font les catholiques. Vraiment ce n'est pas une affaire.

Je vous le déclare, il ne dépend que de vous de ne pas changer un évènement si véritablement heureux en une source de larmes qui ne tariront jamais ; je t'en conjure, mon cher oncle, ne m'enlève pas ma Flore.

J'ai cru comprendre ce que voulait me dire le cher docteur : il m'écrit que la chose n'est pas inexplicable mais impossible. Je confesse que c'est un langage un peu énigmatique ; mais je ne parle pas en énigmes et je vais droit au but. Si le docteur entend par cela faire allusion à mon indisposition et à ma faiblesse, il est grandement dans l'erreur ; ma santé n'a jamais été meilleure, et je ne me suis jamais senti plus fort et moins triste, (n'eût été votre douleur) ; j'engraisse, j'ai bonne mine et mon indisposition de l'hiver dernier n'a plus reparu depuis plus de 2 mois ! Et d'un autre côté, supposé que je fusse malade, souffrant, troublé à la pensée de mon mariage ! Est-ce une raison pour changer de religion, désavouer tout son passé, compromettre tout son avenir ? Quel rapport pourrait-il y avoir avec cela. Et comment un acte voisin du désespoir pourrait-il me rendre précisément les forces, la santé et la joie ? Et comment serai-je entré inopinément dans les saints Ordres, alors que je demande à genoux et avec instance la prompte conclusion de mon mariage avec ma chère Flore ? Mais si Flore me renie, ma décision est prise : je consacrerai toute ma vie à prier pour elle, pour vous et à m'immoler au fond d'un cloître austère !

Après cela prétendrez-vous encore que je n'aime plus Flore ; qu'il y a quelque chose là-dessous ? Ah ! il est vrai que je commets le grand crime de placer mon Dieu, mon Créateur, avant une créature, un ange qu'il peut m'enlever, s'il Lui plaît. Avouez que je suis fou.

Ah ! mes chers amis, je vous le jure, il n'y a rien en dessous, mais il y a quelque chose au-dessus. C'est Dieu. Pensez-y. Mais véritablement la philosophie moderne à l'usage de ceux qui ne croient à rien sinon à leur propre excellence et à leur sublime supériorité, est réellement étrange. Elle ne cesse de répéter : toutes les religions sont bonnes, toutes sont respectables, toutes sont basées sur les mêmes principes et ne diffèrent entre elles que par les simples formes du culte et l'appellation des choses. Combien de fois n'ai-je pas entendu dire et redire ces phrases si commodes et inventées pour s'éviter la peine de s'occuper d'une question si puérile ! S'il est vrai que toutes les religions sont bonnes, pourquoi donc tant discuter, tant gémir, alors qu'il s'agit d'une conversion ? Si les principes sont les mêmes, pourquoi appliquer à une conversion le nom d'apostasie et autres épithètes reçues dans le beau monde ? Dans le siècle où nous sommes, disent les athées à gants jaunes, en France spécialement, catholique, Juif, Protestant, Turc, c'est tout un, alors pourquoi tant vous désoler? Mais vous me direz que c'est une chose horrible de renier la foi de ses pères ! Ah ! ici commence la distinction. Je ne renie point la foi d'Abraham, de Moïse, je ne renie point les prophéties de nos prophètes Isaïe, Malachie, etc., etc., je ne renie point David ou Salomon, mais je renie Judas. Je crois à ceux qui ont annoncé le Messie mais je ne crois point ceux qui l'ont trahi.

Cette discution nous entrainerait trop loin aujourd'hui.

Au milieu de ma profonde douleur, je n'ai pu m'empêcher de sourire un instant en lisant la lettre de Aronsohn qui, lui aussi prend un ton larmoyant, lui qui est si attaché au culte de ses pères ! Ses fils sont catholiques. Oh ! cruel ! et lui qu'est-ce qu'il est ? Ai-je besoin d'examiner avec toi en quelle manière vous observez le culte de Moïse ? Il y a trop peu de temps que je suis loin de la famille pour pouvoir ignorer que si nous parlions, c'était par dérision ; il n'y a pas de plus grand... que Achille. Par bonheur vous ne suivez pas davantage *la foi de Judas*. Vous vivez comme les catholiques, vous célébrez les fêtes catholiques (machinalement à la vérité), vous suivez la morale admirable de Jésus-Christ, au moins en partie et sans le savoir et parce que vous vivez au milieu de la société chrétienne, vous êtes chrétiens, mais vous avez à cœur d'être appelés Juifs. Soit, je vous laisse la liberté de m'appeler aussi Juif, mais de grâce, laissez-moi être chrétien, non pas machinalement comme vous, mais avec conviction, avec zèle, avec la joie du cœur.

Je ne finirai pas, mon cher et excellent oncle, sans ajouter quelques mots de remerciements pour ta constante générosité, que tu as voulu porter à son comble si, comme je ne saurais en douter, les lettres de mes sœurs disent vrai, tu as voulu me procurer l'honneur de devenir ton associé et de participer au bénéfice qui en résulterait indubitablement.
Aujourd'hui, mon généreux oncle, je puis me passer de tels avantages ; je suis devenu plus riche que toi, plus riche que Rothschild, et cette grande fortune que j'ai acquise en un instant ne me cause aucun souci, ne m'attire aucun procès désagréable. En outre, ces richesses inconcevables valent cette satisfaction intime, dont ne jouissent ni les frères Rothschild, parce qu'ils se consument nuit et jour pour s'enrichir toujours de plus en plus. Et de tout cela, que leur restera-t-il à l'heure de la mort ? Absolument rien. Ils seront réduits à quitter ce monde les mains vides ; tandis que moi, je suis bien heureux avec mes richesses et, si je sais bien les employer, j'en retrouverai les intérêts avec usure le jour où il faudra paraître devant Dieu. Car, le croiriez-vous, mes chers amis, j'ai la faiblesse de croire en la justice divine, (et cela en 1842).

Je désire donc, mon cher oncle, si tu veux réfléchir à ce que je te dis là et si tu reconnais que ce n'est point une chose aussi contraire au bon sens que cela te parait au premier abord, je désire que tu deviennes mon associé. Celui qui est le chef de cette maison est si bon, si libéral, si miséricordieux, qu'Il s'associe à tous ceux qui le veulent sincèrement et accorde à chaque associé, c'est-à-dire à tout membre fidèle de l'église, non seulement une part aux bénéfices, mais la totalité. A tout âge il est temps d'aller à Lui. Selon l'Evangile il n'y à qu'à ceux qui désespèrent de sa miséricorde infinie, que Dieu ne pardonne pas. Si l'on gagnait le monde entier et que l'on vint à perdre son âme on n'aurait rien gagné, mais tout perdu ; et devrons nous remettre la chose au lendemain, lorsque nous sentons que la grâce nous inspire une bonne résolution ? Sommes-nous assurés de vivre demain, ce soir, dans une heure, dans une minute ? Ah ! mais on n'a pas le temps de pourvoir à son salut éternel ; les affaires de ce monde priment tout : la question des voies ferrées est sans doute fort intéressante, mais à mon sens il y a une autre voie qui l'est beaucoup plus ; c'est cette voie qui nous conduira tous en un clin d'œil dans l'éternité en présence de Dieu. A mon avis, c'est une affaire qui a bien aussi son importance, et, bien que je sois jeune et en bonne santé, je m'en occupe, parce qu'il m'importe trop d'avoir la première voiture dans le convoi qui devra me transporter à la station d'arrêt du Juge suprême.

Si tu conserves encore un peu d'affection pour ton pauvre Alphonse, qui t'aime plus sincèrement que jamais, écris moi un mot, et je volerai près de toi, je t'entourerai plus tendrement que par le passé, mon cher oncle. Il ne sera plus question de religion, je ne quitterai plus Strasbourg, mais je renonce aux affaires, pour lesquelles je n'ai aucun attrait.

Je suis toujours et pour la vie ton affectionné

Alphonse, etc.

7

15 février 1842 (n° 23)
Lettre d'Alphonse à son frère Théodore

Mon cher frère,

Nous attendions avec impatience ta première lettre, nous nous réjouissions comme des enfants de recevoir l'expression de ta joie ; nous aurions donc donné beaucoup pour être invisibles devant toi au moment où tu as commencé à lire le récit de ma conversion ; tu as sans doute tourné et retourné souvent le papier, croyant que tu le tenais à l'envers ; tu t'es frotté les yeux, tu t'es demandé si tu étais bien éveillé ; car quoiqu'un miracle de Dieu n'ait rien de surprenant, il n'en est pas moins vrai que lorsqu'Il envoie de si prodigieuses faveurs au plus misérable de tous les pécheurs, on se sent transporté de tant de bonheur, on s'adonne à des espérances si vives et si naturelles pour la conversion de ceux qui peuvent en profiter, que vraiment cette avalanche de miséricordes est dans le cas de vous faire croire tout d'abord à un songe : ah ! grâce à Dieu, mon cher Théodore, c'est une réalité bien douce et j'ai beau dilater d'amour mon cœur et élancer mon âme vers le Tout Puissant et vers la T.S. Vierge pour les remercier de tant de grâces, pour les aimer, je sens malheureusement combien l'amour d'un mortel, l'amour borné de l'être humain est faible et disproportionné en face des bontés infinies de l'Etre Divin et de la Bienheureuse Marie : Ne crains pas que mon zèle ne se refroidisse ; il ne fait qu'augmenter ; le monde, c'est à dire Satan et ses pompes ne peuvent plus rien sur moi ; j'y ai renoncé solennellement. Toutes les recommandations que ta sollicitude t'a dictées ont été prévenues : le Baptême a eu lieu le 31 du mois dernier, 11 jours après ma conversion ; j'ai fait une retraite avant et après le baptême ; je t'en avais déjà parlé.

Aujourd'hui je suis sorti du Couvent de Jésus où j'étais resté 8 jours avec notre très cher ami Théodore de B. nous avons été enchantés de recevoir précisément tes chères lettres pour le jour de notre sortie. Pendant cette retraite, je me suis entièrement livré aux méditations et aux lectures les plus sublimes, les Evangiles, les Actes des Apôtres, l'Imitation, les Psaumes de David, etc, etc, enfin on m'a donné le Discours sur l'Histoire Universelle de Bossuet que tu me recommandes. Quoique hors du Couvent, je mène une vie retirée, j'y suis bien décidé, car malgré de nombreuses invitations chez les plus grands personnages, je n'irai que chez très peu de monde, surtout chez les Laferronnays, que tu as bien fait de rappeler dans ta lettre, ça leur fera un immense plaisir. Il serait inconvenant sous tous les rapports de me donner maintenant en spectacle. Les lettres de Strasbourg décideront de mon sort bientôt ; je les attends avec une juste impatience, mais résigné d'avance à toutes les épreuves, la lettre de Flore que tu me communiques ne fait que me confirmer dans ma bonne opinion sur cette excellente et aimable petite amie ; si cela ne dépendait que d'elle, je n'aurais aucun doute sur sa conversion ; mais ce n'est qu'une faible enfant qui sera facilement détournée, circonvenue. Oh ! ma T. S. Vierge, veillez sur elle !
J'aurais voulu recevoir aussi des nouvelles d'Eliza ; elle doit être un peu préoccupée de la candidature de Max.. Dis-moi mon cher frère, l'effet que ma conversion lui aura produit et ce qu'elle pense de Flore.

Je t'ai parlé de ma visite au Pape, de sa réception toute paternelle... Demain le *Diario* doit, dit-on, contenir un article sur le Baptême ; je te l'envoie. Demain aussi par ordre du St Père, on commencera une enquête pour constater le miracle. Le Cardinal Vicaire en est chargé ; elle se fera dans la Chapelle St Ignace au Couvent de Jésus. On doit faire paraître aussi, sous peu, le récit détaillé de ma conversion, de la cérémonie du Baptême, etc ; tu le recevras.

Quant à la promesse que tu nous fais de venir à Rome en Juin, elle nous enchante. Si je reste à Rome jusque là, j'irai passer l'été à la campagne à Frascati, avec les de Bussières que je ne quitte plus, mais je ne sais encore ce que je deviendrai. En tous cas nous t'engageons à venir à Rome pour le mois de Marie afin de pouvoir y assister aux magnifiques processions de la Fête-Dieu.

J'ai encore beaucoup à écrire aujourd'hui, je me borne donc à t'embrasser de cœur.

Ton frère
Marie Alphonse +

Je ne sais si je t'ai dit que je suis allé voir le P. de Géramb. Pendant mes récréations, je relis la vie de St Bernard par l'abbé Th. Ratisb. Ma santé est un second miracle ; jamais de ma vie je n'étais mieux. Je te prie de communiquer cette lettre de ma part à ma chère Eliza que j'embrasse mille fois.

8

6 mars 1842 (n° 44)
Lettre de Flore Ratisbonne à Alphonse, pour la rupture des fançailles

Je n'ai qu'un mot à te dire, Alphonse ; ce mot est pénible et je tremble en l'écrivant ! J'ai tort de trembler, une âme forte doit étouffer dans son cœur toute autre voix que celle du devoir !

Tu ne veux m'épouser que si je deviens catholique ; alors, Alphonse, il faut renoncer à moi, car c'est une chose qui n'arrivera jamais. Quand je promis il y a un an d'être ta compagne, j'étais heureuse parce que cette union, en présageant mon bonheur, ramenait aussi le bonheur dans l'âme de mon pauvre père, comblait les vœux d'un Oncle qui a des droits à mon amour, à ma reconnaissance ; parce que surtout j'étais sûre de la bénédiction de ma mère dans le Ciel.

Tout à changé maintenant ; l'Alphonse d'autrefois a disparu ; je ne puis plus suivre l'Alphonse d'aujourd'hui.

Si ces paroles viennent à te surprendre, songe que mon souvenir ne t'a pas arrêté quand tu décidas l'acte le plus important de ta vie et que c'est donc toi qui le premier a brisé notre union et rompu les plus saintes promesses.

Alphonse, tu m'as fait beaucoup de mal ; je l'oublie ; tu as navré le cœur de mon père, et je l'oublie aussi !... Désormais, je te regarde et je t'aime comme un frère. Sois heureux ! Une Juive sait pardonner.

F. Ratisbonne

9

10 mars 1842 (n° 47)
Lettre d'Alphonse à son Parrain, Théodore de Bussières

Mon bon petit Papa,

Quoique ce soit ma troisième lettre, je pense que l'ami de Bock ne m'accusera pas d'avoir manqué à nos conventions, car vraiment les deux premières n'étaient que des chiffons dont je vous demande mille excuses; j'avais besoin de cette explication préalable, parce que je sais que ce méchant de Bock est susceptible, rancunier, etc...

Je ne vous parlerai pas de tous les sentiments que j'éprouve pour vous et les vôtres, c'est impossible à dire, c'est presque impossible à comprendre, vous devez sentir ce que mon cœur renferme pour vous, par ce que vous ressentez vous-même pour moi; ainsi donc, mon ami, pas de phrases, je ne suis pas fort sur le sentiment verbal; une bonne poignée de mains, un seul mot, un simple regard, m'en disent plus et expriment mieux une pensée que des pages entières.

Il m'est tout aussi impossible de vous retracer avec ces détails que vous désireriez connaître et que je voudrais pouvoir vous transmettre, mon entrevue avec mon frère Théodore, avec ma sœur et mes frères, ma première communion reçue des mains de mon frère, notre première prière, adressée ensemble sur le même Prie-Dieu, nous tenant dans les bras l'un de l'autre; notre visite à N. D. des Victoires; etc, etc, il faudra vous contenter d'apprendre tous ces faits, grosso-modo et votre imagination catholique suppléera et devinera facilement : toutes les sensations, toutes les joies que la miséricorde divine m'a accordées en me réservant à côté de cela des douleurs bien vives, les plus gros clous de mon supplice.

J'ai une chambre chez Théodore et à côté de Théodore, quoique j'aie fait une élection de domicile *Politique,* pour mes parents; je suis descendu dans un hôtel de la rue Bergère, pour que ma famille ne s'imagine pas que je ne suis pas le maître absolu de mes actions; mais je logerai dès ce soir entièrement chez Théodore. Je tiens surtout à ce que ma famille soit bien persuadée que tout ce que j'ai fait, je l'ai fait sans y être déterminé ou forcé par qui que ce soit à Rome; et en cela encore je suis content d'avoir quitté Rome au premier désir de ma famille, ce qui l'a beaucoup étonnée et réjouie, car elle s'imagine que maintenant que je ne suis plus entouré de tous *ces horribles monstres* qui m'ont perdu, maintenant que je suis au milieu des distractions et du tumulte de Paris, je reviendrai aux bons sentiments, à la vraie religion, à zéro, le vrai Dieu du siècle; je tiens à leur démontrer ma parfaite indépendance à Rome, de même que mon indépendance à Paris, pour que l'on ne dise pas que c'est poussé par un autre que par ma propre volonté que je prendrai dans quelque temps telle ou telle résolution. Ils ont déjà eu la consolation de s'assurer que je n'étais pas du tout fou, ni timbré, que ma santé était satisfaisante, et mes raisonnements à moi tout seul, sans le secours de personne de Rome n'étaient déjà pas si stupides.

A votre tour, soyez tranquille sur mon compte à Paris, je dois avouer qu'à Rome même je n'ai pas éprouvé le dégoût pour le monde aussi fort qu'à Paris, parce qu'à Rome je ne voyais que des choses édifiantes et des personnes édifiantes, je ne pouvais presque plus juger du bien et du mal, puisque je ne voyais que le bien. Savez-vous, mon cher Théodore, ce que j'éprouve ici continuellement, c'est ce que nous éprouvions pendant notre sublime retraite, lorsque les cris de joie du carnaval arrivaient jusqu'à nous, au moment où nous méditions sur la mort et sur la Passion de N. S.; à Paris le catholicisme est admirable, admirable, admirable, comme dit le T.R. Père Général; après avoir assisté à ce qu'il y a de plus sublime on a les yeux déchirés parce qu'il y a de plus honteux et de plus dégradant! Ah! croyez le, mon bon ami, ces dissemblances sont salutaires, surtout pour celui qui connait également le bas de l'échelle et le haut de l'échelle; c'est à Paris seulement que j'ai pu m'apercevoir quelle était la profondeur du gouffre dont j'ai été retiré ; je juge réellement le bonheur inouï de ma conversion ; Mr. Bautain le disait dernièrement dans un sermon : l'homme dans sa lutte continuelle entre le bien et le mal a quelquefois les pieds dans l'enfer et la tête dans le ciel ; j'ai aussi le bonheur d'entendre d'excellents sermons ; j'ai entendu mon frère à St Sulpice, M.M. Bautain, et Bonnechose à St Eustache ; Dimanche prochain, c'est à dire après demain j'entendrai le Père de Ravignan. Pour la Semaine Sainte je suivrai une retraite prêchée par mon frère.

Ma paroisse, est quant à présent N. D. des Victoires, où je communie avec bonheur ; le Curé, le bon M. Desgenettes est de cette véritable pâte chrétienne avec lequel le bon Dieu a moulé les Villefort, les P. Général et tous ces dignes apôtres de la vérité et de la charité. Ah ! comme je les *aime*. Mon frère m'a mené chez les Dames de St Louis ; puis j'ai assisté à une instruction remarquable qu'il faisait aux enfants de la Providence ; les Sœurs de la Providence sont des Anges : oh ! mon Dieu, que tout cela est beau ! Vous aviez bien raison. Le Catholicisme, c'est le Paradis terrestre, mon cœur en est plein. Assez, assez, ô Dieu des miséricordes ; reversez sur ma famille, sur les égarés, le trop plein des grâces dont vous m'accablez ! !

J'ai vu l'excellent Père de Ravignan, il m'a confessé : nous avons causé longuement ensemble de Rome, de Paris et de Strasbourg, il pense comme nous, laissons agir Dieu directement, puisque c'est lui qui a commencé par son intervention directe. Quel homme encore que ce Père de Ravignan ! Si le Père de Villefort est un cœur qui marche, le Père de Ravignan est un corps mortel avec une tête glorieuse. Pourvu que je ne devienne pas fou de bonheur.

J'ai vu hier le P. Loriquet ; c'est un brave et digne Père.

Je suis allé voir aussi Madame Dupanloup, que j'ai eu l'honneur de rencontrer, et j'ai été bien heureux de faire la connaissance de la digne Mère d'un pareil fils ! Veuillez remercier de ma part l'Abbé Dupanloup, de l'autorisation qu'il m'a donnée avant mon départ de me présenter chez sa respectable mère ; veuillez lui dire aussi que je n'oublierai jamais le bonheur qu'il m'a causé dans cette journée de tant de bonheur, je n'oublierai jamais ni la bonté qu'il a eu de vouloir m'adresser une allocution si remarquable, ni les conseils et les avertissements qu'elle renfermait. Mme Dupanloup m'a dit que bien avant qu'il ne fut question de ma conversion, Mr. Dupanloup lui avait annoncé des dragées de Rome ; ces bonbons ne sont arrivés que longtemps après et justement pour le jour de mon baptême ; elle les a distribués aux Elèves de St Nicolas et à ses amis, comme en réjouissance de mon abjuration.

Vous le voyez, mon cher Théodore, la réjouissance a été générale : on m'a dit qu'à Strasbourg la consternation est grande en Israël. L'Evêque de Strasbourg écrit à mon frère et lui dit qu'on lui a assuré que Mr. et Mme Lippmann étaient dans de bonnes dispositions, ainsi que *Flore* dont le nom devient célèbre et connu dans toute la chrétienté. Monseigneur ajoute qu'il donnerait tout son sang pour la conversion de notre famille et il nous engage Théodore et moi à venir à Strasbourg ; il pense que nous y ferions beaucoup de bien : je crois que ce serait précipité.

Je suis invité à dîner ce soir avec mon frère chez Mgr. l'Archevêque de Paris. Le P. Loriquet m'a invité également à dîner chez les Jésuites avec mon frère pour Mardi, mais nous ne pouvons pas accepter, parce que la retraite de la Semaine Sainte commence Lundi. Mr. le Curé Desgenettes et l'Abbé Martin de Noirlieu veulent aussi nous avoir à dîner : soyez donc tranquille, je ne mourrai pas d'inanition.. Les jours maigres je fais mes repas avec Théodore. Ma sœur est jalouse aussitôt que je ne dîne pas chez elle, elle est inquiète quand elle ne me voit pas arriver aux heures ordinaires ; je tiens ma famille en respect avec ma menace de la Trappe suspendue sur ma tête... on emploie tous les moyens pour m'en dissuader et m'empêcher d'entrer dans les ordres : mon oncle me propose de m'établir à Paris, ma sœur Mme Beyfus m'engage à entrer dans la diplomatie (sérieusement) ; un autre m'engage à voyager, un quatrième est allé jusque chez mon frère Théodore, pour qu'il emploie son influence pour me détourner d'aller à la Trappe. C'est une arme épouvantable que je me réserve si tout autre moyen est inutile, ce sera un pistolet que je leur mettrai alors sur la gorge en leur criant : la bourse ou la vie.

Mon oncle du reste, m'a répondu courrier par courrier, pour m'envoyer son pardon et l'assurance de son amitié ; il me dit : que tout est si extraordinaire dans cette affaire, que même de m'écrire ainsi qu'il le fait est aussi extraordinaire ; il me supplie, ce pauvre et excellent oncle, de ne pas le rendre plus malheureux.

Mon frère Beau père m'écrit quelques mots pour me déclarer que tout est rompu. Le lendemain ma fiancée m'écrit également pour me faire la même déclaration mais d'un style qui n'est pas le sien : — elle me dit entre autres choses — que notre union lui semblait d'autant plus impossible, qu'elle était sûre que sa mère ne la bénirait pas au Ciel. Je lui ai répondu que si elle croyait que sa mère est au Ciel, elle n'était pas Juive, elle ne croyait pas un mot de la foi de ses pères ; — qu'ayant été chassé du paradis par le péché originel, et ne pouvant y rentrer qu'en ayant effacé ce péché, Moïse et tout l'Ancien Testament nous promet un Messie un *Sauveur* pour nous laver de ce péché, que la différence principale entre les Juifs et les Chrétiens est que les uns croient que le Sauveur est venu, et que les autres au nombre desquels elle se trouve, croient qu'il n'est pas venu et l'attendent tous les ans à Pâques. Et que si le Sauveur n'est pas venu, aucune âme mortelle n'a pu mériter et obtenir les Récompenses Eternelles sans le *Sauveur,* sans quoi l'annonce de ce Messie ne serait qu'une erreur, ce Sauveur serait inutile toute la base de la religion serait détruite. — Je lui demande à la suite de cela, si elle commence à entrevoir les consolations du Christianisme.

Ma fiancée finit sa lettre en me disant : Une Juive sait pardonner. Je lui réponds : Pardonner à ses ennemis, prier pour ceux qui vous font du mal ; n'est-ce pas que c'est sublime ! Eh ! bien c'est contraire à la loi de Moïse... Eh bien c'était inconnu aux Juifs avant J.C. Ainsi donc, si grâce à J.C. une juive sait pardonner aujourd'hui, grâce à lui aussi, un chrétien sait se dévouer, se renoncer, se crucifier et souffrir avec résignation, et je signe : son dévoué et éternel ami. Marie Alphonse.

Oh ! mon Dieu, veillez sur cette malheureuse enfant, et vous tous, mes chers amis, priez pour elle ; car c'est d'elle maintenant que dépend tout ce qui va arriver. Et cette pauvre créature écrit le lendemain à ma sœur : qu'elle a beau vouloir m'oublier, ça lui est impossible parce qu'elle sent que je ne suis pas coupable ; elle me voit continuellement devant elle, et la nuit même dans ses rêves elle est tourmentée. — Oh ! oui, c'est la grâce qui agit : Priez — Priez. Mme Lippmann m'écrit très amicalement ; elle me dit : *aie confiance et patience. Espère ;* mais je ne puis pas croire encore qu'il y ait rien de sérieux en tout cela ; les uns résistent parce qu'il faut résister, c'est le premier mouvement, le mouvement naturel de la liberté de l'homme ; les autres veulent me donner des espérances prématurées peut-être, pour m'empêcher de consommer mes projets.

Je suis bien contrarié que ce *récit de l'Enfant de Marie* n'arrive pas ; cela tarde trop et ce retard est nuisible ; je pense que le bon D. Bosq l'enverra exactement à toutes les personnes que je lui ai indiquées ; j'y tiens beaucoup, car j'ai des motifs puissants pour chacune d'Elles. Envoyez-moi donc aussi la chanson qu'on a faite sur nous. J'ai vu dans *l'Union Catholique* un article venant de Rome sur mon baptême ; il est très bien écrit, mais *je souffre* d'y voir intercalés deux passages de mes lettres : l'une à mon oncle, l'autre à ma fiancée. Je ne conçois pas non plus que mes lettres de Naples, de la Sicile et de Malte ne me reviennent pas et que les lettres de ma famille ne me soient pas arrivées et renvoyées, car je sais que beaucoup de personnes m'ont écrit lors de ma conversion et que je n'ai pas reçu leurs lettres, ce sont des procédés que je ne puis taxer que comme ils méritent de l'être ; ce n'est pas catholique, c'est indigne, c'est ignoble, c'est dégoûtant, cela me révolte ; —on devrait avoir, ce me semble plus d'égards pour ma conduite franchement loyale.

Vous ne me dites rien de la communion qui devait se faire à St André. Je désire vivement qu'il se fasse quelque chose ; ce serait très mal si on l'oubliait et je crois que ce n'est pas votre intention, tenez-moi au courant de ce qui se fera. J'attends aussi avec impatience, le résultat de l'enquête ; c'est d'après la déclaration de l'Eglise que je me déterminerai à faire quelque chose pour cette chapelle bien aimée.

Je vais terminer en vous annonçant quelque chose qui vous fera plaisir. J'ai l'intention de retourner à Rome avec mon frère Théodore et l'Abbé Desgenettes au commencement de Juin. Quel délicieux projet.
Que la Ste Vierge nous protège pour l'accomplir heureusement, et comment cela ne le serait-il pas ? Un voyage entrepris par l'Enfant de Marie en compagnie du Curé de N.D. des Victoires, Directeur de l'Archiconfrérie du S.C. de Marie et du Sous-Directeur de cette Société !

J'ai encore quelque chose à vous raconter. Le lendemain soir de mon arrivée, j'étais chez ma sœur ; il n'y avait que son mari s'occupant de la correspondance ; moi lisant dans une Bible, et Elle dans la Revue de Paris. Tout d'un coup, ma sœur jette un cri perçant, en reculant sur son fauteuil. Il lui avait semblé voir un gros chien noir s'avancer méchamment vers Elle. Ah, lui dis-je tranquillement, tu as donc aussi des visions, et je me remis à lire. Je remarquai qu'elle était toute troublée. C'était tout simplement le Démon qui était là entre nous deux, tellement il craint en ce moment mon influence.

Je n'ai pas encore revu Mr. de la Ferronnays [Fernand], mais j'irai le voir aujourd'hui. Je ne perdrai pas de vue les deux Russes [la belle-fille du Comte et sa mère] ; mon temps serait peut-être mal choisi, maintenant qu'elles sont pour la première fois au milieu des plaisirs de Paris, je deviendrai importun, j'aime mieux me présenter en temps et lieu ; je leur apporterai l'Enfant de Marie et leur ferai connaître les heures des sermons du Père de Ravignan.

Mon frère m'a dit que votre Livre était à l'impression, mais que ça n'irait pas aussi vite que vous le croyez et que nous le désirons tous ; nous nous en occuperons, je vous le promets, mon cher ami.

Adieu, mon bien cher ami, vous recevrez un jour la récompense de toutes vos tribulations d'ici bas et des conséquences énormes qui peuvent suivre et qui suivront certainement toute cette œuvre à laquelle vous avez eu une part si providentielle. Notre Père est d'une richesse, d'une largesse inépuisable en miséricorde, et joies de toutes sortes.
A Dieu donc ; je vous embrasse de toutes les forces de mon cœur en me recommandant à vos prières.

Votre fils
Marie Alphonse

TABLE DES NOTES